HERBERT SCHINDLER

Reisen in Oberbayern

HERBERT SCHINDLER

Reisen in Oberbayern

Kunstfahrten zwischen
Donau und Alpen

PRESTEL VERLAG
MÜNCHEN

Inhalt

Für Martin und Christiane Schwerdtfeger

Vorwort

WER ›Oberbayern‹ sagt, denkt zuerst an jene von der Natur reich beschenkte Landschaft am nördlichen Saum der Alpen, die von den Gebirgsflüssen einen Teil ihrer Frische und von den Seen ein Stück Heiterkeit erhält. Dieses Vorgebirgsland mit seinen hellen Dörfern und freundlichen Siedlungen ist wohl das beliebteste Reiseland der Bundesrepublik.

Wie sehr dieses Land zwischen Donau und Alpen, Lech und Salzach von den Gestaltungskräften der kirchlichen und weltlichen Kunst geprägt ist, erfahren zahlreiche Reisende alljährlich von neuem. Nicht nur die großen Attraktionen, sondern auch zahlreiche Kleinode mit der Schönheit des Ländlichen oder Charakteristischen bestimmen das Bild dieser Landschaft im kulturhistorischen Sinn. Hinzu kommen Phänomene der bildkünstlerischen Begabung, seien es nun die Schlierseer oder Wessobrunner Stukkatoren, die Baumeisterfamilie Dientzenhofer, die Weilheimer Bildhauer, die Brüder Asam. Die Anziehungskraft Oberbayerns verdankt sich dem Schaffen Erasmus Grassers, Ignaz Günthers und Johann Michael Fischers aus der Oberpfalz. Aus Polen kam Jan Pollack, aus Böhmen Wenzel Mirofsky, aus Wallonien François Cuvilliés, aus dem Eichstättischen Joachim Dietrich. Eine eigenartige Erscheinung ist dabei die enge Verbundenheit von Stadt- und Landkunst, Hof- und Volkskunst, die in zahlreichen Wallfahrtskirchen, Fassadenfresken, Zentren der Schnitzerei und Hinterglasmalerei anschaulich wird.

Kaum weniger wirksam, ja fast noch breiter gestreut, war die Anziehungskraft Oberbayerns auf Künstler im 19. und frühen 20. Jahrhundert. Es bildeten sich abseits der Hauptstadt München, jedoch in Kontakt mit ihr, regelrechte Künstlerkolonien und Malernester heraus: Frauenwörth, Murnau, Schliersee, Dachau, um nur die wichtigsten zu nennen.

Aus der Fülle dieser Erscheinungen galt es eine Auswahl zu treffen, die die wesentlichen historischen und stilistischen Zusammenhänge sichtbar macht. Diese Auswahl wird immer persönlich sein und deshalb auch keine Vollständigkeit im lexikalischen Sinn beanspruchen. Kirchen und Schlösser, die im Stadtbereich von München gelegen sind, mußten wir nach einer ersten Umfangsberechnung des Manuskriptes ausklammern. Dies galt vor allem für das erneuerte ›Bilderbuchschloß‹ Blutenburg und die in Restaurierung befindliche Sankt Wolfgangskirche in Pipping, die Pfarrkirchen Sankt Maria in Ramersdorf und Thalkirchen, die Hofmarkkirche Sankt Michael in Berg am Laim sowie für die Schlösser Nymphenburg, Schleißheim und Lustheim. Hier wird der interessierte Besucher ohnehin auf die vorliegende und sehr ausführliche Führerliteratur zurückgreifen. Es ging dem Verfasser auch darum, den Leser auf abseits liegende Kunststätten und vergessene Orte des künstlerischen Lebens aufmerksam zu machen. Oberbayern ist an solchen Stätten, an denen die Tourismuswelle vorbeirollt, noch ungewöhnlich reich.

Im Bereich des Tourismus liegt Oberbayern an der Spitze. Seine Anziehungskraft erstreckt sich auch auf den Bereich der Regierung und Landkreisverwaltung. Hatte es schon bei seiner Herstellung als Regierungsbezirk im Jahr 1838 wesentliche Gebiete des alten Unterlandes hinzugewonnen, wie das ehemals salzburgische Mühldorf, Altötting und das von Landshut her geprägte Land an der Sempt, so griff es auch bei der jüngsten Landkreisreform wieder kräftig nach Norden aus: Teile des Altmühltals mit Eichstätt und des Donaulandes mit Neuburg an der Donau zählen heute zu Oberbayern. Oberbayerisch im kultur- und kunstgeographischen Sinn sind sie deshalb nicht. Wir möchten den Leser, der hier Fehlstellen im Gesamtzusammenhang zu entdecken glaubt, vorsorglich auf unsere Landschaftsbücher ›Reisen in Niederbayern‹, ›Barockreisen in Schwaben und Altbayern‹ und auf ›Die Romantische Straße‹ hinweisen, wo eine Reihe dieser Stätten beschrieben ist. Unser Reisebuch will also schon vorhandene Bücher – wie die genannten und andere über den ›Chiemgau‹ oder den ›Tegernsee‹ ergänzen. Da wir uns vorwiegend auf die Kunst, ihre Geschichte und ihre Erscheinungen beschränken, wird unser Übergriff einer weiteren Darstellung von oberbayerischen Teillandschaften nicht hinderlich sein.

München, im März 1985   *Herbert Schindler*

Rings um München

Klosterkirche Fürstenfeld

FÜRSTENFELD ist nicht nur eine Klosterkirche in Bayern. Fürstenfeld ist ein Monument – ein Erinnerungsmal der Bayerischen
Geschichte und ein Monument des Bayerischen Barock.

Was diese Klosterkirche vor anderen auszeichnet, ist nicht
barockes Behagen, Heiterkeit, oder gar Fröhlichkeit – sondern
ein Zug zur Größe, einer spröden Größe, die eigentlich selten zur
Charakteristik einer bayerischen Klosterkirche des Barock gehört; dazu eine Beimischung von Melancholie, wie sie allen ins
Große gedachten Werken der Baukunst eigen ist, von der Ruine
der Maxentius-Basilika in Rom bis zum Escorial bei Madrid.

Diese Werke der Sakralkunst tragen alle ein Stück Geschichte
mit sich, durch die Jahrhunderte bis in die Gegenwart. Die Last
der Geschichte prägt ihren Charakter, ihre Erscheinungsform
und unmerklich auch ihre Züge – die Heiterkeit des Seins scheint
bei ihnen nur am Rande auf.

Ähnliches – die leise Schwermut der Landschaft – mögen auch
die Weißen Mönche des Zisterzienserordens empfunden haben,
als sie vor 730 Jahren aus Seligenthal bei Bad Aibling auf »des
Fürsten Feld« bei Olching berufen wurden, um hier ein Sühnekloster zu gründen: nach dem Willen des Landesherrn! Etwas
von diesem Charakter einer bayerischen Memorialkirche ist
Fürstenfeld bis heute geblieben, wenn auch fast vergessen ist,
daß in seiner Gruft der Klostergründer Herzog Ludwig der
Strenge beigesetzt ist, neben seiner zweiten Gemahlin Anna von
Schlesien und seiner dritten Gemahlin Mechtild, einer Tochter
Rudolfs von Habsburg. Der Überlieferung nach ruht hier auch
das Herz Kaiser Ludwigs IV., den die Geschichte als Ludwig den
Bayern kennt, erbeten von den patriotischen Fürstenfelder Mön-

chen, als er am 11. Oktober 1347 auf einem Jagdausflug bei Puch nahe Fürstenfeld tot vom Pferd gesunken war.

Das ist Fürstenfelds geschichtliche Mitgift, über die wir noch näher berichten möchten.

Was Fürstenfeld als Zisterzienserkloster im Mittelalter bedeutet hat und was ihm im Barockzeitalter immer noch eine Sonderstellung einräumte, verdankt es seiner denkwürdigen Gründungsgeschichte. Diese ist mit der Person des Wittelsbacher Herzogs Ludwig II. ›des Strengen‹ und dem tragischen Ereignis eines Gattenmordes im Hause Wittelsbach verknüpft.

Kurz nach der Teilung Bayerns von 1255 in Ober- und Niederbayern, bei der Ludwig Oberbayern (das ›Oberland‹), den Nordgau und die Rheinpfalz zugesprochen erhielt, war der Herzog gehalten, abwechselnd in München und Heidelberg zu residieren. Zur Behauptung der Herzogsgewalt in den Rheinlanden sah er sich gezwungen, gegen zahlreiche aufsässige Herren und Raubritter vorzugehen, wobei er an die vierzig Raubschlösser und Burgen zerstört haben soll. In dieser von Kampfeslärm erfüllten, aufgewühlten Zeit erreichte ihn ein irregeleiteter Brief seiner jungen, ihm erst vor zwei Jahren angetrauten Gemahlin Maria von Brabant, einer Tochter Herzog Heinrichs II. von Brabant, die in Donauwörth (Veste Werd) mit ihrem Hofgesinde zurückgeblieben war. Der Brief der Herzogin war für den Feldhauptmann Ludwigs bestimmt. Den Inhalt kennen wir nicht; aber es ist wohl anzunehmen, daß dieses Schreiben in der höfischen, vertraulichen Sprache der ritterlichen ›Minne‹ abgefaßt war. Der Überlieferung nach soll sie den Hauptmann gebeten haben, die Rückkehr Ludwigs zu beschleunigen (?). Zum Lohn dafür würde sie ihm eine Gunst gewähren, um die er sie einmal schon gebeten habe. Gemeint war damit wohl das ritterliche, auch bei anderen Vasallen übliche ›Du‹. Gleichzeitig schrieb sie ihrem Gemahl und bat ihn mit »liebevollen Zeilen« um eine baldige Rückkehr. Der des Schreibens unkundige Bote soll die beiden Briefe, die noch mit verschiedenfarbigem Wachs versiegelt waren, verwechselt haben. Argwohn und blinde Eifersucht ließen den 26jährigen Ludwig sogleich nach Donauwörth reiten. Noch während der Nacht des 18. Januar 1256 traf er dort ein und begann ein blindwütiges Gemetzel gegen die Hüter seiner Frau. Dabei wurde der Burgvogt vom Herzog erdolcht, desgleichen eine Vertraute der Herzogin, das Kammerfräulein Helke von Brennberg

(Schwester des vor 1276 von Regensburger Bürgern ermordeten Minnesängers Reinmar II. von Brennberg). Die Oberhofmeisterin, eine betagte Dame, wurde vom Burgturm herabgestürzt. Ohne ein Gericht ließ der tobende Herzog – trotz aller Unschuldsbeteuerungen seiner Gemahlin – Maria durch das Henkersschwert hinrichten. Er glaubte sie durch die Handschrift überführt. Schon am anderen Tag, von Reue und schweren Gewissensbissen geplagt, ließ er Maria und die Ermordeten in der Kirche des Klosters Heilig Kreuz zu Donauwörth beisetzen.

Zur Absolution von der Blutschuld und der Anklage des Gattenmordes wandte er sich nach Rom an Papst Alexander. Von diesem wurde ihm nun als Buße auferlegt, entweder ins Heilige Land zu wallfahrten oder in seinem Land einen Bußorden von strenger Observanz einzuführen und ein Karthäuserkloster zu gründen. Alexanders Nachfolger, Papst Klemens IV., gestattete dann die Errichtung eines Zisterzienserstiftes. Das Sühnekloster entstand 1258 zunächst in dem Dorfe Thal bei Groß-Höhenrain im Landkreis Bad Aibling, besiedelt von Zisterziensern aus Aldersbach. Es erhielt den Namen ›Seldenthal‹ (Seligenthal: Vallis salutis). Drei Jahre später erst wurde das Kloster wohl nach dem Willen des Landesherrn »in campum principum« bei Olching verlegt. 1263 erfolgte die Konfirmation durch Bischof Konrad von Freising. Das unter Kaiser Ludwig dem Bayern, dem Sohn Ludwigs des Strengen, reich beschenkte und rasch aufblühende Kloster brachte auch dem nahegelegenen Bruck einen Aufschwung. Die Namenverbindung Fürstenfeldbruck datiert erst aus dem späten 19. Jahrhundert.

Es ist nicht gleichgültig von welcher Seite man sich Fürstenfeld nähert. Manche – und ich zähle bis dato leider auch zu ihnen – sind schon ein halbes Dutzend mal nach Fürstenfeld hinaus gefahren und haben dabei immer den kürzesten Weg benützt: entlang an den barock-behäbigen Flanken des Klostergebäudes und dann die große Reibe in den Klosterhof hinein, direkt vor die Kirchenfassade, die mit ihrem mächtigen Schlagschatten alles beherrscht ... Man tut immer dasselbe: man steigt aus dem Wagen, steht am Fuß des Monuments und blickt nach oben, wo man vielleicht nichts anderes als kahle Mauern, gesprengte Giebel und vorkragende Gesimse erkennt.

Wer sich Zeit nehmen will, der nähere sich dem Monument auf

einem kleinen Umweg, der für Autofahrer ohnehin nicht ins
Gewicht fällt. Er fahre am Kloster vorbei bis zur Amperbrücke,
dann links ab, auf idyllischem Fahrweg dem Flüßchen entlang.
Rechterhand breitet sich ein Stück Auenlandschaft von schöner
Unberührtheit – Schafe weiden auf den Wiesen –, eine neu angelegte Reithalle mit Parcours verbreitet den Geruch von Rössern
und Landwirtschaft. Auf dem Klosterweg, den niedrige Siedler-
häuser und Holzschupfen säumen, strebt man geradewegs auf
den Torturm des Klosters zu. Die Fassade ragt zwar ein beträcht-
liches Stück über das Torhaus hinaus, aber sie fügt sich mit dem
seitlich aufwachsenden Turm zu einem Bild zusammen, das nicht
alles über die wahren Verhältnisse aussagt, augenfällig wirkt und
die Begegnung in verschiedenen Abschnitten zu einem Erlebnis
werden läßt. Am Ende, wenn man den kleinen Torbogen mit der
alten Eisenbrücke durchschritten hat, ist die Überraschung noch
größer. Die Kirchenfassade liegt dann in ihrer ganzen überschau-
baren und darum erst begreiflichen realen Größe vor uns.

Zwei mächtige, wandhaft hochgezogene Geschosse und ein
kahler Giebel darauf sind als Abschlußmauer eines ebenso mächtigen Kirchengebäudes zu begreifen. Ihr vorgelegt – wie ein
Gerüst – sind sechs Kolossalsäulen in zwei Geschossen, die mittleren zwei durch gesprengte Giebel zusammengefaßt, kahle Fenster und zu kleine Nischen und Nischenportale. Dieser Kirchenfront haftet etwas Grob-Gewaltiges an. Mit ihren gemauerten
Säulenschäften, den klotzigen Postamenten (die unteren übereckgestellt), den hart verkröpften Gesimsen und schließlich dem
kahlen, hochgezogenen Abschlußgiebel hat sie eine militante
Größe und exerziert uns gleichsam in einer steifen Parade die
römisch-klassische Ordnung vor. Und wahrscheinlich steht hinter dem ganzen Gliederungskanon, wie sich später noch zeigen
wird, die barocke, frühbarocke Vorstellung von römisch-spät-
kaiserzeitlicher Baukunst, die durch Architekturtheoretiker überliefert worden ist, ohne auf die Details zu achten. Bei den Portalen
etwa (zumal den seitlichen) haben Palladio und Serlio den Baumeister buchstäblich im Stich gelassen, und er mußte zu Um-
rahmungs- und Giebelformen greifen, wie sie im Rokokopalast-
bau üblich gewesen sind. Antonio Viscardi, der planende Architekt, kam eben nicht aus Rom, sondern aus Graubünden.

Hauptsächlich wegen dieser spröd-gewaltigen Fassade, die ein Stück Landschaft beherrscht, hatte man im Jahre 1803 daran gedacht, jene keinesfalls legendäre Kanonade von Fürstenfeld zu veranstalten. Ein stationäres Korps der bayerischen Artillerie stand bereit, um auf höheren Befehl ein militärisch-exaktes Zielschießen auf die Fürstenfelder Fassade und Klosterkirche zu veranstalten. Auf diese Weise versuchte man sich nach der Säkularisation aller weiteren Baupflichten zu entziehen und Monumente »einer unseligen Zeit«, wie es in einer Verordnung hieß, einfach zu beseitigen. Dazu ist es aber doch nicht gekommen, weil man in Bayern damals schon die Exekutionen ein wenig hinausschob, um dem Delinquenten eine Rettungschance einzuräumen oder auf ein Wunder von oben, ein behördlich genehmigtes Wunder zu hoffen. Bewirkt aber wurde dieses ›Wunder‹ durch das Eingreifen des Brucker Postmeisters Louis Philipp Weiß, der in der ersten bayerischen Ständeversammlung saß und seinen Einfluß geltend machte.

Nicht zuletzt ist es diese Fassade gewesen, die in unseren Tagen den Anstoß zu einem Restaurierungsunternehmen gegeben hat, das von der technisch-denkmalpflegerischen Seite her generalstabsmäßig geplant und ins Werk gesetzt werden mußte, um die Kirche zu retten. Die große Schauwand – sprich Fassade – hatte sich nämlich für das Auge kaum merklich, für die Statiker schon besorgniserregend geneigt. Der Zusammenhang oder Verband mit dem gewaltigen Kirchenschiff, das sie mehr verdeckt als ahnen läßt, war nicht mehr in der erwünschten Festigkeit gegeben. Man stellte daneben noch einige andere gefährliche ›Neigungen‹ fest, die jedoch nicht aus mangelndem Bauverständnis und technischem Können des Barockbaumeisters resultierten, sondern aus einem viel moderneren Gebrechen: der Veränderung des Wasserhaushalts in den Amperauen.

Ins ›Tal‹ dieser Auen war nämlich diese Kirche nach einem fürstlichen und klösterlichen Willensentschluß gestellt. Um feste, verläßliche Grundmauern für die Barockanlage der Kirche zu gewinnen, hatte man einen förmlichen Rost aus Eichenpfählen in den feuchten Grund gerammt. Darauf kamen die Grundmauern zu stehen. Die Pfähle aus Holz haben die Eigenschaft, so lange eichenhart zu bleiben, wie sie in Grundwasser gebettet sind. Als mit der Amperregulierung der Grundwasserspiegel merklich sank, standen die Köpfe der Pfähle im Trockenen und begannen zu faulen, ihre vollständige Vermorschung drohte. Man mußte sich also zu einer *Generalkur* für das ganze Kirchengebäude entschließen.

Das Erdreich der Kirchenfundamente wurde soweit es ging freigelegt. In die Hohlräume unter den Grundmauern wurde Beton gepreßt. Und weil es mit der Fundamentfestigung nicht getan war, entschloß man sich, zuoberst in der Höhe der Emporenbrüstungen noch zwei lange Stahlbetonbänder (nicht sichtbar, weil im Mauerwerk) einzuziehen. Durch diese mächtigen, den ganzen Kirchenraum einfassenden Bänder ist es gelungen, die weichende Fassadenfront wieder fest an die Langhausmauern zu binden und überdies den Gewölben ein festeres Widerlager zu geben. So kommen die Praktiken der modernen Bautechnik, ihre neuen Möglichkeiten, die auf genauer Berechnung der Armierung und des Querschnitts beruhen, nicht nur den Brückenbauten und den Fernsehrelaistürmen zugute, sondern auch historischen Baudenkmälern, ob es nun Barockkirchen wie Fürstenfeld oder gotische Backsteintürme wie jener von Sankt Martin in Landshut sind. Ein gewisser Ehrgeiz auf Seiten der Ingenieure, in der Meisterung des Schwierigen oder scheinbar Unmöglichen, tut noch das Seine.

An staatlichen und kirchlichen Aufwendungen sind bisher ungefähr zehn Millionen geleistet worden, eineinhalb Millionen wurden zusätzlich für den Abschluß der Großrestaurierung genehmigt. Das Interesse der Besucherschaft ist beträchtlich. An Sommerwochenenden lösen sich die Besuchergruppen förmlich ab, und es herrscht ein Andrang wie seinerzeit bei der Max-Emanuel-Ausstellung in Schleißheim. Die ehemalige Zisterzienserklosterkirche ist heute eine Kuratie der Pfarrkirche Sankt Magdalena in Fürstenfeldbruck, die vom Kloster erbaut worden ist.

Max Emanuel und Schleißheim, das sind zwei Stichworte, die sich beim Anblick dieser Kirche nicht ganz zufällig einstellen. Die Baudaten des Residenzschlosses in der Ebene vor München und der Klosterkirche in der Hügel- und Auenlandschaft der Amper stimmen merkwürdig überein. Nach umfassenden Planungen hat man in Schleißheim im Jahre 1701 den Grundstein zum Neuen Schloß gelegt. Erster Baumeister ist dort Enrico Zucalli. Am 5. August 1701 wird auch in Fürstenfeld der erste Stein gelegt.

Der Baumeister ist ein Graubündener, Antonio Viscardi, Erbauer der später (1711) begonnenen jedoch früher vollendeten (1718 geweihten) Dreifaltigkeitskirche zu München, die ja eine Votivkirche der bayerischen Landstände und der Münchner Bürgerschaft zur Rettung der Stadt im Spanischen Erbfolgekrieg ist.

Nach vierjähriger Bauzeit in Schleißheim wie in Fürstenfeld tritt dann jene große zehnjährige Unterbrechung der Arbeiten ein, die der unglückliche Verlauf des Krieges erzwang. Was so großartig begonnen wurde, in der Hoffnung auf eine lange Friedenszeit nach den siegreich beendeten Türkenkriegen und in der Hoffnung auf ein Kaisertum der Wittelsbacher, mußte nun nach dem Friedensschluß von 1714, trotz Erschöpfung der Kassen, weitergeführt werden. Viscardi war 1713 verstorben, und so verpflichtete man seinen besten Polier Johann Georg Ettenhofer zum neuen Baumeister.

Der große Bauabt – Liebhard Kellerer mit Namen (1714-34) – ist selbst der Sohn eines Maurerpoliers gewesen und ein Bruder des Abtes arbeitet als schlichter Maurer im Bautrupp mit. 1723 stand das Chorhaus, 1731 erfolgte die Weihe der Krypta und am 16. Juli 1741 wurde die Kirche eingeweiht. Die innere Einrichtung mit den Altären zog sich allerdings noch in die sechziger Jahre hinein. Der Turm erhielt 1754 seine Haubenkuppel. Aus dem ›Max-Emanuel-Stil‹, den die Kirche exemplarisch verkörpert, war inzwischen das Rokoko, der Stil der Regierungszeit Kurfürst Karl Albrechts geworden. Fragt man sich nun, warum hier in Fürstenfeld so großartig gebaut worden ist, dann mag dies wiederum in historischen Vorstellungen begründet liegen. Es ist offenbar nicht nur der Bauwille der Zisterzienser, der sich andernorts wie in Waldsassen und Fürstenzell ähnlich dokumentierte, sondern es spricht die Erinnerung an eine wittelsbachische Gründung, sozusagen die Vorstellung von einem Hauskloster mit. Der Barock hat solche Erinnerungen bewußt in seine Baumotivation einbezogen, ähnlich den habsburgischen Reichsklöstern in Oberschwaben und den Donaulanden: Weingarten, Ottobeuren, Melk an der Donau, Klosterneuburg und Göttweig. Wahrscheinlich ist es auch die Erinnerung an die enge Verbundenheit von Fürstenfeld mit dem Hause Wittelsbach gewesen, die die Klosterkirche Anno 1803 gerettet hat. König Max I. Josef besuchte um 1816 die

Fürstenfelder Kirche und erhob sie nun gar in den Rang einer Königlichen Hofkirche. So schnell ändern sich oft die Auffassungen gegenüber Bauwerken. Der letzte Abt von Fürstenfeld, Gerhard Führer, schrieb als pensionierter Ex-Abt dann die Chronik seines Klosters. Die ehemaligen Klostergebäude, 1803 an Private verhökert, wurden nun zum bayerischen Veteranen- und Invalidenhaus für die unverheirateten Offiziere, Unteroffiziere und Soldaten. Mit den Ökonomiebesitzungen in Graßlfing, Roggenstein, Puch und dem Fohlenhof Fürstenfeld, die vom Militär bewirtschaftet wurden, bildete das Kloster jetzt eine autarke militärische Anstalt. Und die Klosterkirche war sozusagen der bayerische ›Dom des Invalides‹.

Heute werden die Klostergebäude als Schulkaserne der Landpolizei genützt und können daher nicht besichtigt werden.

Die *Raumerscheinung* der Klosterkirche wirkt gewaltig, um nicht zu sagen kolossal. Es ist vor allem die ins Unendliche zielende Raumperspektive, die Reihung der begleitenden Kapellen, die Steigerung der Altäre. Es ist dies ein Raumsystem von großartiger Antiquiertheit, wenn man so sagen will: direkte Nachfolge von Sankt Michael in München, ein Raum von einem einzigen machtvollen Längszug, ohne Querhaus und ohne krönende Vierungskuppel. Das Langhaus mit begleitenden Kapellen, mächtige Pfeilerköpfe, die mit spiegelnden Stuckmarmorsäulen umkleidet sind, auch der Altarraum in die Tiefe gezogen und mit einer halbrunden Apsis geschlossen. Am Eingang zum Altarraum – dem Triumphbogen – sind die Stuckmarmorsäulen gar gebündelt, während sie an den Pfeilerköpfen nur gedoppelt sind.

Diese gedoppelten und gebündelten Stuckmarmorsäulen akzentuieren den Längsraum. Sie verschleifen ihn in gewisser Weise, ähnlich wie den Raum von Ottobeuren. Und obwohl sie viel massierter in Erscheinung treten als in Ottobeuren oder Zwiefalten – und auch viel schlanker proportioniert sind – erinnern sie uns an die große Reihe der Kirchen Johann Michael Fischers aus München. Eigenartig, konservativ und ein wenig schwerfällig ist die Gewölbegestaltung. Das heißt: die Seitenkapellen sind bis auf die Scheitelhöhe des Hauptgewölbes hochgezogen. Stichkappen schneiden so weit in die Hauptzone ein, daß wir von einem verborgenen Kreuzgewölbe sprechen möchten: einem Kreuzgewölbe fast antiker Gewalt, ähnlich dem der Maxentiusbasilika in Rom oder der Caracallathermen. Dieses System einer großartig historisch begründeten Massenverteilung, Beherrschung des Kräfteverlaufs, bringt freilich für die Belichtung, Auflichtung des Raumes nur wenig ein, wenigstens nicht alles, was man von ihm erwarten könnte: So ist das oberste Emporengeschoß raumarchitektonisch ein ungeklärter Rest, eine Dunkelzone ohne Fenster, die man durch hellblaue Grisaillenmalerei nur wenig aufzuhellen vermochte.

Nun zu den Künstlern, die die schwierige Aufgabe zu lösen hatten, diesen gewaltigen Raum des Barock mit Leben zu durchwirken, seiner veralterten Struktur in die Grandezza des 18. Jahrhunderts hinüberzuführen.

Es ist hier gleich zu Beginn der Beschreibung der *Ausstattung* von einem bayerischen Bravourstück zu vermelden, das nicht zustande gekommen ist. Vor dem Jahre 1722 haben nämlich die Asam, Münchens berühmteste Künstlerbrüder, das Angebot gemacht, die Gesamtausstattung der Kirche ›en bloque‹ zu übernehmen, wenn ihnen hunderttausend Gulden akkordiert würden. Was hierbei entstanden wäre, wäre vielleicht ein monumentales Aldersbach, vielleicht etwas fortgeschrittener in der Stilentwicklung; denn dort – in der Schwesterkirche der Zisterzienser – hatten die beiden Brüder ihre außergewöhnliche Kraft zum erstenmal erprobt. Der Bauabt von Fürstenfeld jedoch entschied sich nicht für die Asam, sondern für einen frei zusammengestellten Künstlertrupp bestehend aus Einheimischen und Italienern, Bavaro-Italienern wie ich sagen möchte. In diesem Trupp kommt den Brüdern Asam eine bestimmte Bedeutung zu. Sie sind maßgebend mit von der Partie.

Die Stuckdekoration im Altarraum, 1718 begonnen, wurde Peter Franz Appiani übertragen. Die Stuckierung der gewaltigen Langhauswölbung ist das Hauptwerk seines Bruders Jakob Appiani, also nicht – wie im Dehio-Handbuch zu lesen ist – von Egid Quirin Asam. Hier hat sich nämlich ein datierter Kostenvoranschlag vom 12. Juli 1729 gefunden, der von Jakob Appiani unterzeichnet ist, und noch im Jahre 1735 quittiert Appiani eine Abschlagzahlung von 150 Gulden für die Stuckarbeiten.

Diese Appiani stammen aus Porto am Luganer See. Der jüngste

Appiani – Josef mit Namen – wurde Mainzer Hofmaler und schuf die heute arg zerstörten Fresken der Wallfahrtskirche Vierzehnheiligen im Frankenland. Er ist in München geboren.

Der Fürstenfelder Stuck ist eine Leistung von eigenwilligem, fast venezianischem Zuschnitt. Ein dicht verflochtenes Netz von Bandwerk zieht sich wie eine Klöppelspitze – reichversetzt – über die Stichkappen und Wölbungen hin. Régencestil, Stil der Regentschaft, im Bayerischen und Österreichischen einfach ›Bandlwerk‹ geheißen.

Die Freskomalereien – denen jeweils nur ein Feld im Deckenspiegel und in den Quertonnen der Kapellen zukommt – sind die Leistung Cosmas Damian Asams, des älteren der Künstlerbrüder. Er bewältigte diese Fresken in zwei Abschnitten: zuerst 1722 den Altarraum, der ein Jahr später schon für den Gottesdienst benutzt wurde, und dann 1730-31 die vier Gewölbejoche des Langhauses. Der gewaltige Freskozyklus mußte sich dabei der Gesamtheit der Dekoration ein- und unterordnen, sie erhöhend und steigernd. Thema ist das Leben des Ordensgründers, des Heiligen Bernhard von Clairvaux. Nicht weniger als acht Deckenfelder von wechselnder Größe und Gestalt waren zu bewältigen.

Beginnen wir mit dem Deckenbild über der Orgelempore: Inhalt ist ein Traum der Mutter des Ordensgründers vor der Geburt des Bernhard. Sie träumte, daß sie einen weißen Hund gebäre, der die Feinde von einer Frauengestalt – der Kirche – abwehre. Dieser Vision ist in typisch barocker Metaphorik die Szene der Verkündigung gegenübergestellt.

Im ersten Schmaljoch haben wir dann die Darstellung einer Vision des Heiligen selbst: Er erschaut – wie auch in Aldersbach dargestellt – das Weltereignis der Geburt Christi. In Aldersbach beherrscht dieses Thema die ganze Langhausdecke. Hier ist es knapper, jedoch nicht weniger eindrucksvoll formuliert. Es folgt eine Szene aus dem Leben Bernhards: die Bekehrung des Herzogs von Aquitanien, als ihm die Hostie entgegengehalten wird.

Im dritten Joch des Langhauses finden wir dann eine echt asamische barocke Bildvision: die feierliche Einkleidung des Heiligen in Citeaux – das mit einem Fürstenfeld ähnlichen Architekturprospekt dargestellt ist – und zugleich die himmlische

Verheißung seiner Aufnahme in den Chor der Heiligen. Ein Historienbild, dessen Perspektiven kühn zusammengeführt sind und dessen Blickpunkt am vorausgehenden Joch genau berechnet ist. Die kompositionsbestimmenden Bewegungslinien laufen in der in lichten Höhen schwebenden Figur Christi zusammen.

Die Darstellung des Pfingstfestes im letzten Joch zerflattert etwas unruhig in die Gemäldefelder der Flachkuppel. Hier finden wir die Personifikationen der Vier Erdteile, dann die mystische Beziehung Bernhards zum göttlichen Kind und Gekreuzigten, zu dessen Füßen eine Tafel mit dem Salve Regina, das Bernhard ergänzt hat, und schließlich in einer illusionistischen Kuppel – Ersatz der fehlenden Vierungskuppel – die Darstellung des Pfingstfestes selbst.

Rundmedaillons in den Stichkappen beziehen sich auf den Tätigkeitskreis der Mönche und die mönchische Haltung sowie auf das Gebet. Betrachten wir auch die reizvollen Fresken in den Kapellengewölben, die farbig von besonderer Frische sind. Zu dem Wahlspruch (Lemma) ›Ecclesia defendo‹, sind unter anderem das bayerische Wappen, Fahnen und Waffen dargestellt.

Im zweiten Kapellenjoch haben wir die Darstellung zweier Zisterzienserinnen, die dem Jesuskind aufkochen, während Maria das Essen austeilt. Im dritten Joch die Darstellung der mystischen Vermählung des Heiligen Franziskus mit der Armut.

Die Chorfresken, für die Asam 1000 Gulden erhielt, stellen – am Triumphbogen beginnend – dar: musizierende Engel, dann die Patrona Bavariae, weiter die Gründungsgeschichte von Kloster und Kirche mit einem Bauplan der Kirche, und schließlich die Himmelfahrt Mariens, mit der der Gewölbezyklus schließt.

Der imposante Hochaltar bezieht geschickt die Fenster in die Wirkung des Aufbaues ein. Sechs Säulen, davon vier gedrehte, bestimmen den Aufbau. Das Altarbild von Johann Nepomuk Schöpf ist eine meisterliche Komposition der Himmelfahrt Mariens, leuchtend im Kolorit und in der Gesamthaltung durchaus auf der Höhe der Zeit. Überlebensgroße, wirksam und kraftvoll aufgebaute Figuren, die Mitglieder der Heiligen Familie, stehen zwischen den Säulen: Zacharias und Joachim links sowie Anna und Elisabeth rechts. Über dem Tabernakel der Pelikan und seitlich zwei anbetende Engel. Die Fassung in Polierweiß. Die Auszugsgruppe setzt das Hochaltarbild thematisch fort: Maria wird von der Dreifaltigkeit im Himmel erwartet, Engel weisen marianische Zeichen wie Sonne, Kranz, Kreuz und Rosen. Am Baldachin das Wappen des Abtes Alexander Pellhammer (1745-1761). Gegen Ende seiner Regierungszeit ist der mächtige Altar, der größte nach Dießen am Ammersee, errichtet worden. Merkwürdigerweise kennen wir immer noch nicht den Bildhauer des großen Altarwerkes, zu dessen kistlermäßigen Ausführung um 1760 ein Schreiner aus Bruck (Johann Georg Schuster) einen Voranschlag einreichte. Adolf Feulner hat in seiner frühen Monographie ›Münchner Barockskulptur‹ von 1922 einen Bildhauer vorgeschlagen, von dem wir nur wenig kennen: Josef Prötzner aus Erding, seit 1752 im Münchner Bildhauerhandwerk tätig. Von seiner Hand sollen nach Westenrieder die Apostelfiguren in Sankt Peter zu München sein. Prötzner erreicht jedoch nicht die statuarische Qualität der Fürstenfelder Hochaltarfiguren. Er neigt zum volkstümlich expressiven Rokoko, während in Fürstenfeld eine mehr höfische Haltung und Disziplin sichtbar wird. Während einer schon Jahre zurückliegenden Führung in Fürstenfeld haben wir die Vermutung geäußert, daß der unbekannte Schnitzer der Hochaltarfiguren im Augsburger Bildhauerkreis der Verhelst zu suchen sei (Ignaz Wilhelm und Plazidus Verhelst). Jedoch sind die Statuen der Verhelst-Söhne, etwa in der Pfarrkirche Tapfheim bei Dillingen, einen Grad zu akademisch, um mit Fürstenfeld in Verbindung gebracht zu werden. Friedrich Wolf (›Fürstenfeld‹, 1962) und Wilhelm Neu (›Lech-Isar-Land‹, 1977) haben inzwischen den Weilheimer, aus Oberstdorf stammenden Franz Xaver Schmädl (1705-77) vorgeschlagen. Vielleicht hat in seiner Werkstatt der junge Thomas Schaidhauf mitgewirkt, der ab 1761 die große Folge der Apostelfiguren im Langhaus schuf.

Der Prophet Zacharias trägt in der Rechten das Heilige Buch, das er auf einem Mantelbausch und dem erhobenen Knie in entschiedenem Kontrapost präsentiert. Sein Mantel wirft sich über der vorgestreckten Hand und der rechten Schulter wellig auf, unten schlägt er bewegt zur Seite. Die Figuren sind weiß gefaßt, mit vergoldeten Säumen. Gut gestaltet ist der Kopf des Propheten, ein nach innen gewendetes Antlitz, mit wehendem Bart, die Augen in dem feinrassigen Greisengesicht fast geschlossen, entfernt an die feinen Greisengestalten seines größten Zunftgenossen Ignaz Günther erinnernd. Joachim dagegen, eine sensiblere Gestalt, die in ihrer Empfindlichkeit mehr an Straub-sche Typen gemahnt.

Ihnen sind zwei Frauengestalten von lebendigster Charakteri-sierung gegenübergestellt: Anna und Elisabeth! Während bei Mutter Anna ein Zug zum Beschaulichen vorherrschend zu sein scheint, ist Elisabeth in einem Moment seherischer Verzückung erfaßt, vergleichbar den Gestalten Josef Anton Feuchtmayrs in Birnau am Bodensee. Das Merkwürdige beim Fürstenfelder Hochaltar ist dessen synthetischer Charakter. Was den immer noch unbekannten Bildhauer auszeichnet, ist die Fähigkeit zur Zusammenschau, zum leise verschlüsselten Zitat einzelner Eigen-schaften und Vorzüge, die wir bei größeren Meistern und Namen finden. Dies könnte der Auftraggeber vielleicht gewußt haben!

Zufällig kennen wir den Meister der Faßarbeiten: Johann Georg Vogt aus Indersdorf, der 1762 für seine Arbeit auf Alaba-sterart und Vergoldung 600 Gulden erhalten hat.

Unbekannt ist auch der Meister der zahlreichen Seitenaltar-figuren, die – soweit wir es sehen – mit den Hochaltarplastiken eine stilistische Einheit bilden. Ausgenommen die beiden schon er-wähnten vorzüglichen Stuckmarmor-Altäre des Egid Quirin Asam, für deren Zuschreibung eigentlich die flüchtige Aktennotiz Gerhard Führers genügen kann: der Sebastianialtar und der Peter- und Paul-Altar.

Unterschätzen wir nicht die überlebensgroßen Stuckfiguren der Zwölf Apostel an den Pfeilern des Langhauses. Der Wesso-brunner Thomas Schaidhauf hat sie um 1761-63 geschaffen. Ihr Ausdruck ist aufs Große berechnet, vergleichbar den Stuckplasti-ken der Asam und des Diego Francesco Carlone, pathetisch und nur wenig detailliert, wie es dem Formen in flüssiger Materie entspricht. Dies unterscheidet diese Figuren von den sehr über-legten Monumentalgestalten am Eingang zum Altarraum, Wer-ken des Klassizisten Roman Anton Boos. Die Figuren Ludwigs des Strengen und Ludwigs des Bayern scheinen denn auch in den Maßen künstlerisch nicht bewältigt, sondern mehr zerimonial und reichlich steif geraten.

Thomas Schaidhauf käme also wohl für einen Teil der Seiten-altarfiguren, vielleicht sogar für die Hochaltarplastiken in Be-tracht, obwohl er uns bisher nur als Stuckplastiker bekannt ist. Zu dem Weilheimer Franz Xaver Schmädl, der auch vorgeschlagen wurde, sehen wir keine sehr überzeugende Stilverbindung. Dem temperamentvollen Weilheimer, der ein oberbayerischer Zeit- und Stilgefährte des Niederbayern Christian Jorhan d. Ä. ist, möchte man diese im Ganzen doch recht seriöse Nuance des Fürstenfelder Figurenzyklus nicht zubilligen. Schaidhaufs Apostelfiguren im Langhaus haben jedoch den Zug ins Große, Raumschaffende, wie uns die Gebärdensprache und die Drapierung der Gewänder zeigt. Vielleicht hat Schaidhauf seine Arbeit mit den Hochaltarfiguren um 1761 begonnen. Auch die Kanzelfiguren könnten demnach sein Werk sein. Der Heilige Paulus auf dem Schalldeckel ist von innen her bewegt.

Die große Orgel hat ein Meister seines Fachs 1733 gebaut: Johann Fuchs in Donauwörth. Die sie krönende Muttergottes ist ein zu wenig beachtetes Schnitzwerk aus dem Jahre 1737 von Johann Georg Greif – eine Muttergottes mit Kind und Szepter im Typus der Patrona Bavariae auf der Münchener Mariensäule. Ein kleines frisches Orchester musizierender Engelskinder und singender Putten an der Brüstung (gleichfalls von Greif) belebt den Prospekt und die Orgelempore.

Lange den Blicken verborgen, weil in der Sakristei aufbewahrt, war die große, 178 cm hohe Sitzende Muttergottes mit Kind. Diese Holzfigur in weitgehend noch ursprünglicher Fassung ist heute in einer der rechten Seitenkapellen aufgestellt, während weitere Reste des spätgotischen Hochaltares (Figuren der Heiligen Benedikt und Bernhard, zwei Gemälde von Gabriel Mäleßkircher, Geburt Christi und Pfingstfest, um 1480) noch in der Sakristei verwahrt sind. Der spätgotische Hochaltar, zu dem die genannten Figuren sicher gehören, muß demnach ein stattliches Werk gewesen sein: Ein Marienaltar mit der Sitzenden Muttergottes, flankiert von zwei Heiligen im Schrein. Dem entspricht die bildhauerische Auffassung und Komposition der Hauptfigur. Maria sitzt auf einer Bank mit einem Polster; sie trägt eine auffallend hohe Zackenkrone und langes über die Schultern fallendes Haar. In der Rechten hält sie das Szepter und reicht dem Kind eine Weintraube. Mit der Linken hält sie das nach der Traube greifende Kind. Der Mantel schließt sich um die Brust und fällt in vielfachen Stauungen außergewöhnlich breit von der Bank zum

Boden, wo er sich nocheinmal staut. Hinsichtlich ihrer Stilauffassung gehört die Figur der Zeit um 1500 an. Ein unbekannter Schnitzer, der von der Andechser Muttergottes (Gnadenbild) angeregt ist, jedoch auch Beziehungen zur Münchner Bildnerei jener Zeit erkennen läßt (Altar in Pipping bei München) hat dieser Figur die über die Zeiten hin ansprechende Würde und monumentale Form gegeben. Das Gesicht der Maria wirkt alpenländisch-herb, das Lächeln ein wenig gefroren, um nicht zu sagen formelhaft.

Mons sanctus – Andechs

Wer die *Wallfahrtskirche Mariä Verkündigung* am Ostufer des Ammersees aus der Ferne liegen sieht, auf einer bewaldeten Anhöhe, von der man See und Land nach allen Seiten hin überschaut, der erinnert sich an die Grafenburg der Andechser, von der die Geschichte ihren Ausgang nimmt. Immer wieder sind es Berge, an denen sich die wechselnde Macht als einem mächtigen Stützpunkt festkrallt: in Freising die Agilolfinger, in Scheyern die Wittelsbacher, in Andechs die Dießen-Andechser. Aus den Burgen werden dann Klöster und Kulturmittelpunkte.

Um 1130 verlassen die Grafen von Dießen ihren Burgsitz Sconenburg bei Dießen und übersiedeln auf den Berg am Ostufer, der strategisch günstiger gelegen und vielleicht schon seit altersher befestigt war.

Andechs wurde nun der Stammsitz dieses mächtigen Grafengeschlechts (seit 1157/58 die Erben der Grafen von Wolfratshausen und der Formbacher), das in der großen Reichspolitik eine bedeutende Rolle spielte und 1180 mit den dalmatinischen Ländern am Meer auch den Titel eines ›Herzogs von Meranien‹ erhielt. Das geschah unter Graf Berthold IV., der sich als staufischer Reichsgänger auf dem Kreuzzug von 1189 im Kampf gegen Türken und Byzantiner auszeichnete und die Verhandlungen mit den Serben führte. Unter Bertholds Söhnen und Töchtern erreichte das Geschlecht seinen geschichtlichen Höhepunkt. Graf Otto VII. erwarb durch Heirat 1208 die Grafschaft Burgund, Graf Eckbert wurde als Bischof von Bamberg der Bauherr des Bamberger Domes, denn die Andechser waren auch Lehensträger der Bischofskirche von Bamberg und Herren des Zweimainwinkels geworden. Berthold von Andechs aber wurde der letzte bedeutende Patriarch unter den zahlreichen deutschen Patriarchen von Aquileia. Auch er war ein Parteigänger der Staufer, ein geschickter Territorialpolitiker und der Freund des Heiligen Franz von Assisi. Die Töchter Bertholds heirateten in die Königshäuser von Frankreich und Ungarn hinein. Hedwig aber folgte ihrem Gemahl Heinrich nach Schlesien, folgte dem Ideal des Armen von Assisi und wurde – als sie 1243 im grauen Kleid der Zisterzienserinnen im Kloster Trebnitz gestorben war – die große Heilige Schlesiens.

Das Ende dieses mächtigen Geschlechts kam schnell und erinnert an ein »grimmiges Würfelspiel« (Franz Tyroller). Man bezichtigte Heinrich IV. von Andechs der Mitwisserschaft am Mord König Philipps von Schwaben (1208). Der Herzog und Rivale aus dem Hause Wittelsbach trat als Rächer auf und schleifte die Burg des bald aussterbenden Geschlechts.

Was von ihnen blieb war die Burgkapelle und war der Schatz der von ihnen gesammelten Reliquien. Zu diesen Zeugnissen aus dem Heiligen Land waren die Bauern der Umgebung schon früher (1128) unter den Andechsern gewallfahrtet. Als dann im Jahre 1388 ein Teil des verborgenen (oder vergrabenen) Schatzes, angeblich durch die Spur einer Maus wiedergefunden wurde, setzte die große spätmittelalterliche Wallfahrt ein. Das Wallfahrtsziel stellten dabei die drei Heiligen Hostien dar, die um 1182 aus Bamberg nach Andechs kamen und deren wundermächtige Kunde nicht erloschen war.

Vom Wiederaufbau einer Kirche unter Herzog Ludwig dem Strengen ist schon in den 70er Jahren des 14. Jahrhunderts in den Urkunden die Rede. Aber erst nach 1419, als die Heiligen Hostien aus der vorübergehenden Aufbewahrung in Münchens Herzogsburg am Alten Hof nach Andechs zurückkamen, dürfte die neue Wallfahrtskirche erbaut worden sein. Von da an wird der Berg Andechs »Heiliger Berg« genannt. Um 1438/39 errichtete Herzog Ernst in Andechs ein Chorherrenstift mit Weltpriestern. 1455 wird es in eine Benediktinerabtei umgewandelt. Am 25. Juli 1458 werden der Hochaltar und die Nebenaltäre der Kirche geweiht, 1468 erfolgt die Weihe des Kreuzaltares und des Altares in der Reliquienkapelle, später eines Katharinen- und Verkündigungsaltars. Der Klosterneubau erfolgte 1453–1455. Es wurde Anfang des 17. Jahrhunderts durch den Baumeister Anton Renner erneuert. 1607 wurde auch die Kirche erneuert und unter dem Abt Michael Einslin (1610-1640) wurde sie »mit einem Gewölb, schönen Altären und Bildern geziert«. Am 3. Mai 1669 vernichtete ein durch Blitzschlag verursachter Brand die Kirche (bis auf die Heilige Kapelle) und das Kloster (bis auf den Gasttrakt). 1670 war sie wieder eingedeckt und wurde 1676 mit sieben Altären geweiht. 1671 wurde der Konventbau wiederhergestellt. 1674 bis 1675 erfolgte der Bau des Turmes. Die Bauleitung hatte dabei der kurfürstliche Baumeister Dominikus Schinagl, die Ausführung Caspar Zucalli und sein Polier Martin Denchion.

1712 erfolgte noch eine Erweiterung der Fensteröffnungen. Durch alle diese Umbauten hatte die spätgotische Kirche ihre räumliche Erscheinung bewahrt. Sie war als relativ kurze dreischiffige Halle erbaut worden und besaß dem Idealtyp einer Wallfahrtskirche entsprechend (siehe Sankt Salvator in Passau) eine Umgangsgalerie mit Emporen. Diese diente dem feierlichen Vorweisen der Heiltümer (Reliquien) und des Kirchenschatzes. Auch die letzte, nun prächtige Innenausstattung von 1751-1755, hat diesen Charakter weitgehend bewahrt. Zwei der ursprünglich wohl achteckigen Pfeiler im Chorraum wurden damals herausgebrochen. Das Kirchengewölbe von 1628 blieb im Langhaus erhalten, das Altarraumgewölbe wurde rund 50 cm höher angelegt.

Baumeister des Rokokoumbaues war Lorenz Sappel aus München, der den Landsberger Jesuitenbruder und Architekten der dortigen Jesuitenkirche zur Beratung beizog. Der Stuck und die Fresken sind die Leistung des Johann Baptist Zimmermann, den ein Stukkator namens Josef Marian unterstützte.

Dies sind die nüchternen, jedoch wichtigen Daten zur Wallfahrts- und Baugeschichte.

Wenn wir uns nun die Innenausstattung dieser Rokokokirche mit einer gotischen Halle als Kern betrachten, dann müssen wir auch auf das Detail achten. Vieles ist nur dekorative oder besser gesagt höchst virtuose Umkleidung des Kerns eines Wallfahrtsheiligtums, das sich im 18. Jahrhundert durchaus seiner Geschichte bewußt war und diese Geschichtlichkeit und Ehrwürdigkeit durch das Ausstattungsprogramm betonte.

Wollte man zuerst dem Zimmermannschen Stuck, dem Rocaillewerk an den Gewölbezwickeln, den Pfeilern und Gurtbogen, die Aufmerksamkeit schenken, so sind es jetzt die Fresken Zimmermanns, aus denen eine betörende Polychromie und vor allem ein intensives Rosa und Blau sprechen. Mit den Wirkungseffekten des Rokoko wird diese gotische Halle samt ihrem Umgangschor in eine Rokokolaube verwandelt. Die Fresken stellen den Andechser Himmel dar, wie ihn ein Barockprediger nicht anschaulicher hätte schildern können. So ähnlich hat uns denn auch Hugo Schnell, der 1982 verstorbene bayerische Kunsthistoriker, das Freskenprogramm geschildert:

Die Heiligen, vor allem aus dem Hause Andechs, beten (im Chor) die drei wunderbaren Heiligen Hostien an, Christus fährt in den Himmel auf, Andechs am See ist eine Gnadenstätte wie der Teich Bethsaida; über dem Westchor, auf dem das Chorgestühl aufgestellt ist, psalmodieren – wie ein Ausspruch Sankt Benedikts besagt – die Engel in Gemeinschaft mit den Mönchen. In den beiden Seitenschiffen sind die Fresken lockerer komponiert und tritt das typische Blau J. B. Zimmermanns betonter auf: rechts kämpft der Heilige Rasso auf seinem Schimmel siegreich gegen die Hunnen, der Heilige Michael erscheint, David lobpreist die Barmherzigkeit Gottes, links (nördlich) windet sich der Aszet Sankt Benedikt in Dornen, Maria schenkt dem Heiligen Johannes Evangelist einen Gürtel, die Heilige Zäzilia lobpreist Gott. Die Engel mit den Leidenswerkzeugen erinnern an den Opfertod Christi. Die Fresken unter der Westempore stellen die drei göttlichen Tugenden ›Glaube‹, ›Hoffnung‹ und ›Liebe‹ dar, dazu noch die ›Gerechtigkeit‹ und die ›Starkmut‹. Die Wandgemälde, gleichfalls von Zimmermann, vielleicht unterstützt von seinem Sohn Franz: rechts ›Papst Nikolaus V. bestätigt die Klosterstiftung im Jahr 1454‹; links ›Herzog Albrecht III. stiftet das Kloster im Jahre 1455‹.

Meisterwerke von Johann Baptist Straub sind die vier vor die Freipfeiler gestellten Seitenaltäre. Insbesondere die vorderen zwei Altäre, der Rasso-Altar (rechts) und der Benedikt-Altar (links), sind formvollendet in ihrem Aufbau und in ihrer Plastik. Die vier Figuren Straubs stellen (nach Schnell) »die 4 Kapläne der seligsten Jungfrau«, die Marienverehrer Ildefons und Anselm (links), Bernhard und Hermann den Lahmen (rechts) dar. Ähnlich wie beim Hochaltar in Berg am Laim kommt es zu einer kongenialen Synthese des Straubschen Altaraufbaues mit den Altarbildern des Johann Andreas Wolff: rechts der Heilige Rasso in Ritterrüstung mit dem Oberbild des Heiligen Gregor; links der Heilige Benedikt, oben der Heilige Leo. Wolff ist unter jenen zahlreichen Künstlern, die Fresko- und Tafelbildmaler zugleich waren, allein Altarbildmaler gewesen. Fern jeder dekorativen Machart befleißigt er sich einer sauberen Ölmaltechnik, gibt Verinnerlichung des Themas und ein sehr ansprechendes Kolorit.

Der Hochaltar entspricht in seinem reichen zweigeschossigen Aufbau einer Wallfahrtskirche von besonderer Bedeutung (vergleiche Vilgertshofen und die Wies). Das Hauptgeschoß zeigt einen Rokokotabernakel mit zwei adorierenden Engeln (ursprünglich vergoldete Kupfertreibarbeiten nach Entwurf von Johann Baptist Straub, die Originale seit der Säkularisation durch Holznachformungen ersetzt). Darüber das spätgotische Gnadenbild der Sitzenden Muttergottes mit Kind in einem von einem Strahlenkranz umgebenen Gehäuse. Die beiden Flankenfiguren, der Heilige Nikolaus und Elisabeth von Thüringen (Andechser Heilige!), sind nach dem Zeugnis des bayerischen Historikers Johann Kaspar von Lippert Werke von Straub. Im oberen Stockwerk, in das die Empore einbezogen ist, finden wir den Weilheimer Franz Xaver Schmädl als maßgeblichen Bildhauer. Der Aufbau mit zwei Säulen enthält die zentrale Muttergottesfigur des Johann Degler, von einem älteren Altar um 1608/09 übernommen. Sie verkörpert den seltenen Typ der Immakulata mit ausgebreiteten Armen. Engel und Putten von Schmädl umgeben sie. Die Flankenfiguren Benedikt und Scholastika stammen von Schmädl. Die elegant eingezogene und kurvierte Empore springt im Chor – auf schlanke ionische Doppelsäulen gestützt – beiderseits ein Stück vor. Auf der Balustradenecke sitzt jeweils eine große Figur, die freiräumlich gestaltet ist: die Heiligen Johannes Nepomuk und Florian, wieder von Schmädl.

Dem im Schrein geborgenen Gnadenbild der Spätgotik sind barocke metallene Kronen und ein ebensolches Brustschild appliziert. Auch das Szepter ist barock. Die Mondsichel, auf der die Muttergottes thront, wird von Straubschen Putten überschnitten. Maria sitzt auf einer Bank, auf der sich seitlich der Mantel staut.

I

JOHANN GEORG VON DILLIS
(1759-1841)
Starnberger See
Ausschnitt

Aquarell um 1792
München, Staatliche Graphische Sammlung
(Foto: Blauel-Artothek)

Unter den Entdeckern der oberbayerischen Landschaft gilt
Dillis als einer der Pioniere. Bei einer Reise mit Rumford in
die schönsten Gegenden des Landes (um 1786?) dürfte auch
dieses Blatt entstanden sein, das zusammen mit 11 anderen
Motiven durch Simon Warnberger in Umrißradierung ge-
stochen wurde und als Folge bei Artaria erschienen ist. Wir
sehen hier (nach Merian und Wenings barocken Stichwer-
ken) die erste Topographie Altbayerns in romantischem
Geist, das heißt mit Empfinden für das Bildmäßige, die
Vedute in größerem Umgriff, hier den feinen Zusammenstand von Kirche, Schloß und Ort über dem See vor der
Kulisse der Alpen.

Neben diesem weit ausgeführten Blatt besitzt die Staatliche Graphische Sammlung noch ein Aquarell, bei dem der
Baumschlag und das Terrain des Vordergrundes nur skizziert sind und das wohl als erste Fassung anzusprechen ist.
Im malerischen Werk von Dillis löst sich das Landschafts-
empfinden der Frühromantik aus der pittoresken Rokoko-
vedute durch die neue Sicht des Motivs in seiner Ganzheit
und in seiner feinen Licht- und Luftperspektive.

Das auf dem linken Knie sitzende Kind ist bekleidet und hält eine Weintraube. Der S-förmige Schwung des rechten Mantelteiles, der über den Arm zum Schoß geführt ist, und der herbe Gesichtsschnitt erinnern uns an die Fürstenfelder Sitzende Muttergottes, jedoch erscheint uns die Andechser Gnadenmutter noch ein wenig feiner.

Die Kirche besitzt beachtliche Seitenaltäre. Nennen wir zuerst das Paar der vordersten Kapelle: den Hyazinthaltar mit einem Gemälde von Johann Nepomuk Schöpf (Heilige Anna) und Figuren der Heiligen Sylvester und Nikolaus; gegenüber der Altar des Heiligen Clemens mit Gemälde der Heiligen Familie von Schöpf und Figuren der Heiligen Barbara und Ursula. Es folgen zwei hervorragende Stuckmarmoraltäre von Egid Quirin Asam: der Sebastiansaltar (links) aus dem Jahre 1736 mit einem älteren Gemälde des Heiligen Sebastian von Johann Andreas Wolff (1716 gemalt); gegenüber der Peter- und Paul-Altar von Asam (1746) mit einem Gemälde ›Abschied Petri und Pauli in Rom‹ von Ignaz Baldauf. Baldauf schuf auch die Altarblätter der folgenden dritten Kapellenreihe: links eine Darstellung des Todes des Heiligen Benedikt, darunter ein Ecce-Homo-Bild von Amigoni; die Figuren sind Allegorien des Glaubens und der Stärke; rechts der Heilige Bernhard, darunter das Gemälde der Mater dolorosa von Bergmüller; die Figuren symbolisieren Hoffnung und Liebe. In den zwei kleineren Kapellen der beiden Eingangsjoche finden wir vorne zwei virtuose Stuckmarmoraltäre des Rokoko von Tassilo Zöpf; links ein Altarbild, das Christian Winck zugeschrieben wird (Heiliger Florian) und rechts das Johann-Nepomuk-Altarbild von Johann Nepomuk Schöpf. In der letzten Kapellenreihe, dem Josefsaltar gegenüber, befindet sich eine hervorragende Sandsteinfigur der Muttergottes aus dem 14. Jahrhundert. Ein Meisterwerk der Schmiedekunst stellt das Abschlußgitter dar. Anton Oberögger, ein Kunstschmied aus Bruck, hat es um 1780 in letztem Rokoko geschaffen.

Nördlich steigt die Treppe zur Heiligen Kapelle empor. Eine der das Schiff umgebenden Kapellen, die um 1400 erbaut worden ist, geschlossen durch eine eiserne gotische Tür. In einem neuzeitlichen Schrein und in der Monstranz des Stifters sind die drei Heiligen Hostien aufbewahrt. Seitlich davon die Reliquien (Teile des Spottrohres und der Dornenkrone Christi). In einem Wandschrank der Südmauer findet sich das Brustkreuz der Heiligen Elisabeth (von dieser, die als Tochter der Gertrud von Andechs, Königin von Ungarn, geboren wurde, nach Andechs geschenkt). Gegenüber ihr Brautkleid, eine sarazenische Damastwebarbeit. In einer Ecke steht die älteste Votivkerze von Andechs, die 1603 von Kurfürst Maximilian gestiftet worden ist. Eine bedeutende Reliquie ist noch das ›Siegeskreuz Karls des Großen‹ aus dem 12. Jahrhundert.

Westlich des Chores im Erdgeschoß schließt sich ein Gang, in dem eine imposante Reihe von mehr als 200 Votivkerzen aufgestellt ist. Eine der letzten stiftete Papst Pius x. Die ganze volkskünstlerische Phantasie und Schönheit drückt sich in den Wachsverzierungen, den gemalten und mit Rocaillen versehenen Schildchen aus, auf die der Herkunftsort geschrieben ist. Die Volkskunst und die Hofkunst des Rokoko gehen in dieser Kirche innig zusammen.

Werfen wir noch einen Blick auf das Ganze! Das bleibende Erlebnis ist – neben dem Wissen um die Geschichtlichkeit und Weihe des Ortes – die bildhafte Intimität dieser Hallenkirche. Das Rokoko holte alle Helligkeit und allen Glanz herein, welchen es fähig war. ›Rokokogotik‹ möchte man sagen, wenn das nicht ein kunsthistorisches Paradoxon wäre. Es gelingt etwas Seltenes, fast Einmaliges: die Vereinigung zweier Stilepochen, die in ihren Mitteln Verschiedenes wollten, jedoch in ihren Zielen sich nahekamen. So nahe wie nirgends sonst.

Alte Pfarrkirche Starnberg

»Sie ist mir schon vor einem guten Menschenalter zum erstenmal besonders aufgefallen. Seit anderthalb Jahrzehnten habe ich sie oft täglich, wenigstens Woche um Woche angesehen, und ihre eigentümliche Silhouette hat bis heute nicht aufgehört, mich zu erregen. Diese fasziniert mich immer aufs neue, als wäre alles Aufwärts der gesamten Menschenwelt, alles ›sursum corda‹ darinnen in Eins summiert ...

Von dem Bergrücken, welcher, breit und gleichmäßig erstreckt, das schlichte alte Herzogschloß trägt, erhebt sich auch die helle kleine Kirche, darüber ihr Turm. Schlank strebt er in die Höhe, mit lichter Farbe auch er – bis an den dunkelrötlichen Aufsatz hin, den ›Helm‹.

Der Helm nun: er zumal läßt nicht nach, meine Freude, meine Erhebung und Erquickung zu sein.«

So beginnt Wilhelm Hausenstein seinen 1948 geschriebenen Essay über die Turmspitze der *Alten Pfarrkirche Sankt Josef* in Starnberg. Diese Pfarrkirche und damit wohl auch den Turm hat Leonhard Matthäus Gießl 1764-66 erbaut. Es gelang ihm eine der feinsten Lösungen für einen ländlichen Kirchenbau, nur vergleichbar den Werken Johann Michael Fischers in Bichl, Unering und Sigmertshausen. Solche Kirchen, die im Äußeren von betonter Schlichtheit sind – glatte Putzflächen, die Fenster wie hineingeschnitten – müssen im 18. Jahrhundert ungemein modern gewirkt haben. Starnberg war damals noch ein Fischerdorf mit Holzhäusern. Nur in der Turmkuppel, dem ›Helm‹ konnte sich das den Baumeistern eigene Formgefühl Ausdruck verschaffen. Sie war die Landmarke durch die sich der Ort von anderen unterschied, das Kennzeichen des Entwerfers und der weithin sichtbare Akzent in der Landschaft, ein Turm, der Gefühle hervorzurufen und zu lenken vermag.

In Starnberg ist die Turmkuppel einem schlicht quadratischen Turmunterbau, der oben ins Achteck übergeht, aufgesetzt. Über dem wellig sich aufwerfenden Gesims eine Einziehung, dann eine kräftige Ausladung in Zwiebelform und eine ungewöhnlich hochgezogene Laterne, die auf einem zierlichen Schaft sitzt.

Betritt man den Kirchenraum, so zeigt sich dieser in der einfachen Form einer Wandpfeilerkirche von zwei Jochen mit flachgespannten, jedoch weich ausbuchtenden Gewölben. Eine feine Rhythmisierung geht von den nischenartigen Abschrägungen zum Chorraum aus, die von den kräftig ausladenden Gebälkaufsätzen noch betont wird. Der Chor ist im Grundriß quadratisch mit Segementbogenschluß, darauf ein böhmisches Gewölbe. Eine zweigeschossige und geschweifte Westempore unterstreicht diesen Raumrhythmus. Die Gliederung erfolgt zurückhaltend durch Pilaster mit Stuckkapitellen. Der Raumstuck ist auf das notwendigste Rahmenwerk beschränkt.

Zu dieser schon auf Sparsamkeit bedachten Architektur, die uns typisch für die Entstehungszeit erscheint, passen die Deckenfresken des Christian Winck von 1766. Im Langhaus ist das ›Leben der Heiligen Familie‹ und die ›Vision des Heiligen Josef‹

(Maria in der Glorie) dargestellt. Im Chor empfiehlt Maria fürstliche Stifter, Kranke und Arme dem Schutz der Dreifaltigkeit. Porträts des Ortspfarrers und von Bauern erscheinen unter den Pagen der Kurfürstin, und in die Szene der Krankenheilung sind genremäßige Gruppen in ländlicher Tracht einbezogen. In solchen liebenswerten Einzelzügen entfaltet die Deckenmalerei Wincks ihre besten Seiten, und man erinnert sich, daß dieser Maler antiker Mythologien – die wir in Schleißheim gesehen haben – die Brücke von der Hofkunst zur volksverbundenen Landkunst geschlagen hat.

Wertvollste Ausstattungsstücke – und der Ruhm der Starnberger Kirche – sind der Hochaltar und die Kanzel von Ignaz Günther. Diese Arbeiten sind wohl unmittelbar nach Vollendung der Kirche in den Jahren 1766-69 entstanden.

Der Aufbau des *Hochaltars* ist denkbar einfach: Zwei wandverbundene Pilaster, denen etwas schräg zwei Säulen vorgestellt sind. Diese auf Postamenten und mit ausladendem Gebälk; darauf gedrückte Voluten und ein das Ganze überspannender Bogen mit Lambrequins und Giebelkartusche. Der gut proportionierte Tabernakel mit zwei adorierenden Putten dient als Postament für die Gruppe der Heiligen Familie. Diese besteht aus der bewegt agierenden Maria, die das aufrechtstehende Kind über die Mitte des Tabernakels hält. Mitte und senkrechte Achse der Gruppe bilden die vergoldete Weltkugel und das daraufstehende, tänzerisch bewegte Jesuskind mit dem Kreuz in der linken und segnend erhobener rechter Hand. Der Heilige Josef mit dem blühenden Stab kniet zur rechten Seite, an die Gruppe geschmiegt, jedoch mehr nach vorne gerückt und von ihr durch die Weltkugel geschieden. Wolken und geflügelte Engelsköpfe an den Stellen des Übergangs sowie eine große Strahlenglorie vervollständigen diese Gruppe, die in ihrer bildnerischen Harmonie wohl unübertroffen ist.

Sicher hat sich Günther in der Gesamtkonzeption seines großen Vorgängers in Wien, Raphael Donners, erinnert, wie denn auch die Hauptgruppe des Starnberger Hochaltars an das Figurenprinzip Donnerscher Brunnenschöpfungen gemahnt. Die Fassung aller Schnitzfiguren ist alabasterweiß und dadurch von der Altararchitektur deutlich abgehoben.

Adolf Feulner schreibt:

»Die herrliche Gruppe der Heiligen Familie ist eine der schönsten Schöpfungen der Rokokoplastik ... Der Wohllaut der Form, die in großen Zügen angelegt ist und sich in kleinteiliges Geriesel auflöst, ist unbeschreiblich. Die Figuren sind auch durch inhaltliche Gegensätze zur Einheit verknüpft. Die ekstatisch aufgelöste Hingabe des knienden Josef und die milde, ruhige und würdevolle Mütterlichkeit der sitzenden Maria sind durch das stehende segnende Christuskind, bei dem sich kindliche Natürlichkeit und der nachdenkliche Ernst des künftigen Welterlösers mischen, zur Einheit verbunden«.

Feulner hat auch bemerkt, wie diese Gefühlshaltung in den beiden Seitenfiguren kompositionell und ausdrucksmäßig weitergeführt wird. Rechts der Heilige Franz Xaver in einer dem Heiligen Josef verwandten Haltung inniger Hingabe, links Johannes Nepomuk, der das Kreuz hält, in einer dem stehenden Jesusknaben ähnlichen Bestimmtheit auftritt und dabei verklärt nach oben blickt. Diese schlanken Gestalten in priesterlichen Gewändern sind in lebhafter Wendung und elegant vorgeführtem Kontrapost aufgebaut. Sie folgen einem genau überlegten Kompositionsprinzip, das grob gesprochen in einer Zickzacklinie zu begreifen ist, dem auch die kleinen Spannfältchen der blockartigen Chorröcke folgen. Die Hauptgruppe ist annähernd einem Dreieck einbeschrieben. Ein hervorragendes Werk Günthers ist auch die einfache Kanzel mit den Symbolen der vier Evangelisten.

Ein tüchtiger Meister hat nach den Entwürfen Günthers das Kruzifix und die Schmerzhafte Muttergottes (Mater dolorosa) am Chorbogen geschnitzt. Die Beichtstühle und die Emporenbrüstungen zeigen in ihrer mehr handwerklichen Ausführung den Geist Güntherscher Formerfindungen. Und selbst der Taufstein, der zuletzt um 1770 entstand, kann uns als Steinmetzwerk – in das die Anmut der Rocaille gegossen ist – begeistern. Ein Glanzstück freilich – das sich heute im Bayerischen Nationalmuseum präsentiert – ist in Starnberg wohl erst wieder zu sehen, wenn das neue Heimatmuseum eröffnet ist: ich meine die herrliche Schnitzfigur der ›Starnberger Magdalena‹.

Das Pfingstfest in Leutstetten

Leutstetten – das ist zuerst ein typisches Landschloß der Renaissance in Oberbayern. 1565 vom herzoglichen Rat Hans Urmüller erbaut, besitzt es im Kern noch die Erscheinung der Bauzeit: schlicht und doch reizvoll durch die beiden über Eck gestellten Erker mit ihren geschwungenen Bedachungen. Seit 1875 in Besitz der Wittelsbacher, vor ihnen (seit 1833) durch den Fürsten Ludwig Öttingen-Wallerstein bewohnt, einem Kunstsammler von Format, ist es vor allem als Ruhesitz des Kronprinzen Rupprecht bekannt geworden. Auch diesem »heimlichen Herrscher Bayerns« war das Sammeln ein weit über Liebhaberei hinausgehendes Bedürfnis, obgleich seine Mittel weit geringer waren, als die seines Urgroßvaters, König Ludwig I. von Bayern. Als Sammler hatte er sich durch Reisen und den Umgang mit Kunsthistorikern einen ganz persönlichen Geschmack gebildet, der der klassischen Kunst, insbesondere der italienischen und deutschen Renaissance den Vorzug gab, jedoch auch das Sammeln erlesener Schnitzwerke der deutschen Spätgotik umfaßte. Die zum Teil persönlich und mit viel Liebe von ihm eingerichteten Säle des Schlosses Berchtesgaden legen davon ein beredtes Zeugnis ab.

Um 1950, als wir Leutstetten zum ersten Mal besucht haben, lebte Kronprinz Rupprecht noch. Wir durften uns einem kleinen Häuflein Königstreuer aus dem Oberland, die sich zum Besuch angesagt hatten, anschließen. Die Einrichtung war – einem Landschloß angemessen – einfach und war wohl noch zum Teil dieselbe, die Fürst Öttingen-Wallerstein den Räumen gegeben hatte, nur durch einzelne erlesene Stücke aus dem Privatbesitz des Kronprinzen erweitert, darunter – wenn ich mich recht erinnere – waren auch Ostasiatika und Stücke aus dem vorderen Orient.

Der Kronprinz erwartete uns im Empfangszimmer, dem wohl einzigen größeren Raum des Schlosses. Baron Redwitz stellte ihm die Besucher der Reihe nach vor. Da ich als letzter und jüngster in der Reihe stand, konnte ich den Kronprinzen beobachten. Obwohl schon in hohem Alter hielt er sich auffallend straff und aufrecht, über das von Fältchen überzogene Gesicht ging gelegentlich ein Leuchten, das den strengen Eindruck minderte. Der

Zeremonie, so zwanglos sie begonnen hatte, haftete allmählich etwas Militärisches an. Es war, wie wenn ein Herrscher oder hoher Militär (der er ja war) verdiente Soldaten seiner Armee durch Handschlag auszeichnet. Einzelne der Besucher kannte der Kronprinz schon und wechselte mit ihnen ein paar Worte. Als die Reihe an mir war, entstand eine kleine Verlegenheitspause. Baron Redwitz hatte offenbar meinen Namen vergessen und blätterte in einer Liste. Fast unerträglich lange ruhte deshalb der Blick des Kronprinzen auf mir. Bis ich mich in die Stille hinein verneigte und meinen Namen sagte. Ein Händedruck und ein kurzes Lächeln ... Als wir nach der Vorstellung eine Photographie mit dem Namenszug des Kronprinzen erhielten, sagte der Flügeladjudant zu mir: »Im Vertrauen gesagt, man wartet auf jeden Fall, bis seine Königliche Hoheit das Wort an einen richtet!«

Ein Erlebnis ganz anderer Art ist der Besuch der *Pfarrkirche von Leutstetten* mit ihrem wunderbaren Pfingstschrein.

Die Kirche des Heiligen Alto – äußerlich eine bescheidene Landkirche, wie viele hier in dieser Gegend um Starnberg – ist nach einer vorbildhaften Restaurierung der letzten Jahre zu einem Kleinod oberbayerischer Kirchenkunst geworden. Der im Kern noch spätgotische Bau erfuhr im 17. Jahrhundert eine Umgestaltung, und auch das 18. Jahrhundert trug zu seinem Schmuck bei. Drei Altäre sind es, die dem erneuerten Inneren ihren Glanz vermitteln. Der Hochaltar im Chorhaus, dem frühen 17. Jahrhundert zugehörend, mit den Schnitzfiguren des Heiligen Alto und der Heiligen Elisabeth, sind beachtenswerte Leistungen der Zeit um 1520; der Aufbau unter einer leicht gekrümmten Flachdecke ist gut proportioniert und läßt Gotisches noch ahnen. Dieser Chor nimmt das Untergeschoß des Turmes ein. Die Seitenaltäre sind Schöpfungen aus dem Anfang des 18. Jahrhunderts, aber mit älteren Schreinskulpturen ausgestattet. Am südlichen Altar die Heilige Anna Selbdritt aus der zweiten Hälfte des 17. Jahrhunderts, liebenswürdig in der Darstellung besorgter Mütterlichkeit und Freude an den Kindern. Der linke Seitenaltar birgt dann eine Schreingruppe der Spätgotik, die den Ruhm dieser Kirche ausmacht: den Pfingstschrein von Leutstetten.

Der Besucher ist über die Größe und Schönheit dieser Schreingruppe zuerst überrascht. Er betrachtet sie als etwas Besonderes, als ein Kunstwerk eigenen Ranges, das vielleicht ein geschichtlicher Zufall hier in dieser Dorfkirche erhalten hat. Berthold Riehl, dem frühen Kunstwanderer, war das Werk schon bekannt. Er glaubte, das Relief des Pfingstwunders stelle den Rest »eines großartigen Altares, höchst wahrscheinlich aus einer Münchner Kirche« dar. Dies trifft jedoch nicht zu. Die Kirche in Leutstetten besaß von jeher drei Altäre aus der Erbauungszeit. Der Hochaltar war dem Kirchenpatron, dem Heiligen Alto geweiht, die Seitenaltäre der Heiligen Anna und den Aposteln. Und dieser Apostelaltar ist uns in diesem linken Seitenaltar mit Sicherheit erhalten.

Die ältere Literatur – so auch Dehio – datiert das Werk um 1480-90 und nennt als seinen Schöpfer Erasmus Grasser oder seine Werkstatt. Bodo von der Au lehnte in seinem Aufsatz in der Zeitschrift ›Das Münster‹ 1957 die Zuschreibung an Grasser ab und führte den ›Meister von Leutstetten‹ (so der Titel seines Beitrags) in die Literatur ein. Er sah zwar auch die Nähe zum Meister der Blutenburger Apostel, hielt den Leutstettener Meister aber nicht mit diesem identisch. Er sei ein eigener, dem bisher – so Bodo von der Au – nur ein einziges Werk, das aus Bayern stammende Apostelrelief in Biblis (Kreis Bergstraße) zuzuschreiben sei.

Dies vorausgesetzt, wollen wir uns das Relief näher betrachten. Es zeigt eine bewegte, jedoch gleichgewichtig und harmonisch komponierte Szene: um die Zentralfigur der sitzenden Muttergottes sind die zwölf Apostel geschart. Im Vordergrund sind es vier: zwei sitzend, einer sich aufrichtend, einer stehend. Die Blickrichtungen divergieren. Die äußeren Apostel blicken nach innen und in die Höhe. Der Sitzende in der Mitte zeigt sein jugendliches Profil und blickt träumerisch geradeaus. Er scheint abwesend, jedenfalls am wenigsten beteiligt zu sein. Sein Nachbar, rechts von ihm, blickt schräg nach oben aus dem Bildgrund heraus. Die zweite Reihe der Apostel ist in einer etwa gleichmäßigen Höhe mit der Muttergottes angeordnet. Zwei von ihnen haben betend die Hände erhoben, die rechten beiden, davon einer mit Spitzbart und Buch, drücken Staunen aus. Am bewegtesten sind die beiden mittleren Apostel der obersten Reihe: links Petrus, der verklärt die Hände öffnet und nach oben blickt, rechts von ihm ein jüngerer Apostel, der hingerissen die Arme erhebt. Die beiden äußeren – relativ unbeteiligt und isoliert – blicken nach vorne:

Der linke liest in einem Buch, der rechte greift mit der Hand an die Brust und wirkt etwas sentimental. Eine ähnliche Geste führt die Muttergottes aus. Sie ist mit einem Mantel bekleidet, trägt ein Kopftuch, das sich auf der rechten Schulter staut und über die Brust in einer Serpentine herabfällt. Darüber noch ein Schleier, der vom Hinterkopf über den linken Arm fällt. Die Linke der Maria blättert in einem Buch, das auf dem Schoß liegt. Dehio schreibt: »Das Aufwärtsblicken einiger Apostel setzt als ursprünglichen Abschluß eine Himmelfahrt Mariens voraus.« Dem aber ist schwerlich zuzustimmen. Das Aufwärtsblicken kann nämlich ohne weiteres als Zeichen der Verzückung erklärt werden. Wir kennen eine verwandte Darstellung des Pfingstwunders in Salzburg-Nonnberg, die mit großer Sicherheit als ein Werk Erasmus Grassers angesprochen werden kann. Hier blicken auch wenigstens fünf Apostel verklärt nach oben. Auf den Häuptern der Apostel sind dort kleine Flammen angebracht, die in Leutstetten fehlen, jedoch sicher einmal vorhanden waren. Im Scheitel der Figuren glaubt man noch die Löcher für die Flammenzapfen zu erkennen.

Wenn nun dieses seltene Pfingstrelief in Leutstetten nicht von Grassers eigener Hand ist, so muß es doch in seiner unmittelbaren Nähe, vielleicht sogar in seiner Werkstatt entstanden sein. Sicher ist es keine Gesellenarbeit; dafür ist sein künstlerischer Rang zu hoch. Also wohl eher ein fast gleichberechtigter Mitarbeiter Grassers.

Einen von diesen mit Grasser befreundeten und in seiner Werkstatt tätigen Bildschnitzer kennen wir namentlich. Laut Steuerbuch der Stadt München von 1486 zahlt der Münchner Bildhauer Erasmus Grasser »für Kriechpom von Passau 6 tl. 20 den. et 2 ß 10 den. von 3 fl. geltz«. Wir haben also Grund zu der Annahme, daß dieser Kriechbaum von Passau (der Vorname ist leider nicht genannt) einige Zeit in Grassers Werkstatt gearbeitet hat und damit steuerpflichtig geworden ist. Für einen Gesellen hätte Grasser keine Steuer dieser Größenordnung zu entrichten gehabt. Nicht ganz von ungefähr hat man diese bescheidene, jedoch wichtige Nachricht (wichtig, weil sie die Künstlerverbindungen aufzeigt) mit dem berühmten Kaiser-Ludwig-Grabmal im Münchner Liebfrauendom in Zusammenhang bringen können. Hans Karl Ramisch wies mit Nachdruck darauf hin,

*daß dieses Meisterwerk der Epitaphplastik mit der Passauer Kriech-
baumwerkstatt in nächstem Zusammenhang steht. Nur ist uns eben
der Vorname des Kriechbaum leider nicht genannt. Martin Kriechbaum, der als Schöpfer des nicht weniger berühmten Kefermarkter
Altares (bei Freistadt im oberösterreichischen Mühlviertel) heute
anerkannt ist, hatte sicher auch Brüder und Söhne. Manche Merkmale des Leutstettener Schnitzers scheinen tatsächlich auf Verbin-
dungen sowohl mit Grasser als auch mit dem unbekannten Meister des
Kaisergrabmals hinzuweisen: etwa das schräge Aufstellen des Fußes
auf dem ansteigenden Terrain, die klare Organisation des Falten-
wurfes, die frische Darstellungskraft und der sichere Aufbau der
insgesamt jugendlich wirkenden Gestalten.*

Woher diese Sicherheit des szenischen Aufbaus kommt,
können wir nur vermuten. Wir fühlen uns vor dem Leutstettener
Pfingstschrein an die noch wenig erforschte Gruppe der niederländischen Kreuzaltäre in Schwäbisch Hall erinnert, bei der im
einzelnen nicht sicher ist, ob sie niederländische Importwerke
oder schwäbische Eigenleistung nach niederländischen Vorbildern sind. Auch dort ist diese Art der Gruppenkomposition
bewegter Gestalten, die sich um die Muttergottes gruppieren,
verbreitet. Auch der Zug der Typisierung der Figuren bei Preis-
gabe der individuellen Durchformung trägt etwas Klassizisti-
sches in sich.

Bei unserer Gruppe in Leutstetten hätte man sich den Rahmen
des 18. Jahrhunderts, zumal die drei Girlanden, die heute den
Baldachin schmücken, wegzudenken. Die Schreingruppe ist übrigens außergewöhnlich groß: Sie mißt in der Höhe 160 und in der
Breite 145 Zentimeter.

Die Restaurierung hat sie von späteren Übermalungen befreit
und ihr mit behutsamen Ergänzungen die ursprüngliche Wirkung
und Farbigkeit zurückgegeben. Betrachtet man sie aus einiger
Entfernung als Gesamtheit, so zeigt sie in den Hauptfaltenzügen
ein Strömen, das sich um die kreiselartige Mitte des Kopftuches
der Muttergottes bildet. Eine Durchströmtheit, die dem großen
Thema angemessen erscheint.

Die Schloßwirtschaft in Leutstetten – dies sei postscriptum
angemerkt – ist eine oberbayerische Gastwirtschaft, wie aus dem
Bilderbuch geschnitten!

Der Mörlbacher Schnitzaltar

Nach Mörlbach bringt uns die Straße am Hochufer der Isar entlang. Man sollte sich dieses spätgotische Idyll in der Nähe von Icking gesondert betrachten, birgt es doch in seiner Kirche Sankt Stephan eine selten geschlossene Ausstattung aus dem späten 15. und frühen 16. Jahrhundert, dazu Reste bemerkenswerter Fresken und feiner Gewölbemalerei wie Blumen und Gräser, die in die Kappen gezeichnet sind.

Diese erlesene Ausstattung einer Dorfkirche verdankt sich dem Geschlecht der Thorer, die einst auf Schloß Eurasburg über dem Loisachtal, südlich von Wolfratshausen, saßen.

Das Hauptstück ist ein Schnitzaltar der Zeit nach 1510: ein Schreinaltar mit zwei festen Standflügeln, zwei Drehflügeln, Predella und aufgipfelndem Gesprenge. Dieses farbig recht keck gefaßte Retabel zeigt einen phantasievollen Aufbau. Die Predella wird von zwei Renaissancebalustern eingefaßt, die wie zusammengebundene Blattstrünke aussehen (mit Schachtelhalmbauschen wurden bekanntlich die Kreidegrundfassungen der spätgotischen Figuren glatt gerieben). Dieser Blattstab setzt sich seitlich des Schreins als Drehstab fort, innen begleitet von einem dürren Aststab. Der Schrein ist rundbogig geschlossen. Drei Kielbogen unterteilen ihn, der mittlere auf gewundenen Aststäben. Der Abschluß der Flügel zeichnet den Kontur des Schreinabschlusses nach. Das Gesprenge, das offenbar Veränderungen erfuhr, besteht aus fünf Fialen, dazwischen Maßwerkornamentik. In der Mitte gipfelt es mit einem Fialenturm auf, dessen Enden geschwungen sind. In diesem zierhaften, ein wenig kraus anmutenden Schrein stehen drei Figuren: Sebastian, Stephanus und Jakobus der Ältere. Im Gesprenge die Figur des Gekreuzigten. Auf den Innenseiten der Flügel finden sich Reliefs der zwölf Apostel, je zwei Felder übereinander. Von rechts oben nach links unten: Johannes, Andreas, Petrus – Philippus, Thomas, Jakobus der Jüngere – Jakobus der Ältere, Judas Thaddäus, Simon – Paulus, Matthäus, Bartholomäus.

Die Drehflügel weisen auf der Rückseite Malereien auf, ebenso sind die Standflügel, die Predella und die Rückseite der Predella bemalt. Die Mitte der Predella nimmt eine Vertiefung mit

Schiebetüren ein. Hier befand sich mit ziemlicher Sicherheit das etwas zu groß erscheinende geschnitzte Vesperbild.

Die Fassung des Altars ist nicht mehr die Ursprüngliche. Das zeigen uns schon die beiden Wappen zur Seite der Predella, die 1607 datiert sind. Um 1868 ist uns von einer zweiten (?) entstellenden Übermalung durch Karl Graf von Rambaldi (Geschichte der Pfarrei Aufkirchen am Würmsee, Starnberg 1900) berichtet. Der Restaurierung von 1919 ist wohl der heutige Eindruck der Fassung hauptsächlich zu »verdanken«. Zuletzt wurde der Altar in den Jahren 1954-1955 durch einen privaten Restaurator unter der Observation des Landesamtes für Denkmalpflege restauriert. Der Mörlbacher Hochaltar – früher dem Meister des Hochaltars von Rabenden im Chiemgau zugeschrieben (Erstzuschreibung durch Philipp Maria Halm 1911) – ist nach Jürgen Rohmeders eingehender Untersuchung als eine Werkstattarbeit dieses Schnitzers anzusprechen. Obwohl diese Auffassung manches für sich hat und der Meister des Mörlbacher Altars sicher in engerem Kontakt mit dem Rabendener Schnitzer zu sehen ist, ist ein Zusammenhang mit dem sogenannten »Meister AT« (so genannt nach zwei Reliefs im Innsbrucker Landesmuseum) nicht zu übersehen. Der Meister AT könnte unter Umständen mit Andre Taubenbeck in Landshut identifiziert werden. Genauere Untersuchungen in dieser Frage stehen noch aus.

Künstlerisch noch bedeutender als der Hochaltar ist der sogenannte Verkündigungsaltar an der Nordwand des Langhauses. Dieses um 1480 entstandene Retabel besitzt eine vorzüglich geschnitzte Schreingruppe der Verkündigung Mariens. Das sehr subtil geschnitzte und fein komponierte Relief ist uns teilweise noch in der alten Vergoldung erhalten. Die spröde Anmut und Beklommenheit des Schnitzers erinnert an Reliefs der sogenannten Landshuter Herzogsschule, die uns in Gelbersdorf bei Moosburg, in Frauenberg bei Landshut und in Landshut selbst zahlreiche Werke ähnlicher Auffassung hinterlassen hat. Einem dieser Landshuter Meister könnte man die Mörlbacher Gruppe durchaus zutrauen.

Die Flügel zeigen vielleicht das Köstlichste: Temperamalereien mit Szenen aus dem Leben Mariens. In diesen Tafeln ist die in Altbayern so beliebte und früh anzutreffende Natur- und Tierliebe mit einer den Niederländern abgeschauten, quellfrischen Malweise einen Bund eingegangen. Wir erhalten in den Hintergründen der Szenen reizende Auskunft über die Landschaft im Isarwinkel mit ihren Wäldern, Almwiesen und dem wolkenverhangenen Himmel.

Ursprünglich sind die Ausstattungsstücke der Erbauungszeit: das rustikale Chorgestühl mit Flachschnitzereien, das Lesepult von 1591, zwei spätgotische Leuchterstangen, die Glasgemälde und Figuren und Altarflügelfragmente. Auf dem Glasgemälde mit dem Heiligen Andreas ist der Stifter Caspar Thorer zu Eurasburg (1510) dargestellt.

Klosterkirche Schäftlarn

Mit Schäftlarn verbindet der Münchner eine Isartalwanderung von Grünwald über das Mühltal, dann eine gute Brotzeit im Gastgarten des Klosterbräustüberls und eine schöne Kirche. Die Kirche kommt meist zuletzt. Von vielen wird sie sogar vergessen.

In Schäftlarn knüpft sich die Erwartung des Kunstwanderers an Namen wie François Cuvilliés, Johann Baptist Gunetzrhainer, Johann Michael Fischer, Johann Baptist Straub und Johann Baptist Zimmermann.

Der Anblick von Kirche und Kloster – als Baugruppe ungemein reizvoll im Isartalgrund gelegen – beglückt. Vor der Kirche angelangt werden die Erwartungen wieder gedämpft. Eine schlichte Einturmfassade, die vielleicht einer Dorfkirche angemessen wäre und etwas Provisorisches hat: Lisenengliederung, Dreiecksgiebel, darauf der Turm ziemlich hart ins Achteck übergeführt, eine Zwiebelkuppel ohne Schwung mit zugespitzter Laterne. Seitlich der Front vermitteln Verbindungsmauern mit zugesetzten Fenstern zu den Klostergebäuden hin. Nur das Hauptportal zeigt eine Dreipaßgiebelrahmung, die wie eine entfernte Erinnerung an Dießen wirkt.

Beim Eintritt in die Kirche ist dieser Eindruck gleich weggewischt. Der helle, sich in die Tiefe erstreckende Raum ist ungemein harmonisch proportioniert. Doppelpilaster und doppelte Gurtbogen gliedern ihn. Im Langhaus zeichnet sich das griechische Kreuz ab in der Art, wie ein Querschiff mit Flachkuppel das tonnengewölbte Hauptschiff (in fast gleicher Breite) durchdringt. Die Langhaus- und Querhausabschlüsse sind gekehlt, seitlich der Querhausexedren finden sich rechteckige Kapellen. Der Chorraum setzt hinter dem Triumphbogen mit einem Mönchschor an, der wieder ein Flachkuppelgewölbe besitzt: er geht sanft in den Altarraum über, der gleichfalls überkuppelt ist und in einem Dreiviertelkreis schließt. Seitliches, großenteils indirekt geführtes Licht gibt dieser Raumabfolge etwas Schwebendes, Zartes, besonders wenn sich das Licht an den gekehlten Pfeilern und Gewölbebogen bricht. Elegant ist die Orgelempore im Westen eingespannt. Dieser Charakter einer durch Proportion und Abrundung gemilderten vornehmen Kühle, an der die Ordnung der Kompositpilaster wesentlichen Anteil hat, wird durch die überlegte Verteilung des Rokokoraumstucks ins Elegante hinübergeführt. Der Hofstukkateur Johann Baptist Zimmermann beschränkte sich auf bestimmte Akzente an den Gurten, in der Kehlung des Triumphbogens – hier eine Uhr mit zwei Engeln und zwei Rahmen-Kartuschen mit Emblemen im Schild – und in den Gewölbependentifs und Rahmenformen. Der Grund solcher Zurückhaltung dürften Entwürfe von François Cuvilliés sein. Cuvilliés' Dessin wird in den Stuckfeldern seitlich der Uhr besonders deutlich.

Die Fresken sind ein Alterswerk Zimmermanns von 1754–56. Über der Orgel erscheint ein ›Engelskonzert mit dem psalmodierenden König David‹. Das große Fresko im Langhaus schildert die ›Wiedererrichtung Schäftlarns Anno 1140 durch Bischof Otto von Freising und Herzog Leopold den Babenberger‹. Eine Rokokohistorienszene wird unter der Gnade des apokalyptischen Lammes vorgeführt. Im Querjoch des Chores sehen wir Christi Himmelfahrt mit dem beweglichen Bild des zum Himmel auffahrenden Christus. Die Kuppel des Altarraumes weist nur Raumstuck auf: große elegante Kartuschenrahmungen. Das Vorjoch des Altarraumes zeigt die ›Einkleidung des Heiligen Norbert durch die Muttergottes‹ auf großer Treppen- und Bühnenarchitektur. Die Kuppel des Altarraumes trägt Raumstuck von eleganter Form. Dem höfischen Charakter des Raumes sind die Altäre vorzüglich angepaßt. Diese Altäre, wie auch die Kanzel, gingen aus der Werkstatt des Hofbildhauers Johann Baptist Straub hervor und sind zwischen 1755 und 1765 entstanden. Der Hochaltar mit dem Gemälde Mariä Himmelfahrt von Balthasar Augustin Albrecht (1755 bezeichnet) zeigt seitlich die Figuren der Heiligen Dionys und Juliana, im Auszug Christus und Gottvater in einer Strahlenglorie mit Engeln. Ein Straubscher Tabernakel mit den Figuren des Glaubens und der Hoffnung (seitlich auf Voluten) und dem Relief der Emmausjünger. Als Hauptakzente wirken zwei große Altäre in den Querhausexedren: nördlich das Altarblatt von Albrecht ›Der Sieger von Lepanto, Don Juan d'Austria vor Papst Pius V.‹; südlich ›Kreuzigung Christi‹, das Bild ist von Albrecht bezeichnet und 1764 datiert. Elegante Heiligenfiguren, nördlich die Heiligen Dominikus und Theresia, südlich Longinus und Dismas, alle von Johann Baptist Straub. Besonders wirksame Altaraufbauten sind die Altäre in den kleineren Seitenkapellen: leicht gerahmt und in Flachnischen agieren die Heiligen Norbert und Augustinus.

Die Baugeschichte der Kirche der Prämonstratenser zu Schäftlarn bestätigt unsere Vermutung, daß hier Cuvilliés stärker am Werk war als wir annahmen. 1733 – nachdem Antonio Viscardi den Klosterbau aufgeführt hat – wird der Kirchenbau nach Plänen des Wallonen am Chor begonnen. Nach Aufführung der Chormauer bis zum Dachansatz (1740) und der Grundlegung des Langhauses bringt der Österreichische Erbfolgekrieg eine Unterbrechung. Erst 1751 kann weitergebaut werden, und jetzt tritt als Architekt der Hofbaumeister Johann Baptist Gunetzrhainer auf den Plan. Cuvilliés' Gesamtplan, der ein stärker vortretendes Querschiff und ein weiter nach Westen ausgreifendes Westwerk mit entsprechender Fassade vorsah, muß eingeschränkt werden. Es ist anzunehmen, daß Gunetzrhainer diese Planreduktion unter Beteiligung Cuvilliés' durchgeführt hat, sicher ist das jedoch nicht.

1751 erscheint neben Gunetzrhainer »Herr Fischer als Maurermeister«, was belegt, daß Johann Michael Fischer mit seinen Bauleuten der ausführende Meister ist. Das Hofbauamt vergab solche Aufträge gelegentlich an Stadtmaurermeister oder gar Landbaumeister weiter. Verbindlich für diese war allerdings der akzeptierte und verakkordierte Gesamtplan des Hofbauamtes. Schon 1752 konnten das Langhaus unter Dach gebracht und der Chor eingewölbt werden. 1753 erfolgte die Wölbung des Langhauses. Im Herbst 1760 wurde die neue Klosterkirche geweiht.

Fischer hat wohl den unteren Teil der Fassade nach eigenen
Entwürfen gestaltet und sich dabei einiger Sparsamkeit befleißigt.

Kreuzpullach – Siegertsbrunn – Möschenfeld

Übrigens bietet die von uns weitgehend gemiedene Autobahn
München–Salzburg auch Anschlußstellen in genügender Zahl,
um rasch in noch ursprünglich gebliebenes Hinterland zu gelangen. Auf die nächsten möchten wir hinweisen: Ausfahrt Hofol-
dinger Forst, *Kreuzpullach, Filialkirche Heilig Kreuz*. Die noch
wenig erforschte Dorfkirche, deren Baumeister wir nicht kennen
(Philipp Jakob Kögelsperger?), wurde 1710 als Stiftung des Hof-
beamten Peter Lehner erbaut. Ein von Pilastern gegliederter
Saalraum, der durch abgeschrägte Ecken und ansteigende Stichkappen seine zentralisierende Tendenz erhält. Feiner Akanthusstuck der Bauzeit, der in seinem zarten Auftrag der Landsberger
Stadtpfarrkirche entspricht, wohl wessobrunnisch, jedoch farbig
gefaßt. Da die handwerklichen Fresken mit »JGB 1710« bezeichnet sind, dürften Stuck und Fresken von dem Münchner Stukka-
teur Johann Georg Bader oder von dem Maler Johann Georg
Bergmüller stammen. In dieser Landkirche sind Reste eines
spätgotischen Flügelaltars erhalten: die ehemalige Schreingruppe
Maria und Johannes unter dem Kreuz, bez. 1513; dazu zwei
Engel, die das Blut Christi in Kelchen auffangen. Die ehemaligen
Flügel zeigen Szenen aus der Kreuzlegende (sie beziehen sich auf
die Stiftung eines Kreuzpartikels) und der Passion. Wohl
Münchner Arbeiten, der Werkstatt Jan Pollacks nahestehend.
Auf der östlichen Seite der Autobahn: *Siegertsbrunn, Wallfahrtskirche Sankt Leonhard*, eine alte, volkstümliche Leonhardswallfahrt mit einem großen Schatz an Votivbildern und Weihe-
kerzen, Fresken von dem Münchner Hofmaler Augustin Demmel
im Altarraum (1785) und von Johann Christian Winck im Langhaus (1793). – Nordöstlich hinter dem Höhenkirchner Forst liegt
die *Wallfahrtskirche Sankt Ottilie in Möschenfeld*, etwa 1640 von
den Jesuiten des Klosters Ebersberg erbaut, sechsjochiger Saalraum mit eingezogenem Chor und origineller Fassade. Den gut
proportionierten, durch hohe Rundbogenfenster und darüber
liegende querovale Fenster hell belichteten Saal, gliedern flache

Wandvorlagen. In der flach gespannten Stichkappentonne interessanter Stuck aus der Bauzeit: Rahmenwerk von abwechslungsreicher Form – geometrische Felderteilung – mit Engelsköpfen und Ranken als Füllmotiven. Auch hier beachtliche Reste eines gotischen Altars: die acht Tafeln an der Emporenbrüstung zeigen Darstellungen aus der Ottilienlegende (spätes 15. Jahrhundert). Im Bayerischen Nationalmuseum befindet sich die zum Möschenfelder Altar gehörende Predella. Der Maler vermag seine klar umrissenen Figuren vor präzis gezeichneten Landschaften und Innenräumen agieren zu lassen, beweist dekoratives Geschick und die feinmalerischen Qualitäten der oberbayerischen Schule.

Kloster Ebersberg

Wer den Münchner Osten entdecken will – auf einer Fahrt nach Wasserburg und zu den Klöstern Attel und Rott am Inn – der stößt zunächst auf Ebersberg, eine Perle von ganz besonderer Art, die mit einem schönen Umland ausgezeichnet ist. Die Perle selbst, das ist der alte Markt, die heutige Kreisstadt auf dem uralten Siedlungsboden (urkundlich erstmals im Jahre 870 erwähnt), hervorgegangen aus einer Burg des Grafen Sighart von Sempt, bei der 934 ein Augustinerchorherrnstift errichtet wurde. 931 wurde Ebersberg durch die aus Rom hierher überbrachte Hirnschale des Heiligen Sebastian ein Wallfahrtsort. Und hier müssen wir gleich den alten Dehio zitieren, der sagte: »Die Geschichte des erst im 20. Jahrhundert zur Stadt erhobenen, aber kulturhistorisch bedeutsamen Ortes ist vom 10. bis zum 18. Jahrhundert die Geschichte seines Klosters.«

Es ist immer wieder ein Erlebnis, wenn man von München kommend in den anheimelnden Marktplatz hineinbiegt. Hat man dann unter den schattigen Bäumen oder beim Eberbrunnen einen Parkplatz gefunden, so werden unsere Schritte wie von selbst auf dem leicht fallenden Platz zum Kloster gelenkt, das mit seinem Turm und der hellen Flanke des ehemaligen Klostergebäudes die östliche Schmalseite beherrscht.

Dieser massige Turm mit seiner knapp sitzenden welschen Haube von 1790 geht noch in das frühe 13. Jahrhundert zurück. Er wäre nördlich durch einen Bruder zu ergänzen, der noch als

Stumpf im Mauerwerk der Westfront steckt. Ein im Kern noch romanisches Westwerk zeichnet sich ab, denn in den Ergeschoßräumen der Türme, finden sich Rippengewölbe, die zu den ältesten ihrer Art in Oberbayern gezählt werden. Um 1230 dürfte dieses Westwerk, zusammen mit der geräumigen Vorhalle entstanden sein. Um 1470-80 wurde diese Vorhalle ausgebaut und 1666 von dem Baumeister Michael Beer durch eine Treppenanlage erweitert. Das geräumige und helle Langhaus zeigt die Gestalt einer spätgotischen Hallenkirche mit schlanken Pfeilern. In dieser altbayerischen Hallenform, die an Andechs erinnert, hat der Münchner Baumeister Erhard Randeck von 1481 bis 84 den Bau vollendet, während der Chorbau schon 1450 entstand. Durch die Wallfahrt zur Hirnschale des Heiligen Sebastian und die Gründung einer Sebastiansbruderschaft wurde der spätgotische Neubau der Kirche notwendig. Schon 1452 weihte Kardinal Nikolaus Cusanus den Hochaltar und fünf weitere Nebenaltäre.

Ähnlich wie in Andechs, jedoch zurückhaltender, hat hier das Rokoko den gotischen Raum umkleidet. Der Baumeister Johann Georg Ettenhofer setzte den Freipfeilern Pilaster vor und ummantelte sie 1733. Nach dem Brand von 1781 wurde das Gewölbe des Mittelschiffs erneuert und von Franz Kirzinger mit Fresken geschmückt.

Da das Kloster von 1781 bis 1899 Sitz eines Großpriorates des Malteserordens geworden war, schildern die Deckenbilder neben Sebastian als Helfer der Kranken auch die caritative Tätigkeit der Malteser.

Etwas vom Reichtum der spätgotischen Kirchenausstattung vermittelt uns ein Besuch der nördlich an das Chorhaus anstoßenden Grabkapelle mit ihren schönen Epitaphien vom 14. bis zum 17. Jahrhundert. Ein Hauptwerk altbayerischer Epitaphplastik erhebt sich hier: die von Wolfgang Leb 1501 geschaffene Rotmarmortumba für das Stifterpaar Ulrich von Sempt-Ebersberg und seine Gemahlin Richardis. Auf der Deckplatte sehen wir, wie die Stifter ihr Kloster der in den Wolken erscheinenden Muttergottes anvertrauen. Die Darstellungen von betenden Mönchen und sechs Brustbilder von Ebersberger Grafen, Wappen und Spruchbänder schmücken die Tumbahochwände. Wolfgang Leb, »maister des berks« (Werks), wie er sich hier deutlich nennt, zählt zu den charaktervollen Bildhauern, denen das Dekorative und spätgotisch Zierhafte besser gelang als das Figürliche. Er war in Wasserburg ansässig und bereicherte das Inntal bis Schwaz in Tirol durch aufwendige Grabdenkmäler. In Rott am Inn werden wir ihm wieder begegnen. In der Sakristei, die noch das spätgotische Sterngewölbe besitzt, werden Schnitzfiguren – Sankt Antonius und Magdalena – aus dem Werkkreis Ignaz Günthers aufbewahrt. Darüber befindet sich die reich geschmückte Sebastianskapelle. Diese ist von dem vielbeschäftigten Jesuitenarchitekten Heinrich Mayer erbaut und mit reichen Stukkaturen von heimischen Meistern nach Mayers Entwürfen ausgestattet (1668). Hier wird als ehrwürdiges Dokument der einst berühmten Wallfahrtsstätte die silberne Sebastiansbüste aufbewahrt. Dieses spätgotische Goldschmiedewerk enthält die Hirnschale des Heiligen Sebastian und darf als eines der besten Stücke der bayerischen Goldschmiedekunst gelten.

Eine schöne und auch sehr wertvolle Hinterlassenschaft der Benediktinermönche, die schon 1013 in Ebersberg die Chorherren ablösten, ist der im Norden gelegene Ebersberger Forst. Man nennt ihn mit seinen 9000 Hektar das größte zusammenhängende Waldgebiet der Bundesrepublik, und – wirtschaftlich fortschrittlich, wie die Benediktiner sind, haben sie uns auch die erste deutsche Forstordnung aus dem Ende des 13. Jahrhunderts (in lateinischer Sprache) hinterlassen.

Rokokokirchen im Erdinger Hinterland

Auf den Landstraßen im Erdinger Hinterland begegnen uns nicht selten einzelne Gruppen von jungen Leuten, die mit Fahrrädern unterwegs sind, um ein Stück unbekanntes Bayern zu entdecken. In der Gegend von Oppolding, Hörgersdorf, Eschlbach und Rappoltskirchen – die hübsch wellig ist – trifft man sie besonders häufig. Und wir erinnern uns, daß die kunsthistorische Entdeckung der köstlichen Landkirchen um Erding herum von ein paar Münchner Studenten ausgegangen ist: zuerst Adolf Feulner und Josef Blatner. Der eine bekannt geworden durch seine Forschungen zur bayerischen Barock- und Rokokoplastik, der andere als Hauptkonservator am Bayerischen Denkmalsamt durch seine zahlreichen Kirchenrenovierungen. Blatner, dem wir die erste zusammenfassende Darstellung der zahlreichen Baumeister, Bildhauer und Maler, Stukkateure und Marmorierer des Erdinger Gerichts verdanken (erschienen im Landkreisbuch ›Im Zeichen des Pferdes‹) hat schon in jungen Jahren der Landshuter Künstlerfamilie Jorhan nachgeforscht und viel später erst ist ihm die Entdeckung des Meisters der Oppoldinger Kanzel gelungen. Erst kürzlich berichtete er in einem Brief, wie er mit Adolf Feulner nach dem Ersten Weltkrieg ins Erdinger Land geradelt ist, und wie sich Feulner – mit der ihm eigenen Ungeduld – die urkundlichen Nachrichten über die örtlichen Meister von Pfarrern und Kirchenpflegern geben ließ, was gelegentlich zu Irrtümern führte. Feulner verließ sich auf das Auge, das immer dann als letzte Instanz zu gelten hat, wenn die Urkunden stumm bleiben. Und merkwürdigerweise klafften gerade im Erdinger Bereich auffällige Lücken im Urkundenbestand. Josef Blatner schrieb mir warum:

»Wie einfach wäre alles, könnte man in den sorgfältig geführten jährlichen Kirchenrechnungen des ehemaligen Gerichtes Erding nachsehen. Leider aber kamen ausgerechnet die Landshuter Archivleute im vorigen Jahrhundert auf die Idee, eine ›Dezimation‹ vorzunehmen und ließen die herrlich gebundenen Folianten einstampfen, so daß jetzt nur noch die Jahre 1700 – 1710 – 1720 – 30 usw. erhalten sind.«

Danach beschäftigte sich Arthur Rümann, Sohn eines Münchner Bildhauers und erster Nachkriegsdirektor der Städtischen Galerie, mit unserem Gebiet. Als beschwingter Siebziger setzte er sich hin und schrieb das beschauliche Buch ›Schlüssel zur unbekannten Heimat‹, das 1962 mit ausgewählten Fotos von Erika Drave im Süddeutschen Verlag erschienen ist. Er schreibt:

»Ich kenne das Land nun seit sechzig Jahren: damals war das Volk noch urwüchsiger, die Bauernhäuser fast ausnahmslos noch mit Stroh gedeckt, die Flüsse und Bäche flossen noch in ihrem von der Natur geschaffenen Bett, die Straßen waren noch holprig und bucklig, und eine kurze Fahrt auf einem kleinen ›Bauernwagerl‹ mit einem unlustigen Rößlein davor war zwar auch nicht weniger anstrengend als eine heutige Italienreise per Automobil, aber man hat damals zweifellos viel mehr von der schönen Natur gesehen. Wenig von dieser Ursprünglichkeit hat sich erhalten«.

Das gilt vor allem für das alte bäuerliche Bauen. Immerhin: es gibt noch den alten Getreidekasten (entstanden 1581), vom Greindl in Niederneuching, der heute im Staatsgut Grub steht, und es gibt das Hirtenhaus in Bergham, jenen kärglichen Überrest süddeutscher Dorfkultur des 17. Jahrhunderts, der sich mit seinem hohen Strohdach in einer Buchen- und Eichenschonung versteckt.

Fährt man dann durch die neuen Randbezirke in die Stadt *Erding* hinein, dann spürt man den Gegensatz um so stärker: das Behagliche der Häuserfronten des Barock und Biedermeier, das Stadtpalais der Rivera aus dem Jahre 1712 in den strengen Bauformen errichtet, wie sie für Antonio Riva typisch sind, das Palais Preysing, heute das Rathaus, auch ›Grafenstock‹ geheißen, das ›Trindlhaus‹ mit seinem geschweiften Giebel, das Landshuter Tor mit seiner Erdinger Haube, und schließlich als Wahrzeichen der gotische Glockenturm bei der *Pfarrkirche Sankt Johannes*, ein stämmiger Wächter, dem der Münchner Maurermeister Paul Gunetzrhainer im Jahre 1651 diese knappsitzende Haube aufgesetzt hat. Im Dreißigjährigen Krieg wurde Erding und sein Umland besonders stark von den Kriegsereignissen betroffen, Kirchen und Schlösser, Bürger- und Bauernhäuser sanken in Schutt und Asche. Vielleicht entfaltete sich aus diesem Grund das Bauwesen des Barock und Rokoko besonders rege.

Noch etwas kam dazu: Man war im Erdinger Bereich relativ selbständig, besaß tüchtige Meister ihres Faches, die gern auf dem Umweg über Landshut nach Erding kamen, etwa die Baumeistersippe der Kogler und Lethner, die vortrefflichen Maler- und Faßmaler Zellner aus Furth im Wald, und schließlich die Stukkatorenfamilie Bader aus München.

Aus Landshut kamen die Hiernle und Jorhan ins Erdinger Land. Christian Jorhan hat – wie schon Felix Lipowsky in seinem ›Bayerischen Künstlerlexikon‹ feststellte – die meisten Kirchen des ehemaligen Landgerichts Erding mit Figuren ausgestattet. Künstlerisch war man also zuerst nach Landshut ins alte bayerische Unterland orientiert und dann erst nach München in die so nahe gelegene Kurfürstliche Residenzstadt. Das gibt den Landkirchen um Erding den Reiz des Besonderen, der in einer Mischung von ländlichem und höfischem Rokoko zu liegen scheint.

Wer von München nach Erding fährt, begegnet gleich zwei

typischen Koglerkirchen: der Dorfkirche in Altenerding und der
Wallfahrtskirche Heilig Blut.

Die alte Erdinger Hostienwunder-Wallfahrt direkt an der
Münchner Straße, hinter Linden und neuen Schulbauten versteckt, ist ein guter Ausgangspunkt. Der Maurermeister Hans
Kogler – Vater des vielbeschäftigten Anton Kogler – hat sie in
den Jahren 1675-1677 gebaut: ein mächtiger tonnengewölbter
Schauraum des Barock, der mit seinen Emporenaufbauten an das
Barocktheater erinnert. Mittelpunkt ist die Krypta, die sich über
der Stelle des Wundergeschehens erhebt. Den schweren Akan-
thusstuck, der die Fresken umschließt, schuf der Münchner
Johann Georg Bader um 1704, bekannt durch seine allerdings
späteren Stuckarbeiten in der Münchner Dreifaltigkeitskirche.
Der Hochaltar hat ein gutes Altarbild von dem Hofmaler Johann
Andreas Wolff, den man einen ›Münchner Rubens‹ nennen
könnte.

Dann *Altenerding*, erbaut von dem tüchtigen Erdinger Stadtmaurermeister Anton Kogler im Jahr 1724, ein Bau des Erdinger
Rokoko, gleich erkenntlich an dem etwas gedrungenen, aus einem
Rechteckgrundriß aufgebauten Turm, mit fester Gliederung und
einer knappsitzenden Haube als Bekrönung. Von einem Zwiebelturm möchte man da gar nicht sprechen, eher von Erdinger
Krauthäupeln, die durchgeschnitten und aufeinandergesetzt
sind. Diese kraftvollen Turmhauben der Koglerkirchen waren
früher ausnahmslos mit Scharschindeln eingedeckt. Dieses Altenerding ist – wie der Name schon sagt – die Urpfarre von Erding.
Erst um 1891 wurde die Pfarrei nach Sankt Johannes verlegt. Auf
dem Boden des karolingischen Königshofes, dem alten Ardeoin-
gas, entstand eine besonders reich und wählig ausgestattete
Rokokokirche. Ein altes Schmiedeeisengitter trennt den Raum
unter der Kirchenempore ab, und man muß sich den Schlüssel
im neuen Pfarrhof holen, wenn einem nicht zufällig der Mesner
begegnet.

Und hier lohnt es sich wirklich! Eine strahlend helle Rokoko-
halle mit einem Deckenfresko von Michael Heigl, das die Kirchenpatronin verherrlicht; dann eine Fülle von Figuren, goldgefaßt
auf drei Altäre verteilt ...

Diese Altäre sind Meisterwerke des Dorfener Kistlers Matthias

Fackler, der selbst die Entwürfe gezeichnet und das Ornament geschnitten hat. Die überlebensgroßen meisterhaft gefaßten Hochaltarfiguren, von denen die äußeren frei aufgestellt sind, gingen aus der bekannten Landshuter Jorhan-Werkstatt hervor: Sankt Jakobus der Pilgerheilige, Johannes der Täufer, Johannes der Evangelist und Sankt Nikolaus. Christian Jorhan der Ältere aus Landshut, ein Schüler des Hofbildhauers Straub, hat diese Figuren, laut Vertrag, in den Jahren 1766 bis 1770 geliefert. Dabei wurde er wahrscheinlich von einem künstlerisch ebenbürtigen Schnitzer unterstützt, den wir den ›Meister der Thalheimer Seitenaltarfiguren‹ nennen. Jugendliche Begeisterung spricht aus der Figur des Evangelisten und würdevoller Ernst aus der ragenden Bischofsgestalt des Nikolaus: zwei Figuren, die gewiß zum Besten zählen, was aus der Jorhan-Werkstatt hervorgegangen ist. Darüber hinaus noch die Seltenheit einer Schiffskanzel mitten im meerfernen Erdinger Land. Diese Erdinger Schiffskanzeln, von denen man noch eine zweite in Niederding kennt, haben die Eigentümlichkeit, daß hier der übliche Kanzelkorb in eine flache Gondel gesetzt ist. Auch hier das Kistlerwerk von Matthias Fackler, das Schnitzwerk aus der Jorhan-Werkstatt. In Anschluß an das Christuswort zu Petrus: »Von nun ab sollst du Menschenfischer sein . . .« wird hier in einer Art redender Plastik die Kanzel zum Schiff umgedeutet, wobei die Arche oder das Schiff wohl als symbolischer Hinweis auf die Kirche zu deuten ist. Am Heck des Schiffes betätigt sich ein Apostel als Ruderknecht, während Christus segnend am Bug sitzt, dem ›Schiffsführer‹ Petrus den Weg weist.

Der massige Turm der *Pfarrkirche Sankt Martin in Langengeisling* mit den kräftigen Profilierungen der Gesimse läßt erkennen, daß hier ein Kogler (Anton) gebaut hat: 1709 erstellte er den Neubau mit einer doppelten Kuppel. Im Innenraum – den wir durch eine fein geschnitzte Eichentür betreten, mit Bandwerk und Sonnenblumen – finden sich gute Altäre (und wieder Fresken von Heigl). Der Hochaltar ist in seinem Aufbau älteren Datums. Die Statuen sind als Werke des Erdinger Barockbildhauers Johann Michael Hiernle gesichert, von ihm auch die Kanzel. Aus dem Rokoko der Tabernakel mit Putten und adorierenden Engeln (zwei verschiedene Meister, wie der Vergleich der Putten zeigt!).

Die eigentliche Köstlichkeit von Langengeisling sind aber die geschnitzten Retabeln des Rokoko auf den Seitenaltären. Auf der Evangelienseite eine Nachbildung der Altöttinger Muttergottes, flankiert von fast lebensgroßen Engeln. Auf der anderen Seite, die uns feiner erscheint, der Heilige Wendelin mit allerlei Getier, der Bauernheilige in der Zeittracht mit einer herzhaftinnigen Geste und treuherzig himmelndem Blick. Die beiden Engel zählen zum Köstlichsten, was wir an Engelsgestalten im Erdinger Umland finden. Wahrscheinlich von Christian Jorhan in Landshut geschnitzt, während der Dorfener Kistler Matthias Fackler die vorzügliche Ornamentschnitzerei geschaffen haben könnte. Ein gutes Altarkreuz haben wir noch entdeckt.

In *Reichenkirchen* hat die *Pfarrkirche Sankt Michael* wieder den typischen Kogler-Turm. Anton Kogler, Sohn des Hans Kogler, errichtete ihn im Jahr 1720, und Johann Baptist Lethner (aus Thannried bei Oberwarngau), der 1730 die Witwe Hans Koglers geheiratet hatte, führte den Neubau des Langhauses durch (1753), der im 20. Jahrhundert noch einmal um ein Querhaus und den Neubau des Chorhauses erweitert worden ist. Die Ausstattung mit Rokokoaltären ist das Frühwerk Christian Jorhans des Älteren aus Landshut (von ihm wohl auch die Entwürfe), in Zusammenarbeit mit dem Landshuter Kistler Andreas Rauscher und dem Faßmaler Georg Zellner aus Furth, in den Jahren 1756 bis 1759. Der Aufsatz der Kanzel erinnert an den Tabernakel von Altenerding. Wohl eine frühere nicht ganz so lustige und geschmeidige Fassung des Themas aus der Apokalypse: das Lamm Gottes auf dem versiegelten Buch mit spielenden Putten. Sechs Apostelbüsten mit reichgeschnitzten Rocaillekonsolen von Christian Jorhan dem Älteren erinnern uns an die Jorhan-Büsten im Erdinger Heimatmuseum, in Altfrauenhofen, Riding und im Städelschen Kunstinstitut zu Frankfurt; allerdings zeigen die Frankfurter Figuren noch frischeren Ausdruck; sie stammen wohl sicher vom ›Schnitzer der Thalheimer Seitenaltarfiguren‹. Diesem sehr sensibel gestaltenden Schnitzer möchte man die ausdrucksvollen Engelsköpfe der Rokokobeichtstühle mit ihren eher sinnigen als drastischen Hinweisen auf die Buße zuschreiben. (Es gibt hier einen vorzüglichen Kirchenführer von Hugo Schnell der Filialkirchen Grafing, Grucking und Lohkirchen).

Den ursprünglichen Eindruck einer bayerischen Volkswallfahrt des 18. Jahrhunderts gibt uns *Maria Thalheim*, heute Groß-Thalheim genannt. Im Kreis der Erdinger Rokokokirchen ist sie gewiß die am reichsten ausgestattete und die schönste. Aus dem reichlich fließenden Wallfahrtsgefälle konnte hier der Pfarrer von Riding die Ausstattung immer wieder erneuern bis in die siebziger Jahre des 18. Jahrhunderts hinein. So ist der Hochaltar in verschiedenen Stufen gewachsen. Der Aufbau, der das feine gotische Gnadenbild enthält – ursprünglich an einem Seitenaltar –, stammt von dem Freisinger Hofbildhauer Franz Anton Mallet, der 1737 wohl auch die zugehörigen Figuren der vier Kirchenväter – hier Gregor den Großen – schnitzte. Johann Michael Hiernle aus Erding lieferte 1753 – als das Gnadenbild auf den Hochaltar übertragen wurde – einen neuen Vorhang, von dem vielleicht noch die äußeren Teile erhalten sind. 1764 schuf Christian Jorhan einen neuen Tabernakel. Dabei sind in dem erhaltenen Kostenvoranschlag – wie Josef Blatner herausfand – auch die beiden großen Engel »auf der hech« mit zwanzig Gulden aufgeführt. Allerdings nicht erwähnt ist die große Glorie um das Gnadenbild mit den besonders schönen fliegenden Engeln und Putten. Jorhan hat ausschließlich figürliche Plastiken geliefert. Die virtuose Ornamentschnitzerei dürfte – wie auch der Entwurf zum Ganzen – eine Leistung des Altarkistlers Matthias Fackler aus Dorfen sein. Wie Peter von Bomhard festgestellt hat, hat dieser Sohn eines Erdinger Löfflers (Löffelschnitzers) in einer Werkstatt in der Münchner Vorstadt Au gelernt, wo die besitzlosen Kunsthandwerker angesiedelt waren.

Sicher ist Fackler der Entwerfer und Kistler der sechs hervorragenden Seitenaltäre. Für deren Figuren, die man von jeher als die besten im ganzen Jorhan-Umkreis angesprochen hat, gibt es keine Urkunden. Sicher ist jedenfalls heute, daß der Erdinger Barockbildhauer Johann Michael Hiernle – der am 18. November 1736 in Erding mit Sophia Pärtl getraut wird und um 1770 in Erding stirbt – als Schnitzer des Figurenwerkes nicht in Frage kommt. Der Erdinger Lokalmeister Hiernle wurde nach dem Tode des Franz Anton Mallet 1741 im Witwenbetrieb des Mallet zu den Seitenaltarfiguren der mittleren Altäre herangezogen und fertigte schließlich die beiden letzten Altäre selbst. Diese Seitenaltäre der Kirche genügten jedoch dem Anspruch des Rokoko nicht mehr. Pfarrer Anton Zellermaier von Riding ließ deshalb im Jahr 1770 ganze sechs neue Seitenaltäre aufstellen, mit erlesen geschnitzten und gefaßten Rokokofiguren. Die alten Seitenaltäre des Lokalmeisters Hiernle wurden in die Kirchen von Aufkirchen (das vordere Paar mit Engeln von Mallet), nach Grucking (das letzte Paar mit Figuren der Heiligen Ursula und Leonhard) und nach Auerbach bei Wartenberg (das mittlere Paar ohne Figuren) verkauft, wo sie heute noch zu sehen sind. »Man sehe doch welch schlechte Kanzel er (der J. M. Hiernle) ins Gotteshaus gemacht hat!«, schrieb Pfarrer Zellermaier über Hiernles Arbeit. Dieses abfällige Urteil hinderte ihn allerdings nicht, dieselbe Kanzel an eine Landpfarre weiterzuverkaufen, vielleicht nach Oberding oder Grucking.

Von den Figuren der neuen Seitenaltäre sind vor allem die beiden letzten Paare bekannt geworden: am linken Altar zwei Rokokojungfrauen, Sankt Ursula mit den Pfeilen und Katharina mit dem Schwert und Rad, sowohl durch ihren schnitzerischen Rang als auch die gefühlvolle Innigkeit des Ausdrucks. Sie stehen wie alle Figuren auf Muschelwerkkonsolen, ähnlich den Halbbüsten der Reliquiare oder auch den Porzellanfigurinen Bustellis. Die Gewänder bewegt ausflatternd, in weichen Linien und Säumen ausschwingend, die Gestensprache gefühlvoll, die Köpfe fast kokett mit ihren Rosenkrönlein und dem herabgleitenden Kopftuch, ein leicht geöffneter schmachtender Mund, kleine Augen, fast erinnert man sich hier an Schöpfungen eines ländlichen Ignaz Günther. Auf dem rechten Altar der letzten Reihe dann die beiden bayerischen Bauernheiligen Sankt Wendelin und Sankt Notburga. Fast rührend die Bauernmagd Notburga mit dem Schnittergewand und der Sichel. Der Wendelin, sehr geschmeidig in Aufbau und Haltung mit schwärmerischem Gesichtsausdruck, leicht angezogenem Spielbein, zum Gebet verschlungenen Händen, ist eine Figur, die man nicht leicht vergißt. Das Hirtenhorn und die landesübliche Hirtentracht – die Bundhose mit der Hirtentasche – geben ihm den wirklichkeitstreuen autochthonen Ausdruck. Auch das Hirtenbärtchen gehört dazu! Dabei ist diese Figur mit stupender Sicherheit für den Bewegungsablauf aus dem Lindenholzblock herausgeschnitzt. Dieser Gefühlsreichtum des Bildhauers zeigt sich vielleicht am schönsten bei der Figur des

Evangelisten Johannes, der schwärmerisch und verzückt zu nennen ist. Adolf Feulner meinte denn auch, daß sich dieser Evangelienschreiber ganz dem Anhauch des Himmels überlasse.

Vorzüglich und selten reich ist die Fassung dieser Figuren zu nennen, die feine Ziselierungen in der Blattvergoldung aufweist und das Inkarnat sehr lebendig und realistisch anlegt. Sie ist das Meisterwerk des Erdinger Malers Lorenz Schalk.

Die Frage nach dem Meister, dem Schnitzer dieser Figuren ist noch nicht endgültig gelöst. Wir fragen uns: Hat Christian Jorhan alle diese Figuren selbst geschnitzt, oder hatte er einen Mitarbeiter aus der alten Landshuter Bildhauerfamilie Hiernle? Vielleicht den 1725 geborenen Johann Nepomuk Ferdinand Anton Hiernle, der bei seiner Hochzeit in Sankt Martin als »kunstreich« bezeichnet wird und bis ins hohe Alter Chorsänger bei Sankt Martin gewesen ist. Vielleicht auch den etwas jüngeren Bruder, der 1731 als Sohn des Anton Ferdinand Hiernle geboren ist. (Wenn Fackler als Entwerfer oder Unternehmer der Thalheimer Seitenaltäre aufgetreten ist, dann könnte er wohl auch einen oder zwei Bildschnitzer seiner Wahl beschäftigt haben, Leute die er vielleicht von seiner Lehrzeit in der Au schon kannte. Johann Nepomuk Ferdinand Hiernle ist 1810 in Landshut gestorben. Von seinem 1731 geborenen Vetter Johann Nepomuk Anton hören wir nichts mehr. Sollte er vielleicht nach Dorfen oder nach Freising übersiedelt sein? Der öfter genannte Erdinger Lokalmeister Johann Michael Hiernle war ein Onkel der beiden. Solange hier nicht Klarheit gewonnen ist, wird man jedoch ›Christian Jorhan und Mitarbeiter‹ als Verfertiger des Figurenensembles bezeichnen müssen.

Im Westen von Erding hebt sich der schlanke Turm von Sankt Johannes in *Aufkirchen* – weithin sichtbar auf einem Moränenhügel gelegen – wie eine Landmarke aus der Ebene des Mooses. Kommt man näher, so findet man die schöne altbayerische Kirchhofsituation mit Feingefühl aus dem Gelände entwickelt. Mächtige Linden rahmen sie ein. Die Erdinger Baumeister Anton Kogler (Fortführung nach dessen Tod durch Palier Alois Mayr aus München) und wohl Johann Baptist Lethner schufen hier 1725-30 die exemplarische Rokokokirche mit einem Zwiebelturm, der nun wirklich die Zwiebel- und Laternenform des Oberlands gewinnt. Im lichtdurchfluteten Chorhaus ein eleganter,

hellgefaßter Hochaltar, eine Schöpfung des Altarbauers Matthias
Fackler aus Dorfen, die den Aufbau der Altäre von Altenerding
fortführt, vorzüglich geschnitztes Rocaillewerk … Die Hochaltarstatuen Sankt Johannes Evangelist und Sankt Andreas stammen
aus der Jorhan-Werkstatt (nach Blatner archivalisch gesichert:
1771), ebenso der elegante Rokokotabernakel mit den anbetenden
Engeln und der Aufsatzgruppe: das Lamm Gottes auf dem Buche
mit den sieben Siegeln. Etwas zurückgenommen in Ausdruck
und Temperament mutet diese Gruppe an, wenn man an Altenerding denkt. Der rechte Seitenaltar kam aus Maria Thalheim.
Er ist das urkundlich gesicherte Werk (Schreiner: Veit Maderspacher nach dem Entwurf des Malers Johann Rieder) des Hofbildhauers Franz Anton Mallet, 1734 geschaffen. Die Figur des
Wiesheilands, an Stelle des ursprünglichen Altarbildes, gibt sich
gleich als ein Werk des späten Rokoko zu erkennen.

*Wahrscheinlich ist diese Figur ein Werk des Josef Frehlich (Fröh-
lich), eines Bildhauersohnes aus Tölz, der 1764 die Bildhauergerechtigkeit des Johann Michael Hiernle in Erding gekauft hat. Der
Erdinger Rat hat ihm nämlich den Kauf in Aussicht gestellt unter der
Bedingung, daß er baldigst auf seine Kosten »2 Bilder nämlich Ecce
homo und Schmerzhafte Muttergottes jedes $3^1/_2$ Schuech hoch« als
Meisterstück verfertigte (datiert 1764, 23. März). Dieser Ecce
homo, der vielleicht mit unserer Figur in Aufkirchen identisch ist,
zeigt jetzt deutlicher den Einfluß Ignaz Günthers, vor allem im Aufbau, aber auch in der Faltenbehandlung, nur der Faltenwurf ist etwas
vergröbert (die feinen Spannfältchen Günthers fehlen).*

Das gut erhaltene Friedhofskreuz in Aufkirchen beweist uns
wieder einmal, daß man sich nicht blindlings auf Urkunden verlassen darf. Es ist nämlich archivalisch für Johann Michael
Hiernle gesichert – nach den Kirchenrechnungen von 1750 –,
kann jedoch aus Stilgründen nicht von Hiernle sein. Wahrscheinlich ist es in den siebziger Jahren durch ein neues Kruzifix von
Josef Frehlich ersetzt worden.

Sankt Martin in *Niederding*, auch eine Kirche des Erdinger
Rokokomeisters Lethner, ein vollständiger Neubau von 1757 mit
den typischen Baßgeigenfenstern. Leider konnte die Restaurierung dem Bauwerk die typischen Eindeckungsmaterialien
– Mönch- und Nonnendach, früher ›Häckhen und Preis‹ genannt,

auf dem Kirchenschiff, Scharschindel bei der Eindeckung der Turmhaube – nicht zurückgeben. Dafür entspricht die Einglasung mit Rundscheiben in Bleifassung, die von einem starken Eisengitter einbruchsicher hinterlegt sind, der Gepflogenheit des Rokoko. Diese Einglasung ergibt die feinen Licht- und Schattenspiele und sichert dem Raum die flutende Helligkeit.

In Niederding hat Jorhan wahrscheinlich mit dem Altarbauer Andreas Rauscher aus Landshut zusammengearbeitet (Altarentwürfe wohl Christian Jorhan). Charakteristisch, wie hier die Bildschnitzerarbeit, vor allem in den Altarauszügen, etwas üppiger wird, besonders am Hochaltar (1761 datiert) mit seiner ekstatisch ausfahrenden Dreifaltigkeitsgruppe, aber auch an den Seitenaltären mit den Aufsatzfiguren der Heiligen Josef und Florian. Äußerst schwungvolle, ganz vergoldete Figuren mit neckischen Putten, die dienen und weisen, sind Werke, die uns für die Jorhan-Werkstatt gesichert sind.

Auch hier eine Schiffskanzel, die zweite nach Altenerding, jedoch etwas weniger verinnerlicht die Skulptur. Ein Meerweibchen trägt das Schiff. Vielleicht, daß Jorhan selbst den Entwurf geliefert hat (Kistlerarbeit von Andreas Rauscher?). Eine kleine Kreuzigungsgruppe mit der Schmerzhaften Muttergottes findet sich an der Nordwand. Vor 1768 gestiftet, mutet sie uns im Typ güntherisch an. Vielleicht eine Schnitzarbeit des Meisters der Landshamer Seitenaltarfiguren, die Ignaz Günthers Vorbild am deutlichsten erkennen lassen.

Sankt Georg in *Oberding* – 1701 bis 1703 von Anton Kogler umgebaut – besitzt noch den frühgotischen, mit Blendfeldern und Rundbogenfries gegliederten Backsteinturm. Ein Hochaltar vielleicht aus der Erdinger Hiernle-Werkstatt und späte Seitenaltäre von dem Freisinger Bildhauer Josef Angerer, 1776; ein bajuwarischer Sebastian von bewegter Auffassung schreibt sich ins Gedächtnis ein. Unübertroffen freilich die Eleganz in der Wandgruppe der Dolorosa unter dem Gekreuzigten. Es ist ein für 1773 urkundlich gesichertes Werk Christian Jorhans des Älteren in der für ihn bezeichnenden Gefühlshaltung: schlanke, überlängte Körper, die weich durchmodelliert sind, ein wenig unbestimmt in der Anatomie. Ausfahrender Schwung in der Darstellung der Muttergottes, deren Mantel weit ausflattert. Von

Kindlköpfen auf Wolken gerahmt ist die große Strahlenglorie um die Gruppe.

Im Süden von Erding wären die Dorfkirchen von *Niederneuching* mit Jorhanschen Hochaltarfiguren (1766-70) und vor allem von *Buch am Buchrain* zu nennen. 1760 schuf Christian Jorhan die Chor- und Seitenaltäre in schönstem ländlichen Rokoko, wohl nach Entwürfen des Kistlers Matthias Fackler (feine Kanzel!) und mit Faßmalerei von Georg Anton Zellner. Östlich von Erding im abgelegenen *Salmannskirchen*, eine Filialkirche von Bockhorn, Sankt Oswald, Chor- und zwei Seitenaltäre der Werkgemeinschaft Jorhan-Fackler von 1764. Den Salmannskirchener Evangelisten Johannes mit der hohen Stirn und den spärlichen Locken könnte der Maler der Thalheimer Seitenaltarfiguren geschnitzt haben.

Im hügelreichen Land, östlich von Erding, liegen jene kleinen Rokokojuwele verstreut, die heute schon einen Namen haben. Hier gewinnt die Kirchenausstattung, vor allem durch die Tätigkeit der Stukkateure und Faßmaler einen dekorativen Zauber, der fast ohnegleichen ist, in Hörgersdorf, Eschlbach und Oppolding. Hörgersdorf ist die anmutige Schöpfung des Ökonomiepfarrers Maximilian Dapsul von Rosenobel, wie er sich tatsächlich schrieb. Der Bauherr muß ein humorvoller und origineller Mensch gewesen sein. Er war Pfarrer von *Eschlbach*, das er zunächst mit einem baldachinartigen Marien-Hochaltar und asymetrischen Seitenaltären aus Stuck ausstatten ließ. Dazu noch die Kanzel mit dem luftig durchbrochenen Schalldeckel, das Vorspiel zur Hörgersdorfer Kanzel!

Dann widmete er sich der Ausstattung der Filialkirche *Hörgersdorf*, die fast noch reicher ausfiel. Der Stukkateur, der dies ermöglichte, war ein ländlicher Meister, aber zugleich ein Genie der Stuckarbeit. Geschult an den Wessobrunnern, modellierte er seine Altäre und Kanzeln aus Stuck und gab ihnen einen Formen- und Phantasiereichtum, wie er so überströmend nicht einmal bei den besten Wessobrunnern zu finden ist. Köstlich sind vor allem die Seitenaltäre, die sich in eine Mulde zwischen Chor und Langhaus schmiegen, dabei wieder asymmetrisch sind. Aus einer Rokokovase geht links am Marienaltar eine Lilie hervor, um deren Stengel sich eine schwarze Schlange windet: Symbol der Reinheit, die vom Bösen bedroht ist und von der Falschheit umgarnt wird.

II

HIASL MAIER-ERDING
(1894-1933)
Die Haager Straße im Festschmuck

Ölgemälde 1928
Erding, Privatbesitz
(Foto: Werner Neumeister, München)

Das Bild zeigt die typische breitgelagerte Straßenlandschaft
des ebenen Erdinger Bauernlandes, gesäumt von Acker-
bürgerhäusern von wechselnder Giebelgestaltung. Im Hintergrund Turm und Dach der Pfarrkirche Sankt Johannes.
Die Häuser tragen den Festschmuck anläßlich der 700-Jahr-
Feier der Stadt Erding. Das den linken Bildrand begren-
zende Bäumchen wurde in jenem Jahr gepflanzt. Das dritte
Haus links mit zwei weiß-blauen Fahnen ist der Mayrwirt,
heute Hotelgaststätte (die noch zahlreiche Erinnerungen
und Bilder des Erdinger Malers besitzt). In diesem Straßenzug seiner Heimatstadt hat der sonst als Chiemsee-Maler
bekannte Künstler das Fluidum eines sonnigen Sommer-
tags eingefangen. In satten Farben leuchten die Fronten der
Häuser und die Dachschrägen vor einem sattblauen Föhn-
himmel auf. Erdings ›Terrestrik‹ ist wie mit Lehm- und
Erdfarben gemalt. Obwohl der Maler ein genau bezeich-
netes Ortsbild wiedergibt, gelingt ihm hier das Urbild einer
Marktstraße im ebenen Land.

Am Magdalenenaltar rechts finden wir eine blühende Agave oder Aloe aufwachsen, als freies luftiges Gebilde, das die fehlende Altarrahmung optisch ergänzt: Symbol der sinnlichen Anfechtung jener Fleischeslust, der Magdalene abgeschworen hat. Wie Wellenriffe kragen die Auszüge der beiden Seitenaltäre vor, reich und elegant geformtes Stuckwerk, frei herausgearbeitet, mit Blumengirlanden und Puttenköpfen garniert und mit einer dekorativ überaus wirksamen Fassung versehen.

Auch die Kanzel ist asymmetrisch aufgebaut. Auf dem Schalldeckel, der eigentlich einer Stuckarabeske gleicht, zieht ein Putto den Vorhang über das Gesimsstück, das als letzter Rest des verbliebenen Schalldeckels aufkragt. Man meint, eine der originellsten und feinsten Rokokokanzeln entdeckt zu haben. Aber freilich, noch kühner und freier, noch schwungvoller ist die Krone der Kanzel in *Oppolding*, in der spätesten Kirchenschöpfung der drei Gotteshäuser, erbaut 1764 von Johann Baptist Lethner, wie die Datierung am Chorbogen ausweist. Schlank steht diese Kirche auf der Hügelwelle, schlank und diszipliniert zeigt sich der von Pilastern gegliederte Innenraum, der in helles Licht und Weiß getaucht ist. Der prächtige Hochaltar des Matthias Fackler – ein raumhaltiger Säulenaufbau – rahmt das Bild des Titelpatrons Sankt Martin. Der Maler ist Franz Xaver Zellner aus Furth.

Der Deckenstuck ist schon durch illusionistische Malerei ersetzt. Das spricht alles für die Spätzeit und ist feinste Ausformung des Rokoko.

Aber man hat nur Augen für die einzigartige Kanzel! Hier löst sich der Schalldeckel, oder der verbliebene Rest von ihm, zu einem nur noch andeutenden, schaumartigen Stuckgebilde auf, in das Girlanden, Engelsköpfe und die Strahlenglorie wie dekorative Glanzpunkte hineingesetzt sind. Es ist ein Rokoko, das seine Phantasie frei ausspielt, das sich über den herkömmlichen Kirchenernst hinwegsetzt, ein Rokoko mit äußerstem Feingefühl an der Grenze zur Raffinesse, in einer abgelegenen Erdinger Landkirche ... Das erstaunlichste ist immer wieder der künstlerische Rang dieser Stuckarbeiten und Faßmalereien, deren Meister bis in unsere Tage nicht bekannt waren.

Jetzt ist es an der Zeit den Namen herzusetzen. Anton Bader hieß der Stukkateur, wie ein Fund von Josef Blatner zufällig

ergeben hat. Er hat in einem Winkel des Tabernakels das einge-
ritzte Monogramm J A P und darunter ein D gefunden. Der
geniale Meister der Oppoldinger Kanzel kam im Jahre 1711 in
Dorfen zur Welt, heiratete 1735 und starb in Dorfen am 31. Juli
1735. Er ist nebenberuflich in seinem Wohnort als Ratsdiener
tätig gewesen, weil ihn seine Kunst nicht ernährte!

Ein »artificiosus dominus«, wie es in den Kirchenbüchern steht,
war der Faßmaler Franz Xaverius Zellner aus Erding. Er setzte
in die gemalten Marmorierungen – wie einer Laune folgend –
reizvolle Felsenszenerien hinein, darin kleine Ideallandschaften,
Seestücke, Einsiedler, Traumschiffe schwankend in hohem Wel-
lengang. Am Sockel des Hochaltares in Oppolding finden wir
solche Traumstücke wie auch in den Kirchen Niederding, Tading
und Oberneuching. Arthur Rümann hat diesen ›peintre surreali-
ste‹ als erster entdeckt und ihm ein kleines Kapitel in seinem Buch
›Schlüssel zur unbekannten Heimat‹ gewidmet. Er zeigte eine
Linie auf, die von Callot über Kubin bis zu Kandinsky und der
lyrischen Abstraktion der sechziger Jahre führt. Dabei wissen wir
nur, daß der Schöpfer dieser Traumstücke in Marmorierungen
ein einfacher Erdinger Malermeister gewesen ist, eben jener
»kunstreiche Mann«, der 1788 in Erding gestorben ist. Eine ver-
ständnislose Zeit hatte diese Marmorierungen mitsamt den Pinsel-
zeichnungen mit Ölfarbe überstrichen. Erst durch Restaurierun-
gen und Freilegungen sind sie Schritt für Schritt wiederaufge-
taucht, die Traumlandschaften und Traumschiffe des Malers
Zellner von Erding.

Der Isar entlang

Mons doctus – Der Domberg zu Freising

»IST von den deutschen Domen die Rede, so denkt man zuerst an die rheinischen Münster von Freiburg, Straßburg, Worms, Mainz und Köln, an die Herrlichkeiten von Aachen, Erfurt und Regensburg. Mit diesen hochberühmten Dombauten kann und will sich Freisings Dom nicht messen. Gleichwohl zählt er nicht zu den geringsten unter seinen Brüdern. Auf ihm liegt die Weihe des Alters, der Kunst und großer Erinnerungen ...«

Eugen Abele, der damalige Inspektor des erzbischöflichen Seminars auf dem Freisinger Domberg, schickte diese Zeilen seinem 1918 erschienenen Domführer voraus. Er war nicht der erste, der über den Freisinger Dom geschrieben hatte. Schon im Jahre 1852 hat Joachim Sighart, gleichfalls Lehrer auf dem Domberg und ›Vater der bayerischen Kunstgeschichte‹ einen Führer durch den Dom geschrieben. Der begeisterte Erforscher der Kunst des Mittelalters hatte für Leistungen des Barock kein Auge und hätte wohl am liebsten eine Stilpurifizierung durchgeführt. Abele würdigte als erster die Leistungen des Barock und sah den Domberg als architektonische Gesamtheit:

»Unser Dom erhebt sich auf dem östlichen Rücken des nach ihm benannten Dombergs, der die Isarebene weit hinaus landschaftlich beherrscht. Inmitten der umgebenden Bauten bietet er ein treues Bild eines mittelalterlichen Bischofshofes. Ein solcher umfaßte einen ansehnlichen Komplex von Kultus- und Nutzgebäuden: Als beherrschenden Mittelpunkt die Domkirche mit ragenden Türmen, dazu die Taufkirche (Sankt Johannes), Kreuzgang als Friedhof, Sakristeien, Bibliothek und Archiv nebst Singschule für die Chorknaben. Mönchskirche mit kleinem Kloster (Sankt Benedikt), endlich die Bischofswohnung und die Kanonikerhäuser.«

Woher man auch kommt: zuerst steht immer der Domberg im Blickfeld. Zwei mächtige Türme mit Pyramidendächern, das alte Knabenseminar, das Klerikalseminar (einstige Residenz) und das alte Gymnasium. *Mons doctus*, ›der gelehrte Berg‹ hat man ihn genannt. Wer die Fahrstraße an seiner Westseite hinauffährt, kommt an einem uralten romanischen Kirchlein vorbei, der Sankt Martinskapelle aus dem 12. Jahrhundert. Sie ist gleichzeitig mit dem romanischen Dom erbaut und diente als Pfarr- und Friedhofskirche für das sich anschließende Andreasstift, dessen stattliche Stiftskirche 1803 abgetragen wurde. Gleichzeitig fiel auch die an die Martinskapelle angebaute Marienkapelle.

Die Stiftskirche selbst beherrschte den Westteil des Domberges mit dem Baukörper ihrer dreischiffigen romanischen Basilika und dem massiven Ostturm. Sie besaß eine hervorragende Ausstattung, Gemälde von Andreas Wolff und Peter Candid, eine berühmte Orgel und als Glanzstück einen Hochaltar von Ignaz Günther.

Zu diesem Frühwerk, zu dem uns Akten im Ordinariatsarchiv München erhalten sind, ist bekannt, daß Günther das Modell nach einer Skizze des Hofmalers Wunderer herstellen mußte, der später auch die Fassung der Figuren besorgte. Nach dem Kontrakt, der nach Lieferung des Modells im Januar 1756 abgeschlossen wurde, verpflichtete er sich, für 600 Gulden die Statuen zu schnitzen: Gottvater, Sohn und Heiligen Geist, samt Kugel, Wolken und Zubehör, ferner zwei große Engel, welche den Vorhang auseinanderziehen; Zwei Kindl auf die Schnörkel und zum Einteilen der Glorien zehn Engelsköpfchen. Dann die großen Figuren Laurentius, Xistus (Sixtus?), Corbinian und Batho (Atto, Bischof von Freising?), sowie den Tabernakel mit zwei großen Engeln, vier Kindlein und sechs Engelsköpfchen. Später liefert er noch die sechs Kapitäle der Säulen, den Altarblattrahmen und einen großen Schild, so daß sich der Gesamtpreis auf 864 Gulden erhöhte. Den Stuckvorhang modellierte Johann Baptist Zimmermann, die Kistlerarbeit der Hofkistler Aichhorn. Das Kircheninventar kam zum größten Teil 1803 unter den Hammer. (Ein Günther nahestehender Heiliger Laurentius befindet sich im Hochaltar der Pfarrkirche Thurnsberg!)

Wo heute das ursprünglich 1868/70 als Erzbischöfliches Knabenseminar errichtete jetzige Dom- und Diözesanmuseum steht,

erhob sich vordem der Dechanthof. Aus dem nüchtern-neoroma-
nischen Bauwerk ist nach gründlicher Sanierung Freisings geistliche ›Pinakothek‹ geworden, die die Kunstschätze der Stadt und
der Diözese musterhaft darbietet. Ein erfreulicher Gewinn für
den in den Nachkriegsjahren vom geistigen Abbruch betroffenen
›Mons doctus‹ (Verlegung des Priesterseminars nach München).

Unter den zahlreichen neuzusehenden Kunstschätzen seien das
›Rauchenbergersche Votivbild‹ (Salzburg, um 1420/30), ein
köstlicher schreitender Balthasar, ein ritterlicher Heiliger mit
Hut (Sankt Martin?, um 1480), ein Michael vom Meister der
Blutenburger Apostel, und schließlich ein aus dem Dom stam-
mendes Tafelbild von Andreas Wolff hervorgehoben.

Eine letzte Erinnerung an das verschwundene Andreasstift
(erhalten sind einige Stiftshäuser, die den Berg nach Nordwesten
abschließen) stellt der barocke Andreasbrunnen dar (1697). Die
Brunnenfigur des Heiligen Andreas ist ein Werk Balthasar
Ableithners, jenes aus Miesbach stammenden, in Rom gebildeten
Meisters, den man als ›Vater der bayerischen Barockskulptur‹
bezeichnet hat. Ein Teil des Andreasstifts wurde 1902 beim Neubau des Klerikalseminars (Priesterseminar) einbezogen. Im
Hauptteil umfaßte dieser Neubau die Erweiterung der ehemaligen fürstbischöflichen Residenz nach Westen hin, einen umfangreichen Trakt, der durch einen runden Eckturm abgeschlossen
wurde. Der Münchner Architekt Gabriel von Seidl gab mit
diesem markanten Turm, der an Stelle des im 19. Jahrhundert
abgebrochenen Renaissance-Wasserturms des Bischofs Philipp
errichtet wurde, ein Stück der ehemals so türmereichen Dom-
bergsilhouette zurück.

Die an der Westseite des Domhofes gelegene *Fürstbischöfliche
Residenz* (heute Kardinal-Döpfner-Haus) ist eine im Verlauf von
Jahrhunderten gewachsene Anlage, die wahrscheinlich aus der
agilolfingischen Herzogsburg auf der höchsten Erhebung des
Berges hervorgegangen ist. Den Charakter einer befestigten Burg
(Castellum) in Form einer Vierflügelanlage um einen Innenhof
hat sie bis ins Spätmittelalter bewahrt (man vergleiche die Ansicht
auf dem Tafelbild ›Tod des Heiligen Korbinian‹ von Jan Pollack
in der Alten Pinakothek zu München). Als älteste Bauteile gelten
der Turm am Nordosteck, den Bischof Konrad II. Sendlinger

1314 erbaut hat, und ein Raum mit Kreuzrippengewölbe im Untergeschoß des Nordflügels.

Ihre heutige Erscheinung erhielt die Hofanlage durch den Renaissancebischof Philipp von der Pfalz im Jahre 1519, Pfalzgraf bei Rhein, Administrator des Bistums Naumburg. Wie die Inschrift am Nordflügel sagt:

PHILIPPS BISCHOVE ZV FREYSING ADMINISTRATOR ZV NVMBVRG

PFALCZGRAVE BEY RHEIN HERCZOG IN BEYRN HAT DISEN

PAW VON GRVND AVFGEFVERT VND VERBRACHT

ANNO DMN MDXIX

An der Nord- und Ostseite des Hofes ist dem Bau eine zweigeschossige Loggia mit Segmentbogenarkade auf Rundbogenarkaden vorgelegt, die mit einem Pultdach abschließt. Die Stützen der oberen Arkaden aus Rotmarmor weisen phantastische Frührenaissanceformen im Stil der ›Donauschule‹ auf. Schöpfer dieser elf Loggiensäulen ist Stefan Rottaler, Bildhauer aus Landshut (der Nachweis wurde von Philipp Maria Halm geführt). Wir haben hier den frühsten Renaissancehof Bayerns zu sehen. Spätgotisch erscheint uns noch die Wölbeform der Loggia: an der Ostseite zeigen die Hallen des Erdgeschosses einfache, zum Teil erneuerte Kreuzgewölbe; im nördlichen Flügel Rippengewölbe. Das Obergeschoß zeigt nur im Nordflügel Rippengewölbe mit verschiedenartiger Figuration, während es im Ostflügel flachgedeckt ist. Ehemals besaß dieser Hof auch einen prächtigen, noch von Meichelbeck gerühmten Rotmarmorbrunnen.

Bischof Philipp, der von 1498 bis 1541, also fast ein halbes Jahrhundert in Freising regierte, führte im Zeitalter der Reformation ein kraftvolles Regiment, war in den Künsten aber dem Neuen aufgetan. Dies beweist sein Arkadenhof, der fast gleichzeitig mit dem Hof seines Bruders, des Bischofadministrators Johann, Pfalzgraf bei Rhein, im Regensburger Bischofshof entstand, jedoch mehr Regelmaß aufweist. Der Bischof beschäftigte neben Rottaler auch Thomas Hering, den Medaillenschneider Friedrich Hagenauer, den Maler Hans Wertinger (Bildnis des Bischofs in München, Staatsgemäldesammlungen), und den Petrarkameister, der als Holzschneider und Maler (Marientafel eines Hausaltärchens mit den Heiligen Korbinian und Sigismund, in Privatbesitz) in seinen Diensten stand. Hingewiesen sei auch auf das an der Nordseite des Domberges gelegene ›Neugebäude‹, das laut Wappentafel 1534-1537 von ihm errichtet wurde. Bestimmt war es vermutlich zum Altersruhesitz, also als kleine Residenz. Schon auf dem Weningstich von 1701 ist der markante Vierflügelbau, dessen Haupttrakt zwei Giebel besaß, als »Bräuhaus« des Hofes bezeichnet. Es ist ungewiß, ob dieser Renaissancebau jemals ausgestattet und bezogen wurde, obwohl dies aus den Baudaten möglich erscheint. Nach dem letzten Kriege bestand die Absicht das arg ruinöse Bauwerk abzubrechen. Münchner Kunsthistoriker haben sich in der ›Kunstchronik‹ mit Nachdruck für die Erhaltung eingesetzt. Heute ist hier – nach gründlichem Umbau – das neue Domgymnasium eingezogen.

Rund hundert Jahre nach der Entstehung des Laubenhofes der Bischofsresidenz ließ Bischof Veit Adam von Gebeck (1619-1621) die Fassade erneuern und gab dem Turm einen neuen Abschluß. Im Inneren kamen zwei reich stuckierte Säle im Untergeschoß des Südflügels hinzu (Musik- und Bibliotheksaal, mit Stuckwappen 1519). In den aus dem 14. Jahrhundert stammenden Turm wurde die Hofkapelle von steilen Proportionen mit reicher Spätrenaissanceausstattung hineingebaut. Die Wandgliederung durch Pilaster auf Konsolen und Felder mit Engelsköpfchen und die Deckengestaltung mit einer Scheinkuppel und fast vollplastischen Figuren könnte von Hans Krumper sein. Der gleichzeitige Hochaltar zeigt wieder die vor das Fenster gestellte freiplastische Gruppe von Philipp Dirr: die Verkündigung Mariens.

Von der Hofkapelle führt eine prächtige Tür mit Einlegearbeit (um 1620) zum Fürstengang, einem 1682 angelegten Verbindungsgang zum Dom. Dieser auf hohen Bögen stehende und teilweise gewölbte Gang, der durch das Seitenschiff der Frauenkirche führt, erhielt 1723 durch Fürstbischof Johann Franz (über besagtem Südschiff) eine Bildergalerie. Der dem Bischof eigene Sinn für die Historie des Bistums kommt darin zum Ausdruck. Wir sehen unter der Flachdecke eine lange Portraitgalerie sämtlicher Freisinger Bischöfe von Hofmaler Franz Jörg Lederer, darunter ihre Wappen und Lebensbeschreibungen. Unten schließlich die mit Wasserfarben gezeichneten Ansichten des Valentin Gappnigg. Dargestellt sind sämtliche Bischöflich-frei-

singischen Besitzungen, also Städte, Schlösser und Gutsherr-
schaften, die um 1700 zum Hochstift gehörten. Gappnigg stammte
aus Oberwölz in der Steiermark, war also freisingischer Untertan.

*Der weltliche Herrschaftsbereich von Freising war weitgestreut und
erstreckte sich bis Wien und Laibach hin. Zu den vier reichsunmittel-
baren Einzelbesitzungen, nämlich Stadt Freising, die Grafschaft
Ismaning, Isen-Burgrain, die Grafschaft Werdenfels mit Garmisch,
Partenkirchen und Mittenwald, weiter zehn Hofmarken im frucht-
baren Freisinger Hinterland gelegen. Dazu kamen noch die freisin-
gischen Herrschaften in Österreich: Waidhofen und Ulmerfeld an
der Ybbs, Hollenburg in der Wachau und Großenzersdorf unterhalb
Wien; in Tirol – Innichen im Pustertal; in der Steiermark – Roten-
fels (mit Oberwölz) und in Krain-Bischofslack bei Laibach.*

Auf der Südseite des Domhofes ließ Bischof Johann Franz in
Ergänzung der Lauben des Fürstenganges jene Arkaden errichten,
die zur ›Schönen Aussicht‹ führen. Es ist dies eine ›Bella vista‹
die den Blick über die bayerische Hochebene schweifen läßt mit
München als ›Point de vue‹, im Hintergrund die Alpenkette.

In der Mitte des Platzes – dort wo sich heute das Denkmal des
großen Freisinger Bischofs Otto I. (geschaffen 1857 von Zum-
busch) erhebt – ließ Bischof Johann Franz um 1700 eine große
Pferdeschwemme anlegen: Eine Marmorbalustrade und die originelle Figur des Freisinger Mohren (von Balthasar Ableithner),
der aus seinem Trinkhorn das Wasser in die Luft blies. Zur Tau-
sendjahrfeier 1724 soll hier nicht nur Wasser, sondern auch Rot-
wein für die zahlreichen Besucher geflossen sein.

Der originelle Mohrenbrunnen befindet sich heute am Fuß des
Domberges bei der Altöttinger Kapelle in der Bahnhofstraße.

Die Figur ist uns in den Hoflauben erhalten. Sie steigt aus
einem muschelartigen Brunnenbecken, das von einem Bären gehalten wird, empor, wohl nach dem Vorbild von Berninis römi-
schem Tritonenbrunnen.

Die *Sankt-Johannes-Kirche*, wohl anstelle einer älteren Taufkirche von Bischof Konrad III., dem Sendlinger, von 1319 bis 1321
errichtet, ist eines der frühesten gotischen Kirchenbauwerke
Bayerns. Sie stellt eine dreischiffige Basilika mit vier Jochen im
Langhaus, stark eingezogenem Chor von zwei Jochen (Schluß in
fünf Seiten des Achtecks) dar. Die Seitenschiffe enden gerade und

greifen noch ein Joch über den Choreingang hinaus. Den Langhauspfeilern sind Dienste vorgelegt. Diese enden in Laubwerkkapitellen, aus denen die Rippen der Kreuzgewölbe hervorgehen.
Im Chor gehen die Gewölberippen unmittelbar aus Kragsteinen
hervor. Diese zeigen originelle figürliche Bauplastik (Kragsteinträger). Auch die Schlußsteine zeigen symbolische und ornamentale Motive von besonderer Feinheit, zum Teil in farbiger Fassung. Der Bau lebt aus der Anmut der frühen Gotik, der Schönheit der Verhältnisse, welche durch den Höhendrang und eine
gewisse Eleganz der Konstruktionsformen noch verstärkt werden.
1803 vom Abbruch bedroht, diente diese Taufkirche lange Zeit
als Baumagazin und Lagerplatz. 1849 neugeweiht, feierte sie ihre
endliche Wiederauferstehung durch die spätromantische Renovation von 1908. Jakob Angermeier gestaltete 1909-1911 den
neugotischen Hochaltar als Laube der Muttergottes. Im Schrein
fanden neben der neugotischen Muttergottesfigur die originalen
Figuren der Heiligen Korbinian und Sigismund (um 1515) Aufstellung. Im Gesprenge die neugotischen Figuren der Heiligen
Dreifaltigkeit mit den Heiligen Joachim und Anna (Bildhauer der
neugotischen Figuren ist Thomas Buscher). Die Tafelgemälde
der Flügel und der Predella sind ein Werk von Matthäus Schiestl:
Szenen aus dem Leben Mariens; in der Predella die Vision des
Heiligen Johannes auf Patmos. Im rechten Seitenschiff, das
der Heiligen Katharina geweiht ist, ein spätgotischer Flügelaltar
mit ursprünglich nicht zugehörigen, jedoch originalgotischen
Schreinfiguren. Der Altar zeigt an der Predella die Inschrift ›jörg
westner‹ und auf der Rückseite ein Schutzmantelbild mit Spruchband und Jahreszahl 1509. 1908 wurden in den Nebenchören
Wandfresken aufgedeckt.
Vor uns liegt der *Dom*, der hinter seiner schlichten Doppelturmfront eine in Jahrhunderten gewachsene Baugestalt und eine
wechselvolle Baugeschichte verbirgt.

*Seine Keimzelle dürfte eine Marienkirche nahe der Agilolfingerburg aus dem frühen 8. Jahrhundert sein. Als der irische Missionar
Korbinian um 715/716 nach Bayern kam, versuchte Herzog Grimoald ihn zum Klosterbischof in Freising zu gewinnen. 718 kam
Korbinian von Mais in Südtirol nach Freising, verrichtete seine
Chorgebete in dem Kloster Sankt Stephan (Weihenstephan) und er*

hob die Marienkirche zu seiner Bischofskirche. Er sorgte auch für eine gemäße Dotierung durch Erwerb von Liegenschaften in Südtirol, so in Kains bei Meran und Kortsch im Vintschgau. Der Heilige starb um 724 und wurde in Sankt Valentin zu Obermais bei Meran bestattet. Ein Menschenalter später wurde sein Leichnam durch Bischof Arbeo nach Freising überführt und im Dom bestattet. Als der Heilige Bonifatius um 738/39 die Organisation der bayerischen Bistümer durchführte, setzte er Erimbert zum Bischof ein und wies dem Bistum seine künftige Aufgabe zu: die Missionierung des südlichen und südöstlichen Alpenraumes. Die Missionsklöster Scharnitz und Innichen sind die Vorposten, von denen aus die Steiermark, Kärnten und Krain missioniert werden.

Wahrscheinlich haben wir die erste Bischofskirche an der Stelle der einstigen Marienkirche im Bereich der heutigen Krypta zu suchen. Bischof Arbeo dürfte diesen Bau nach Übertragung des Leibes des Heiligen Korbinian wohl erweitert haben. Im Jahre 903 brannte dieser Dom nieder. Bischof Waldo (883-906) und seine Nachfolger bauten ihn wieder auf und ließen in der erweiterten Krypta mehrere Altäre errichten. Bischof Abraham (957-994) errichtete den nördlichen Domturm und eine Nebenkapelle zu Ehren des Heiligen Thomas, in der er sich bestatten ließ. Als am 5. April 1159 auch dieser zweite Dom durch Feuer zerstört wurde, baute ihn Bischof Albert I. wieder auf. Der Neubau wurde in den Jahren 1160-1205 mit großer Tatkraft ins Werk gesetzt, unterstützt durch Kaiser Friedrich Barbarossa und seine Gemahlin Beatrix. Die Beziehung zum Kaiserhaus wurde schon von dem Vorgänger Bischof Alberts, Bischof Otto I. von Österreich (1138 bis 1158) geknüpft. Dieser hervorragende Geschichtsschreiber hatte seiner Chronik ›Von den zwei Staaten‹ ein Geschichtswerk von den Taten seines kaiserlichen Neffen Friedrich folgen lassen und an dessen Romzügen persönlich teilgenommen.

Wahrscheinlich wurden bei diesem Albertinischen Dombau ältere ottonische Bauverhältnisse und Bauteile – wie die Situierung der Westtürme und der östliche Teil der Krypta – miteinbezogen. Nach Feststellung von August Ortegel variieren die Maße der Mittelschiffspfeiler in der Breite beträchtlich, was darauf schließen läßt, daß die schmäleren Pfeiler vom ottonischen Vorgängerbau übernommen wurden. Auch der weite Abstand der beiden Westtürme und die

Breite des Mittelschiffs sprechen für eine Anlehnung an den Grundriß des Vorgängerbaues. Der Albertinische Bau – wie er im wesentlichen heute noch erhalten ist – war eine dreischiffige, flachgedeckte Basilika, in Ziegelmauerwerk ausgeführt. Drei Apsiden schlossen ihn in gleicher Höhe ab. Dreizehn Arkaden gliederten das Langhaus, das wesentlich tiefer als der Chor und die Vorhalle liegt. Die Einwölbung des Mittelschiffs erfolgte erst unter Leitung des Jörg von Halsbach, genannt Ganghofer, dem Baumeister der Münchner Frauenkirche, 1481 bis 1482. Eine Umbauphase ist in den Jahren 1621-1623 unter der Leitung Hans Krumpers anzunehmen. Damals wurde der Lettner beseitigt und an Stelle der ursprünglich offenen Krypta die Chortreppe eingefügt. Zum Einbau einer Orgelempore kam noch die Veränderung der Fenster und der Einbau der Emporen. Zu diesen von dem Bischof Veit Adam von Gebeck (1618-1651) vorgenommenen Umbauten kam noch eine glanzvolle Neuausstattung im Stil der Spätrenaissance. Der spätgotische Hochaltar – Hauptstück der gotischen Ausstattung des Doms – des Bischofs Nikodemus della Scala (1422-1443) mit seinen Statuen von Jakob Kaschauer in Wien (1443 aufgestellt) mußte einem neuen Hochaltar von Hans Krumper und Philipp Dirr mit dem Gemälde des Peter Paul Rubens weichen.

Mit dem Fürstbischof Johann Franz Ecker von Kapfing (1693 bis 1727) zieht der kirchenfürstliche Anspruch des Barock in Freising ein. Nachdem der Turm der Pfarrkirche von Sankt Georg neugebaut ist, die Lyzeumsaula (ebenfalls in der Stadt) durch Hans Georg Asam mit Fresken geschmückt ist, die Benediktuskirche 1716 eine barocke Ausstattung erhalten hat, richten sich alle Energieen des Bauherrn auf die Neuausstattung des Dominneren zum 1000jährigen Jubiläum des Bistums: 1724. Diese *Neuausstattung* ist die glänzende Leistung der Brüder Cosmas Damian und Egid Quirin Asam. Die ersten Baumaßnahmen begannen am 1. April 1723 mit der Umgestaltung der Fenster. Zu den Jubiläumsfeierlichkeiten vom 1. bis 8. Oktober 1724 zeigte sich der Dom in jenem neuen festlichen Gewand, den uns ein Kupferstich von Joseph Mörl nach Cosmas Damian Asams Zeichnung wiedergibt. Dargestellt ist der Einzug Fürstbischof Eckers in den Dom. Wer über »Welt und Leben des Fürstbischofs Ecker von Freising« informiert werden will, der greife zu der glänzend geschriebenen Biographie Benno Hubensteiners:

›Die geistliche Stadt‹. Über ›Freising, eine ehem. altbayerische Bischofstadt‹, schrieb Michael Hartig 1928 in der Reihe ›Deutsche Kunstführer‹. Georg Lill bearbeitete Eugen Abeles erwähnte Monographie ›Der Dom zu Freising‹ 1951 neu.

Wir beginnen unseren Rundgang an der Westfassade beim Hauptportal aus Rotmarmor, das Fürstbischof Albert Sigismund 1681 der schmucklosen Front vorlegen ließ. Die heute neuverputzten Türme hatten in der Barockzeit eine reiche Architekturmalerei nach Entwürfen Cosmas Damian Asams 1723 von Nikolaus Stuber gemalt. Alte Photographien von J. Maier, Kraiburg, abgebildet bei Hartig (1928) zeigen sie noch gut erhalten. Das interessanteste daran ist die Verbindung barocker Gliederungsformen im Untergeschoß (Pilastergliederung) mit nachempfundenen gotischen Fialen und Baldachinen in den Obergeschossen. Eine Rekonstruktion dieser Malerei wäre möglich gewesen; sie hätte jedoch auch Bedenken erzeugt, denn die breite Giebelfront zeigt sich schmucklos mit der Fenstergestaltung des 19. Jahrhunderts. Und so nehmen wir mit der spröd-gewaltigen, bis auf das Hauptportal schmucklosen Domfront vorlieb. Zu ihrer Charakteristik gehört, daß sie fast bis zur Hälfte von dem auf Arkaden gesetzten Fürstengang beschnitten wird. Seine Fortsetzung über dem Seitenschiff der Johanneskirche machte um 1675 eine Aufstockung und die Höherführung der Strebepfeiler notwendig, die nun mit ungewöhnlicher Höhe zwei Geschosse durchmessen und mit flachen Stichbogen geschlossen sind: ein technisch-zweckhafter, fast modern wirkender Effekt!

Nach dieser Fassadenbetrachtung, die die Südseite der Johanneskirche miteinschließt, betreten wir die Vorhalle des Doms. Dieser stimmungsvolle Raum zwischen den Türmen zeigt zwei Freipfeiler und drei Schiffe, deren mittleres mit einem Netzgewölbe aus dem 15. Jahrhundert überspannt ist, während die seitlichen je zwei Joche mit Kreuzgewölben tragen. Das südliche Doppeljoch zeigt zierliche figurale Kragsteine aus dem 15. Jahrhundert, während das nördliche Doppeljoch in seiner schlichteren Rippenbildung, den Schlußsteinen und hornartigen Konsolen der frühen Bauphase der Vorhalle (um 1319) angehört, die ungefähr mit der Entstehungszeit der Johanneskirche übereinstimmt.

Die Vorhalle ist der Raum für zwei Kapellen: südlich der Heiligen Dreifaltigkeit geweiht, nördlich der Heiligen Katharina, Altäre mit

Altarblättern von Andreas Wolff. Und sie ist Mortuarium der Bischöfe und Domherren. In der Mitte der Nordwand steht das Monument des Erbauers der Torhalle und Stifters der Katharinenkapelle, Bischof Gottfried von Greiffenberg (gest. 1314). Links davon das Renaissancedenkmal für Pfalzgraf Philipp von Bayern, Bischof von Freising und Naumburg (gest. 1541), ein Werk von Thoman Hering. Zur Rechten der Stein des Bischofs Moritz von Sandizell (gest. 1566), dem Erneuerer des 1563 abgebrannten Nordturms.

In der *Vorhalle* ist uns der bedeutendste Baurest des romanischen Albertinischen Doms erhalten: das ursprünglich freistehende aus Donaukalkstein errichtete Dreistufenportal. Die Stufen sind mit Dreiviertelsäulen und Kapitellen von abwechslungsreicher Ornamentierung ausgesetzt; im Bogenfeld gehen die Säulen in teilweise ornamentierte Wulste über. Das Tympanon fehlt und ist durch ein in Ziegel gemauertes Bogenfeld ersetzt. Außen, unter dem fortlaufend ornamentierten Architravband, die Stifterfiguren: Kaiser Friedrich Barbarossa und Bischof Albert I. von Freising (links) und Kaiserin Beatrix von Burgund (rechts). Der Kaiser sitzt auf einem Faltstuhl, die Rechte in die Hüfte gestemmt. Er hält in der Linken das Szepter, trägt einen kurzen Waffenrock und auf dem Haupt eine Zackenkrone. Über ihm die alte, jedoch erneuerte Majuskelinschrift: FREDERIC. ROM. IMPR. AVGVST. Friedrich, Römischer Kaiser, Augustus. Die neben ihm stehende Figur trägt einen langen Leibrock, einen Bischofstab und eine kugelige Haube. Die Kaiserin gegenüber wendet sich den beiden Männern zu; sie trägt eine Zackenkrone, einen Pontifikalmantel über dem langen Gewand und hält in der rechten den Reichsapfel. Über ihr die Inschrift: CONIVX BEATRIX COMITISSA BVRGVNDIAE AO MCLXI ist Beatrix, seine Gemahlin, Gräfin von Burgund im Jahre 1161. Die Jahreszahl ist unrichtig. Ungeklärt ist auch die Darstellung einer aufsteigenden Kröte unter der Figur der Kaiserin (nach von Reitzenstein vielleicht ein Fruchtbarkeitssymbol).

Der Blick durch das geöffnete Portal geht halb durch ein Gitter in die Tiefe des Dominneren und macht die beträchtlichen Niveauunterschiede zwischen Vorhalle, Langhaus und Hochchor sichtbar. Auch die Stilunterschiede – Romanik, Barock, Spätrenaissance – treten in diesem *Raumbild* deutlich hervor, samt der reiz-

III

Wie auf einem Bühnenbilde stellt der Münchener Stadtmaler Jan Pollack den hier nicht sichtbaren ›Tod des Heiligen Korbinian im Beisein seines Biographen Aribo‹ vor dem Hintergrund der bischöflichen Stadt Freising dar. Die Topographie der Stadt zwischen Isar (links unten) und Domberg (rechts oben) ist in diesem Ausschnitt typisch und annähernd exakt erfaßt. Auf dem Domberg erkennen wir das Westturmpaar des Münsters und die Bischofsresidenz, davor und darunter die Stiftskirche Sankt Andreas (1803 abgebrochen), alles noch umringt von einer mit Türmen besetzten Wehrmauer. Im Talgrund die Stadt mit dem Münchner Tor und der Pfarrkirche Sankt Georg inmitten der Bürgerhäuser mit den spätgotischen Treppengiebeln. Vom Kollegiatstift Sankt Veit zieht eine Prozession zu dem am linken Bildrand wiedergegebenen (hier nicht mehr sichtbaren) Kloster Weihenstephan, für das der Altar 1483 gemalt wurde. Der Blick aus dem Söller auf die Stadtlandschaft – ein Werk aus der Frühzeit Pollacks – zeigt beispielhaft, wie sich die Landschaftserfassung der Spätgotik allmählich aus der Beklommenheit löst, wie der Maler sein Blickfeld vom Ausschnitt zum andeutenden Panorama erweitert.

voll abwechslungsreichen Belichtung der einzelnen Raumabschnitte. Dieses Auf und Ab, der beträchtliche Niveauunterschied von rund zwei Metern zwischen Langhaus und Vorhalle-Chorraum, erklärt sich einerseits aus Abschüssigkeit des Domberggeländes, das ausgeglichen werden mußte, und andererseits aus der niveaugleich aufsteigenden Krypta.

Vor den Verhandlungen mit den Brüdern Asam war der Plan erörtert worden, die Langhauswände des Doms mit Tapisserien zu bekleiden, wie dies in der oberösterreichischen Stiftskirche zu Garsten und in abgewandelter Form auch in Kremsmünster der Fall ist. Das Dekorationssystem der Brüder Asam umfaßt alle Teile des Dominneren, also die Langhausarkaden und den Chor bis zur Altarapsis, die Nebenschiffe und sämtliche Gewölbe. Zu bemerken ist, daß es nicht mehr vollständig ist; denn der große Stuckvorhang vor dem Hochaltar wurde 1870 abgeschlagen, die mit Stuck reichgeschmückte nördliche Apsis wurde zerstört, ebenso die Stukkatur der (durch Zusammenführung der Außenkapellen) im Barock entstandenen äußeren Seitenkapellen. Pilaster mit eingelegten Stuckmarmorfeldern, reichen Kapitellen und dem für die Asam bezeichnenden weichgeformten Gebälk gliedern das Mittelschiff. Zwischen die Langhauspfeiler sind Emporenbrüstungen eingespannt, die Freskofelder in Rokokorahmung schmücken. Das spätgotische Gewölbe ist durch Entfernung der Rippen zu einer Art Tonne mit Stichkappen verschliffen und überputzt. Asam hat hier durch rhythmische Aufteilung der Gewölbezone mittels gemalter Gurte (die auf plastisch gestalteten Scheinkämpfern aufruhen) im Rhythmus zwei-drei-zwei die gleichmäßige Reihung der alten Jochteilung geschickt überspielt. Diese Teilung setzt sich im fünf Joche umfassenden Chor fort, wo wieder drei, dann zwei Joche zusammengefaßt werden. In jedem dieser Abschnitte befindet sich ein Freskofeld, dessen Form und Gestaltung wechselt. So ist im Choreingang, wo kein Licht durch seitliche Stichkappen einfällt, eine Scheinkuppel eingespannt. Wolkenteile greifen über die gemalten Rahmen hinaus und verbinden die einzelnen Freskofelder über die Gurtbogen hin.

Die Thematik der Fresken folgt einem umfassenden historisch-theologischen Konzept, das einer der bedeutendsten Freisinger Gelehrten des Eckerkreises, Peter Karl Meichelbeck, entworfen und

mit Asam abgesprochen hatte. Dargestellt ist über dem Eingang die
Verehrung des Lammes und die fünf Haupttugenden des Heiligen
Korbinian, »auf denen er das Gebäude seiner Heiligkeit und das
Fundament dieser Kirche gebaut hat« (Meichelbeck, S. 153). Die
Weisheit hält die Sonne der christlichen Heilslehre und entzündet
durch einen Brennspiegel das Licht des Glaubens, trifft die Schäflein
(die Gläubigen) und führt sie zu Gott hin. Auch hier bedeutet ein
symbolischer Lichtstrahl, daß das Licht des Glaubens wiederum auf
die Tugend übergeht, die, aufrechtstehend, mit einer Geißel, die
Mächte der Finsternis, des Lasters und der Hölle aus dem Heiligtum
vertreibt.

Im Hauptdeckenbild erscheinen die Patrone des Hochstifts vor der
Heiligen Dreifaltigkeit. Dem Heiligen Korbinian wird von Christus
die Krone gereicht. Er schwebt von Engeln getragen in der Mitte des
Freskos, im Augenblick seiner Verherrlichung. Neben ihm der Heilige
Lambertus und Papst Alexander, die Schutzheiligen des Doms. Links
darunter der Heilige Sigismund, in einen Prunkmantel gekleidet, der
in Stuck übergeht und die Gemälderahmung überschneidet. Unten
die Freisinger Domheiligen Nonnosus, der Abt mit dem Ölzweig, und
der Heilige Justin, als Kardinal gekleidet. Zu ihren Füßen der Bär,
das Freisinger Wappentier.

Das dritte, ovalgerahmte Deckenbild zeigt die drei göttlichen
Tugenden. Auf roten Vorhangdraperien, die der Mohr von Freising
zurückschlägt, finden wir die Wappen der Freisinger Bischöfe, unterhalb jene sämtlicher Domherren des Jubiläums- und Renovierungs-
jahres angebracht. Im Hintergrund das Wappen Fürstbischof Eckers
und der Dom. Glaube, Hoffnung und Liebe erscheinen im Vorhang.
Vor der Treppe zum Chor – quasi eine Vierung vortäuschend – hat
Asam eine Scheinkuppel eingefügt. Zu diesem Zwecke ließ er – nach
Abele – drei Stichkappenfenster zumauern, was nicht ganz geglückt
erscheint. Hier tritt das Raumkompartiment eher als Dunkelzone in
Erscheinung. An der vorderen Kuppelwand thront die Muttergottes
mit dem Kind. In der Mitte Inschriften, die sich auf die Renovierung
des Domes 1724 im 50. Priesterjahr des Fürstbischofs Ecker beziehen. In den Zwickeln die Vier Evangelisten. Im Altarraum – nächst
dem Hochaltar – die Anbetung des göttlichen Lammes durch die 24
Ältesten, nach der Apokalypse des Johannes. Dieses Bild tritt in
deutliche kompositionelle Analogie zum Hochaltarbild des Peter Paul

Rubens, welches das Apokalyptische Weib darstellt, wie auch die übrigen Langhausfresken von der leuchtenden Farbgestaltung des Rubensbildes, von seinem Schwung angeregt erscheinen.

An der Emporenbrüstung eine Folge von zwanzig Einzelszenen aus dem Leben des Heiligen Korbinian, die Asam nach Meichelbecks Angaben zu einer ebenso eingebungsvollen wie reichen Heiligenvita gestaltete. Die Deckenfresken in den Seitenschiffen beziehen sich thematisch auf die jeweiligen Altarpatrozinien. Hier kommt der hervorragende Raum- und Gewölbestuck Egid Quirin Asams stärker zur Wirkung. Schwungvoll aufgetragenes Bandwerk mit Voluten und Zweigwerk überspannt die Stichkappen und Deckenfelder.

Der *Hochaltar* ist die Meisterleistung des Hans Krumper (Altaraufbau und Dekor) und des Bildhauers Philipp Dirr, der die flankierenden Figuren der Heiligen Korbinian und Sigismund schuf. Der Aufbau mittels zwei Säulenpaaren auf hohem volutenbesetzten Sockelgeschoß und flachem Abschluß mit Volutenbekrönung dient als zurückhaltende Rahmung für das Altarbild. Ursprünglich war hier ein großes Bild von Johannes Rottenhammer vorgesehen, doch dieser verstarb 1625. Als der Altar 1624 konsekriert wurde, war das Altarbild noch nicht vorhanden – es dürfte 1624 oder 1625 (nach Abele) an Peter Paul Rubens in Antwerpen vergeben worden sein. Thema ist das Apokalyptische Weib, das gleichzeitig die Muttergottes und die Kirche symbolisiert, wie sie der Schlange zu ihren Füßen den Kopf zertritt, während der Heilige Michael ihr von links oben zu Hilfe kommt und die Mächte der Hölle wie in einer gewitterigen Himmelserscheinung niederschleudert. Die wirklichkeitsgetreue und zugleich atmosphärisch wiedergegebene Landschaft mit dem Freisinger Domberg ist, nach Sebastian Münsters Kosmographie von 1550, von der Hand des Rubensschülers Lukas van Uden gemalt. Der koloristisch gleich hervorragende Entwurf des Rubens (bis 1803 in Besitz des Klosters Neustift bei Freising) ist im Besitz des Kunsthistorischen Museums in Budapest. Jakob Balde, der ›Bayerische Horaz‹, hat in einer begeisterten Ode das Bild gerühmt. Im September 1804 wurde das Original aus dem Altar genommen und nach Schleißheim gebracht, von wo es als Attraktion des Rubenssaales in die Alte Pinakothek gelangte. In den Altar gelangte zunächst ein Provisorium aus Au am Inn; dann

stiftete König Ludwig II. ganze 35000 Mark für ein neues Altarbild von Ludwig Löfftz (1885). Bis schließlich im Jahre 1926
durch Emil Böhm eine dem Original nahekommende Kopie des
Rubensbildes in den Hochaltar eingefügt wurde.

Die Wandverkleidung auf der Südseite nächst dem Hochaltar
ist spätes Rokoko von 1772, unter Bischof von Welden geschaffen.
Die Wandverkleidung der Nordseite mit dem Baldachin stammt
aus dem späten 19. Jahrhundert: Neurokoko.

Der Dom hat als Seltenheit sein spätgotisches *Chorgestühl* zum
großen Teil bewahrt. Wenn auch dessen Stileinheit mit dem
einstigen großartigen spätgotischen Hochaltar von Jakob Kaschauer (1443) nicht mehr gegeben ist, so stellt es doch einen
integralen Bestandteil der in 700 Jahren gewachsenen Domausstattung dar.

*1486–1488 nach dem Entwurf des Augsburgers Ulrich Glurer
geschnitzt, wurde es in der Barockzeit auf heute insgesamt 32 Sitze
verkürzt. Die Rückwände zeigen Maß- und Astwerkfüllungen,
darüber die Reliefbüsten der Freisinger Bischöfe (der Bischofskatalog
ist infolge der Verkürzung nicht vollständig, die Fialen wurden
ergänzt, vergl. B. Oesterheld, Der Chorraum des Freisinger Domes
im Mittelalter, München 1966, und Das Chorgestühl von 1488, in:
›Der Freisinger Dom‹, Festschrift, Freising 1967.)*

Im rechten Seitenschiff ist die Apsis mit einem Kabinettstück
Asamscher Altarbaukunst gestaltet: der Johannesaltar mit den
Stuckfiguren der drei Heiligen Johannes. Souveräner Stuckmar-
moraufbau, vier Säulen, Oberlichte und einem Engel, der dem
Hauptpatron Johannes von Nepomuk das Kreuz reicht. Die
Wandverkleidung mit Pilastern und das zum Oval sich schließende Gesims, die freskierte Ovalkuppel mit der Laterne (Lambre-
quinkranz) machen diesen Raum zu einer erlesenen Kleinarchi-
tektur im Domganzen. Egid Quirin Asam gestaltete auch die hervorragende Kreuzgruppe an der Nordseite des Langhauses, an
einen Pfeiler angelehnt. Die Dolorosa am Fuße des Kreuzes,
inspiriert von Berninis Heiliger Teresia in Santa Maria della
Vittoria in Rom, ist eine der eindrucksvollsten Stuckfiguren des
Meisters, laut Vertrag 1725 geschaffen.

Im nördlichen Seitenschiff eine große Sandsteingruppe der
Beweinung Christi mit der drei Meter langen liegenden Christus-

figur um 1440 von Erasmus Grasser, die ursprünglich selbständig war und erst 1492 mit den Statuen der Trauernden ergänzt wurde.

Die *Krypta* – eigentlich Unterkirche, Confessio (Heiligengrab) und Bischofsgrabstätte – ist in eindrucksvoller romanischer Baugestalt als dreischiffige Halle mit 24 Säulen erhalten. Wahrscheinlich besaß sie schon ursprünglich die seitlichen Eingänge. Nach Osten wurde 1710 die Apsis ausgebrochen und eine Stütze für den Hochaltar neu erstellt. Einzelne Säulen scheinen von einem Vorgängerbau herübergenommen zu sein. Auch die übrigen sind von unterschiedlichen Steinmetzen gearbeitet worden: eine bildet auf der Platte ihres Kapitells den Inschriftnamen »Luitpreht« ab, eine zweite ist die einzigartige und berühmte Bestiensäule, deren Schaft und Kapitell ganz in Bildwerken gestaltet sind: Bewaffnete Männer, die mit Ungeheuern ringen. Ungetüme verschlingen Menschen und Tiere. Eine weibliche Halbfigur mit einer Rose in Händen könnte ein Hinweis auf Maria sein. Vier Adler, auf einem geflochtenen Tau stehend, bilden das Kapitell, das mit gewundenem Wulst und Deckplatte abschließt. Das Gewölbesystem besteht aus einer einfachen Durchdringung von Tonnen. Vom Meister der Bestiensäule ist noch ein Wandkapitell der Südseite in der dritten Stützenreihe.

An die Krypta im Osten angebaut ist die *Maximilianskapelle*, ein achteckiger Zentralbau des Barock (1710). Der mit Dreiviertelsäulen gegliederte Raum besitzt eine hervorragende Stuckausstattung aus Akanthusranken, Blattrahmen und Leisten. In das zentrale Deckenfeld und in dreipaßförmige Medaillons sind Deckenfresken von Hans Georg Asam eingefügt. Der schwere Altaraufbau mit Säulen zeigt ein Bild des Heiligen Sebastian, das von Rottenhammer stammen soll. In den vier Wandnischen die Figuren der bayerischen Glaubensboten: die Heiligen Bonifazius, Rupert, Korbinian und Maximilian. Der Kreuzgang ist ein Lapidarium mit den Grabmälern zahlreicher Domherren, darunter neben der Tür zum Domgarten der feine Grabstein des Dr. Matthäus Hörlin (gest. 1535) aus der Werkstatt des Gregor Erhart in Augsburg, der nach Art eines spätgotischen Retabels aufgebaute Steinaltar des Kanonikus Kaspar Marolt (gest. 1513) von Stefan Rottaler aus Landshut.

Der Weg durch den Kreuzgang führt zur *Benediktuskirche*. Der

Patron weist darauf hin, daß hier ein älterer Vorgängerbau als
Klosterkirche des Heiligen Korbinian vorhanden gewesen sein
könnte. Er wurde anfangs des 12. Jahrhunderts erneuert. Zwei
Jahrhunderte später baute man die Kirche völlig neu. Es war dies
die Leistung des Domdekans Otto von Maxlrain, gest. 1347. 1716
ließ Bischof Ecker hier seine Familiengruft einrichten und zu
diesem Anlaß wurde das Gotteshaus neu dekoriert. Das Chor-
schlußfenster des schlank proportionierten und von Barock-
pilastern straff gegliederten Kirchenraumes ist ein Meisterwerk
der Glasmalkunst, 1412 von Eglolf von Hornpeck gestiftet. In
drei großen Medaillons sind die Auserwählung Mariens zur Gottesmutter, die Verkündigung und Geburt Christi dargestellt. Prof.
Oberberger hat dieses Juwel bayerischer Glasmalerei aus der Zeit
des Schönen Stils von stilfremden Zutaten befreit und »die unge-
nügenden Ergänzungen durch bessere ersetzt« (Abele-Lill).

*In der Unteren Domsakristei, einem stimmungsvollen Raum des
späten 15. Jahrhunderts mit Netzgewölben auf Rotmarmorsäulen,
sind uns zwei große schildbogenförmige Tafelbilder in originaler
Rahmung der Spätgotik erhalten. Es sind dies an der Ostwand
Passionsszenen des Landshuter Malers Nicolaus Alexander Maier
(1495), an der Westwand Szenen aus dem Leben des Heiligen Sigismund von Hans Wertinger, der ebenfalls aus Landshut stammt
(1498).*

*Das wertvollste Stück der Oberen Sakristei ist die Große Holz-
monstranz, das Modell für die 1472 von dem Freisinger Goldschmied
Sixt Schmuttermaier für Waidhofen an der Ybbs, ehemalige Freisinger Besitzung, geschaffene und noch dort befindliche Silbermonstranz.*

Der Freisinger Domberg ist als Ganzes immer noch ungewöhnlich reich an Kirchen, Profanbauten und Kapellen; er bildet als
geistliche Zitadelle ein geschlossen erhaltenes Bild, das von den
›dunklen‹ Anfängen bis an die Gegenwart reicht, die wir nicht
›hell‹ nennen möchten. Zuviel hat man ihm im 19. und noch im
20. Jahrhundert angetan. Man denke an den Abbruch des
Andreasstifts, der Kirche mit ihrem verschwundenen Ignaz-
Günther-Altar.

Jedoch ist mit dem neuen Diözesanmuseum ein Gewinn zu
verzeichnen. 1984 wurde der bisherigen Sammlung von Werken
des Barock eine Barockgalerie angegliedert, die Skizzen von Josef

Magges, Thomas Christian Winck und Martin Knoller umfaßt und nunmehr vierundachtzig Werke, darunter einen Altar, Skulpturen, Gemälde und Möbel der Zeit zwischen 1580 und 1780 enthält. In Verbindung mit den großen Gemälden aus den Domkirchen in München und Freising wird hier dem Besucher auch aus München ein vielfältiges Spektrum aller Aspekte der kirchlichen Kunst gezeigt, das er in München in dieser geschlossenen Weise nicht so erleben kann.

In den letzten Jahren ist der Domberg buchstäblich in Bewegung geraten. Nachdem man das ehemalige Philippsschloß zum neuen Domgymnasium umgebaut hatte, kam das ehemalige Camerloher-Gymnasium an die Reihe. Für mehr als 18 Millionen Mark werden unter der Leitung des Landbauamtes Weihenstephan die Räumlichkeiten zum neuen Amtsgericht Freising umgestaltet. Im alten Domgymnasium, das die südliche Front des Domberges besetzt hält, werden bis zum Jahre 1992 das neue Diözesanarchiv und die neue Dombibliothek untergebracht werden. Sicherungsmaßnahmen an der ins Rutschen gekommenen Dombergbefestigung sind im Gange. Und so wird der altehrwürdige ›Mons doctus‹ wohl bis zum Jahre 2000 einer Großbaustelle gleichen.

Die Stadt Freising

Wer den Domberg beim neuen Domgymnasium verläßt, um einen Blick auf die *Altstadt* zu werfen, ist schnell am Marienplatz mit seiner Mariensäule von 1674. Etwas abseits der Hauptstraße liegt die *Stadtpfarrkirche Sankt Georg*, eine dreischiffige Hallenkirche (um 1440) mit einem schönen stattlichen, 80 Meter hohen Barockturm von Antonio Riva (1679/89). Schöne Sterngewölbe mit Schlußsteinen überfangen den 1955 neugestalteten Raum. Am Rindermarkt ist das feine ›Pröpstlhaus‹ mit einer Rokokofassade von 1730 zu erwähnen. Weiter draußen die *Gottesackerkirche* (1543-45, Turm 1708), deren Rippenwerk nur noch der reinen Dekoration dient, seine konstruktive Funktion jedoch verloren hat. Nicht weit davon das Kloster Sankt Klara, dessen *Klarakapelle* 1848 anstelle des bischöflichen Hofgartens entstand. Die Kirche birgt einen wertvollen spätgotischen Flügelaltar von 1429; der kielbogig geschlossene Schrein mit den gemalten Flügeln wurde von Joachim Sighardt aus Weildorf hierhergebracht. Er barg also die berühmte Madonna in Weildorf des Meisters der Seeoner Madonna (im Bayerischen Nationalmuseum). Die ursprünglich nicht zugehörige Madonna ist ein hervorragendes Werk der Zeit um 1430. Gegenüber dem Rathaus am Marienplatz (1904 erbaut), im ehemaligen Fürstbischöflichen Lyzeum, einer Gründung des Fürstbischofs Ecker von 1706, auch Alte Hochschule genannt, befindet sich der für öffentliche Veranstaltungen und Konzerte gerne genutzte *Asamsaal* mit wiederaufgedeckten Fresken des Hans Georg Asam von 1707/09. Hier ist das sehenswerte Heimatmuseum eingezogen. Die gegenüberliegende Ecke der Unteren Hauptstraße hält das Marcushaus mit der Stadtbibliothek besetzt.

Die *Spitalkirche Heiliggeist*, ein Wandpfeilerbau von 1607 mit gedrücktem Tonnengewölbe, besitzt einen Hochaltar von 1697. Das Spitalgebäude von 1686/88 hat eine gute Fassade.

Eine kurze Wegstrecke vor die Stadt hinaus nach Osten vermag für manchen Verlust an alter Baulichkeit seit der Säkularisation zu entschädigen. Hier liegt die *Kirche Sankt Peter und Paul* des alten von Bischof Otto I. 1140 gegründeten *Prämonstratenserklosters Neustift*. Um 1717 wurden das Kloster und die Kirche durch Viscardi neugebaut. Und 1751, nach einem Brande, erhielt die stattliche Kirche 1756 eine Rokokodekoration von F. X. Feichtmayr und Fresken von Johann Baptist Zimmermann. Den Hochaltar hat Ignaz Günther 1765 geschaffen. Seine weiß gefaßten Statuen der Heiligen Petrus und Paulus, Augustinus und Norbertus zählen zum besten und beschwingtesten, das er als Bildhauer hinterlassen hat. Im ikonographischen Sinn einzigartig in seinem ganzen Werk ist der Tabernakel mit den Figuren des anbetenden Papstes und des Hohenpriesters, dem ein Putte den Schleier (des Nochnichtglaubens) von den Augen löst. Auch das noble Chorgestühl aus Eiche ist in seiner Werkstatt entstanden sowie das östliche Paar der Seitenaltäre. Jüngst wurde die Kirche und der Hochaltar mit glänzendem Erfolg restauriert. Das bewegteste, und vielleicht bewegendste Stück ist die Auszugsgruppe Ignaz Günthers mit der apokalyptischen Szene, in der Christus auf Wolken erscheint.

Eine Waldidylle von ganz eigener Atmosphäre liegt ein Stück weiter draußen, im Norden hinter der Kaserne: Die Wallfahrtskirche zum gegeißelten Heiland, *Wieskirche* genannt. Ihr ovaler Hauptraum ist in Anlehnung an ihr Vorbild bei Steingaden jedoch quergestellt, 1746-1748 erbaut. Eine gemalte Kopie des Wiesheilands und Fresken von Franz Xaver Wunderer (1762) gehören zur Ausstattung. Der Reichtum der Wieskirche liegt in der großen Zahl von Votivgaben und Ex-Votos, die zum Teil in großen gläsernen Schränken untergebracht sind. 1904 wurde an das Mesnerhaus ein Augustinerkloster angebaut (heute Dorfhelferinnenschule).

Von der berühmten ehemaligen Benediktinerabtei *Weihenstephan*, die 1020 gegründet wurde und deren romanische Klosterkirche man erst 1810 dem Abbruch übereignete, sind uns nur noch der Ost- und Südflügel erhalten. Drei der Asambilder, die zur Ausstattung gehörten, wurden jetzt in Tittmoning und in Rohr entdeckt.

Jetzt ist in dem ehemaligen Kloster eine Verwaltungsstelle der Technischen Universität München untergebracht, die hier neben der berühmten Staatsbrauerei ihre Fakultäten für Brauwesen, Lebensmitteltechnologie, Milchwissenschaft, Landwirtschaft und Gartenbau angesiedelt hat. Am Südhang des Berges, der ob seiner Gärten und seiner Gastronomie gern besucht wird, entdeckt der Wanderer die Ruine der 1721 erbauten *Korbinianskapelle* – einer reizvollen oktogonalen Zentralraumschöpfung von Egid Quirin Asam. Darunter plätschert in einem tiefen Stollen das Korbiniansbrünnlein, das durch die Sage mit den Anfängen Freisings verbunden ist. Wie so oft wurden auch hier die geistlichen Grundfesten des Landes, die auf Quellen und Heiligen Bergen ruhen, von der Zeit verschüttet.

Der Wartenberger Schnitzaltar

Die Abneigung des Münchners nach Norden zu fahren ist sprichwörtlich und hat Tradition. Für die alten Münchner war der Aumeister die letzte nördliche Ausflugsstation, wie Josef Hofmiller einmal feststellte. Den zahlreichen Zugereisten und Neubürgern müßte ›der Norden‹ erst nahegebracht werden, weil nämlich ohne den Norden der Süden nur halb so schön wäre. Aber manchesmal gelüstet es auch den, der nicht gerade in den Trabantensiedlungen bei Erding oder Garching wohnt, nach der Ebene des Erdinger Mosses und dem idyllischen Hügelland um Moosburg.

Wartenberg etwa, das am nördlichen Auslauf des Erdinger Mooses und den Hügeln des Holzlandes liegt, ist so ein Ort, der sich für den Kunstfreund lohnt. Bekannt geworden ist es allerdings mehr durch sein Sanatorium oben, auf der Höhe im Wald. Auch eine Malerkolonie hat es hier einmal gegeben, eine der letzten in der langen Reihe solcher Künstlerrefugien, begründet von dem Maler Schrader-Velgen.

Herrlich ist der Ausblick von der Anhöhe über dem Markt, wo früher einmal eine wittelsbachische Burg stand, deren schlichte romanische Kapelle Sankt Nikolaus uns noch erhalten ist.

Aber nicht um diese Burgkapelle mit ihrem romanischen Tympanon (Drache und Löwe) aufzusuchen, auch nicht um die etwas nüchtern ausgestattete Wartenberger Pfarrkirche des Erdinger Lokalmeisters Anton Kogler zu besichtigen, fährt der Kunstfreund heute nach Wartenberg, sondern um die westlich des Marktes gelegene *Gottesackerkirche Sankt Georg* zu besichtigen. Der heute eingemeindete Ort hieß früher Rockelfing. Von seiner Kirche ist uns nur der Chor mit dem Sattelturm erhalten. In diesem Chor erhebt sich ein stattlicher gotischer Schnitzaltar mit einer eigenen Geschichte. Seit dem Ende des 15. Jahrhunderts stand dieser Altar in der alten Leprosenkirche zu Apolding. Als dieses angeblich baufällige Gotteshaus um 1864/65 abgetragen wurde, brachte man den Altar in den spätgotischen Altarraum der gleichfalls halb abgetragenen Pfarrkirche zu Rockelfing, wo er sich heute noch erhebt.

Es ist ein reiches und großenteils gut erhaltenes Werk, bestehend aus Predella mit Relief ›Tod Mariens‹, einem reich geschnitzten Schrein mit einer Gnadenstuhlgruppe, den Mantel haltenden und musizierenden Engeln, gemalten Flügeln, Gesprenge mit Gesprengefiguren. Dem Patrozinium der ehemaligen Leprosenkirche entsprechend, ist der Altar dem Heiligen Geist geweiht. Auf den kurzen Standflügeln finden sich vier weibliche Heilige gemalt.

Auf den Außenseiten der beweglichen Flügel, der Werktagsseite, finden wir feine Darstellungen eines geübten Malers: die Heilige Dreifaltigkeit und die Marter des heiligen Laurentius (links); Sankt Stephanus vor dem Richter und der Heilige Georg zu Roß beim Drachenstich (rechts). Die Sonntagsseite zeigt Malerei auf Goldgrund: die Verkündigung Mariens und die Taufe Christi (links); die Krönung Mariens und die Predigt Petri (rechts). Von der Malerei beansprucht vor allem das letztgenannte Bild unser Interesse. Eine Gruppe von andächtig lauschenden Frauen und Männern ist in der Tracht der Zeit wiedergegeben. Und Sankt Petrus auf der Kanzel rechnet ihnen sozusagen ihre Sünden an den Fingern auf. So könnte man wenigstens die Geste auffassen, die vom Maler wohl als Segensgeste gemeint ist.

Das Relief in der Predella weist direkt auf das Patrozinium: das Pfingstfest. Auch die gemalten Flügel stehen damit in ikonographischem Zusammenhang: die vier Kirchenväter. Auf der Rückseite der Predella ist das Schweißtuch der Veronika zu finden. Auf der Rückwand des Schreins Christus als Weltenrichter.

Im Gesprenge stehen auf Konsolen Christus als Salvator mundi, flankiert von Maria und Johannes.

Im Schrein thront streng frontal die Sitzfigur Gottvaters, eine Greisengestalt mit langherabwallenden Locken und durchfurchtem Antlitz. Er hält mit beiden Enden den Kreuzesstamm mit dem gekreuzigten Sohn. Das Symbol des Heiligen Geistes – die Taube – sitzt auf dem Querbalken des Kreuzes. Zwei kleine, sehr anmutige Engel halten unten zu seiten der reich geschnitzten Thronwangen den Mantelsaum Gottvaters. Zwei größere Engel über den Wangen spielen die Laute und die Handorgel. Darüber noch zwei fliegende Engel. Bei den Engelsgestalten fühlt man sich an die Landshuter Schnitzer der Altäre von Gelbersdorf bei Moosburg und Heiligenstadt bei Gangkofen in Niederbayern erinnert. Sie sind voll Beweglichkeit, Geschmeidigkeit und Anmut, echte Geschöpfe der Hofkunst unter den reichen Herzögen. Auf eine Stiftung Herzog Ludwig des Reichen von 1484 soll der Altar ja zurückgehen. Was ihn aber in der genannten Reihe erst einzigartig macht, ist der Reichtum und die Feinheit der Rahmenschnitzerei des Schreins und der Predella. Es sind Rebenranken, die sich am feinsten in der Staffel, sodann auf den beiden von gedrehten Stäben gestützten Segmentbogen im Schreinschluß zeigen und wieder besonders reich an den beiden, den Schrein flankierenden, waagrecht zweigeteilten Rahmenbrettern.

Die Meister dieser köstlichen Schnitzarbeit und der Malerei sind uns nicht bekannt. Sie sind wohl in Landshut zu suchen, vielleicht auch im nahen Moosburg, oder vielleicht sogar in der alten Bildschnitzerstadt Erding?

Der Wartenberger Altar, gelegentlich auch Rockelfinger Altar genannt (richtig wäre ›Apoldinger Heiliggeistaltar in Wartenberg‹), ist nicht so bekannt, wie er es verdient. Die Liebe der Freunde spätgotischer Kunst wendet sich in größerem Maße dem Schnitzaltar von Jenkofen, nordwestlich von Moosburg zu. Dem fehlt aber leider die Hauptfigur, eine Muttergottes. Oder genauer: sie ist durch eine mäßige neuzeitliche Marienfigur ersetzt, nachdem auch die neugotische Ersatzfigur aus der Mitte des vorigen Jahrhunderts nach 1974 entfernt wurde.

Der Gelbersdorfer Altar

Die *Pfarrkirche Sankt Georg* in Gelbersdorf liegt bei ein paar Bauernhöfen und einem mächtigen Lindenbaum. Den Schlüssel erhält man in dem zunächst gelegenen Bauernhof. Betritt man die Kirche, die ein flachgedecktes Langhaus und einen Chor mit Netzrippengewölbe besitzt, so trifft man den Altar meist in geschlossenem Zustand an. Dieser ›Kasten‹ ohne Gesprenge und die etwas matt wirkende Temperamalerei auf den vier Flügeln lassen nicht viel erwarten. Auf blauem Grund erkennen wir links Maria mit dem Kind und Katharina, darunter Elisabeth und Martin, rechts Magdalena und Barbara, darunter Georg und Florian. Die Predella zeigt Szenen aus der Passion Christi. Öffnet man dann die Flügel des Schreins, so zeigt sich, daß der Altar ein doppeltes Flügelpaar, also zweimalige Wandelbarkeit besitzt. Vor uns steht eine Bilderwand von acht Tafeln auf Goldgrund mit Szenen aus dem Leben der Heiligen Anna und Joachim: in der oberen Reihe Gebet im Tempel und Opferung im Tempel, Verkündigung an Joachim, Begegnung von Joachim und Anna an der Goldenen Pforte; in der unteren Reihe Geburt und Tempelgang Mariens, Vermählung Mariens und Heilige Sippe. Besonders fein sind einzelne Details gemalt: etwa auf der Tafel Geburt Mariens, zwei zarte Vögel auf einem Mauergesims, bei der Verkündigung an Joachim die weidenden Lämmer und das Gras mit Blumen. Öffnet man nun das innere Flügelpaar, zeigt sich der Schrein mit reichem Schnitzwerk, dreigeteilt durch zwei gewundene Säulen, die mit zarten Kielbogen überfangen sind. Besonders köstlich das Laub- und Astwerk der gewundenen Fialen. Die Ebenen des Schreins sind entsprechend der Dreiteilung konisch etwas versetzt. Auf den Pfosten finden sich zierliche Prophetenfiguren. Das feinste freilich sind auch hier die Engel, die hockenden mit Spruchbändern, die fliegenden darüber, und die zwei Engel, die eine Krone über der Hauptfigur, Maria, halten. Den Hintergrund bildet ein üppig vergoldeter Preßbrokat. Auch die Feiertagsseite der Flügel ist hier geschnitzt. Reliefs der Verkündigung an Maria, der Begegnung von Maria und Elisabeth (oben) und der Geburt Christi und der Anbetung der Könige (unten) zeigen das Können des Schnitzers im Figuralen. Die über den Reliefs befindlichen Schleierbretter sind zarte durchbrochene Ranken, die dem Begriff Schleier gerecht werden. Auch die Predella läßt sich öffnen. In der Mitte das Hochrelief Tod Mariens, auf den Flügeln Flachreliefs der Krönung Mariens und der Schutzmantelmuttergottes. Die bemalte Rückseite des Altars zeigt uns das Jüngste Gericht (dreigeteilt) mit Gottvater in der Mandorla, der Muttergottes und Johannes dem Täufer.

Der Altar ist auf der Sippentafel 1482 datiert. Er soll eine Stiftung des 1481 verstorbenen Landshuter Kanzlers Dr. Martin Mair und seiner Gemahlin Katharina, geborene Imhof (gest. 1482) sein, wie aus den früher angebrachten Wappen der beiden geschlossen wurde. Es sind dies die Eltern des Theoderich Mair, der von 1485 bis 1507 Propst des Chorherrenstifts Sankt Kastulus in Moosburg und Initiator des Leinbergerschen Hochaltars gewesen ist.

Dies legt nahe, daß der Kanzler Mair den Auftrag zum Altarwerk nicht irgend einem Meister, sondern dem Landshuter Hofmaler Michel Hurlinger vergab, worauf Volker Liedke hingewiesen hat. Hurlinger läßt sich von 1459 bis zu seinem Tod im Jahr 1483 nachweisen. Als mutmaßlichen Schnitzer möchten wir Heinrich Helmschrot in nächste Erwägung ziehen. Auch er hat

– wie aus Landshuter Hofkammerrechnungen ersichtlich – für
den Hof gearbeitet, lieferte 1475 ›tafel und arbeit‹ im Schloß und
erhielt ›gewundenen Tragstangen wegen‹ vierzig Pfund Pfennig.
Er ist 1494 in Landshut gestorben. Weitere Arbeiten werden ihm
in der stimmungsvollen Wallfahrtskirche Sankt Wolfgang bei
Dorfen zugeteilt, so der dortige ehemalige Hochaltar, von dem uns
die Figuren und Reliefs erhalten sind wie auch das hervorragende
Kreuzigungsrelief und die sehr frisch empfundene ehemalige
Predellengruppe der Geburt Mariens.

Der Leinberger-Altar zu Moosburg

Moosburg, dessen beide Türme uns von einem Hügel über der
Stadt von weitem grüßen, ist die nächste Station auf unserer Reise
zu den Schnitzaltären im Norden Münchens. Der geräumige Platz,
auf dem sich die ehemalige *Stifts- und Kollegiatskirche Sankt
Kastulus* und die Taufkirche *Sankt Johannes* erheben, ist eine
Abflachung des Hügels und heißt heute noch ›Plan‹. Ein breites
Rechteck, das auf drei Seiten von malerischen Häuserfronten
gesäumt wird, darunter Wohnhäuser der Stiftskanoniker, der
Dechanthof mit Treppengiebel und zwei Erkern. Hier fand im
Jahre 1513 jener, in den Urkunden überlieferte, Dämmerschop-
pen statt, bei dem zwölf Maß Wein gegeben wurden, »da der pild-
schnitzer hie ist gewesen«. Der spendierfreudige Dechant hieß
Ulrich Leubersdorfer. Der Auftraggeber des Altarwerks, dessen
Vollendung gefeiert wurde, ist offenbar Stiftspropst Theoderich
Mair gewesen.

Die Stiftskirche, die die ganze Südseite des Plans einnimmt, ist
ein in Jahrhunderten gewachsener Bau. Der älteste Teil, eine
romanische Basilika, in der zweiten Hälfte des 12. Jahrhunderts
gleich dem Freisinger Dom aus Backsteinen errichtet, wurde nach
einem Brand und darauf folgender Erneuerung 1212 wieder geweiht. In spätgotischer Zeit, 1468, entschloß man sich zum Neubau des Chorhauses, welches das romanische Langhaus beträchtlich überragt. Der Werkmeister ist Christoph Widerspacher von
Landshut gewesen. Auch er führte diese Arbeit in niederbayeri-
scher Backsteintechnik aus.

Das romanische Langhaus besitzt an der Westseite noch sein

ursprüngliches, bei der Erneuerung 1207-1212 entstandenes Stufenportal aus grauem Donaukalkstein, Gewände und Säulen mit textilen und geometrischen Mustern geziert. Im Tympanon Christus, flankiert von Maria, Kaiser Heinrich dem Heiligen, Sankt Kastulus und dem Freisinger Bischof Albert mit dem Kirchenmodell, an den Kämpfern des Portals sehen wir links fahrendes Volk, rechts den Küster, darüber Löwenfiguren. Es ist die für das Voralpenland typische, lombardisch beeinflußte oder von lombardischen Bauleuten gemeißelte Bauplastik der romanischen Epoche, die ihr berühmtestes Zeugnis im Portal der Regensburger Schottenkirche hinterlassen hat.

Das Innere von Sankt Kastulus, in den vergangenen Jahren nach den Grundsätzen moderner Denkmalpflege mit großem Einsatz und künstlerischem Gewinn restauriert, zeigt zwölf Arkaden mit quadratischen Pfeilern, im System einer flachgedeckten Basilika, ohne Querhaus. Wo ursprünglich der romanische Chor von drei Apsiden geschlossen wurde, öffnet sich der Raum durch das hohe und helle gotische Chorhaus. Dieses besitzt nur ein Gewölbejoch und einen Fünf-Achtel-Schluß. In Moosburg wird besonders deutlich, daß diese kurzen und hochragenden Chorhäuser oft schon mit dem Ziel eines großen Flügelaltares gebaut worden sind. Dieser Altar – die Chortafel genannt – wird als Tribuna oder als Bühne in den Raum hineingestellt, wie es dem Schaubedürfnis der Spätgotik, insbesondere der bayerischen Spätgotik, entspricht.

Der Moosburger Altar, 1511 bis 1514 durch Hans Leinberger geschaffen und für ihn (als sein erstes uns bekanntes Werk) urkundlich gesichert, nimmt unter den spätgotischen Altären »durch Pracht und Größe den ersten Platz ein« schreibt Georg Dehio. Der Aufbau erreicht mit 14,4 Metern fast das Gewölbe. Jedoch ist seine heutige Erscheinung nicht die ursprüngliche. Georg Lill hat nachgewiesen, daß der Altar bis ins 18. Jahrhundert hinein nicht gefaßt gewesen ist, sich also in der natürlichen Farbe des Lindenholzes präsentierte, wie die Riemenschneider-Altäre und wahrscheinlich auch der Altar zu Kefermarkt. Nur die Augensterne und Lippen, wahrscheinlich auch Teile der Zieraten, waren lasierend gefaßt. Ursprünglich war der Schrein mit Flügeln versehen.

Es ist der größte Schnitzaltar in Altbayern mit 25 vollrunden Figuren aus Lindenholz, 14,40 m hoch und 4,29 m breit (am unteren Horizontalgesims). Das neue Kunstwollen Leinbergers ist in den fünf Monumentalstatuen des Moosburger Schreins vielleicht am vollendetsten verkörpert. An den Außenseiten des Schreins (bei geschlossenen Flügeln) haben wir links vom Betrachter Johannes den Täufer, rechts den Heiligen Johannes, Märtyrer von Rom, vor uns (nicht wie häufig angenommen, Johannes den Evangelisten). Die beiden Heiligen sind im Mittelalter vielverehrte Bauernpatrone: Schutzheiliger für das Vieh, die Haustiere und Lämmer der eine; Patron gegen Blitz- und Wetterschäden der andere. Die ikonographische Bestimmung hat Georg Lill erstmals anhand gleichzeitiger Gemälde und des Kostüms der rechten Figur getroffen.

Zwei urwüchsige Gestalten, wie sie so ganz aus der Phantasie des Volkes herausgewachsen erscheinen: nicht höfisch, sondern volksnah und realistisch, jedoch von der feinen Haltung, die sich von jedem platten Realismus unterscheidet, in gewisser Weise also doch als nicht gewöhnlich herausgehoben. Man betrachte sich vor allem das von Locken gerahmte Gesicht des Märtyrers, in dem es wie auf manchen Donauschulbildnissen geistig wetterleuchtet und zuckt. Ein packender Kopf!

Realistisch und in gewisser Weise idealisiert ist auch die Hauptfigur: die Muttergottes mit Kind und Szepter. Diese Figur, in leichtem Kontrapost gegeben, entwindet sich förmlich der aufrauschenden Fülle des Mantels mit seinen Faltenverschlingungen. Die bewegte, wellige Gestaltung des Mantels ist wieder durch spielende Putten motiviert. Ein breitflächiges Gesicht, das vom Kopftuch eingehüllt ist, ein frischer, wacher Jesusknabe mit Kräusellocken und ganz eigentümlich geschlitzten ›Leinberger-Augen‹. Der physiognomische Ausdruck hier dagegen ist eher unbewegt. Hauptausdrucksträger ist bei Leinberger das Gewand.

Die beiden die Muttergottes flankierenden Figuren, zählen zu Leinbergers besten Statuen. Links der Heilige Kastulus in Prunkrüstung mit Schwert und Siegespalme, um die Schultern einen bewegt drapierten, in Röhrenfalten gelegten, schräg herabfallenden Mantel gehüllt, der sich am Boden staut und knorriges Faltenwerk bildet. Rechts Kaiser Heinrich, auch er gerüstet, mit

Schwert und Kirchenmodell, fast elegant in der Haltung und mit nachdenklichem Ausdruck, eine Erscheinung von Würde und Menschlichkeit. Auch hier ist der Bildschnitzer Leinberger ein Gefolgsmann der Donauschule, die durch ein neues Empfinden Hoch und Nieder auf eine Stufe stellt, indem sie die menschlichen Züge hervorkehrt.

Im Kielbogen des Gesprenges sehen wir zwei anbetende Engel und zwei Engel, die die Krone halten, sehr anmutige Leinbergersche Geschöpfe. Aus der Spitze des Kielbogens wächst das Kreuz mit dem Gekreuzigten. Dieser ist übrigens der erste in der Reihe der großen Leinbergerschen Kruzifixe – betont in dem kräftigen Körperbau, den verkrampften Händen und Füßen, dem unter der Last einer schweren Dornenkrone herabgedrückten Haupt –, der das Gewaltsame des Todes zum Ausdruck bringt.

Großformig aufgebaut, fast wie erstarrt, wirken die Beistandfiguren Maria und Johannes. Hier zeigt sich wie auch bei den beiden äußeren Gesprengefiguren, den Heiligen Korbinian mit dem Bären und Sigismund, Leinbergers eigene Handschrift in der schlagkräftigen Vereinfachung des Figurenaufbaues, in den blockhaften Formen der Gewänder, die von Röhrenfalten und schnittig gezogenen Gewandsäumen überzogen sind.

Die Malereien der Predella sind Werke des Landshuter Malers Hans Wertinger. Nach 1976 aufgefundenen Archivunterlagen hatte der Landshuter Rokokomeister Christian Jorhan der Ältere den Altar restauriert, wobei er viele fehlende Kleinteile nachschnitzte. Danach erfolgte eine Rokokoneufassung in Farbe und Gold durch den Moosburger Maler Anton Mayrhofer (1782). Die vier großartigen eigenhändigen Reliefs mit Szenen aus dem Martyrium des Heiligen Kastulus waren ursprünglich nur lasierend gefaßt, so daß der Lindenholzton durchschimmerte. Die Ornamente, Grasnarben und ›Textilien‹ wurden durch Tremolieren gemustert, eine Leinbergerische Spezialität, die übrigens auch beim Emmertshamer Relief im Freisinger Diözesanmuseum festzustellen ist und die man in Altbayern ›wuggeln‹, in Schwaben ›stelzeln‹ bezeichnet.

Der Moosburger Altar ist wohl schon im Jahre 1511 begonnen worden – daher die verhältnismäßig konservative Schreinform eines Kastens mit überhöhter Mitte (die in Altbayern selten ist). Am 25. März 1514 erfolgte die Aufsetzung des Schreins und der

Figuren, wobei »maister Hans Pildschnitzer und sein Geselle, auch kistler und ander im geholffen«.

Im Chor von Sankt Kastulus findet sich noch die lebensgroße Schnitzfigur eines Heiligen Sebastian aus dem Umkreis des Meisters von Rabenden. Vielleicht ist sie vom Schnitzer des Mörlbacher Hochaltars. Das dichte Lockenhaupt und noch mehr die Physiognomie erinnern an einen Igel.

Eines der reizvollsten Schnitzwerke der Leinbergerzeit, jedoch nicht von Leinberger, steht am Schluß des südlichen Nebenschiffs: das große ›Ursulaschiff‹ (im neugotischen Altar) mit der Darstellung des Martyriums der Heiligen Ursula und ihrer Gefährtinnen, 1508 von einem Schnitzer aus Landshut geliefert.

Ein Meisterwerk des Augsburgers Hans Beierlein stellt das große Rotmarmorgrabmal des Propstes Theoderich Mair an der südlichen Chorwand dar. Der Propst ließ es sich wohl noch zu Lebzeiten (um 1487) setzen. Er ist der Auftraggeber des Altars gewesen.

In Sankt Kastulus ist noch die selten anzutreffende Einheit der Chorraumgestaltung durch das erhaltene eichene Chorgestühl gegeben. Ein phantasiereiches Werk von etwa 1480/90 mit großen durchbrochenen Wangen aus Rebenlaubranken, Fabeltieren, kleinen Figuren und verflochtenen Stäben. Man wird auch die beiden großen Kruzifixe an der Nord- und Südwand nicht übersehen. Sind es doch Meisterwerke von Hans Leinberger; ebenso leinbergerisch ist der ›Christus in der Rast‹ auf dem Altar des nördlichen Nebenschiffs.

Die westlich des Kastulusmünsters gelegene und mit ihm verbundene *Johanneskirche* (Baubeginn 1347) schickt einen Turm in die Höhe, der fast als Zwillingsbruder des Münsterturms anzusehen ist. Der dreischiffige Kirchenraum – der heute der evangelischen Gemeinde dient – weist schlichtere Ausstattung auf (großenteils wurde sie an das Münster abgegeben). Jedoch ist das Grabmal der Margarethe von Fraunberg von 1515 zu erwähnen. Stephan Rottaler schuf dieses exemplarische Frauenbild der Verstorbenen in der Zeittracht mit einer Renaissanceriegelhaube und dem Rosenkranz in den Händen. Die Kirche besaß früher einen Johannesaltar von Hans Leinberger von 1516, den Claudia Behle 1983 gedanklich rekonstruiert hat.

Zwischen Amper, Paar und Donau

Dachau und seine Malerkolonie

*»AN einem Augustabend fuhr ich mit einem Freunde nach Dachau ...
Wie wir den Berg hinaufkamen und der Marktplatz mit seinen Giebel-
häusern recht feierabendlich vor mir lag, überkam mich eine starke
Sehnsucht, in dieser Stille zu leben. Und das Gefühl verstärkte sich,
als ich andern Tags auf der Rückkehr wieder durch den Ort kam. Ich
besann mich nicht lange und kam um die Zulassung in Dachau ein.
Alte Herren und Freunde rieten mir ab, allein ich folgte dem plötz-
lichen Einfalle, und ich hatte es nicht zu bereuen. Mit nicht ganz
hundert Mark im Vermögen zog ich zwei Monate später im Hause
eines Dachauer Schneidermeisters ein und war für den Ort und
die Umgebung das sonderbare Exemplar des ersten ansässigen
Advokaten ...«*

Im Oktober 1884 hatte sich Ludwig Thoma in Dachau nieder-
gelassen und – wie er in seinen ›Erinnerungen‹ schreibt, war es
»eine stille liebe Zeit, ganz so, wie ich sie mir vorgestellt hatte an
jenem ersten Abend, als ich die gepflasterte Gasse hinuntergegan-
gen war an den Bürgern vorbei, die ausruhend vor den Haustüren
saßen ...« Lange sollte es freilich dauern, bis der erste Klient die
Kanzlei betrat; »ein stattlicher, wohlgenährter Bauer setzte sich
auf mein Ersuchen und erzählte irgendwas von einem alten
Kirchenweg. Als ich zur Feder griff, legte er seine Hand auf
meinen Arm und sagte: ›Net schreib'n!‹ Ich verstand, daß er
bloß gekommen war um den neuen Advokaten kostenlos anzu-
schauen ...« Thoma blieb hier bis zum Frühjahr 1897.

Damals war Dachau noch eine kleine, ziemlich weltabgeschie-
dene Kleinstadt, hinter dem großen Moos gelegen. Und doch war
es auf seine Weise über die Grenzen Deutschlands hinaus schon
bekannt. Wie Thoma erzählt: »In Dachau waren damals zahl-

reiche Maler, darunter Dill, Hölzel, Langhammer, Keller-Reut-
lingen, Flad, Weißgerber, Klimsch und andere. Bei Hölzel ver-
kehrte ich häufig. Er malte damals pointillistisch, trug die Farben
mit der Spachtel auf, und man mußte einige Schritte zurücktreten,
um zu erkennen, was sein Bild darstellte … Ein Sonderling war
Flad, dem es nicht zum besten ging. Mit einem Knüppel bewaff-
net, den er nach kläffenden Hunden warf, lief er tagelang im Moos
herum und sprach eifrig vor sich hin. Zuweilen schloß er sich mir
auf einem Spaziergange an …«

*Wie kam es dazu, daß der kleine Ort im 19. Jahrhundert zum
Mittelpunkt des Malerinteresses aufrückte und so viele Künstler an-
zog? Ottilie Thiemann-Stoedner macht sich hierzu ihre Gedanken:
»Da ist zunächst an die räumliche Nähe von München zu denken.
München mit seinen Museen und Kunstakademien war im 19. Jahrhundert, zur Zeit der Kunstleidenschaft der bayerischen Könige, ein
Sammelplatz ohnegleichen für künstlerische Kräfte. Da ist, als
Zweites, der Stilwandel in der Malerei anzuführen, der sich im Anschluß an die Romantik vollzog. Die Maler verließen jetzt ihre
Ateliers, um der Freilichtmalerei, dem ›plein air‹ zu huldigen. Die
schöne Landschaft um München wurde entdeckt, und dazu gehörte
als ein sehr wesentlicher Bestandteil auch der Marktflecken Dachau
und – das Dachauer Moos …«*

Freilich die eigentlichen Moosmaler war nur eine Gruppe unter
vielen. Die Maler kamen hierher, weil sich hier billig, für fünf
Mark Monatsmiete, leben ließ. Sie erfreuten sich an der reizvollen
Architektur des Marktfleckens und an dem eigenwilligen Schlag
seiner Bewohner, die sich damals noch in der malerischen Tracht
kleideten. Wilhelm Leibl hat sie in seinem Bild ›Dachauerinnen‹
festgehalten. Und Ludwig Thoma hat uns den Menschenschlag
in seinem Erstling ›Agricola‹ trefflich geschildert. Die ersten
Maler aber, die Dachau künstlerisch entdeckt haben, sind Georg
Dillis, Christian Morgenstern und Karl Spitzweg gewesen. In den
achtziger Jahren setzte dann ein großer Zustrom von Malern ein.
Es kam zur Gründung der Malschule ›Neu-Dachau‹ mit dem
Dreigestirn Hölzel, Dill, Langhammer. Ihr hat Arthur Roeßler
1905 eine Monographie gewidmet. Es bildeten sich Privatmal-
schulen, wie die von Hans Müller-Dachau (1896-1911), Hans von
Hayek (1900-1915) und – im benachbarten Haimhausen – die von

Bernhard Buttersack (1899-1910). Nach und nach entstanden Künstlerheime und Villen, wie die Künstlerkolonie Dachau-Süd mit der heutigen Hermann-Stockmann-Straße (diese benannt nach einem der Dachauer Maler). Carl Thiemann wäre als einer der bekanntesten Kräfte zu nennen. Von Ludwig Dill haben wir schließlich die Reihe der Dachauer Veduten, von Max Liebermann den ›Alten Schießstätten-Garten‹, seinerzeit beliebter Treffpunkt der Künstler und ihrer Gäste, von Fritz von Uhde den ›Schweren Gang‹ – die Weihnachtsgeschichte auf dachauerisch, von Adolf Hölzel die ›Alte Dachauerin in Tracht bei der Hausandacht‹ und von Arthur Langhammer das ›Künstleratelier Dachau mit Modell in Dachauer Tracht‹. In dem schwedischen Maler Carl Olof Petersen, der die alte Moosschwaige zum Künstlerheim umgestaltete, fanden die Moosmaler einen Anwalt ihrer Landschaftskunst. Die Reihe der Künstler, die mit dem Ort verbunden sind – reicht bis zu Paula Wimmer und Otto Fuchs, genannt Aktfuchs. Er malte neusachliche und romantische Veduten, jedoch auch die beklemmende Dachauer Ebene mit der KZ-Gedenkstätte.

Wenn wir heute den Namen Dachau nicht nur mit den zwölf Jahren des Schreckens der NS-Zeit verbinden, an die uns die KZ-Gedenkstätte erinnert, so danken wir dies dem Bürgermeister Lorenz Josef Reitmeier, der seit Sommer 1976 sein dreibändiges Werk ›Dachau‹ mit über viertausend Ansichten von den rund 1100 Malern, die in Dachau gemalt haben oder mit ihm einige Zeit hindurch verbunden waren, veröffentlicht hat. Eine imposante Künstlerchronik!

Am Schrannenplatz, zu dem die steilansteigende Münchner Straße hinaufführt, lebt noch etwas von Alt-Dachau, zwischen Kirche, und Zieglerbräu, während das erneuerte Rathaus den modernen Akzent setzt. Davor der köstliche Rathausbrunnen von Ignatius Taschner. Die Pfarrkirche *Sankt Jakob* ist ein stattlicher Spätrenaissancebau, dessen Chor von Friedrich Sustris 1624/25 umgebaut und dessen Langhaus nach Plänen des Hofbildhauers Hans Krumper durch den Baumeister Georg Ernst neuaufgeführt wurden (1925 in guter Heimatschutzarchitektur nach Westen verlängert). Eine Pfeilerhalle mit Renaissancerahmenstuck. Gute Frühbarockplastik und das Empiregrabmal des Weingastgebs

IV
SIMON WARNBERGER
(1769-1847)
Dachau von Norden

Aquarell 1801
München, Staatliche Graphische Sammlung
(Foto: Blauel-Artothek)

Dachau, das sich bemerkenswert schön mit Schloß und
Kirche auf einem Bergrücken über der Amper erhebt, er-
lebte schon lange vor seiner Malerkolonie und den ›Moos-
malern‹ seine künstlerische Entdeckung. Zu diesen Pionie-
ren der oberbayerischen Landschaftsdarstellung gehörte
Simon Warnberger. In diesem duftigen und voll durch-
geführten Aquarell gibt er die ungewöhnliche Sicht von
Norden mit dem Blick auf den Absturz des Schloßbergs ins
Ampertal, dem Ensemble von landschaftsbeherrschendem
Schloß (noch mit den bald darauf abgebrochenen drei
Flügeln), der um die Kirche sich lagernden Stadt auf dem
Hügel. Charakteristisch für die Nachwirkung der Rokoko-
vedute erscheint die Rahmung des Bildes durch hohe Bäume
und Baumgruppe, auch der Weg, der aus dem Vorder-
grunde ins Bild hineinführt. Im Mittelgrund duckt sich das
Dorf Etzenhausen unter Baumkronen, leuchtet ein Hügel
mit weidenden Schafen und Kühen auf. Mit einer Duftig-
keit, die an Dillis' Aquarelle erinnert, ist die Silhouette der
Bergstadt vor der Kulisse der Berge gezeichnet.

und Bierbrauers Joseph Benedikt Schmetterer von 1801. Den Taufsteindeckel mit Figuren der Taufe Christi schufen Adam Loidl und Johann Georg Hörmann, 1675. Hörmann war Faßmaler und schuf auch 1699 die große Sonnenuhr an der Südseite der Pfarrkiche. Von 1719 bis 1722 war er Bürgermeister des Marktes. Hauptanziehungspunkt für die Besucher Dachaus ist heute das *Schloß*, einst der Lieblingssitz der Herzöge Wilhelm IV. und Albrecht V. 1546 bis 1573 wurde auf dem Bergrücken über der Amper der Vierflügelbau mit Ecktürmen durch den Baumeister Heinrich Schöttl errichtet. Von den vier Flügeln blieb nur der südwestliche in barocker Umgestaltung durch Josef Effner, den Dachauer Gärtnerssohn und kurfürstlichen Hofbaumeister, erhalten. Die vorderen Flügel wurden 1806-1809 abgetragen. Im Inneren blieb vom Ursprungsbau ein großer Saal mit einem gemalten mythologischen Fries von Hans Thonauer (um 1567). Die ursprünglich zugehörige Holzkassettendecke mit reicher Schnitzerei kehrte nach langem ›Exil‹ (im Bayerischen Nationalmuseum) wieder zurück. Sorgfältig restauriert bietet dieser Saal, der einmal einen prächtigen Marmorkamin besaß, heute eine Sehenswürdigkeit besonderen Ranges. Man betritt ihn nobel durch das gelassen aufsteigende Barocktreppenhaus Effners (um 1715-1717 erbaut). Von einem vorgeschobenen Eckpavillon, der zur Schloßgaststätte gehört, über die Brüstung des Vorplatzes und des Schloßgartens mit seiner alten Lindenallee haben wir einen weiten Ausblick über das Moos auf die Silhouette von München und an klaren Tagen bis zu den Alpen hin.

Kloster Indersdorf

Markt Indersdorf sollte eigentlich nur eine Station werden, um im Klosterbräu eine Mittagsrast einzulegen. Aber dann hat uns die Klosterkirche, genauer: das ehemalige *Augustinerchorherrenstift* mehr als eine Stunde festgehalten. Zwei Türme, die noch romanisch sind und um die Mitte des 18. Jahrhunderts mit bemerkenswert einfühlungsreichen Spitzen versehen wurden, lassen zunächst auf romanischen Bestand des Ursprungsbaues schließen. Dieses Turmpaar grüßte uns schon von weitem aus dem Tal der Glonn. Es bildet mit den erhaltenen Teilen der

Klosteranlage, dem kubischen Klosterturm und dem hohen Chorbau ein eindrucksvolles Bauensemble.

In der niedrigen Vorhalle fesselt uns das romanische Westportal (um 1200): ein Stufenportal mit zweifachem Rücksprung und Säulen in den Ecken, mit schweren Wülsten rundbogig geschlossen. Der Kirchenraum, der sich dahinter öffnet, überrascht in mehrfacher Hinsicht. Zum einen zeichnet sich hier im Aufbau die dreischiffige romanische Basilika noch ab, das steil proportionierte Mittelschiff mit seinen vier Arkaden, der Chor mit seinen drei Jochen (die Arkaden hier im 18. Jahrhundert zugesetzt mit Emporen). An den Chor schließt sich das helle, quadratische Altarhaus. Selten freilich, daß ein Bau, der noch das Ebenmaß des ›Hirsauer Systems‹ erkennen läßt, so gründlich ins Rokoko transponiert worden ist. Das geschah mittels flach verkröpfter Wandpilaster (ohne durchlaufendes Gebälk), sogenannte Ohrmuschelfenster, die einen Rokokolichtgaden bilden, stuckierter Gurtbogen und freskierter Gewölbe. Der Architekt dieses Umbaues ist nicht bekannt. Den hervorragenden Rokokoraumstuck schuf der Wessobrunner Franz Xaver Feichtmayr, der Meister von Dießen und Rott am Inn in den Jahren 1754/55. Den großen Bilderzyklus malte um 1755 einer der besten Freskomaler Altbayerns, Matthäus Günther, den wir ein Jahrzehnt später gleichfalls in Rott am Werk sehen. So konzentriert sich das Interesse auf die Wand- und Deckenzone. Hier arbeiten sich die beiden Hauptmeister geschickt in die Hände. Im Langhaus hat Feichtmayr einen großen, fast drei Joche überziehenden Rahmen für das Deckenbild stuckiert: mit großen Engelshermen über den Gebälkstücken, sich vom Grund lösender, lockerer Rocaille, mit Blumengirlanden. Der Maler Günther setzte in frischen, fast milchigen Farben sein Deckenbild ›Verherrlichung des Heiligen Augustinus‹ hinein. Die Erdteile huldigen Augustinus; die Irrlehrer und falschen Wissenschaften werden von ihm mit einem Strahlenblitz zurückgeworfen, sein Herz flammt zur Trinität empor. Am Eingang zum Altarraum ist eine runde Flachkuppel eingezogen, die zur Rhythmisierung der Deckenzone beiträgt. Hier hat Günther den Heiligen Augustinus mit den Orden und Ständen der Kirche vor Gottes Thron dargestellt. Im Chor wieder ein Längsfeld, das mehrere Joche überspannt. Unten sehen wir Augustinus in Betrachtung versunken, darüber der Heilige als Fürbitter seines Ordens. An den Hochwänden des Schiffs in stuckgerahmten Feldern werden Szenen aus dem Leben des Ordensheiligen vorgeführt, ebenso in den Gewölben der Seitenschiffe und an der Decke der Empore beim Eingang. Hier Augustinus als Kirchenlehrer und Papst Gregor der Große.

Ungewöhnlich ist das Altarhaus, ein turmartiger quadratischer Raum, der oben ins Achteck übergeht, 1691 aufgerichtet. Im Oberbau haben wir große Stuckfiguren der vier abendländischen Kirchenväter, dann perspektivische Scheinarchitektur und eine gemalte Laterne. Engel halten das Buch mit den Sieben Siegeln, darauf das Lamm Gottes, Kelch und Hostie mit Strahlennimbus, Symbol des Altaropfers. Der Altar selbst ist ein älterer mächtiger Barockaufbau in zwei Geschossen. Gewundene Säulen, dahinter bossierte Hermenpilaster, sind übereckgestellt. Das Altarbild – ein Meisterwerk von Andreas Wolff mit der Darstellung von Mariens Himmelfahrt (1691) – wird noch einmal von zwei kleineren spitz verkröpften Säulen flankiert. Im Auszugsbild Gottvater von Wolff. Die überlebensgroßen Altarfiguren (vorne) Sankt Katharina und Juliana, Johannes der Täufer und Johannes Evangelist sowie (hinten) Sankt Petrus und Paulus werden Andreas Faistenberger zugeschrieben, die letzten beiden sind vielleicht eigenhändig von ihm hergestellt. Der Altar ist überaus reich mit Schnitzwerk, Engeln, Putten und Ornament geziert. Zuoberst halten Putten das Monogramm Mariens. Die feine Rokokobrokatmalerei in den Gurtbogen fällt uns noch auf. Vor dem Hochaltar erinnert eine Marmorplatte an die Wittelsbachische Gruft. Die lateinische Inschrift sagt, daß hier der Klostergründer Otto IV. von Scheiern-Wittelsbach (gestorben 1156) mit sechs Mitgliedern seiner Familie ruht.

Hier auch der Hinweis, daß Propst Gelasius Morhardt, der Bauherr und Erneuerer der Klosterkirche, diesen Stein 1756 neu setzen ließ. Die Kirche besitzt Rokokoseitenaltäre von lebendiger Marmorierung. Am Antoniusaltar kam unter dem (entfernten Rokokobild) ein spätgotisches Wandgemälde von ikonographischer Seltenheit zutage: Die ›virgo maria‹ als Teil eines Stammbaumes Christi, unten Sankt Anna und Joachim. In ihr treffen zwei Äste zusammen, aus ihrem Herzen wächst ein Ast, der das Kreuz (Astkreuz) bildet, an

*dem Christus hängt. Der Hintergrund ist blau und zeigt grüne Ranken-
bemalung. Um 1450 dürfte dieses mystische Bild entstanden sein. Die
an das nördliche Seitenschiff angebaute Annakapelle birgt einen
reichen Barockaltar von 1721-28 mit einem Gemälde von Andreas
Wolff ›Mutter Anna und Maria‹ und prächtigen Adorationsengeln.
Rückwärts rechts (südlich) führt eine Tür mit Spätrenaissancegitter
in die Rosenkranzkapelle, ehemals die gotische Marienkapelle, heute
mit reicher Rokokoausstattung versehen: Feichtmayrstuck und ein
großes Deckenfresko von Matthäus Günther ›Die Rosenkranzüber-
gabe an den Heiligen Dominikus‹ (1758). Links seitlich in einer
Priestergestalt wird Propst Morhardt vermutet und in dem verehrend
zu Maria aufblickenden Mann, der den Hut zieht, ein Selbstbildnis
Günthers (auf dem Hemdkragen die Signatur M.G. 1758). Georg
Diefenbrunner soll Günther bei der Freskierung unterstützt haben,
was man wohl bei den im Fegfeuer schmachtenden Armen Seelen in
der linken Bildhälfte bestätigt sehen möchte. Der Altar in dieser
Kapelle zeigt vergoldete Reliefs und den vergoldeten Doppelschrein
mit den reich gefaßten Häuptern der Märtyrer Sankt Fortunat und
Faustus. Das Altarbild malte Wilhelm Schöpfer 1631. Hinter dem
Altar findet sich wieder ein gotisches Fresko: eine figurenreiche und
feine Darstellung des Todes Mariens, zwischen 1442 und 1450 entstanden und somit ein Rest der Ausstattung der alten Marienkapelle.
Die überlebensgroße und neugefaßte Schnitzfigur einer Mondsichel-
muttergottes mit Kind, das sie bewegt vor der Brust hält, stand allerdings früher am Hochaltar der Kirche.*

Romanik ohne Rokoko verheißt die nächste Station: *Petersberg*
bei Eisenhofen. Hierher auf den alten Burgberg ›Gloneck‹ hatten
sich die Benediktiner von Fischbachau (Gründung der Grafen
von Scheyern) zwischen 1104 und 1107 zurückgezogen. Wenige
Jahre später wurde das Kloster nach Scheyern verlegt, als die
Grafen auf die neugegründete Burg Wittelsbach übersiedelten.
Die romanische Kirche (1104-1107 erbaut) blieb im äußeren und
inneren Erscheinungsbild fast unversehrt erhalten: eine Drei-
schiffe-Pfeilerbasilika des alpenländischen Typs mit drei Apsiden
in einer Front.

Es sind uns aus der Ursprungszeit romanische Wandmalereien
erhalten (1906/07 freigelegt und weitgehend ergänzt): in der

Hauptapsis oben Christus als König, die Evangelistensymbole, Petrus und Paulus; unten die Muttergottes mit Engeln.

Die ehemals so idyllische weltferne Lage der schlichten Berg-Kirche hat durch den Zubau eines Exerzitienhauses etwas von ihrer Einsamkeit verloren. Freunde der Spätgotik seien auf die ›Schmerzhafte Muttergottes von Eisenhofen‹ an der Südwand aufmerksam gemacht. Diese Schnitzfigur in der Fassung des frühen 17. Jahrhunderts erinnert an die Blutenburger Madonna, ist jedoch später (um 1520) entstanden und wohl auch von anderer Hand.

Altomünster

Die Kirche der Birgittinnen *Sankt Alto* in Altomünster kündigt sich durch einen Turm an, der als der schönste Rokokokirchturm Bayerns angesprochen wird. Beim Näherkommen meint man, diesen Turm – oder seinen kleinen Bruder – schon einmal irgendwo gesehen zu haben, vielleicht in Forstinning, wo uns ein ähnlich schlanker, wenn auch zierlich-kleiner Rokokoturm aus dem Kreis der Gunetzrhainer auffiel, oder bei dem Türmlein der Spitalkirche in Aichach, das eher eine Nachbildung des Altomünsterer Kirchturms sein dürfte.

Die Kirche ist an den Hang hin gebaut. Der Turm liegt an der Hangsohle und steigt deshalb so beherrschend heraus. Er ist mit der Kirchenfassade, die ihm vorgelegt ist, ein Stück nobler Rokokoarchitektur und mit seiner eleganten Haube und Laterne ein Wahrzeichen des Klosterortes.

Der 1763 begonnene Rokokokirchenbau ist eines der letzten Werke, die Johann Michael Fischer errichtet hat. Als er 1766 verstarb, war der Bau noch nicht vollendet. Nach Fischers Tod übernahm sein Palier, der Münchner Maurermeister Balthasar Trischberger, den Kirchenbau und vollendete ihn 1773.

Altomünster war ein Männer- und Frauenkloster des Birgittenordens. Und so mußte Fischer nicht nur ältere Teile, wie den romanischen Westbau und den nachgotischen Chorbau von 1617 übernehmen: Er hatte auch bestimmte räumliche Besonderheiten des Ordens zu berücksichtigen, etwa die Forderung von seitlichen Wandelgängen sowie je eines getrennten Chors für Nonnen, Patres und die Laienbrüder. Es mußte Platz für die Aufstellung zahlreicher kleinerer Altäre gegeben sein. Wer die Kirche über eine Treppe durch die Vorhalle betritt, der findet eine höchst eigenartige Raumlösung: eine Folge verschiedengroßer Räume, so einen oktogonalen Hauptraum (ein Querrechteck mit abgeschrägten Ecken), dann den längsrechteckigen Chor der Laienbrüder mit zwei seitlichen Emporen. Darüber liegt versteckt der Nonnenchor; und schließlich das Presbyterium mit dem Hochaltar und dem dahinter angeordneten Mönchschor. Das Merkwürdige an dieser etwas unübersichtlichen, ineinandergeschachtelten Raumabfolge ist der Wechsel der Raumhöhen, der sich von der Vorhalle her vollzieht: Das Oktogon des Laienraumes – der höchste und mächtigste Raumteil – besitzt eine straffe Pilastergliederung mit durchgehendem Gebälk, dazwischen verschieden große Arkaden, darüber Emporen, die seitlich Licht in den Raum dringen lassen. Die Empore in der Hauptachse ist mit geschnitzter Brüstung und Fenster eine Zone des Dämmerns (Nonnenempore). Ebenso ihr Pendant über der Orgelbühne und der Eingangshalle. Der Laienraum erhält nur seitlich Licht, ebenso der Chor der Laienbrüder, der eine Dunkelzone mit der nieder eingezogenen Flachkuppel bildet: Ein dunkleres Gelenk, das den Raum des Presbyteriums um so heller erscheinen läßt. Die Altäre des Gemeinderaumes sind in den östlichen Nischen der Abschrägung angeordnet. Meisterwerke des Münchner Hofbildhauers Johann Baptist Straub sind der Alto-Altar (rechts) und der Augustinus-Altar (links). Sie sind wirkungsvoll – wie manche Asamwerke – mit oberer Lichtgloriole und Reliefs komponiert. Ihre Reliquienschreine dienen als Predella und verwahren hinter reichgeschnitzten Rahmen und Glas heilige Leiber wie der dem Heiligen Alto geweihte Altar. Sein Relief zeigt den Heiligen mit dem Jesuskind im Kelche. Beim Augustinus-Altar findet sich das Herz Jesu im Strahlenkranz. Straubs Arbeiten sind reife Spätwerke von 1765, für die er 720 Gulden bezahlt bekam. Das Chorgestühl im Mönchschor ist eine Leistung des Laienbruders Martin Offner. Straub schuf auch das Figurenwerk des Pfarraltars im unteren Chor. Sein Relief stellt die Verleihung des Rosenkranzes durch Maria an die Heiligen Dominikus und Katharina von Siena dar, befindet sich aber seit 1892 im Bayerischen Nationalmuseum. Der Hauptaltar des Mönchschores ist dem Erlöser geweiht, sein Altarbild schuf Ignaz Baldauf. Der östliche Choraltar im Presbyterium zeigt als Altarbild eine Himmelfahrt Mariens, von Josef Zitter gemalt. Am rechten Seitenaltar finden wir die Weihnachtsvision der Ordenspatronin, der Heiligen Birgitta, im linken die Verzückung ihrer Tochter, der Heiligen Katharina von Schweden.

Was hat es nun mit dem genannten Heiligen Alto auf sich? Er war irischer oder angelsächsischer Herkunft, gründete mit Hilfe König Pippins um 750 ein benediktinisches Doppelkloster, das der Benediktinerregel unterstand. Nach dessen Verfall in den Ungarnkriegen wurde es um 1000 als Mönchskloster wieder errichtet. Von 1047 bis 1485 bestand hier auch ein Nonnenkloster. Dann kamen die Birgittinnen, wohl gerufen von der Gemahlin des Grafen Wolfgang von Sandizell. 1482 war die Gräfin in den Orden eingetreten. Nach 1485 rief Herzog Georg von Niederbayern die Birgitten und Birgittinnen. Dieser Erlöser- oder Birgittenorden war 1346 von der Heiligen Birgitta in Schweden gegründet worden. Er pflegte nach dem Vorbild der Gründerin die mittelalterliche Mystik in besonderer Weise. Er vereinigte Männer und Frauen zum Chorgebet. Eine Frau war jeweils Äbtissin. Heute besteht der Orden nur noch als Frauenorden in wenigen Klöstern, von denen das 1842 wiederbesetzte Altomünster das einzige in Deutschland ist.

Betrachten wir uns noch die Deckengemälde von Joseph Magges. Im Mönchschor haben wir drei Fresken: den Evangelisten Johannes, wie er auf Patmos die geheime Offenbarung empfängt, den Heiligen Alto, wie er bei der Wandlung über dem Kelch das Christkind erblickt, und die Heilige Birgitta, wie sie am Pfingstfest das Lamm Gottes in der Hostie erblickt. Das Deckenbild in der großen Hauptkuppel, 1768 von Magges gemalt, zeigt die Übergabe des Klosters durch Herzog Georg den Reichen an die Birgitten. Graf Wolfgang von Sandizell (die Figur rechts vom Herzog) hält einen Birgittenmantel; seine Frau trägt die Birgittenkrone aus Leinen mit den fünf roten Symbolen der Wundmale Christi. Über der Gründungsszene schwebt die Muttergottes auf Wolken mit den Heiligen Alto und Johannes dem Täufer inmitten anderer Heiligen des Alten Bundes. In der Kuppelmitte die Heiligste Dreifaltigkeit. Dieses aus echtem Rokokogeist geschaffene Kuppelfresko mit aussparenden Wolkenfetzen und Treppenrampen und Baumschlag, mit seinen atmosphärischen und terrestrischen Kunststücken zählt zum Besten des Augsburger Meisters. Die eleganten Rocaillestukkaturen sind Werke von Jakob Rauch, der der Schwiegersohn Franz Xaver Feichtmayrs gewesen ist und mit ihm zusammen in Rott am Inn stuckierte. Hier in Altomünster setzte er zurückhaltende Akzente, schuf meisterhafte Kartuschen in den Arkadenbogen und Oratorienbekrönungen. Engelshermen tragen den klar geformten Kuppelkranz (wie in Rott am Inn), und von Pilaster zu Pilaster ziehen sich zarte Girlanden.

Werfen wir – nachdem wir über die Freitreppe die Kirche verlassen haben – noch einen Blick auf die Klostergebäude. Sie sind vor der Kirche unter Prior Karl Schmidhamer in den Jahren 1723 bis 1729 errichtet worden. Ihr Baumeister war Johannes Mayr, der aus der Hausstätter Baumeisterfamilie stammende Schwiegervater Johann Michael Fischers. Mayr, Stadtmaurermeister in München, muß ein hervorragender Baufachmann und tüchtiger Unternehmer gewesen sein. Mit ganz einfachen Mitteln – Putzgliederung – hat er die Baumasse des Männerkonvents im Süden der Kirche gestaltet. Im Norden schließt sich der Frauenkonvent mit einem niedrigen Flügelbau an die Kirche, die in der Mitte der beiden Höfe liegt. Johann Michael Fischer hat die schlichte architektonische Gesinnung seines Vorgängers übernommen. Seine Kirchenfassade besitzt als einziges Gliederungsmittel zwei kraftvolle, durch einen Rundbogen zusammengezogene Eckpilaster. Seitlich haben wir, etwas zurückgesetzt, mit Lisenen gerahmte Fassadenflügel, über denen Voluten zum Turmgeschoß vermitteln. Dieses zeigt reichere Gliederung mit ionischen Pilastern und fein abgestimmtem Gebälk. Im Obergeschoß Eckvoluten und das um die Uhrzifferblätter halbkreisförmig aufgebogene Gesims. Herrlich die Schwellung der Turmkuppel samt hoher Laterne. Die Fassade besitzt völlig schmucklose Rechteckfenster. In der Mittelnische unter dem Segmentbogen die große Figur des Heiligen Alto, die den von Westen Ankommenden schon von weitem grüßt.

Stiftskirche Scheyern

Ein massiger Turm mit Pyramidendach ist das weithin sichtbare Wahrzeichen der Wiege und Gruft des Wittelsbachischen Hauses, der heutigen Abtei- und Pfarrkirche Maria Himmelfahrt, an der bis ins 19. Jahrhundert viel gebaut und verändert worden ist. Eine nüchterne Fassade – neuromanisch wie der Turmabschluß – dämpft die Erwartungen des Besuchers der Kirche. Dahinter öffnet sich ein überraschend helles Kirchenschiff, das im Kern noch das hochromanische System einer Basilika erkennen läßt. An der Schmalheit des von Rundbogenarkaden und Pfeilern begleiteten Mittelschiffs erkennt man den Einfluß des Hirsauer Bauschemas in seiner straffen und gebundenen Form.

Ähnlich wie in Indersdorf, jedoch etwas sparsamer, wurde die Kirche im 18. Jahrhundert im Stile des Rokoko umgestaltet. Das ursprünglich flachgedeckte Langhaus erhielt eine Stichkappendecke, in die Hochschiffswände wurden birnenförmige Fenster eingebrochen, das Quaderwerk der Hirsauer Basilika wurde verputzt und getüncht. Sparsamer Stuck des Wessobrunners Ignaz Finsterwalder wurde zur Rahmung der Deckenfresken angebracht, flache Pilaster den Pfeilern vorgelegt. Über den Arkaden, zwischen den gliedernden Lisenen, wurden stuckgerahmte Felder für Freskogemälde eingelassen. Die Fresken sind nicht mehr die ursprünglichen, sie wurden in der Nazarenerzeit zerstört. Die heutigen Wand- und Deckenfresken wurden 1923/24 durch Otto Hämmerle aus Solln in einem dem Rokoko nachempfundenen Stil geschaffen. Daß dabei – etwa bei dem Bilde der Kreuzauffindung – Tiepolo Pate stand, ändert nichts an der stupenden Leistung dieses allerletzten Rokokos von 1923. Die Umgestaltung des Inneren und die Stuckierung geschah in den Jahren 1768–1769, ist also gleichfalls schon spätestes Rokoko. Der Hochaltar wurde nach Abschluß der Bauarbeiten 1770 errichtet. 1878, im Zuge der Purifizierung, erhielt er ein Nazarenerbild von Sebastian Wirsching (nach Overbeck). 1923, bei einer Rückführung vom Nazarenerstil zum Rokoko, kam das ursprüngliche, hervorragende Hochaltarbild von Christian Winck von 1771 wieder in den Rahmen. Die alte Fassung des Altars wurde freigelegt. Und als willkommenes Geschenk dieser Rückführung ins Rokoko erhielt der

Hochaltar zwei lebensgroße Schnitzfiguren, Sankt Erasmus und Sankt Bonifatius von Ignaz Günther (sie stammen aus der Münchner Frauenkirche). Dem Restauratorengeschick von Josef Schmuderer verdankt sich unter anderem, daß diese Meisterwerke des Rokoko so hervorragend in den stattlichen Hochaltaraufbau mit den drei zurückgestaffelten Säulen eingefügt sind. Der freistehende Altartisch und Tabernakel mit den silbernen Reliquienbüsten stellt ein reiches Rokokowerk dar. Auch die Seitenaltäre stammen noch aus der Zeit der Rokokoeinrichtung, mit Ausnahme des Marien- und Kreuzaltares. Der Marienaltar ist eine Schöpfung der Restaurierungszeit von 1923 und wurde aus älteren Altarteilen zusammengesetzt. Auf ihm findet sich eine sehr qualitätsvolle spätgotische Muttergottes mit Kind, vermutlich eine Schreinfigur des um 1440-1449 errichteten spätgotischen Hochaltars. Für Scheyerns alte Bedeutung als Wallfahrtsstätte spricht der Kreuzaltar in einer Nebenkapelle. Das mehrmals veränderte Altarwerk von 1738 enthält im Tabernakel das ›Scheyerner Kreuz‹, eine Reliquie vom Kreuze Christi, die in Form eines Doppelkreuzes gefaßt ist. Sie soll mit dem letzten Grafen von Dachau 1180 nach Scheyern gekommen sein. Der Augsburger Goldschmied Johann Georg Herkomer schuf nach 1738 eine prächtige Silbermonstranz für diesen Kreuzpartikel. In dieser Kreuzkapelle sind uns die ursprünglichen Fresken von 1738 erhalten.

Leider hat die Abteikirche ihr ursprüngliches Rokokochorgestühl von 1775/93 verloren. Es kam nach Eichstätt. Das heutige Gestühl ist ein dürftiger Ersatz. Die Kanzel stammt aus dem frühen Rokoko (1722) und verlor ihren figürlichen Schmuck. Die feine Mater dolorosa des 18. Jahrhunderts ihr gegenüber an der Wand, ist eine Schenkung von Prof. Ernst Klebel, und kam 1926 aus Freising. Von Gebhard Fugel stammt der Kreuzweg (1923). Das Gehäuse der neuen Barockorgel aus dem Anfang des 20. Jahrhunderts gestalteten 1923 Schmuderer und Thamm. Erwähnenswert ist noch ein spätgotisches Sandsteinrelief neben dem rechten Seitenportal. Meister Hans von Pfaffenhofen schuf dieses Kreuzigungsrelief, das 1514 datiert ist.

An die Kirche schließt sich ein im Baubestand noch in den Anfang des 13. Jahrhunderts zurückgehender Kreuzgang an, der im 15. und 16. Jahrhundert eingewölbt wurde (1938 erneuert). Die sogenannte Königskapelle wurde 1440 als Sakristei erbaut. Ihren Namen verdankt sie der Legende, daß hier um das Jahr 1000 König Stephan von Ungarn mit Gisela, der Tochter Kaiser Heinrichs II., getraut worden sein soll.

Die eigentliche Sepulkral- und Memorialkirche von Scheyern ist die *Kapitelkapelle*. In diesem etwas nüchtern wirkenden Spätrenaissanceraum, der auf eine Kapelle von 1191 zurückgeht und 1623 – aus Anlaß der Erhebung Bayerns zum Kurfürstentum – um die beiden Seitenkapellen erweitert wurde, befindet sich die Begräbnisstätte der Wittelsbacher (bis Mitte des 13. Jahrhunderts). Herzog Otto I., Herzog Ludwig I., und Otto II. sind hier begraben.

Der Raum war einst mit gotischen Wandgemälden aus der bayerischen Geschichte geschmückt. Heute finden sich an ihrer Stelle an den beiden Wänden aufgereiht Historienbilder des Barock, die vermutlich in einzelnen Darstellungen auf die Vorbilder zurückgreifen. Wir finden unter anderem dargestellt: Prinzessin Gisela wird mit König Stephan getraut; Gräfin Haziga und Graf Otto von Scheyern gründen das Kloster Scheyern; Die Stammburg Scheyern wird den Benediktinern überlassen. Wir finden Bildnisse Herzog Ludwigs des Kelheimers, Ottos des Erlauchten, Ludwigs des Strengen. Seine Gemahlin Maria von Brabant, die er enthaupten ließ, trägt einen Kopf mit Glorienschein in ihren Händen. Dann Kaiser Ludwig der Bayer. Wenn auch die einzelnen Szenen phantasievoll ausgeschmückt sind, so nehmen sie doch überraschend oft auch auf historische Kostüme Bezug. In diesem Raum der Historie werden wir über die Klostergeschichte auf das Reizvollste informiert: die Gründung in Fischbachau, die Neugründung auf dem Petersberg bei Eisenhofen (1004) und endlich die Verpflanzung nach Scheyern (vor 1123), in die schon verlassene Stammburg der Grafen von Scheyern-Wittelsbach.

Frühe wittelsbachische Geschichte, monastischer Geist des Mittelalters, spätes Rokoko und Nazarenertum sind in Scheyern, das seit 1843 wieder Abtei ist, eine eigenartige Verbindung eingegangen.

Inchenhofen und Maria Beinberg

Die ehemals zum Kloster Fürstenfeld gehörende Wallfahrtskirche *Sankt Leonhard* ist ein auffallend mächtiger spätgotischer Backsteinbau, der einen Hügelrücken westlich der Paar beherrscht. Wer die Stufen zum Kirchenportal hinaufsteigt, frägt sich, warum man gerade hier, im bayerisch-schwäbischen Hügelland, dem Bauern- und Viehpatron eine so stattliche Kirche errichtet hat. Die Erklärung ergibt die Wallfahrtsgeschichte von Inchenhofen. Seit dem 13. Jahrhundert ist die Wallfahrt nachweisbar. Im Mittelalter war Inchenhofen die bedeutendste Leonhardswallfahrt Deutschlands. Wahrscheinlich ist sie auch die älteste, von der wir Kunde haben. Daß der Wallfahrerstrom auch im Spätmittelalter noch bedeutend war, beweist die Kirche, die 1451 begonnen und deren mächtiger Turm an der Südseite des Altarraumes 1486 aufgerichtet wurde. Den spätgotischen Bau hat man in der Folge immer wieder umgestaltet und erweitert, so 1610 bis 1620 durch die Anlage von Kapellen am nördlichen Seitenschiff (ursprünglich mit Emporen darüber), dann 1705-1706 nach Kriegsschäden im Spanischen Erbfolgekrieg, als man die beschädigten Gewölbe neu einzog und dem Turm den barocken Aufsatz mit der Zwiebelhaube gab. Und wieder 1776 eine Neuausstattung der Gewölbe mit den umfassenden Fresken des Inchenhofener Malers Ignaz Baldauf.

Das Langhaus der Wallfahrtskirche ist eine auf kräftigen Pfeilern ruhende Halle mit spitzbogigen Arkaden und flachem mit Stichkappen versehenem Tonnengewölbe. Der Altarraum ist um die Pfeilerstärke breiter als das Langhaus, von einer Stichkappentonne überwölbt und schließt drei Seiten des Achtecks.

Das Eigentümliche nun ist, daß die spätbarocke Gewölbemalerei die ganze Gewölbezone samt den Scheidbogen erfaßt und dadurch den Hallenraum – der ehemals ein Netzrippengewölbe besaß – im Sinne des Barock vereinheitlicht. Dies wird nicht zuletzt durch die gemalte Stuckumrahmung erreicht. Gemalter Stuck – in Altbayern an sich schon selten – kommt hauptsächlich in österreichischen Kirchenbauten des 18. Jahrhunderts vor. Warum man hier nicht auf einen der zahlreichen Wessobrunner Stukkateure zurückgriff wie in Andechs oder Rottenbuch, könnte mit dem späten Entstehungsdatum dieser Raumausstattung zusammenhängen: 1776 gerät der Rokokostuck allmählich schon in Verruf und wird als unnötige Ausgabe für unwürdigen Zierat angeprangert. Dem Deckenmaler Ignaz Baldauf kam die von oben verordnete Sparsamkeit jedenfalls sehr entgegen: Er malte üppigen Rocaillestuck zur Umrahmung seiner Fresken, die frisch und unbekümmert vom Leben des Heiligen Leonhard (im Hauptschiff) und von seinen Wundern (in den Seitenschiffen) erzählen. So entsteht hier im Bauernland eine der letzten großen Leistungen barocker Deckenmalerei, die die Tendenzen des beginnenden Klassizismus negiert, weit stärker, als dies bei den Tirolern der Fall ist (zum Beispiel bei Martin Knoller in Neresheim).

Überaus reich ist die Ausstattung mit Altären. Sie bezeugt nicht nur die im 18. Jahrhundert noch üppig fließenden Gefälle der Leonhardswallfahrt und des Kultes, sondern ist auch Beweis für das Blühen hervorragender kunsthandwerklicher Begabungen, die dem Umland entstammen. So wurde der Hochaltar um 1750 als feingliedriger Baldachin mit freiräumlich gestellten und gedrehten Säulen in Nachahmung Asamscher Lösungen aufgeführt. Bekannt ist uns nur der Kistler Anton Wüst aus Schrobenhausen. Vorbild war wohl der Hochaltar von Sandizell. Ein tüchtiger Lokalmeister schnitzte die Figuren der Heiligen Petrus und Paulus zwischen den vorderen Säulen, die Immakulata im Auszug und die zahlreichen Engel und Putten, die auf den bewegten Gesimsstücken sitzen und die Strahlenkränze bevölkern.

Eine im Barock überarbeitete und neugefaßte Figur der Spätgotik – der sitzende Heilige Leonhard – vertritt hier mit Würde den Heiligen Petrus von Sandizell. Er ist Wallfahrts- und Gnadenbild und zugleich Erinnerung an die Zeiten, da Inchenhofen weit und breit bekannt war und sich gar Weltwallfahrt nennen durfte.

Zwei Seitenaltäre im Altarraum und die Nebenaltäre in den drei Kapellen haben Ölgemälde von Ignaz Baldauf. Sie entstanden gleichzeitig mit der schwungvollen Kanzel, den Oratorien und dem Orgelgehäuse um 1760.

Von eigener Qualität – vielleicht zu wenig beachtet – sind die beiden Seitenaltäre an der Oststirn der Seitenschiffe. Der nördliche zeigt eine Schnitzgruppe des Heiligen Martin zu Pferd mit dem Bettler zu seinen Füßen, um 1625 entstanden; der südliche

Altar eine geschnitzte Vesperbildgruppe, um 1425, zwischen der Heiligen Magdalena und Johannes dem Evangelisten, um 1620. Diese hervorragend geschnitzten Spätrenaissanceskulpturen könnten ein Zeugnis sein, daß auch die bayerischen Kurfürsten von München her nach Inchenhofen gewallfahrtet sind, stehen sie doch in ihrer Stilauffassung der München-Weilheimer Hofkunst um Hans Krumper nahe.

Von dem Inchenhofener Kistler und Schnitzer Friedrich Schwertfiehrer, der uns schon von Fürstenfeld her bekannt ist, stammen die Bet- und Beichtstühle, vorzügliche kunsthandwerkliche Leistungen. Die Kirche ist jüngst einer gründlichen Restaurierung unterzogen worden, bei der sich das Bayerische Landesamt für Denkmalpflege und die Dözese Augsburg, mit Unterstützung der Pfarrgemeinde, erhebliche Verdienste erworben haben. Seither hat Sankt Leonhard in Inchenhofen viele neue Freunde gewonnen.

Es kommen auch in der Hauptwallfahrtszeit, der Pfingstwoche, noch Pilger zu Fuß und in großen Prozessionen. Und am Leonharditag, der an dem dem 6. November nächstliegenden Sonntag feierlich begangen wird, findet der Leonhardiritt unter großer Beteiligung der Bevölkerung statt.

Es ist übrigens der älteste Leonhardiritt Bayerns, um 1457 eingeführt. Eine Besonderheit war das Einreiten in die Kirche und der Ritt um den Hochaltar, bis es kirchlicherseits verboten und durch eiserne Roste an den Portalen – sogenannte Beinbrecher – verhindert wurde. Erst im Jahre 1937 hat man diese Roste entfernt.

Es steckt etwas Uralt-Heidnisches in diesem Umreiten des Heiligtums, das hier einem fast gewaltsamen Eindringen glich. Etwas, das in die Zeit der keltischen Viereckschanzen zurückzugehen scheint, die ja als Kultstätten umritten wurden (wie uns die Funde von zahlreichen Hufeisen belegen). Das Schimmern der Ackerfurchen, das Schnauben der Rösser und ihr gestriegeltes Fell, die geschmückten Wagen und die Festtagsstimmung muß man sich bei diesen Umritten hinzudenken. Als wir das letztemal in Inchenhofen waren, nicht an Leonhardi, sondern an einem seidenklaren Spätherbsttag, da hatte Benno Hubensteiner uns, samt einer Gruppe, begeisternd durch die Hallenkirche und ihre

Wallfahrtsgeschichte geführt. Von den etwa 50 Teilnehmern kannten nur ein paar Sankt Leonhard in Inchenhofen, um so größer war die Überraschung und die Begeisterung über die bedeutende Wallfahrtskirche.

Wer eine weitere schwäbisch-bayerische Wallfahrt des Barock in ursprünglicher und landschaftlich herrlicher Lage kennen lernen will, der wird die *Wallfahrtskirche Unserer Lieben Frau* in Beinberg, südlich von Schrobenhausen aufsuchen. Auf dicht bewaldeter Höhe liegt der um 1500 errichtete und vom 18. Jahrhundert umgestalttete Kirchenbau mit seiner barocken Zwiebelhaube. Auch hier Deckengemälde von Ignaz Baldauf von 1767 und ein stattlicher Hochaltar aus dem Ende des 17. Jahrhunderts. In der Mitte des Gnadenaltars das Wallfahrtsbild einer stehenden Muttergottes mit Kind, ein Schnitzwerk der Spätgotik, das später beschädigt wurde. Das Wappen der Lösch auf Hilgertshausen am Altaraufsatz weist auf die Stifter hin. Ein spätgotisches Schnitzwerk von auffallendem Realismus stellt der Marientod auf dem nördlichen Seitenaltar dar. Der wesentliche Schatz von Maria-Beinberg sind die Votivbilder, die in außergewöhnlich reicher Zahl die Kirchenwände schmücken. Neben der Kanzel ist ein seltenes Stuckrelief in die Wand eingelassen. Es trägt die Inschrift ›Ratdolt jipsgiesser von Augsburg 1473‹, ist damit – wenn die Inschrift nicht nachgetragen ist – ein frühes Dokument für die Abgußtechnik und die Kunst der Stukkateure.

Schloßkirche Sandizell

Nahe der Lenbachstadt Schrobenhausen, die immer noch ein reizvolles, leicht schwäbisch gefärbtes Ortsbild bietet (ihre weitgehend erhaltene Stadtbefestigung verdankt sie Ludwig dem Bayern und Ludwig dem Gebarteten), liegt die Hofmark-Pfarrkirche *Sankt Peter* in Sandizell. Das schlichte Äußere verrät einen schlichten Zentralbau mit abgeschrägtem Langhaus, eingezogenem Chor und einer Vorhalle. Diese vornehme Architektur, der ein eleganter Rokokoturm zum Wahrzeichen dient, paßt gut in diese herrschaftliche Umgebung mit dem alten Wasserschloß der Grafen Sandizell, die von sanften Höhen, grünen Wäldern eingefaßt wird, und von der unser Blick in die Weite des Donaumooses geht. Solcher Zusammenstand von Kirche und Schloß – man denke an Schönbrunn bei Dachau oder Reisach am Inn – bringt eine eigene Farbe in die bayerische Kulturlandschaft. Die den Kirchenbau fördernden Hofmarkherren haben nämlich zumeist Hofbaumeister und Hofkünstler herangezogen, und diese haben wieder die heimischen Kräfte und Mitarbeiter zu besonderen Leistungen angespornt.

Sandizell ist, genau gesehen, weder eine Schloßkirche wie Schönbrunn, noch eine von einem Hofmarkherrn gestiftete Klosterkirche wie Reisach, sondern eine Votivkirche.

Der Neubau verdankt sich einem Gelöbnis des Freiherrn Max Emanuel von und zu Sandizell. Dieser – ein führendes Mitglied des Georgiritterordens und nachmaliger General und Statthalter von Ingolstadt – wurde in diplomatischen Dienst nach Malta gesandt, um eine Verbrüderung mit den Malteserrittern herbeizuführen. Er gelobte 1731 vor der Schmerzhaften Muttergottes, einem wundertätigen spätgotischen Gnadenbild, nach glücklicher Rückkehr eine neue Kirche zu bauen.

Schon im Winter 1734 – dem Jahr der Rückkehr des Freiherrn – müssen die Pläne für den Kirchenbau vorgelegen haben. Sicher hat sich der Auftraggeber an das Münchner Hofbauamt gewandt, dem damals Johann Baptist Gunetzrhainer vorstand, und nicht an den kurkölnischen Hofbaumeister Johann Michael Fischer (wie man lange annahm). Wenn im Dezember 1734 von einer Reise des »Zimmer u. Maurermeisters von Minchen« nach Sandizell die Rede ist, dann dürfte es sich um den vom Hofbauamt als Bauleiter bestimmten Münchner »Burger und Maurmeister« Michael Pröbstl handeln, der später acht Maurer und vier Zimmerleute aus München mitbrachte. Auch für den Turmbau – der als letzte Baumaßnahme erst 1756 begonnen wurde – war Fischer nicht der planende Architekt, sondern der »Hofmaur Maister zu München« (Leonhard Matthäus Gießl), von dem man »eine ordent: Zaichnung beygebracht«. Hier hatte der Ingolstädter Bürger und Maurermeister Veit Haltmayr die Bauführung inne und Jakob Neff aus Schrobenhausen zimmerte den Dachstuhl.

Man hatte auch Gründe, bei diesem Kirchenbau besonders vorsichtig vorzugehen, war doch der Baugrund wegen des nahen Donaumooses morastig, weshalb als erste Baumaßnahme Eichenholzpfähle in den Grund gerammt werden mußten. Auch hatte sich das Mauerwerk der Kirche, wie eine mit Haltmayr vorgenommene Inspektion am 3. Mai 1759 ergab, »ein wenig gesengt«.

Die Innenausstattung zog sich mit zwei Unterbrechungen (1743 durch den Österreichischen Erbfolgekrieg bedingt, und um 1750 durch die Inangriffnahme des neuen Schloßbaues) recht lange hin, so daß der Bau erst am 13. September 1772 durch den Augsburger Weihbischof Franz Xaver Freiherr Adelmann von Adelmannsfelden geweiht werden konnte. Aber man ging auch hier mit großer Sorgfalt vor und sparte an nichts, bis alles unter Dach und Fach war: die Orgel, die Kirchenglocken und das Kirchengerät und die von der Herrschaft selbst gearbeiteten Paramente.

Ein besonderer Glücksfall für Sandizell war es aber, daß man 1747 für den neuen Hochaltar den berühmten Bildhauer Egid Quirin Asam gewinnen konnte. Er arbeite, wie beurkundet, vom 11. Juni bis 8. November in Sandizell. Merkwürdigerweise kommen bei der Ausstattung nicht die Münchner Hofkünstler zum Zug, etwa der Hofbildhauer Johann Baptist Straub, der schon 1741 den eleganten Hochaltar von Fürstenzell geliefert hat, sondern der stärker im Spätbarock wurzelnde Asam. Die Berufung Asams dürfte deshalb ein besonderer Wunsch des Bauherrn gewesen sein, der auf seiner Reise durch Italien wohl den mächtigen Ziborio Berninis über dem Grabe Petri in der Peterskirche in Rom gesehen hat und wenigstens ein Abbild davon in seiner kleinen Hofmarkskirche haben wollte.

Der Raum der Kirche ist von einer höfischen Intimität, wie sie für die Bauten des französisch orientierten Münchner Hofbauwesens typisch erscheint. Eigentlich nur ein Achteck, dem westlich eine Vorhalle mit darüber aufgesetztem Turm und seitlichem Treppenhaus angesetzt ist, und östlich ein Chorhaus, das halbrund schließt. Seitlich deuten flache Nischen ein kurzes Querhaus an. Die Gliederung bewerkstelligen ionische Pilaster und ein feinge-schnittenes Gebälk, beide in den Ecken des Oktogons geknickt. Kennzeichnend für Gunetzrhainers Raumlösung sind die niederen Ecknischen, über denen das Gebälk hart gerade geführt wird. Die Gurtbogen haben Korbbogenform. Hängezwickel vermitteln von den Schrägseiten zur flach eingezogenen Decke. Langhaus und

Querhaus – also die Kreuzform – prägen sich im Raumsystem noch aus, wobei die Längstendenz vorherrschend ist. An der Rückseite des Langhauses haben wir zweigeschossige Emporen wie bei Landkirchen. In den rückseitigen Ecknischen finden sich Herrschaftsoratorien. (Wie Gunetzrhainer den Innenraum einer Pfarrkirche löst, zeigt das Langhaus der 1737 nach seinen Plänen erbauten Kirche in Ruhpolding.)

Der Stuck ist sparsam auf die Gewölbezwickel verteilt; er rahmt die Ovalfelder in den Diagonalseiten, umspielt die Gurtbogen, verdichtet sich am Chorbogen zu dem großen Sandizeller Wappen mit der Georgiritterkette. Martin Hörmanstorfer aus München hat ihn 1736 gefertigt. Die Deckenbilder schuf der Münchner Hofmaler Wenzeslaus Franz Leopold Pricz. Im Chorgewölbe sind das Auge Gottes und die Herrlichkeit des Himmels dargestellt; im Langhaus die Himmelfahrt Mariens; in den Ovalfeldern der Gewölbezwickel die Vier Evangelisten. Diese Deckenfresken, die wohl zweimal (1742 und 1854/56) durch Dachschäden sehr gelitten haben, wurden 1856 übertüncht, dann bei einer Renovierung 1912/13 teilweise wieder freigelegt. Das Hauptdeckenbild Mariä Himmelfahrt mußte allerdings durch den geschickten Neobarockmaler Waldemar Kolmsperger aus München völlig neu geschaffen werden.

Egid Quirin Asams *Petersaltar* ist das Haupt- und Glanzstück in diesem Kirchenraum. Mit zwei großen gewundenen Säulen aus Stuckmarmor, die von Wandpilastern hinterlegt sind, erhebt er sich bis zum Gesims und klingt mit der Heilig-Geist-Taube im Strahlenkranz, mit einem Reigen geflügelter Engelsköpfe und Lambrequinbogen aus. Auf drei Stufen erhöht thront der Heilige Petrus auf der Kathedra, überlebensgroß, die Rechte segnend erhoben, von einer zweifachen Aura aus Licht und Strahlenkranz umgeben. Ein großes Ovalfenster, dessen Scheiben ursprünglich gelb gefärbt waren (heute jedoch zum Teil durch helle Scheiben ergänzt sind), läßt hellstes Licht von rückwärts einfallen. Asams spezieller Gegenlichteffekt erfaßt die Hauptfigur des thronenden Papstes, eine Stuckfigur in weiß mit vergoldeten Säumen, und die beiden allegorischen Engel: links ein Herold, der die Schlüssel hält, während sein Fuß die Schlange des Unglaubens zertritt, und rechts ein Engel, der den Anker hält, während er auf eine Psalmstelle weist (27, Vers 9). Rechts oben – über dem Fensteroval – schwebt ein besonders fein gestalteter Putto mit brennendem Herz, Köcher und Pfeil, als das den ›Glauben‹, die ›Hoffnung‹ ergänzende Symbol der ›Liebe‹. Optisch noch mit dem Altaraufbau verbunden, jedoch eigentlich isoliert sind die beiden Stuckfiguren der Heiligen Katherina von Alexandrien und des Heiligen Bischofs Maximilian. Als Namenspatrone der beiden Stifter, des Freiherrn Max Emanuel und seiner Frau, Maximiliana Katharina (geb. Gräfin Topor-Morawitzky), überlebensgroß auf den Sockeln vor den Seitenfenstern stehend, verkörpern sie das Asam geläufige Prinzip der anbetenden Stifterfiguren (vergleiche Osterhofen, Damenstiftskirche).

Asams letzte Altarschöpfung in Bayern, bevor er nach Mannheim berufen wurde, dort starb er im Jahre 1750, darf künstlerisch als ein letztes Bekenntnis zur römischen Ascendenz des Barockstils und ikonographisch als eine Bekräftigung des Primats des Papstums betrachtet werden.

An den Sockeln der Säulen finden sich zwei virtuos geschnittene Reliefs mit den Darstellungen des ›Fischfangs Petri‹ und der ›Kreuzigung des Apostelfürsten‹. Den Tabernakel fertigten der Bildhauer Friedrich Gabriel Parreither und der Schreiner Franz Schön aus Neuburg, nach Asams Altarentwurf, wobei sie einen eigenen Riß vorzeigten. Von Asam selbst sind noch die hervorragenden Apostelkreuze. Die großen Seitenaltäre zeigen nicht mehr das Formenrepertoire des Asam. Sie dürften nach den Entwürfen eines unbekannten Meisters (vielleicht des Bildhauers oder Kistlers) 1751-1753 geschaffen sein. Genannt werden der Bildhauer Anton Dießmayr aus Kissingen, nachmals in Augsburg ansässig, sowie der Schreiner Anton Wüst (Wiest) aus Schrobenhausen. In einer die Fenster üppig umspielenden Rocaillerahmung sind die Verkündigung und die Taufe Christi vor der Lichtaura des Fensters szenisch vorgestellt. Gefaßt sind diese Altäre von dem auch in Sandizell vielbeschäftigten Maler Ignaz Baldauf, dem Augsburger Hofmaler, der hauptsächlich in der Sankt Leonhards-Wallfahrtskirche zu Inchenhofen tätig gewesen ist. Aus Inchenhofen kam der Schreinermeister Friedrich Schwertfiehrer, der die kleinen Seitenaltäre in den Nischen, 1755-1757, das Kirchengestühl und die Oratorien ausführte.

Das Rokoko-Gitter, das die Vorhalle abschließt, ist die Arbeit des Schlossers Joseph Biedermann aus Schrobenhausen. Für die Orgel konnte man sich 1745 einen der besten Orgelbauer Bayerns sichern: Kaspar König in Ingolstadt.

Zum Schloß der Sandizell (seit 1790 Reichsgrafen) führt ein reizvoller Rokokotorbau von Veit Haltmayr, der dem Turm der Kirche nachempfunden ist, jedoch eine durchbrochene Laterne aufweist. Der Schloßbau selbst stammt aus der Zeit des Freiherrn Max Emanuel; 1749-1755 wurde die ehemalige Wasserburg durch einen Neubau nach den Plänen von Johann Puechtler aus Neuburg an der Donau ersetzt. Im nobel ausgestatteten Inneren eine durch zwei Stockwerke gehende Schloßkapelle mit einem Rokokoaltar von Schwertfiehrer und Baldauf, einer Sankt Georgsgruppe. Die Kreuzigungsgruppe auf dem Altar schuf Anton Dießmayr aus Augsburg. Die Georgsstatue soll der Überlieferung nach von Asam sein, vielleicht ein Geschenk an den Bauherrn, den Freiherrn Max Emanuel von und zu Sandizell. Ein Galaportrait zeigt ihn als General und Statthalter mit dem Feldherrnstab, dahinter die Festung Ingolstadt (1771/78 gemalt von Vandevelde, Ingolstadt). Es gibt ein Schloßarchiv. Der kunstfreudige Bauherr hat uns eine ›Selbstbiographie‹ hinterlassen (1911 von Haug im ›Bayerland‹ veröffentlicht). Über die ›Pfarrkirche in Sandizell und ihre Meister‹ hat Karl Trautmann schon 1894 abgehandelt (in den Monatsschriften des Historischen Vereins von Oberbayern). Zum eigentlichen Erforscher des Pfarrarchivs und des Schloßarchivs ist Joseph Wörsching geworden, Pfarrer in Sandizell (Sandizell, München 1937). Wenn auch seine Zuschreibung des Kirchenbaues an Johann Michael Fischer revidiert werden muß, verdanken wir ihm die aus Quellen geschöpfte Baugeschichte.

Kirche und Schloß vermitteln uns etwas von der Kultur und Atmosphäre einer bayerischen Landresidenz des Rokoko.

Ingolstadt – Herzogsresidenz und Landesfeste

Spätgotik in Altbayern! In Landshut ist sie bravourös und geschmeidig, von den malerisch-schwebenden Hallenkirchen Hans Stethaimers, dem Backsteinwunder des Turms von Sankt Martin emporgetragen, vom sprichwörtlichen Reichtum der Landshuter Herzöge geprägt, die sich die Trausnitz auf dem Berg erbauten und in der Stadt den ersten Renaissancepalazzo des Nordens erstellten. In Straubing hat sie einen Schuß flandrischer Fülle, aus den Niederlanden und von Böhmen her gespeist, und ist mit den Kräften einer altbayerischen Kernstadt bäuerlichen Charakters verschmolzen. In Burghausen gibt sie sich alpenländisch bildhaft, von der monumentalen Steinarchitektur der Inn-Salzachstädte und dem Behauptungswillen der niederbayerischen Herzöge zu einem Bild stolzer Wehrhaftigkeit geformt, immer wieder erweitert und verdichtet. In *Ingolstadt* an der Donau aber ist diese bayerische Spätgotik von unvergleichlicher herrenhafter Willenskraft bestimmt. Stiernackig möchte man ihre Bauten nennen, die Erscheinung vom Neuen Schloß und der Stadtpfarrkirche Zu Unserer Lieben Frau. Weiträumig entfalten sich diese Bauten. Sie bergen mächtige Innenräume unter ihren Gewölben. Die Mauern wirken wie aus dem Boden gestampft. Aber preziös muß ihre Einrichtung gewesen sein. Nicht die Bürger allein haben das Antlitz von Ingolstadt so geformt, auch nicht die Bischöfe, wie in Passau, sondern eine einzige Herrennatur: Herzog Ludwig der Gebartete, der von 1413-1443 regierte.

Dieser Herzog, Sohn des großspurigen Stephan ›des Kneißl‹ und einer Mailänderin aus dem berühmt-berüchtigten Geschlecht der Visconti, – er hatte vor 1443 am französischen Hof in Amiens und Burgund goldene Tage erlebt. Seine Schwester war ja Isabeau de Bavière, die Frau Karls VI. von Frankreich. Ihr Bruder Ludwig, dem sie die Vormundschaft über ihren Sohn auftrug und die Grafschaft Mortaigne schenkte, war ihr erklärter Günstling. Sie bedachte ihn mit reichen Schenkungen, wenn auch die Vorstellung übertrieben sein dürfte, daß ganze Wagenladungen von Geschenken und Geschmeide über Straßburg nach Ingolstadt geschickt worden seien. Als Ludwig schließlich 1413 sein Ingolstädter Erbe antrat, schätzte man sein Vermögen auf hunderttausend Gulden. Mit diesem Geld hob nun ein großartiges Bauen an, aus der Landstadt Ingolstadt wurde eine Residenzstadt.

Das *Neue Schloß* ist ein Block von vier Geschossen, vortrefflich gewölbt, oft mit Mauerstärken bis zu vier Metern, massigen Ecktürmen, von denen der südöstliche – stärker und höher als die übrigen – trutzig wie ein Bergfried aufwächst. Carl Theodor Müller schreibt:

»Im Inneren entstanden – neben schlichten Zweckräumen – prachtvoll gewölbte, lichte Säle von erstaunlichen Ausmaßen, wobei an schönen dekorativen Steinmetzarbeiten nicht gekargt ist. In diesem Aufwand erfüllte sich der Wille Ludwigs des Gebarteten, und man braucht sich nur seiner Rolle am französischen Königshof zu erinnern und das vor den Toren von Paris in Vincennes gelegene Schloß seiner Schwester Isabeau zu vergleichen, um zu wissen, wo diese Verbindung von berechnender Fortifikation mit einem neuen, repräsentativen Lebensgefühl herkommt.«

Eine breite Treppe teilt den ganzen Bau, nördlich von ihr liegt die Dürnitz und darüber der Tanz- und Festsaal, südlich erstrekken sich die Repräsentations- und Wohngemächer mit ihrer reichen, von Netzrippen überspannten, von tiefen Erkern erhellten Räumlichkeit. Ein prächtig gewölbtes Privatoratorium – wie im Donjon von Vincennes!

Eine in Stein gemeißelte Wappentafel neben dem Portal verewigt den Bauherrn. Herzog Ludwig war schon zu Lebzeiten – als hätte er sein kommendes Schicksal der Verbannung nach Burghausen geahnt – darauf bedacht, sich der Nachwelt als Bauherr in Erinnerung zu halten. Fast in allen Städten, die zu seiner Herrschaft zählten, in denen er die Befestigungen erneuern ließ und in denen er gebaut hat, ließ er von ausgezeichneten Bildhauern Gedenksteine errichten (Ingolstadt, Lauingen, Rain, Schrobenhausen, Aichach, Friedberg und Wasserburg). Ihre Inschriften wohl von ihm selbst angeregt, sind Äußerungen seiner standesbewußten Persönlichkeit: »Der hochgeporen Fürst Ludwig, Herzog in Bayern und Grafe zu Mortani, der Kunigin von Frankreich Prueder, hat angefangen die Mauer und den Turm und die Prugh und die Poltwerk vor den Toren und hat vil ander nuczlich Peu getan an der Stadt und Fest bey seinen Zeiten. Pitt' Gott für sein Sel.«

V

Franz von Lenbach
(1836-1904)
Dorfstraße von Aresing
Ölgemälde 1856
München, Neue Pinakothek
(Foto: Blauel-Artothek)

Das querformatige Bild zeigt in der unteren Hälfte, die
zum Vordergrund zu rechnen ist, den abgetretenen Verlauf
einer Dorfstraße, der aus nichts als lehmfarbener Erde besteht, und in die links unten Schattenzungen von Bäumen
hineingreifen. Halb rechts geht ein Bauernbub mit staubigen Stiefeln, roter Weste und Stock, den er auf der rechten
Schulter trägt. Der Strohhut, der Schatten unter ihm, die
Lichtflecke auf der Staffage und der harte Schlagschatten
auf der Erde suggerieren sommerliche Hitze. Auf schütterer
Grasnarbe des Mittelgrundes erhebt sich ein schlichtes
Bauernhaus mit weißgekalkter Erdgeschoßmauer und mit
bretterverschlagenem Giebel. Davor ein Kind, wieder mit
Schlagschatten an der Mauer. Rechts von dem Armenleute-
haus, das scheinbar dem Verfall überlassen ist, der gemauerte Backofen. An ihm vorbei schlingt sich der Dorf-
weg in die Hügellandschaft hinein. Links am Bildrand ein
Haus mit dem Dachauer Giebel. In solchen frühen, seiner
ländlichen Herkunft aus Schrobenhausen noch ungemein
nahen Bildern ist dem jungen Lenbach ein Geniestreich
gelungen. Der später zum Gesellschaftsporträtisten aufge-
stiegene Maler hat hier wirklichkeitsnah und ohne jede
Verklärung die Stimmung des Bauernalltags eingefangen,
über dem der Glast der Mittagshitze liegt.

Durch den großen Ulmer Bildhauer Hans Multscher ließ er sich – gleichfalls schon zu Lebzeiten – ein kostbares Grabmal entwerfen, dessen Visier der Deckplatte uns im Bayerischen Nationalmuseum erhalten ist. Es sollte wohl im Hochchor der Ingolstädter Liebfrauenkirche seine Aufstellung finden. Auch dieses großartige Bauwerk der bayerischen Spätgotik mit den festungsartig übereckgestellten Türmen, ist nicht zuletzt seinem Bauwillen und seiner persönlichen Frömmigkeit zu verdanken. Ein kostbares Kleinod, ›die Gnad‹ genannt, hat er 1438 der Marienpfarrkirche geschenkt. Es wurde 1801 zerschlagen und eingeschmolzen.

Das Erstaunliche ist immer wieder die Weiträumigkeit seines Planens, gerade hier in Ingolstadt, seiner Residenz. Keiner der Hauptbauten bedrängt den anderen, ein weiträumiger Verteilungs- und Proportionssinn waltet vor. Ein Blick auf das Sandtner-Modell oder auf den Stadtplan macht es deutlich. Es ist ein Raumsinn, der schon an die klassizistischen Planungen König Ludwigs I. gemahnt, denn mehr als ein Kilometer Weges spannt sich zwischen Liebfrauenkirche und Neuem Schloß (das im geschützten Winkel der Stadt an der Donau gelegen ist). Die Verbindungsstraße, die sich in einem Zug durch die innere Stadt erstreckt, könnte man tatsächlich als Bayerns erste ›Ludwigstraße‹ bezeichnen.

In der letzten Zeit ist das Neue Schloß zur Aufnahme der Bestände des Bayerischen Armeemuseums bestimmt und durch eine umfangreiche Restaurierungsmaßnahme ›saniert‹ und in seine ursprüngliche Erscheinung zurückversetzt worden. Die im 19. Jahrhundert veränderten Turmhöhen und Dachungen wurden wieder in das alte Verhältnis gebracht, wie es uns das Modell Jakob Sandtners zeigt. Jetzt wird die spätgotisch ragende Wucht und Schönheit der ganzen Anlage, die mit ihren Baukörpern und Türmen der Stadtsilhouette den äußeren Halt gibt und weithin über die Donauebene herrscht, wieder sichtbar und zu einem neuen Erlebnis.

Mit vorbildlicher Einfühlung in den Geist des Ortes und in das architektonische Verhältnis von Freiraum, Flächen und Baukörper entstand an der Donau gegenüber dem Neuen Schloß ein moderner Theaterbau des Architekten Hardt-Waltherr Hämer. In dessen Erscheinung werden noch einmal die Komponenten berufen, die für Ingolstadt eigentümlich sind: die Geometrie der Grundrißkonzeption als Formgrundlage, das Polygone als Gestaltungsprinzip, die Assoziation sowohl an antike Theaterbauten wie der fast fortifikatorische Ernst im Sinne einer vom Alltag abgehobenen Kulturstätte oder einfach eines umgrenzten Bezirks.

Klassizismus! In Bayern ist er vorwiegend ludovizianisch, das heißt, von der einzigartigen Persönlichkeit König Ludwigs I. bestimmt. Aber wie nun schon vor der Erhebung zum Königreichtum, das Haus Wittelsbach in seiner kulturellen Verantwortlichkeit aus dem altbayerischen Fünfeck hinauswächst, so überzieht dieser königliche Klassizismus – der ludovizianische Stil – jetzt das ganze Land vom Main bis zu den Bergen. Das Pompeianum bei Aschaffenburg, der Ludwigs-Donau-Main-Kanal, die Befreiungshalle bei Kehlheim, die Walhalla bei Donaustauf, das Zollgebäude in Passau, die Salinengebäude in Reichenhall, von Münchens großen Baukomplexen und der Ludwigstraße gar nicht zu sprechen, entsteht ein Netz geistig-baukünstlerischer Verknüpfungen, das ein älteres Netz – das aus Barockresidenzen, Klöstern und Kirchen besteht, überdeckt und noch engmaschiger gestaltet. In Ingolstadt aber ist zunächst freilich auf die Vorgeschichte der Klenzeschen Planungen näher einzugehen, eine Geschichte, die vor allem von den bayerischen Festungstechnikern her geschrieben wurde.

Es ist dies die bezeichnende Geschichte der *Geburt einer Landesfestung*. Major Chevalier de Cologne hatte vom König die Aufgabe übertragen bekommen, den strategisch günstigsten Ort für diese Landesfestung ausfindig zu machen. So ging König Ludwig auch bei seinen Bauten vor. Nachdem er ganz Bayern bereist hatte, schrieb er in einem Gutachten über Ingolstadt: Die Lage der Stadt sei die einzig vorteilhafte an der Donau zwischen Lech und Naab, Passau und Regensburg nicht ausgenommen. Das leuchtete jedermann ein, und eigentlich scheint das Gutachten, das zu Gunsten Ingolstadts ausfiel, mehr eine Formsache gewesen zu sein.

Ingolstadt also, die alte bayerische Festung, die 1633 den Truppen Gustav Adolfs getrotzt hatte, dessen Schicksal sich in Rain am Lech erfüllte, die letzte Hoffnung des harten Kurfürsten Maximilians I. von Bayern, die Hochburg der Jesuiten und

bayerischer Gelehrsamkeit, die Universitätsstadt und Garnisonstadt mit ihrem weiten, gut einsehbaren Umland, dieses Ingolstadt mit dem Wahlspruch ›Vivat die Schanz!‹ sollte nun die neue
bayerische Landesfestung werden. Vielleicht stand beim König
der Gedanke im Hintergrund, eine jüngst erlittene Schmach zu
tilgen, denn in den Napoleonischen Kriegen mußten die alten
Festungsanlagen auf Napoleons Geheiß geschleift werden.

Schon vier Jahre später begannen die Planungen. Was sich nun
am Zeichentisch der Festungstechniker und auf den Wandkarten
des Kriegsministeriums abzeichnete, war nichts weniger als ein
langes und zähes Ringen um die fortifikatorisch richtige Gestaltung. Es kam zu Parteibildung und zu regelrechten Kämpfen
zwischen den Kontrahenten, d. h. zwischen den Vertretern des
Systems der Rundtürme, das letztlich auf Dürers »Anweysung
zur Festungsbaukunst« zurückging, und den Anhängern des
moderneren Vaubanschen Systems, das allerdings auch schon
dem Barock angehörte und inzwischen überholt war. Die Spitze
der Parteien hießen Streiter (Rundtürme) und Beker (Vauban-
sches System).

Nach der Entscheidung des Königs – des obersten Kriegsherrn –
wurde der Streitersche Plan zur Ausführung bestimmt. Und
Klenze, der in das Ringen um die fortifikatorische Konzeption
nicht eingriff, wurde jetzt beauftragt, die architektonische Seite
der Projekte und die Einzelheiten der Ausführung in die Hand
zu nehmen. Dabei kam es verständlicherweise zu Unverträglich-
keiten. So war Klenze nur die Gestaltung der ›Feindseite‹ der
Festungsbauten übertragen, während die Gestaltung und Distri-
bution der Innenseiten Aufgabe der Festungsbaudirektion bleiben sollten. Diese eigens geschaffene Behörde mußte ja auch
etwas zu tun haben, oder für etwas verantwortlich sein. Mit
diesem jedem architektonischen Empfinden widerstrebenden
›Fassadendenken‹ konnte sich der Architekt Klenze nicht abfin-
den. Er forderte nun die komplette Planung beider Seiten eines
Bauwerks, was ihm vom König sogleich zugestanden wurde. Der
Festungsbaudirektion blieb allein die Arbeit, die fortifikatori-
schen Grundlagen zu erarbeiten und Klenze zu unterbreiten.

Nach der feierlichen Grundsteinlegung am 28. August 1828
wurde mit dem Bauen begonnen. Zügig und mit Einsatz zahl-

reicher Erdarbeiter, Maurer und Steinmetzen gingen die Arbeiten voran, obwohl Klenze vor allem von den Steinhauern sorgfältigste Arbeit und eine Präzision verlangte, die manchem Palier den Schweiß auf die Stirne trieb. 1832 war der Reduit Tilly – der als erster seinen Richtbaum und seinen Namen erhielt – bis zum Hauptgesims gediehen. Die Türme Triva, Bauer und Turm V (Roter Turm) wurden gleichzeitig 1828 begonnen, allerdings erst 1841 fertiggestellt. Diese Verzögerung hatte, wie wir gleich erfahren, ihren besonderen Grund.

Die Opposition ruhte nicht. Sie war keinesfalls gewillt aufzugeben. In einer entscheidenden Sitzung am 23. Mai 1831 gelang es Heydeck mit sachlichen Argumenten die Herrschaft der Geometrie und das Zirkularsystem – was den weiteren Ausbau betraf – zu Fall zu bringen. Streiter wurde als Festungsbaudirektor kurzerhand abgesetzt, ein neuer Gesamtplan wurde vom König genehmigt. Heydeck verließ als der Sieger die Sitzung, um nicht zu sagen, die Wahlstatt. Die weitere Festungsplanung wurde nach dem moderneren »polygonalen Bastionär- und Kaponnieresystem« durchgeführt. Dieser Sieg der Zweckmäßigen und Modernen war freilich nicht vollständig. Dafür sorgte der Architekt Streiters, Leo von Klenze. Ihm blieb die weitere architektonische Ausarbeitung der Pläne für die Tore vor den ›Kavalerien‹ Hepp, Heydeck (!) und Spreti vorbehalten, und er blieb dabei seinem ästhetischen Prinzip treu, wie er es selbst formulierte. Er glaubte, daß die »Schönheit der Formen« als ganz natürliche Wirkung aus der »naturgerechten Anspruchslosigkeit« hervorginge. Ernst nach Außen, voll Leben nach Innen! Dem drohenden Charakter der Schale entsprach sozusagen eine von Soldaten bevölkerte Arena, der nichts Kleinliches und Enges anhaftet und die somit die Wachsamkeit der Truppe erhöhen könne.

Nach dem Willen des Königs sollte von diesem groß begonnenen Werk bei aller Sparsamkeit und Anspruchslosigkeit der Formen eine schulbildende Wirkung auf die Baukunst ausgehen. Vor allem die Steinhauer – die er für seine großen Tempel im griechischen Stil dringend benötigte –, sollten sich in der Präzision des Handwerklichen, gleich den Bildhauern des Altertums üben.

Der ›Zivilarchitekt‹ Klenze meisterte die schwierige Aufgabe, aus der zweckbestimmten Planimetrie der Festungsplaner und Strategen eine körperhaft proportionale, ästhetisch ansprechende und mit den Maßstäben klassischer Baukunst zu messende Architekturlandschaft zu gestalten.

Stadtarchitektur war der Entwurf der Sperrbefestigungen an den fünf Ausfallstraßen, die sogenannten ›Kavaliere‹. Bei der Fassadengestaltung der Torbauten wurde der mit der Baukunst des Mittelalters vertrautere Konkurrent Friedrich von Gärtner herangezogen. Er brachte Züge der Münchner Nazarenerarchitektur ein (Ludwigskirche, Staatsbibliothek).

Auf sich selbst beruhende Freiraumarchitektur in städtebaulich großräumigen Zusammenhängen erforderte die Gestaltung des Brückenkopfes seitlich der Donaubrücke, entlang dem Südufer des Flusses, weniger die Gestaltung der Außenforts. Mochten die Abstände der einzelnen Anlagen und ihre Situierung auch von Strategen bestimmt sein (Reichweite der Geschütze, Streuungsraum), so ist die überlegene Gewichtsverteilung und überall spürbare Symmetrie neben der Einzelerscheinung der Bauwerke die eigentliche Leistung Klenzes. In dem *Reduit Tilly*, dem Kernwerk der Festung (der Donaubrücke nördlich vorgelagert), schließt sich ein mächtiger Mauerkranz halbrund an das Ufer, bewehrt von zwei Flankentürmen. Das Kernstück bildet ein gedrungener halbrunder und flachgedeckter Turm: letzte Zuflucht und Kommandozentrale. Hier waren Räume für die königliche Familie und für den Staatsschatz (Kronschatzgewölbe) vorgesehen. Die Gesamtform des Reduit erinnert an das griechische Halbrund-Theater, weist jedoch auch Züge eines antiken Mausoleums auf: die Kernzelle als Grabkammer.

Nördlich und südlich wird der Reduit in geräumigem Abstand von zwei mächtigen Kanonen- und Versorgungstürmen flankiert: den Türmen Bauer und Triva. Ihre Form gleicht dem römischen elliptischen Amphitheater mit der Arena in der Mitte: ernst und wehrhaft nach außen, innen wie eine umschlossene Stadt. An vielen Einzelheiten, etwa der Gestaltung der Auffahrtsrampen der Geschütze, wird deutlich, warum Klenze auch den Entwurf der Innenseite der Bauwerke in der Hand behalten wollte. Die flach ansteigenden Rampen, insbesondere die Anläufe der Rampen, sind steinmetzmäßig meisterhaft gestaltet. Mit solchen scheinbar einfachen Steinmetzarbeiten an Mauerrundungen bis hin zu den komplizierten Ausbildungen des Gebälks und der Gesimse in der Schwellung oder Rundung wurde der Festungsbau zu Ingolstadt zugleich eine Hohe Schule der Steinmetzkunst der ludovizianischen Zeit.

Was in den Jahren 1828 bis 1840 entstand, war nicht nur eine zeitgemäß moderne Festungsanlage, sondern auch ein Modellfall für das Bauen im 19. Jahrhundert und die Baugesinnung König Ludwigs I.

Ein breites Glacis zog sich um die ganze Stadt, dahinter (die heute zugeschütteten) Graben- und Wallanlagen, die Kasematten in sorgfältigem Ziegelrohbau mit Hausteingliederungen, die Zufahrtsstraßen mit individuell gestalteten Torhäusern durch Doppeltoranlagen, die ›Kavaliere‹ Heydeck, Spreti und Hepp überbaut. Die äußeren Tore von Hausteinarchitektur nach Entwürfen von Klenze und Gärtner, mit Architekturplastik von Schwanthaler. Die inneren Torbauten bestanden in großen zweistöckigen Kasernen, ursprünglich mit Erddeckung. Es gab malerische Blickpunkte, wie am ›Nassen Graben‹. Die großartigste Anlage war der Brückenkopf, der Reduit Tilly mit den Flankenbauten, den ovalen Türmen Triva und Bauer und dem vorgeschobenen ›Roten Turm‹ in Form eines Hufeisens.

Die Anlage hatte nicht nur in den Einzelteilen, sondern als Ganzes Denkmalscharakter. Da sie niemals eine Feuerprobe zu bestehen hatte und spätestens 1918 von der Kriegstechnik her illusorisch geworden war, blieb sie vollständig erhalten. Nach 1945 beginnt die Geschichte ihres teilweise durchgeführten Abbruchs, der auf Veranlassung der damaligen Verantwortlichen der Militärregierung ins Werk gesetzt wurde. Abgebrochen oder gesprengt wurden sämtliche Außenforts, der Turm V (Roter Turm) und drei der fünf Kavaliere (bis auf die Kavaliere Hepp und Heydeck, allgemein »was sich dem organischen Wachstum der Stadt wie eine Barrikade in den Weg stellte.« Mit den gleichen fortschrittsfreudigen Argumenten hatte man im 19. Jahrhundert die mittelalterlichen Stadttore abgebrochen. Diese Torbauten mochten in der Tat manchmal verkehrshemmend sein. Die äußeren Torbauten der klassizistischen Kavaliere Ingolstadts muten dagegen wie Empfangsbauten und Propyläen an. Heute nun, da unsere Altstadtkerne mehr und mehr zu verkehrsberuhigten Plätzen mit Fußgängerzonen werden, ist man für solche künstliche und künstlerische Stauungen wieder dankbar und restauriert das Erhaltene sorgfältig. Theodor Müller schrieb in seinem Kunstführer durch Ingolstadt (1958): »Erst künftig wird man einsehen, wie große architektonische Qualitäten den zwecklos gewordenen militärischen Bauwerken aus der Frühzeit des 19. Jahrhunderts zu eigen waren.«

Zum Glück ist wenigstens das ›Glacis‹ als baumreicher Grüngürtel und Erholungsstätte den Bewohnern erhalten geblieben. In die inneren Torbauten der Kavaliere Spreti und Hepp sind heute Behörden und das Städtische Archiv und Museum eingezogen. Der Reduit Tilly wird nach einem 1984 beschlossenen Plan für 17 Millionen Mark restauriert und ausgebaut.

Nach 1945 entstanden im Norden und Osten der Stadt zahlreiche Industriebetriebe, voran die Auto-Union-Werke und der Deutsche Spinnereimaschinenbau. Um sie gruppierten sich neue Wohnquartiere mit Einkaufszentren, Kirchen und Schulen. Im Süden besteht schon lange ein eigener Stadtteil, bedingt durch den – wegen des Festungscharakters – weitabgelegenen Bahnhof. Hier schlingt sich heute eine Straße mit weitausschwingenden Serpentinen nach Ingolstadt hinein, durchbricht in flachem Anstieg das ehemalige Bollwerk des Brückenkopfes und lenkt über die gleich einer Sehne gespannten neuen Donaubrücke in die Altstadt hinein.

Ihr Herz ist der Rathausplatz, südlich der Schnittstelle der beiden Hauptstraßenzüge gelegen. Hinter dem Rathaus, dessen heutige Erscheinung einem Umbau Gabriel von Seidls von 1882 verdankt wird, liegt die *Pfarrkirche Sankt Moritz* mit ihren beiden unsymmetrischen Türmen. Der südliche schlankere Turm ist gotisch und diente der Stadt als Wachtturm, Pfeifturm geheißen. Das Rathaus, einst Pfarrhaus von Sankt Moritz, stammt aus dem 16. Jahrhundert. Die Kirche selbst ist ein Bau der frühen Gotik auf älterer Grundlage (einem 1234 geweihten Bau). Eine sehr schlicht wirkende Basilika mit seitlichen Kapellen, langgestrecktem Chor. Die ursprüngliche Dekoration des Rokoko von Johann Baptist Zimmermann (um 1756) wurde bei einer Purifizierung im Jahre 1880 entfernt. Eine Spur der alten Festlichkeit wurde nach dem letzten Kriege wieder sichtbar gemacht: auf dem Choraltar stehen die großen Figuren des Eichstätter Hofbildhauers Joseph

Anton Breitenauer (1764), die Heiligen Mauritius und Georg (früher Gereon). Das ehemalige Hochaltarbild, ein Meisterwerk von Joseph Johann Schöpf (1765) mit der Darstellung der Enthauptung des Heiligen Mauritius hängt an der Nordwand. Von der Ausstattung der Kapellen nenne ich nur das feine, nach Augsburg weisende Epitaph für Andreas Mungst (1494), dann das beim Abbruch des Hardertores (1879) in die dritte Kapelle der Nordseite übertragene Kreuzigungsfresko im expressiven Stil des ausgehenden 14. Jahrhunderts, sodann die nach Ignaz Günthers Entwurf von dem Münchner Goldschmied Canzler gearbeitete Silberstatuette einer Immakulata am linken Seitenaltar.

Nördlich der Sankt Moritzkirche, zwischen Harder- und Proviantstraße, liegt das ehemalige *Minoritenkloster*, in das die Franziskaner nach der Zerstörung ihrer Kirche im letzten Krieg einzogen. Die *Minoritenkirche*, die bis 1945 als Garnisonskirche diente, ist eine frühgotische flachgedeckte Basilika, nach 1275 in den schlichten Bauformen der Bettelorden errichtet. Um 1400 wurde der Chor um vier Joche erweitert und dreiseitig geschlossen, sowie die Seitenschiffe eingewölbt und die Westfront mit ihrem steilen, von Blenden besetzten Giebel neu errichtet. Auch der schlanke Dachreiter stammt aus dieser Zeit. Im 18. Jahrhundert hat man das Mittelschiff gewölbt und die Fenster rundbogig erweitert, den tiefen Chor durch einen mächtigen Hochaltar abgetrennt und in zwei Geschosse unterteilt (Psallierchor). Im oberen Chor finden wir ein hervorragendes Chorgestühl mit Figuren und reizvollen Engelsköpfen, von Balthasar Stoll aus Berchtesgaden 1613 gefertigt.

Der eigentliche Schatz dieser Kirche, die seit dem späten Mittelalter als Grablege für die Professoren der Hohen Schule und angesehene Bürger diente, sind ihre Epitaphien. Erwähnen wir nur das Grabmal des Universitätsprofessors Wolfgang Peisser, gestorben 1526, eines der besten Renaissancegrabmäler des Augsburgers Hans Daucher. Das fein gearbeitete Relief zeigt eine Disputatio des idealisiert dargestellten Verstorbenen mit zwei köstlichen Engeln in einer an Raffael erinnernden Frische der Auffassung, im Hintergrund eine Bogenhalle der Augsburger Renaissance mit zwei wappenhaltenden Putten im Bogenfeld. In der Lichtenauerkapelle ist das aus der zerstörten Franziskanerkirche geborgene Grabmal des Reichsgrafen Johann Karl von Preysing, gestorben 1770, Generalfeldzeugmeister und Statthalter zu Ingolstadt, aufgestellt. Ein Werk Ignaz Günthers. Eines der besten Grabmäler Loy Herings – wie der Daucher-Epitaph aus Solnhofener Stein – ist das Epitaph des Johann von der Leiter, gestorben 1521. Gegenüber, in der Antonius oder Montfort-kapelle, die Grabmäler Hans und Dorothea Esterreicher, um 1520 von Stefan Rottaler aus Landshut geschaffen.

Die Theresienstraße führt uns nun westlich zu dem bedeutend-sten und mächtigsten Kirchenbauwerk der Stadt, der schon er-wähnten *Stadtpfarrkirche zu ›Unserer Lieben Frau‹*, Liebfrauen-münster genannt. In einem Zuge ab 1425 als obere Pfarrkirche aufgeführt, gilt die als klassische Staffelhalle gestaltete Backsein-kirche, als die größte Altbayerns. Eigentümlich ist die Übereck-stellung der Westtürme, vielleicht als Reminiszenz an die Eck-türme französischer Schloßanlagen der Zeit zu werten. Die Türme – wahre Giganten aus Backstein mit Hausteinverkleidung an den Ecken – wurden nicht vollendet, auch die Vorhalle an der West-seite kam nicht mehr zustande, was uns nicht weiter stört, denn als Eingangsseite der Kirche ist ohnehin die zur Straße hin ge-wendete Südseite zu betrachten.

Die Außenerscheinung hat durch die sorgfältige Renovierung in den Jahren 1960–1978 noch gewonnen. Die unter Leitung des Landes-amtes für Denkmalpflege vorgenommene grundlegende Erneuerungs-arbeit – dringend notwendig – hatte im März 1960 an der Südwest-seite begonnen. Es zeigte sich vom Gerüst aus, daß die Fensterrippen des 16 Meter hohen Westfensters ausgefroren und abgesprengt und nur mehr durch Quereisen gehalten wurden, die alten Gerüstlöcher metertief mit Vogelkot gefüllt, sämtliche 18 Turmfenster nur mit morschen Balken vernagelt waren, insgesamt also »ein bejammerns-werter Anblick« (Architekt J. Elfinger). Nach dem Ausbrechen sämtlicher beschädigter Natur- und Backsteine und einer General-reinigung der Mauern stellte sich das Problem der Beschaffung von Werksteinen, die den alten nahekamen. Es löste sich sehr einfach. Durch den Abbruch der klassizistischen Kavaliere, vor allem beim Abbruch des Kavaliers Spreti, waren tausende von Tonnen bester Natursteine in die aufgeschütteten Wallgräben geworfen worden. Aus diesen ›Steinbrüchen‹ konnten Natursteine in jeder gewünschten

Menge beschafft werden. (Das Kavalier Spreti wird freilich für künftige Archäologen schwer rekonstruierbar sein. So geht es den Archäologen auch bei den als Steinbruch benützten Bauten der Antike!). Die notwendigen Ziegelsteine im altbayerischen Format 34 × 13 × 4 cm waren nicht so preiswert aufzutreiben. Man behalf sich mit maschinengeformten Hartbrandsteinen – insgesamt 154 000 Stück. Die alten Steine waren handgeformt!

Ein alter Traum – oder war es ein genialer Einfall – des Münster-pfarrers Dekan Peter Biebel konnte dabei verwirklicht werden: Die seit 300 Jahren notdürftig verschalten Turmfenster zu öffnen. Vor-handen waren noch die reichprofilierten Gewände aus Naturstein, sowie zwei Originalrisse der Türme (samt ihrem geplanten Ausbau) im Ingolstädter Stadtmuseum. So entstanden in beiden Türmen 14 neue Fenster mit Maßwerk und Verglasung. Der Nordturm, Ölturm geheißen, mit den Treppentürmchen war im 19. Jahrhundert in schlechter Maurerarbeit erhöht worden. Das Mauerwerk wurde aus-gewechselt und mit den Ecklisenen leicht korrigiert. Krone und Balda-chin der weit überlebensgroßen Münstermadonna am Westgiebel, die durch Beschuß gelitten hatten, wurden ergänzt, während die Kreuz-blume und die unteren Teile der Münstermadonna – aus bestem Kalk-stein – nur gereinigt werden mußten. Die Madonna ist ein monumen-tales Werk der Regensburger Heidenreich-Werkstatt. Sämtliche Fenster über den Portalen, die im 19. Jahrhundert im unteren Teil vermauert waren, wurden freigelegt, sämtliche Abdeckungen der Strebepfeiler in Naturstein erneuert. Der Fries unter dem Werk-steingesims wurde wiederhergestellt, die gewaltige Dachfläche samt Gauben erneuert. Und schließlich der 26 m hohe Dachstuhl mit sechs Stockwerken begehbar gemacht.

Die wichtigsten Maßnahmen bei der Innenrestaurierung – über die es zu einer Auseinandersetzung gekommen war – bildeten die Freile-gung des natürlichen Werksteins der Säulen, der Gurte, Rippen und Fensterlaibungen. Sie waren von einer dicken Tüncheschicht über-deckt. Gottfried Frenzel oblag die Restaurierung der wertvollen Fenster mit Glasmalereien aus der Hirschvogelwerkstatt in Nürnberg und von Hans Wertinger in Landshut. Kapelle für Kapelle wurde nun mit ihrer Ausstattung von einer Arbeitsgemeinschaft süddeutscher Restauratoren erneuert, so daß der Eindruck der Erstausstattung des Münsters aus dem 16. Jahrhundert wiederhergestellt werden konnte.

Das Chorgestühl wurde renoviert und eine großartige Kreuzgruppe – die Georg Petel nahesteht – im Westchor aufgestellt. Eine große neue Orgel wurde von der Firma Klais in Bonn geschaffen. Schwierig war es, die Mittel für die einzelnen Restaurierungsetappen zu beschaffen. Unterstützt wurde man damals von dem Oberbürgermeister der Stadt, Senator Dr. Rudolf Listl. Am 18. Oktober 1961 verunglückte Münsterpfarrer Biebel auf dem Weg über das Gerüst zur Münstermadonna in der Höhe von 46 m, als er die Schäden besichtigen wollte. Eine Gedenkplatte auf dem Pflaster vor dem erneuerten Westportal erinnert – wie bei mittelalterlichen Kirchen – an dieses Opfer der Restaurierung.

Ihm gebührt das Verdienst, die Restaurierung in Gang gebracht zu haben. Landesdenkmalamt, Diözese Eichstätt, Bayerische Landesstiftung Bund und Münsterbauhütte e.V. (unter Vorsitz von Oberbürgermeister Peter Schnell) – und nicht zuletzt zahlreiche private Spender – trugen wesentlich zum Gelingen bei. Vor allem konnte der große Hochaltar mit den Bildern der Mielich-Werkstatt – ein Prunkstück sondersgleichen – in seiner ursprünglichen Fassung und Farbstruktur wiederhergestellt werden. Er leuchtet heute in den satten Farben der Donauschule wie ein großes Geschmeide.

Erfreulicherweise brachte während dieser Restaurierung auch die Quellen- und Bauforschung über das Münster Neues zutage. So vermochte Heimatpfleger Siegfried Hofmann Detailliertes über die eigenartige Stiftungsgeschichte darzulegen.

Der Bauherr, Ludwig der Gebartete, hatte in vier Stiftungen (von 1429, 1434, 1438 und 1441) genaue Vorsorge für das Gottesdienstprogramm seiner Begräbniskirche getroffen und diese mit einer im ganzen Spätmittelalter einzigartigen Armenfürsorge verbunden. Wie sehr diese Stiftungen mit dem Bauprogramm der Kirche verquickt sind, zeigt uns die Zuordnung der Chorkapellen zu einem liturgischen Gesamtprogramm, in das das Totengedächtnis für ihn und seine Familie eingebunden ist. 1429 werden täglich sechs Messen für sechs Kapläne gestiftet und noch im selben Jahr ein Programm für zehn Messen, beziehungsweise Ämter vorgelegt. Die sieben Kapellen des Chorumgangs sind für sieben Altäre bestimmt, »wobei jeder Altar in Bezug zu einer der sieben Todsünden gesetzt wird« (Hofmann). 1439 wird ein Konvent von neun Deutschordenspriestern vorgesehen, für die neun Pfeileraltäre errichtet werden sollen. Nachdem sich dieser

Plan – wie so vieles von den Plänen des Herzogs zerschlägt – werden sechs tägliche Messen an den Pfeileraltären im Chor gestiftet. 1441 erfolgt die Stiftung von drei täglichen Messen an drei Altären im Westchor. Dieser Westchor – der eine bauliche Eigentümlichkeit des Münsters darstellt – wird nun immer mehr in das Gesamtprogramm einbezogen und soll nach dem Wunsch des Herzogs ein zweites Zentrum des Chordienstes werden.

1441 – sein Sohn Ludwig der Höckrige hatte sich schon gegen den Vater erhoben – erließ der Herzog eine Stiftung ganz ungewöhnlicher Art, in der eine Verbrüderung mit den Armen zu sehen ist. Ein riesiger Konvent von 1000 »pauperes Christi« sollte in Ersatz für das Tagzeitengebet 204 Vater Unser und Ave Maria beten. Zur Stiftungsmasse gehörte das berühmte ›Goldene Rössel‹, heute in der Schatzkammer zu Altötting. Alle diese Armen sollten den »armen Herrn Jesus für den armen, sündigen Herzog bitten.« (Hofmann).

Zu diesem Zweck wird der am Ostchor begonnene und teilvollendete Bau unterbrochen und 1441 für den Westchor ein neues Bauprogramm festgelegt. Da dieses Programm den Gedanken der Ewigen Anbetung zum Inhalt hat, möchten wir annehmen, daß der Herzog sich an einen ähnlichen Gedanken eines seiner Vorgänger, nämlich Kaiser Ludwigs des Bayern in Ettal, erinnert hat. Der westliche Chorschluß in Form eines halben Oktogons könnte wohl von Bauten des Templerordens, der sogenannten Templaiser, angeregt sein. Nur, daß jetzt keine adeligen Ritter den Chordienst wahrnehmen, sondern Arme. Für diese hatte der Herzog das stattliche Pfründnerhaus, die spätere Universität – die eigentliche Erbin dieser Stiftungen wird – schon angelegt. Die endliche Gefangensetzung des Herzogs im Jahre 1443 verhinderte diese Pläne, die die Veste Ingolstadt zu einem Mekka der Armen gemacht hätten. Die baulichen Zeugnisse blieben uns zum großen Teil erhalten.

Auch in der bisher nicht geklärten Frage, wer der Baumeister Herzog Ludwigs des Gebarteten war, also der planende Architekt des Liebfrauenmünsters und des Schlosses, ist man einen Schritt weiter gekommen, und wir möchten hierzu noch Eigenes beitragen. Nach den Forschungen von F. W. Fischer (Ingolstadt 1974) stellt das Münster »eine der größten Staffelhallen, die je gebaut wurden« dar. Nach der Grundsteinlegung am 18. Mai 1425 wurde im Osten der Hallenchor mit Umgang begonnen. Etwa ab 1429 wurden die Seitenkapellen in diesem Bereich angebaut. 1439 war der Ostchor schon liturgisch nutzbar gemacht, denn es erfolgte eine Weihe. 1441 war er jedoch noch nicht fertig, und es wurde wohl mit dem Westchor weitergebaut. Die Fensterzone des Umganges und des Langchores datiert Fischer etwa um 1450-1460.

Der Haupteinfluß bei der Gestaltung des Hallenchores wird in dem Hallenchor von Schwäbisch Gmünd – einem Werk der Parler – zu sehen sein. Fischer stellt in den unteren Zonen des Chorumganges Regensburger, Landshuter und allgemein parlerische Einflüsse fest. Parlerisch sind z.B. die Säulen der Chorkapellen.

An der südöstlichen Außenwand wurde über dem Sockelgesims ein Steinmetzzeichen in einem Kreis mit den beigefügten Initialen J.P. festgestellt. Dieses steht teilweise in Einklang mit einer heute nicht mehr nachprüfbaren Überlieferung des 19. Jahrhunderts, nach der der erste Baumeister ›Hans der Steinmetz‹ gewesen sei. Fischer schließt daraus, daß dieser Meister J.P., den Parlern nahestehend, von Herzog Ludwig aus Wien mitgebracht oder aus Regensburg geholt wurde. Auch in Regensburg läßt sich dieses Steinmetzzeichen nachweisen.

Wenn er also von 1417 bis 1432 in Regensburg tätig war, läge es nahe, daß sich der Herzog bei seinen groß geplanten und ins Werk gesetzten Bauunternehmungen an diesen Johann Parler wandte. (Auch die späteren beiden Heidenreich werden ja aus Regensburg berufen).

Der Beginn der Bauarbeiten am *Neuen Schloß* erfolgte um 1417/18, die Grundsteinlegung des Liebfrauenmünsters 1425. Da ein Meister Johannes Steinmetz in diesem Zeitraum in Regensburg nachzuweisen ist, könnte er bis 1432 die Großbaustelle in Ingolstadt geleitet haben. Daß die Planung von Schloß und Liebfrauenmünster eines Geistes und von einer Hand ist, hat Theodor Müller angemerkt. Tüchtige und wohl einheimische örtliche Baumeister und Maurer dürften die Bauten während der Abwesenheit des Johannes Parler in mustergültiger Werkarbeit ausgeführt haben. Dabei blieb der Urplan – ausgenommen die vom Herzog 1441 verursachten Abänderungen, für die nur J.P. in Betracht kommt – immer verbindlich.

Zur Frage des Steinmetzzeichens, schränkt Fischer ein, daß es sich bisher bei den Parlern nicht nachweisen ließe und stellt die Frage, ob man vielleicht den Winkelhaken der Parler in dem vorhandenen Zeichen einbezogen sehen kann. Dazu möchten wir ergänzen, daß Hans Schulz ein Steinmetzzeichen als das der Junker von Prag bezeichnet, das dem Ingolstädter bis auf eine Kleinigkeit gleicht: es fehlt der kleine senkrechte obere Kreuzbalken. Nicht auszuschließen ist eine Identifizierung des J.P. mit einem Enkel Peter Parlers namens Johannes, dem Sohn des Johannes aus erster Ehe Peter Parlers mit der Kölnerin Gertrud, Tochter des Steinmetzen Bartholomäus von Hamm. Seine Mutter war Katharina, Tochter des Jesco von Kuttenberg. Er verkauft 1407 seinen Besitz in Prag und ist dort nicht mehr nachzuweisen. Dieser Enkel Peter Parlers und seine Brüder Wenzel und Benedikt führen aber (nach Barbara Schock-Werner) nicht mehr den Namen Parler.

Der imposante Innenraum mit 18 Rundpfeilern erhält durch die merkliche Überhöhung des Mittelschiffes (um 5 Meter) seine räumliche Charakteristik. War der Altarraum schon 1429 geweiht, so erhielt das Langhaus erst um 1500 durch den Baumeister Hans Rottaler sein Netzrippengewölbe. Virtuose Meisterwerke der spätgotischen Wölbekunst, ins Artistische übersteigert und mit naturalistischen Elementen angereichert, sind die Gewölbe der Seitenkapellen, für die Erhard und Ulrich Heidenreich aus Regensburg verantwortlich sind. Freischwingende Rippen gleich Disteln und Korallen!

Der Hochaltar – eine Stiftung Herzog Albrechts v. zum hundertjährigen Bestehen der Universität von 1572 – ist gleichfalls ein Unikum. Vereinigt er doch die überlieferte Retabelform des Flügelaltars der Spätgotik mit Spätrenaissance-Dekoration. Der Kunstschreiner ist Hans Wisreuter. Auf dem Hauptbild ist von dem Altdorferschüler Hans Mielich die Schutzmantelmuttergottes mit Heiligen, darunter die herzogliche Familie dargestellt. Die Rückseite zeigt zahlreiche Bildnisse der Universitätsprofessoren, die einer Disposition der Heiligen Katharina einverleibt sind. Das Chorgestühl darf man als gutes Spätrenaissancewerk bezeichnen. Prächtig das große Glasfenster im Chorhaupt, eine Arbeit, die Hans Wertinger zugeteilt wird (1527). Es zeigt die Verkündigung Mariens mit den herzoglichen Stiftern Wilhelm v.

und Ludwig x. Weiter eine Anna Selbdritt und hervorragende, mit den Emblemen verschiedener Zünfte ausgestattete Fenster des Chorhauses.

Von den Grabmälern der Universitätsprofessoren ist der Stein des Johann Mainberger (gest. 1475) an der Sakristeiwand der älteste. Er wird dem Straubinger Meister Erhart zugeschrieben. Ein originelles Spätwerk des Augsburger Bildhauers Hans Beierlein ist das Grabmal des Professors Johann Permetter. Zeigt es doch den 1505 an der Pest verstorbenen geistlichen Lehrer und Stadtpfarrer am Katheder stehend, während vor ihm sechs Studierende sitzen und stehen. Im geschwungenen Bogenfeld dieses Rotmarmorsteins eine Darstellung der apokalyptischen Muttergottes, unten eine liegende Skelettfigur mit Gewürm. In der ersten nördlichen Kapelle des Chorumgangs hat die bronzene Gedächtnistafel für den berühmten Universitätslehrer und Widersacher Martin Luthers, Dr. Johannes Eck, 1543 ihren Platz gefunden. Ein Bronzeepitaph von Hans Krumper (Putto auf einem Totenkopf) erinnert daran, daß Kurfürst Maximilian 1651 im Ingolstädter Schloß gestorben ist. Und ein Gedenkstein von 1434 – ursprünglich am Feldkircher-Tor – zeigt den Bauherrn der Kirche, Herzog Ludwig den Gebarteten kniend vor der Muttergottes und der Dreifaltigkeit.

Nicht weit von der Liebfrauenkirche, ein Stück weiter südlich, erhebt sich ein altrosa gefärbtes spätgotisches Giebelhaus, mit einem erneuerten Dachreiter und lisenengeschmückter Front. Dieses von Ludwig dem Gebarteten gestiftete ehemalige Pfründnerhaus wurde durch Herzog Ludwig den Reichen 1472 zum Sitz der ›Hohen Schule‹ erhoben, der ersten bayerischen Landesuniversität. Wie bescheiden nimmt sich dieses Gebäude mit dem gegenüberliegenden ›Georgianum‹ – einem von Georg dem Reichen gestifteten Alumnat für unbemittelte Studierende –, aus! Hier also haben die berühmten Ingolstädter Humanisten – ein Konrad Celtis, Johannes Thurmayer, genannt Aventin, und Peter Apian – gewirkt. Hier war die Hochburg der Gegenreformation und das Zentrum der Gelehrsamkeit. Das nördlich der Liebfrauenkirche gelegene ehemalige Jesuitenkollegium – Zentrum barocker Theologie und Philosophie (1556 von Herzog Albrecht v. ins Leben gerufen) – mußte 1860 dem beherrschenden Neubau eines Kriegsspitals weichen. Schon im Jahre 1800 wurde die Universität nach Landshut, 1826 nach München verlegt.

Ein reizvolles Baudokument der alten Universitätsherrlichkeit hat man kürzlich erneuert: das in der Anatomiestraße, nahe der Stadtmauer gelegene *Anatomische Theater* von 1723. Dieses Rokokotempelchen war für anatomische Demonstrationen bestimmt, besaß in seiner Mitte einen amphitheatralisch angeordneten Antatomiesaal mit oberer Galerie, dazu Nebenräume für eine medizinische Bibliothek, chemische und physikalische Laboratorien. Auch ein botanischer Garten ist uns durch einen Kupferstich überliefert. Für unsere Verhältnisse mutet dieses ›Klinikum‹ – heute Medizinhistorisches Museum – fast spielerisch an.

Wir kommen zum *Kreuztor*, dem prächtigen Torbau und Überrest der Stadtbefestigung von 1385, des zweiten Festungsgürtels, der die mittelalterliche Stadt umgab. Von diesem Mauerring sind uns noch große Teile, an der Nord-, West- und Südwestseite erhalten, während der dritte Befestigungsgürtel, 1538-1549 unter der Leitung des Grafen Reinhard Solms zu Münzenberg aufgeführt, um 1800 geschleift wurde. Das Kreuztor – in seinem Zusammenstand elementarer Bauformen wie Kubus, Kegel und Zylinder, Oktogon und Pyramide, – ist ein Musterbeispiel mittelalterlicher Befestigungsarchitektur. Zusammen mit den bollwerkartig übereckgestellten Türmen der Liebfrauenkirche (die notfalls als Geschützstände benützt werden konnten) bildet es das respektable Trutz- und Schutzwerk im Westen der Stadt.

Ein späteres großartiges Baudokument der ehemaligen Universitätsstadt liegt nördlich der Frauenkirche, über den Oberen Graben und die Jesuitenstraße zu erreichen: der Betsaal der einstigen Studentenkongregation ›Mariae Verkündigung‹, heute *Bürgersaalkirche Sankt Maria Victoria* genannt. 1732-1736 erbaut (vielleicht nach einer Planmaßgabe Cosmas Damian Asams), erhielt der an sich anspruchslose, mäßig hohe Saalraum eine glanzvolle Innenausstattung, die bei der Weihe am 1. Juli 1736 teilvollendet war und deren Vollendung sich noch bis 1759 (zweite Weihe) hinzog. Das Hauptstück der Ausstattung – ein ungewöhnlich großes, die ganze Flachdecke des Saales füllendes Fresko Cosmas Damian Asams – muß 1736 schon vollendet gewesen sein. 1739 ist der Künstler in München gestorben.

Das Thema ist so vielteilig, daß man ein Programm von Seiten eines Universitätsgelehrten annehmen kann: Kernpunkt ist die Verherrlichung Mariens als der Mittlerin der göttlichen Gnade. Zu seiner Darstellung wird die ganze christliche Heilsgeschichte aufgerufen, das Alte und das Neue Testament. Ein Lichtstrahl deutet die Beziehungen an: er geht von Gottvater zu Christus, von hier zu Maria, und von ihr fällt er auf die vier Erdteile. Maria sind die Symbole der Lauretanischen Litanei zugeordnet: der Elfenbeinerne Turm, der Turm Davids, die Arche des Bundes, und weitere. Am Rande sind die Szenen aus dem Alten Bund behandelt: Adam und Eva, Moses mit dem brennenden Dornbusch, der Bau einer Pyramide durch die Juden. In den Ecken des Deckenfeldes sehen wir die Vier Erdteile: Europa wird bevorzugt links über dem Altar dargestellt (Pegasus!). Darunter Kurfürst Karl Albrecht, sein Bruder Clemens August, Kurfürst und Erzbischof von Köln, Kurfürst Max III. Joseph. Jesuiten und Malteserritter rüsten sich zum Zug in ferne Länder. Asien ist durch die Königin von Saba vertreten, Amerika durch Indianer im Federschmuck, Afrika zeigt den pompösen Aufzug eines Negerfürsten mit Elefanten und Krokodil. Im Deckenfeld über der Orgelempore stößt der Heilige Michael herab und stürzt mit seinem Flammenschwert die Teufel.

Bewundernswert, neben der rein physischen Leistung, bleibt die künstlerische Bewältigung dieses umfassenden Programms. Bewundert wird auch von jeher die Meisterung der Perspektive in dieser illusionistischen Himmelslandschaft.

Asam arbeitete – nach Oefeles Mitteilung – nur ganze 2 Monate an dem Deckenbild; er verlangte dafür 10000 Gulden, von denen er jedoch die Hälfte der Kirche als Schenkung überließ.

Das 29 Meter lange und 14 Meter breite Deckenfresko ist von einem schweren Stuckrahmen eingefaßt, von dem aus stuckierte Kartuschen und Bandornamente über die Hohlkehle zu den Fenstern vermitteln. Hervorragende Bildhauer- und Kistlerarbeit zeigt die übrige Ausstattung: so der in einer Nische aufgebaute Hochaltar mit den Schnitzfiguren der Patrone der einzelnen Universitätsfakultäten, von dem Dillinger Bildhauer Johann M. Fischer geschaffen, dann die an den Fensterpfeilern der Langseiten aufgestellten und mit Intarsien versehenen Stühle, die reich geschnitzten Emporengitter, die intarsierten Türen der Eingangswand und die Schranktüren der Altarwand.

Gemälde von Johann Georg Wolker (1752/53), Max Puechner (1753), und Christoph Thomas Scheffler (1752), selbst die geschnitzten Rahmen sprechen für kunsthandwerkliche Meisterschaft. Gottfried Bernhard Götz schuf um 1749 die Ölgemälde über den Schranktüren beiderseits des Hochaltars. (In der älteren Literatur, so bei J. Bleicher, ›Die Kirche Maria de Victoria in Ingolstadt‹, Eichstätt 1928, wird hier der Ingolstädter Maler M. Puechner als Verfertiger der beiden Bilder Sankt Joseph und Johannes auf Patmos bezeichnet.)

Die Sakristei der Kirche bewahrt die berühmte Lepanto-Monstranz – ein Kleinod des Augsburger Goldschmieds Johann Zeckl, das dieser im Jahre 1708 um 991 Gulden angefertigt hat. Ihre Namhaftigkeit verdankt sie einer phantastischen Miniaturdarstellung der Seeschlacht von Lepanto, in der Don Juan d'Austria im Jahre 1571 die türkische Flotte vernichtete.

Zwischen Lech und Ammer

Landsberg am Lech

DIE Stadt empfängt uns mit einem großartigen dreieckigen Stadtplatz, dessen Form völlig organisch aus den alten Verkehrsver-
bindungen erwachsen ist. Die einstige Salzstraße – deren Verlauf
die Bergstraße markiert – bog hier südwärts zur Lechbrücke ab.
Dies ist der Hauptzug, der überdies auf der Uferhöhe durch das
mächtige Bayertor und bei der Einmündung in den Platz durch
das Schmalztor als solcher markiert ist. Ein zweiter Straßenzug
führt nordwärts zur Floßlände am Lech (Bäckertor) und später
durch die Sandauer-Vorstadt (Sandauertor) über die zweite
Lechbrücke zur Straße nach Augsburg.

*Schon seit 1146 sitzen die Herren von Pfetten auf dem wie eine
Nase am Ufer entlang vorgeschobenen Schloßberg. Das Dorf zu ihren
Füßen heißt ›Phetine‹. Aber schon 1160 läßt Herzog Heinrich der
Löwe, Lehensherr der Pfetten, auf dem Schloßberg die ›Landepurc‹
zum Schutze und zur Überwachung der neuangelegten Salzstraße
errichten. Eine zweite, jüngere Siedlung, die am Lechufer gewachsen
war (wo seit 1170 eine Brücke angelegt war) erhält um 1260 Stadt-
rechte. Kaiser Ludwig der Bayer bedachte die 1380 wittelsbachisch
gewordene Stadt mit weiteren Rechten im Zusammenhang mit dem
Salzhandel. Landsberg profitierte auch indirekt durch die am westlichen Lechufer vorbeiführende Straßenverbindung von Augsburg
nach Italien, der römischen Via Claudia Augusta, die Rom mit
Vindelicien verband.*

*Von der ›Landespurc‹ auf dem Schloßberg, die auch ›Landesperk‹
heißt, steht heute kein Stein mehr (nur kärgliche Mauerreste der
Bergbefestigung sind noch zu entdecken). Die auf alten Stichen bis ins
achtzehnte Jahrhundert sichtbare Burg wurde 1799 von der Stadt
angekauft, und nachdem sie dem Verfall überlassen wurde, 1808*

niedergelegt. Einen baulichen Ersatz erhielt der Schloßberg durch das als Städtisches Schülerheim errichtete, heute schulischen Zwecken dienende Jugendstilgebäude.

Die beiden Brücken zu Landsberg – die untere entstand erst 1511 – bildeten bis an die Schwelle der Gegenwart die einzigen zwischen Schongau und Augsburg. Sie machten somit den Lechrain zur deutlich gezogenen Grenze zwischen Altbayern und Schwaben. Der Fernverkehr ging also über Landsberg. Nachteilig für die Entwicklung der Stadt wurde die Trassierung der Eisenbahnverbindung mit dem Flußübergang bei Kaufering nördlich von Landsberg im Jahre 1873. Trotz aller Bemühungen der Stadt, die Bahnlinie München–Buchloe an Landsberg anzubinden, entschied man sich wegen eines Mehraufwandes von geschätzten 540000 Mark und einer Verlängerung der Bauzeit um 18 Monate für den Flußübergang bei Kaufering. Eine Zweigbahn von Kaufering her, die später bis Schongau und nördlich bis Augsburg verlängert wurde, entschädigte nicht. So kommen frühes Glück der Stadt mit den Salzherren und spätes Pech mit den behördlichen Eisenbahnbürokraten zusammen. Die näher an Landsberg herangelegte neue Autobahnverbindung macht diesen Nachteil wieder einigermaßen wett. Heute fragt man sich, ob dieses Fernhalten der Verkehrswege vielleicht doch ein Vorteil war. Das charaktervolle Bild der Altstadt wäre gewiß beeinträchtigt worden.

Die Stadt erhielt im Laufe der Zeit drei Mauerringe, den ersten aus Tuffstein, die weiteren aus Backstein. Der letzte Ring – in dessen Zuge 1425 das Bayertor entstand – zog die neuen Stadtteile mit ein und umfaßte auf der Lechleite droben ein gutes Stück noch bis heute wenig bebautes Gelände (hinter dem späteren Jesuitenkloster) bis hin zum Nonnenturm im Norden. Auf drei Seiten ist dieser spätmittelalterliche Mauerzug noch erhalten, beziehungsweise sein Verlauf zu erkennen.

An einen Aufenthalt des Herzog Ernst von Bayern erinnerte bis 1753 der Brauch des ›Forellentrunkes‹. Hatte doch der Herzog, nachdem er sich mit Landsberger Frauen und Mädchen vergnügt hatte, mit den Bürgern in der Trinkstube des Rathauses beisammengesessen, und in Spendierlaune die alljährliche Stiftung von köstlichen Seeforellen oder Lachsforellen aus dem Würmsee verfügt. Den Jungfrauen aber stiftete er 1437 zu seiner Erinnerung das ›Jungferngeld‹: 40 Pfund Pfennig aus der alljährlichen

Stadtsteuer sollten der Aussteuer von zwei armen Jungfrauen in Landsberg und München dienen. 1556 wurde in Landsberg der sogenannte Landsberger Bund beschlossen. Dieser bis 1599 während Schutzbund der deutschen Fürsten und Landesherren, brachte der Lechstadt ein Bundeshaus und die neu erbaute Poststraße von Landsberg über Salzburg nach Wien ein. Eine ständige kleine Wehrmacht ›Reiter und Knechte‹, die der bayerische Herzog als ›Bundeshauptmann‹ befehligte, wurde in einem erneuerten älteren Gebäude am Sandauertor kaserniert. Der erhaltene Bau mit einem schönen Arkadenhof gilt als die älteste deutsche Kaserne. Garnisonsstadt ist Landsberg geblieben. 1863 wurde der ehemalige rentamtliche Getreidespeicher zur Infanteriekaserne umgebaut. 1901 entstand das Kasernenviertel über dem Lech, das vielen noch in Erinnerung ist als Landsberger Garnison des 9. Feldartillerieregiments.

Hitlers kurze Haft im Landsberger Gefängnis brachte der Stadt für kurze Zeit ›nationalen Ruhm‹, dann Rüstungsbetriebe, Zwangsarbeiter und Konzentrationslager ein. Nach dem Zusammenbruch wurde wie überall eifrig aufgebaut.

Heute ist Landsberg wieder Garnisonstadt mit Randindustrie und Einkaufszentrum für das umliegende Land. Die im Kern altbayerisch geprägte, von Einflüssen der bayerisch-schwäbischen Kulturlandschaft geprägte Stadt ist als Ganzes ein bauhistorisches Denkmal. Und zudem eine der Attraktionen an der ›Romantischen Straße‹, als die wir sie in unserem Reisebuch ausführlicher als hier gewürdigt haben.

Hier möchten wir auf einzelne Sehenswürdigkeiten, Kirchen- und Profanbauten, vor allem aber auf die Künstlerstadt Landsberg hinweisen.

In Landsbergs Mitte auf dem Hauptplatz – wo sich bis 1698 das älteste Rathaus erhob – steht der Marienbrunnen mit der geradezu damenhaft aufgefaßten Marienfigur des Tirolers Josef Streiter (1783). Ihm gegenüber der Neubau des Rathauses von 1699-1702 mit einer prächtig gegliederten Stuckfassade von Dominikus Zimmermann (Erdgeschoß und oberer Giebelabschluß 1863 umgestaltet). Von Zimmermann, dem Baumeister der Wies, der in Landsberg einige Jahre Bürgermeister war, stammt auch die Stuckdecke der Räume im zweiten Stock (1718-1720), schön aufgeteiltes Bandwerk des Régencestils, in der Zimmermann eigenen phantasievollen Form. Über die hier vorgenommenen baulichen Veränderungen des 19. Jahrhunderts, die Fresken von Piloty und Schwoiser, die großen Gemälde Hubert von Herkomers, berichten wir an anderer Stelle. Der zweite Stock erhielt damit großenteils das Gepräge der Prinzregentenzeit. Ein spätgotisches Bauwerk, das wie so vieles in letzter Zeit saniert worden ist, stellt der alte ›Gasthof zum Stern‹ dar, an der Nordseite des Stadtplatzes gelegen. Als ehemalige ›Residenz‹ für Herzog Wolfgang (gest. 1514) erbaut, enthält das Innere noch einen Raum mit spätgotischer Balkendecke.

Die große Uhr am ›Schönen Turm‹ – allgemein ›Schmalztor‹ geheißen – hat schon Montaigne auf einer Durchreise in Landsberg bemerkt. Und ein Venezianer, der 1492 durch Landsberg kam, hielt bei einem Besuch der Stadtpfarrkirche einen persönlichen Eindruck vom ehemaligen Hochaltar Hans Multschers fest:

»Auf dem Hochaltar befindet sich eine Tafel, die aus edlen Schnitzereien gearbeitet ist und Figuren enthält, die höchst naturgetreu erscheinen. Außen ist auf den Flügeln die Leidensgeschichte Christi gemalt; wobei auch einer dargestellt ist, der Christus an einem Strick zieht und zum Verwechseln dem venezianischen Patrizier Giacomo Bembo ähnlich sieht.« (Andrea de Franceschi, Reisebriefe). Die Multschermuttergottes ist uns in der Stadtpfarrkirche auf dem nördlichen Choraltar des Dominikus Zimmermann erhalten. Die acht Tafelbilder Multschers kamen auf Umwegen in das Kaiser-Friedrich-Museum in Berlin.

Dies sei vorausgeschickt zur Einstimmung in das spätgotische Landsberg, dessen Spuren heute ziemlich verwischt sind.

Wir lernen es ausschnittweise kennen in der kleinen stimmungsvollen Katharinenkirche in der Vorstadt und in der südlichen Vorhalle der Stadtpfarrkirche.

Hier hat ein Bildhauer der Übergangszeit zwischen Spätgotik und Renaissance das Grabmal eines Arztes oder Apothekers hinterlassen, das 1510 datiert ist. Der Grabstein ist zweigeteilt. Unten sehen wir die sehr lebendig charakterisierte Halbfigur des Verstorbenen, der ein Uringlas in der rechten Hand hält und sich mit der Linken auf ein aufgeschlagenes Buch stützt. Links dahinter ein Helfer. Im oberen Feld des Steins ist die Beweinung Christi dargestellt. Das ganze in feiner Frührenaissancerahmung, mit Ornamentik der Zeit, kleinen Wappen, Putten und dem Stammelternpaar auf dem Rahmen. Die Inschrifttafel fehlt leider.

Ein zweites Grabmal im Inneren der Kirche ist von der gleichen Hand, jedoch ein Jahr früher (1509) datiert. Es zeigt die Figur eines Priesters, nämlich des 1509 verstorbenen Pfarrers Michael Holl, freilich in noch spätgotischer Rahmen- und Ornamentform. Zu der Zeit, in der diese Grabmäler entstanden sind, läßt sich in Landsberg ein Bildhauer namens Ulrich Vaist nachweisen. Er muß einen bedeutenden Ruf gehabt haben, denn schon 1474 – bevor Veit Stoß seinen Krakauer Marienaltar aufrichtete – erhielt er einen Auftrag für einen Marienaltar in der Klosterkirche Sankt Georgenberg bei Schwaz. Der Altar ist leider verschollen. Ein zweiter, sicher noch bedeutenderer Auftrag führte Meister Vaist in die Silberbergbaustadt Schwaz, wo er seit 1500 einen Apostelhochaltar für den Knappenchor der Pfarrkirche schaffen sollte, während sein Kunstgenosse, der berühmte Veit Stoß aus Nürnberg, das Pendant im Bürgerchor der Pfarrkirche schnitzte. Allerdings hat sich Ulrich Vaist, im Gegensatz zu Stoß, nicht an die vereinbarte Lieferfrist von drei Jahren gehalten.

1510 – volle 18 Jahre nach der Auftragserteilung wird der Schwazer Apostelaltar geweiht. Er ist uns ebensowenig erhalten wie das Meisterwerk des Veit Stoß.

In Landsberg selbst ist uns nur ein einziges Holzschnitzwerk bewahrt, das wahrscheinlich aus der Werkstatt des Meisters Vaist stammt: ein vorzüglich geschnitzter, leider durch Neufassung beeinträchtigter Kruzifixus in dem Rokokokleinod der Johanneskirche von Zimmermann. Seine charakteristische schnitzerische Durchformung und Qualität verbindet ihn mit der Schnitzgruppe ›Der Engel mit dem Christkind‹ im Bayerischen Nationalmuseum zu München, welches aus dem Landsberger Katharinenkloster stammt.

Zur Besichtigung der *Stadtpfarrkirche Mariä Himmelfahrt*, ursprünglich Sankt Veit, sollte man sich Zeit nehmen. Der stattliche Bau hat im Äußeren die gotische Form bewahrt, eine Basilika, die der Straßburger Baumeister Valentin Kindlin 1458-1466 erbaut hat, noch bevor er in Augsburg Sankt Ulrich und Afra begonnen hat (1467) Den Altarraum mit den Kapellen fügte nach

Kindlins Weggang der Landsberger Baumeister Ulrich Kiffhaber 1467-1488 hinzu, vermutlich nach Kindlins Rissen. Um 1700 erfuhr der Innenraum eine Umgestaltung im Sinne des Barock. Das ursprünglich mit Flachdecke versehene Langhaus erhielt eine Stichkappendecke aus Holz und reiche Akanthusstukkatur Wessobrunner Art.

1680 kam der mächtige barocke Hochaltar des Jörg Pfeiffer aus Bernbeuren hinzu. Er erhielt ein Altarbild von Anton Triva und fulminante Schnitzfiguren des Landsberger Barockbildhauers Lorenz Luidl. Im Chor sind uns einige vorzügliche spätgotische Glasfenster erhalten: darunter Glasgemälde, die Hans Holbein dem Älteren nahestehen: Anbetung der Könige, Marientod, Passionsdarstellungen. Berühmt ist auch das sogenannte Herzogsfenster, eine Stiftung der Stadt von 1562 mit Bildnisdarstellungen Herzog Albrechts V. und seiner Familie. Das Fenster ist ein urkundlich gesichertes Werk des Münchner Glasmalers Wolfgang Prielmayr. Die Figuren der 12 Apostel, die an den Mittelschiffsmauern angebracht sind, schuf der Lokalmeister Lorenz Luidl. Von seiner temperamentvollen Schnitzerhand hat sich übrigens noch ein fahrbarer Palmesel im nördlichen Nebenschiffsende erhalten. Der Besucher versäume nicht, wenn es erlaubt wird, einmal hinter den Hochaltar zu blicken. Hier gewahrt er das Grabmal eines weiteren Landsberger Arztes, namens Cyriak Weber, gestorben 1572. In einer von Säulen gerahmten Nische ist ein menschliches Gerippe lebensgroß aufgebaut. Das Skelett stützt sinnend mit der linken Hand das Haupt, während die Rechte eine Geldkasse umklammert. Das Stundenglas fehlt nicht. Dieses ikonographisch merkwürdige Sandsteinwerk hat der Schongauer Bildhauer Paul Reichel um 1575 geschaffen. Er ist der Vater des großen, in Schongau geborenen Bildhauers Hans Reichel.

Es geht die Sage, daß ein abgeschlagenes Stück des Unterschenkels auf die Schändung durch einen schwedischen Soldaten anno 1633 zurückgehe und dieser durch General Torstenson dafür aufgeknüpft worden sei. Das Merkwürdige hat schon immer die Phantasie – nicht nur der Reiseschriftsteller – erweckt.

Die Kirche besitzt einige vortreffliche Gemälde, so das große Bild der Himmelfahrt Mariens, von Peter Candid 1597 gemalt und signiert: »Petrus Candius, Pictor 1597«.

Luidls Palmesel und der temperamentvolle Heilige Modestus an einem Pfeiler der Orgelempore, Figuren, die früher verstaubt und wenig beachtet waren, sind heute Glanzstücke im wahrsten Sinn des Wortes. Die Stadtpfarrkirche wurde vor wenigen Jahren umfassend restauriert. Die Merkwürdigkeit einer im Inneren hell ausgetünchten und zurückhaltend dekorierten spätgotischen Basilika und eines im Äußeren vollständig erhaltenen Backsteinbaues fällt beim Verlassen der Kirche besonders ins Auge. Im Chorbereich finden sich kapellenartige Anbauten zwischen den Strebepfeilern, der südliche bildet ein gestrecktes Achteck mit einem Sterngewölbe.

Um 1720-1725, während Dominikus Zimmermann das Kloster zu Maria-Mödingen baute, hat der Meister auch die Pläne zum Neubau der *Ursulinerinnenkirche* in Landsberg gemacht. Diese heutige Dominikanerinnenkirche ist in der gebotenen Ordensschlichtheit dem Straßenzug an der Ecke zur Lechbrücke hin eingefügt. Ihr Chor besitzt wirkungsvolle Seitenbeleuchtung und Emporen. Scheinmalerei erweitert ihn. Elegante Stuckmarmoraltäre geben dem von Stuckmarmorpilastern gegliederten und freskierten Innenraum mit Deckengemälden von Johann Georg Bergmüller, 1765, das noble Gepräge einer Frauenordenskirche.

Um die Mitte des 18. Jahrhunderts – als Zimmermann schon den Bau der Wieskirche zu Ende brachte – erhielt Landsberg seine Stadtkrone: die *Malteserkirche*, ehemals Jesuitenkirche. Nicht Zimmermann schuf den Bau mit der elegant konturierten Fassade und den zwei niederen Haubenkuppeln, sondern der Jesuitenbaumeister Ignatio Merani. Bei den Jesuiten hatte sich offenbar ein Kirchenschema eingebürgert, das auf Sankt Michael in München zurückgeht, und von dem man nicht ganz abweichen mochte: die weiträumige Spätrenaissancehalle mit Seitenkapellen. Jetzt aber in der Pracht der Dekoration des 18. Jahrhunderts mit prunkvollen Altären und in Weiß und Gold gefaßtem Stuck. Die Überraschung sind die umfangreichen Deckenfresken von Christoph Thomas Scheffler aus Augsburg, 1754 vollendet. Im Langhaus sehen wir die Kreuzauffindung, im Chor den Kampf an der Milvischen Brücke mit dem von Engeln umgebenen, in einer Lichtaura schwebenden Kreuz, dessen senkrechter Balken – in einem perspektivischen Kunststück – nach allen Seiten weist.

Glänzend wie Scheffler die Brücke in den Bogen der Wölbung des Chorschlusses hineinkomponiert und die stürzenden Leiber der Rosse und Reiter mit der aufschäumenden Gischt des Gebirgsflusses vermengt. Bei dem festlich und aufwendig in die Chorrundung eingefügten Hochaltar kamen wohl einheimische Meister zum Zug. Das Altarbild schuf Johann Baader von Lechmühlen, 1758, eine Kreuzigung nach Bergmüller kopiert. Bergmüller und Baader sind auch bei den Seitenaltären mit guten Altarbildern vertreten. Eine nördlich an den Chor gesetzte Ignatiuskapelle zeigt ein feines hellfarbiges Fresko, das Felix Anton Scheffler aus Prag zugeschrieben wird.

Der Verfasser, der in den dreißiger Jahren die gegenüber der Kirche liegende Schule der einstigen Jesuiten besucht hat, erinnert sich eines Eindrucks, der längst Vergangenheit ist: wenn Pfarrer Schiele beim sonntäglichen lateinischen Festamt mit italienischer Baritonstimme sein gewaltiges »Ite missa est ...« erklingen ließ und ihn das Brausen der Orgel hinausbegleitete.

Sieht man von der Malteserkirche, die mit ihrer Tuffsteinfassade die Lechleite beherrscht, einmal ab, so ist der Backstein das ortsübliche Baumaterial (Stadtpfarrkirche, Stadtmauern, Türme, Sandauerkirche Sankt Katharina, Bürgerhäuser). Die mächtigen Lehmlager auf der Hochfläche im Osten der Stadt boten dieses Baumaterial reichlich an. Sie sind auch die Grundlage für das hier sich entwickelnde Töpfergewerbe, das dann im 17. Jahrhundert weit über die Grenzen Landsbergs hinaus Bedeutung erlangte. Mit dem Töpfermeister Adam Vogt, der um 1620 die großen Öfen im Augsburger Rathaus geschaffen hat, wuchs das Handwerk in die Kunstgeschichte hinein. Von Meister Vogt, der in den Jahren 1609-1702 in den Landsberger Zunftakten geführt wird, ist in Landsberg, außer einzelnen Teilstücken, nur die Umrahmung des Ölbergs am Chor der Dreifaltigkeitskirche beim Friedhof über dem Lech zu sehen. Die beiden großen Öfen im dritten Stock des Rathauses sind Nachbildungen von Vogtschen Originalen.

Das Handwerk der Töpfer, das irdenes Geschirr, Ofenkacheln und das Setzen von Öfen umfaßte, stand unter dem Schutz landesherrlicher Verfügungen und wurde von der Zunft streng überwacht. Die kunsthandwerklich prächtig gearbeiteten Ofenkacheln aus Landsberg finden sich zum Beispiel bis hinüber nach Wasserburg am Inn.

Mit der Niederlassung Dominikus Zimmermanns (geb. 1685 in Wessobrunn), er lebt seit 1716 in Landsberg, ist die Spätblüte des Rokoko verbunden. Er schuf 1720 die Rathausfassade, den Stuckmarmoraltar im Chor der Stadtpfarrkirche (1721), die Pläne zur Ursulerinnenkirche (etwa gleichzeitig mit dem Bau von Maria Mödingen), die nahe bei Landsberg gelegene Schloßkirche in Pöring (1739-52), die sogar signierte Fresken von ihm besitzt, und schließlich als letztes Landsberger Werk die Johanneskirche am vorderen Anger (1742-etwa 1754), deren reizvolle Fassade mit leicht schräg gestellten Pilastern, dem eigenwillig kurvierten Portal zwischen Bürgerhäusern eingespannt ist. Der von Zimmermann wie ein Porzellangebilde aufgebaute Hochaltar besitzt Figuren von Johann Luidl.

Merkwürdig ist, daß ihn die Jesuiten bei ihrem großen Kirchenbau, der heutigen Malteserkirche von 1752-1754 nicht beschäftigt haben. Nur das Rotmarmorportal wird ihm zugeschrieben und der Stuck in der Sakristei. Noch unter der Leitung des 71jährigen Meisters entsteht die Dekoration der Pfarrkirche Eresing bei Landsberg, während für die Ausführung des hervorragenden Stucks sein Schüler Nikolaus Schütz aus Landsberg mit einem »Gypshandlanger« 1756 in den Rechnungen steht.

Lorenz Luidl, dessen figürlicher Begabung man auch in den Pfarrkirchen der Umgebung, zum Beispiel in Kaufering, Unter-Mühlhausen, Oberbergern begegnet, hatte tüchtige Söhne. So der 1685 geborene Johann Luidl, der die hervorragenden Hochaltarfiguren von Epfenhausen schuf (1738). Der zweite Sohn namens Sebastian, 1690 geboren, wird als sehr begabt bezeichnet (Hermann Schmidt), starb aber schon 1722.

Als Maler von zwei Altarbildern in Epfenhausen ist uns 1765 ein Franz Anton Anwander durch Signatur bekräftigt. Er schuf 1784 den Kreuzweg der Pfarrkirche Uffing bei Murnau. Sein berühmterer Namensvetter Johann Baptist Anwander aus Lauingen kam freilich 1753 mit den Deckenfresken in der Pfarrkirche zu Prittriching zum Zug. Daß in Landsberg ein namhafter Freskomaler fehlte, zeigt die Berufung der Brüder Christoph Thomas und Felix Anton Scheffler um 1754 bei der Ausstattung der

Jesuitenkirche Heilig Kreuz (Malteserkirche). Bei der Ausmalung der Ursulinerinnenkirche kam Johann Georg Bergmüller 1765/66 zum Zug. Und die Decke des Johanneskirchleins von Zimmermann hat der einzige heimische Freskant Karl Thalheimer 1752 ausgeführt. Sie ist handwerklich ausgefallen.

Im 19. Jahrhundert wurde der Name der Stadt mit einem englischen Malerfürsten verbunden: Sir Hubert von Herkomer. Am 26. Mai 1849 als Sohn eines Handwerksmeisters in Waal bei Landsberg geboren, wanderte er im Alter von zwei Jahren mit seinen Eltern nach Amerika aus, kehrte nach 6 Jahren mit den Eltern nach England zurück. In der Akademie zu Southampton studierte er Malerei und errang bald erste Erfolge als Portraitist und Gesellschaftsmaler. 1873 erwarb er ein eigenes Haus in dem Dorf Bushei bei London. Als nach seiner Verheiratung seine Eltern nach Bayern zurückkehrten (1875) schuf er ihnen in Landsberg einen Alterssitz am Lechwehr, ein kleines stimmungsvolles Haus, das noch erhalten ist. Nach dem Tod der von ihm sehr geliebten Mutter errichtete er zu deren Erinnerung und für seine Malaufenthalte in Landsberg den Mutterturm (nach eigenen Plänen von einem Landsberger Steinmetz und Baumeister 1879ff. errichtet). Um nach dem Tod seiner ersten Frau deren Schwester, Miss Maggie Griffith, heiraten zu können, erwarb er Bürgerrecht in Landsberg und bayerische Staatsangehörigkeit. Zum Dank für das Entgegenkommen stiftete er das große Ölgemälde der Magistratssitzung im Landsberger Rathaus und schenkte es 1894 der Stadt, die ihn zum Ehrenbürger ernannte. Als Gegenstück entstand 1900-1905 das Gruppenbild der Kumulativsitzung, das er 1907 Landsberg vermachte. Die Stadt bewahrt noch ein Portrait des Prinzregenten, zwei Scheibenbilder und zahlreiche Bildnisstudien, Originalzeichnungen und Radierungen (darunter sein Selbstbildnis) von seiner Hand. Der eigenwillige, neuromanische, auch an Neuschwansteins Türme erinnernde Mutterturm ist durch Konrad Büglmeier zu einem Herkomer-Gedächtnisraum eingerichtet worden. Sir Hubert war übrigens einer der ersten im Club der Automobilisten Oberbayerns. Mit seinem Auto und durch die von ihm ins Leben gerufene ›Herkomer-Rallye‹ erschreckte er die Bewohner und das Federvieh der damals noch stillen Gegenden zwischen Landsberg und Garmisch.

Mit Konrad Büglmeier (gestorben 1984), einem Ittenschüler, der als Kunstpädagoge und Schreibmeister seit den dreißiger Jahren viel für das künstlerische Flair der Stadt Landsberg getan hat (man merkt es bis in die Außenwerbung der Geschäfte hinein), mit Johann Mutter, der als Maler der Richtung der Neuen Sachlichkeit verpflichtet war, mit Hans Rose von der Ammerseer Künstlergilde sei die inzwischen rasch schon wieder Vergangenheit werdende Kunst der Gegenwart wenigstens anvisiert.

Die Bauernkirche in Thaining

Etwas abseits der Straße von Landsberg am Lech nach Dießen liegt das Bauerndorf Thaining mit seiner Pfarrkirche Sankt Martin. Diese ist einen Besuch wert, zeigt sie doch das Geschick ihres Baumeisters Nikolaus Schütz von Landsberg, eines Zeitgenossen des Dominikus Zimmermann, der nicht nur Baumeister, sondern auch – wie Zimmermann selbst – ein geschickter Stukkateur gewesen ist. 1762-1763 ist sie von ihm gebaut und stuckiert worden, dies freilich nur im Altarraum, denn die Decke des Schiffs zeigt etwas in Altbayern seltenes: nämlich durch Malerei vorgetäuschten Stuck. Die Malerei hat vielleicht der Maler der Fresken Franz Kürzinger aus Landsberg ausgeführt. Sie sind bezeichnet und datiert: 1764. Aber nicht wegen dieser gewiß erfreulichen Pfarrkirche sind wir nach Thaining gekommen, sondern wegen der *Wolfgangskapelle*, auch Bauernkirche genannt. Diesen Ehrennamen verdient sie gewiß. Das Bauwerk mit seinem Sattelturm ist eine jener vielen, dem Heiligen Wolfgang geweihten Kapellen aus einer Zeit, als der Wolfgangskult im ganzen Oberdeutschland bis ins Österreichische hinein blühte. 1430 wurde die Thaininger Wolfgangskapelle erbaut, und zwar, wie es heißt: ex voto des Bauern Johann Scheffler. Er muß wohl ein großer Verehrer des heiligen Bischofs von Regensburg, des großen Fußwanderers und Urbarmachers gewesen sein.

Der Bau wurde 1664-1681 neu ausgestattet und 1711 nach Westen erweitert. Er besitzt eine für ländliche Gegenden ungewöhnlich reiche Ausstattung, welche die Kirche zu einem leibhaftigen Skulpturenmuseum macht. Das Vorherrschen des Materials Holz in Decke, Emporen, Altären, Gestühlen, Balustern und

Säulchen macht den Raum ungeheuer behaglich und warm, verleiht ihm eine ganz seltene Geborgenheit. In der gedrängten Fülle der Ausstattung geradezu haussam wirkend, besitzt die Wolfgangskapelle deutliche Anklänge an gewisse bäuerliche Barockkirchen und bürgerliche Spitalkapellen des protestantischen Nordens (zum Beispiel der Annenkapelle in Goslar), in denen die üppige Verwendung von Holz eine wohnstubenhafte Raumstimmung hervorruft. Schöpfer dieser köstlichen ›Einrichtung‹, bei der freilich auch einige ältere ›Stücke‹ Verwendung fanden, ist Lorenz Luidl aus Landsberg, der mit seinem Thaininger Werk einmal mehr beweist, wie phantasievoll, einfühlsam und sicher ein beachtenswerter Meister sich den Erwartungen und Bedürfnissen seiner bäuerlichen Auftraggeber anzupassen vermag, am Kreuzaltar, unter dem Chorbogen etwa, dessen Mensa ein ›Theatrum sacrum‹ im Kleinen, ein Passionstheater mit der Grablegung Christi, birgt und dem barocken Schaubedürfnis besonders entgegenkommt. Auch das Chorgestühl ist auf das Passionsthema abgestimmt, wenngleich die unbekümmert mit den ›Arma Christi‹, den Leidenswerkzeugen Christi, spielenden Putten in echt barocker Manier weniger Trauer über das Leiden ihres Herrn empfinden denn Freude über die daraus entspringende Erlösung. Besonderen Bezug erhält dieses Programm freilich, wenn man erfährt, daß hier in Thaining auch einmal Passion gespielt worden ist.

Schwer nur können wir uns von diesem satten Bild trennen, doch die wachsende und nur mühsam unterdrückte Ungeduld der Führerin mahnt nachhaltig zum Aufbruch.

Wallfahrtskirche Vilgertshofen

Wir behalten die Richtung lechwärts bei und gelangen über Pflugdorf und Stadl, hier links abzweigend, nach Vilgertshofen. Dort erforderte eine seit 1674 aufblühende Wallfahrt zur Schmerzhaften Maria einen Kirchenneubau, den Johann Schmuzer 1686–92 besorgte. Der aus dem griechischen Kreuz entwickelte Zentralbau mit spürbarer Längstendenz steht in seiner Eigenwilligkeit in der bayerischen Barockbaukunst einzig da, ähnlich etwa Maria Birnbaum bei Aichach. Von den geplanten beiden

Türmen zu Seiten der Vorhalle ist leider nur einer – überdies erst 1732 – ausgebaut worden. Im Innern tut sich ein üppig stuckierter, durch die originellen gekuppelten Fenster, wie man sie von Weilheim und Augsburg her kennt, hell beleuchteter Raum auf, dessen Ostchor nach Art von Wallfahrtsanlagen mit einem Emporenumgang unterteilt ist. Diese hallenförmige Anlage in zwei Geschossen bereitet schon die reife Lösung des Chors in der Wieskirche durch Dominikus Zimmermann vor. Die Fresken des Benediktiners Josef Zäch fügen sich unaufdringlich ein, wenngleich das qualitätvollste Deckenbild (im Chor) nicht von ihm stammt, sondern von Johann Baptist Zimmermann 1734 geschaffen wurde. Das Blatt des Stephansaltares im rechten Seitenarm malte 1770 Johann Baptist Baader, der den Kunstwanderern am Lechrain mehr unter dem volkstümlichen Namen ›Lechhansl‹ bekannt ist. Proben seiner liebenswürdigen, oft verschmitzten Malkunst finden wir auch im nahen Gasthaus, wo im oberen Gang in drei Darstellungen sehr sinnfällige Zusammenhänge zwischen der Bibel und dem Gastwirtsgewerbe hergestellt sind: ›Herbergsuche‹, ›Christus und die Samariterin‹ sowie die ›Emaus-Szene‹.

Wieder zurück nach Stadl, erreichen wir linkerhand über Mundraching bald den Lech, den wir hier überqueren können. Auf der anderen Seite liegt Lechmühlen, wo der Lechhansl 1717 geboren wurde, aber kein Werk hinterlassen hat. Wer den behäbigen Barockgasthof am Römerkessel und die Stätte besichtigen will, wo der ›Bayerische Hiasl‹ mit seiner Monika abgestiegen sein soll, muß sich gegen Norden wenden und ein Stück die Straße in Richtung Landsberg zurückfahren. Wir aber streben nach Süden, genießen nach etwa einem Kilometer den ›Lechblick‹, der ferne bis zu den Bergen schweift, und folgen dann links einem Wegweiser nach *Epfach*, das in römischer Zeit eine wichtige Straßenkreuzung war. Im heutigen Namen steckt noch der alte: Abodiacum. Und auch der Weiler ›Römerau‹, den wir bei der Weiterfahrt, zur Romantischen Straße zurück, passieren, weist auf diese Frühzeit Bayerns hin. Auf dem nahen Lorenzberg befand sich, wie erst Ausgrabungen vor einigen Jahren gezeigt haben, ein in augusteischer Zeit angelegtes Kastell. Geradezu weltgeschichtlichen Aspekt bekommt der Ort, wenn man erfährt, daß ein aus Abodiacum stammender Kolonialrömer namens

Claudius Paternus Clementianus als Landpfleger von Judäa Nachfolger des Pontius Pilatus geworden ist. In spätrömischer Zeit entstand neben dem Castrum eine Kaserne und eine christliche Kirche, deren Grundriß im rätischen Voralpenland ein Unikum darstellt.

Wir kommen durch Hohenfurch, dessen Pfarrkirche Mariä Himmelfahrt mit ihrem sehenswerten Rokoko-Interieur des Régence (Bandelwerk) einen Besuch wert ist, zumal uns hier von dem Freskanten Johann Heel (1739 datierte) Medaillons an der Kanzelbrüstung und fortgesetzt in den Kreuzwegstationen erwarten. Von der guten figürlichen Plastik des 18. Jahrhunderts ist die Schutzengelgruppe (um 1750) hervorzuheben. Die nahe spätgotische Ursulakapelle, auf einem Hügel gelegen, im Inneren barockisiert, enthält einen kleinen spätgotischen Schnitzaltar von 1521, den ein Meister dieser Gegend geschnitzt hat.

Der ›Dießener Himmel‹

Die Kirche des *Augustinerchorherrenstifts Sankt Maria* liegt weithin sichtbar auf einem der letzten Höhenzüge des westlichen Ammersee-Ufers, dessen Silhouette sie mit ihrem mächtigen Dachkörper überhöht. Dem See wendet sie ihr gerundetes Chorhaupt zu, dem Land ihre hohe Fassade. Die im Barock beinahe unerläßliche Anordnung einer Schaufront zum See hin, war wegen der obligatorischen Ostung des Chors nicht möglich. Diese Abwendung vom See – wenn es auch kein Verzicht auf die Wirksamkeit von Baukörper und Turm in der Landschaft ist – ist merkwürdig. Grund genug darüber nachzudenken und nachzuforschen.

Es gibt von Dießen keinen Idealplan für die Gestaltung des Klosters. Solche Idealpläne sind uns, oft sogar von kleineren Klöstern, überliefert. Es fällt auf, daß auch kein Kupferstich und keine Originalzeichnung überliefert ist. Die Säkularisation hat hier offenbar besonders gründlich mit dem Klosternachlaß aufgeräumt.

Jedoch wissen wir, daß der Bauabt Propst Herkulan Karg im Sommer 1731 eine Studienreise zu verschiedenen Klosterbauten und Kirchen unternahm, bevor er den bereits von seinem Vorgänger begonnenen Bau 1732-1739 durch Johann Michael Fischer weiterführen ließ. Es ist schwerlich denkbar, daß dieser künstlerisch sehr gebildete Mann, keine architektonische Vorstellung besaß, wie er nach der Vollendung des Kirchenbaues den Klosterbau zu einem zeitgemäßen Gesamtbild vollenden könnte.

Wir kommen durch den schön gelegenen Markt den Berg hinauf und gelangen durch einen unansehnlichen Torturm auf einen weiten Wiesenplan, der rechteckig umgrenzt ist.

Eine Fassade großen Stils steigt am östlichen Rand des Karrees auf, elegant, gemessen, spannkräftig. Sie ist mit sechs Pilastern gegliedert, die auf hohen Sockeln stehen und hinterlegt sind. Ionische Hausteinkapitelle tragen das Gebälk. Die beiden mittleren Paare der Pilaster folgen einem Einsinken der Mauer und stehen schräg zueinander. Sie fassen je eine Fensterachse ein: unten ein Ovalfenster, darüber ein hohes Rechteckfenster mit flachem Segementbogensturz. Die Mittelachse ist durch ein höchst elegant gestaltetes Rotmarmorportal (mit Aufsatz, darin eine Marienbüste) und ein großes Hauptfenster, darüber das Klosterwappen im Gesims des Dreieckgiebels, ausgezeichnet. Der Dachanschluß wird durch einen hohen Schweifgiebel auf einer niederen, die innere Kurvierung der Front gemildert fortführenden Attika verdeckt. Beim Ansatz des Giebels stehen seitlich Vasen. Die seitlichen Anschlußstücke sind mit schräg gestellten Gesimsen geschlossen, die nach innen zurückgestuft (verkröpft) sind. In der Hauptachse eine große Nische mit der Figur des Heiligen Augustin. Der Giebel schließt mit einer segmentbogenförmigen Attika, die mit zwei kleinen Voluten ansetzt. Seitlich wieder Vasen, auf dem Giebel eine Konsole, darauf ein Knauf mit dem Auge Gottes im Strahlenkranz.

Diese turmlose Fassade zählt gewiß zu den besten im Werk Johann Michael Fischers, so daß man an die schöpferische Mitarbeit Cuvilliés denken möchte. Sie weist eine überlegte Aufteilung auf, die den dahinterliegenden Raum vorbereitet und ihm proportional völlig entspricht. Die seitlichen Felder (ohne Fenster) entsprechen den Seitenkapellen. Das Langhaus empfängt durch drei Fensterachsen das vollste Licht. Es liegt eine heimliche Gotik in dieser Struktur, die zwischen gliedernden, tragenden Pfeilern und durchbrochener Wand unterscheidet.

Beim Betreten der Kirche erkennt man, daß die von der Fassade angeschlagene Größe der Architektursprache hier fortgeführt wird. Der Grundriß und Aufbau der klassischen Wandpfeilerkirche, denen das Langhaus verpflichtet ist, werden im Chor und Altarraum abgewandelt und rhythmisiert. An die Stelle der die Kapellen und Wandpfeiler gliedernden Pilaster, treten im leicht eingezogenen Chorhaus Säulen. Der quadratische Chor hat abgeschrägte Ecken und schließt mit einer halbrunden Altarapsis. Ungewöhnlich auch die Wölbung. Im Langhaus eine Tonne, in die seitlich die Gurtbogen der Kapellen einschneiden. Vorhalle und der Raumabschnitt vor dem Chor sind durch einen Gewölbegurt abgeschieden. Im Chor selbst findet sich eine Flachkuppel auf Pendentifs. Das Eigentümliche aber der Dießener Gewölbestruktur sind die attikaartigen, schräg ansetzenden Aufsätze auf dem Gesims, aus dem die Gurten hervorgehen. Die Gurtenfiguration nimmt durch sie die Form eines Hufeisens an. Fischer hat sie in dieser ausgeprägten Form nie wieder angewandt. Als dekoratives, die Raumhöhe steigerndes Architekturelement sind die gleich den Pfeilerköpfen verkröpften Attikaaufsätze singulär.

Wie ist es zu diesem umfassenden Werk der Kirchenkunst am Ufer des Ammersees gekommen?

Am Anfang steht – wie so oft im Barock – die Erinnerung an eine große und sehr ferne Geschichte: die Weihe des Ortes! Unweit des Klosters stand die Stammburg der Grafen von Dießen-Andechs, eines im Mittelalter berühmten und reich begüterten Geschlechts, aus dem zahlreiche Heilige und Selige, Kirchenfürsten und Patriarchen hervorgegangen sind. Das angeblich 815 bei Sankt Georgen vor Dießen gegründete und 1132 von Augustinerchorherren übernommene Stift wurde durch Graf Berthold I. von Dießen an die jetzige Stelle verlegt. 1182 wurde die erste Kirche geweiht. Eine zweite entstand südlich des in den Untergeschossen noch erhaltenen Turms.

Der barocke Kirchenbau ist im Jahre 1720 begonnen worden. Die Pläne könnte – wie auch Norbert Lieb annimmt – der aus Vorarlberg stammende Dießener Stiftsbaumeister Michael Natter noch entworfen haben. Für die Bauleitung der ersten Bauphase kommt dessen Sohn Rasso in Betracht. Was die beiden »trotz vieler Hindernisse« zustande brachten, war nach einer Aussage der Klosterchronik eine »auf dem Grund schon etliche Schuhe hoch aufgerichtetes Gemäuer«,

*nach anderer Angabe war der Neubau »beinah bis zur Bedachung ge-
kommen«. Als Propst Herkulan Karg 1728 die Regierung antrat,
holte er sich bei Johann Michael Fischer Rat. Dieser fand den bereits
gelegten Grund (des Langhauses) für gut, befand aber, daß das darauf
hochgeführte Mauerwerk wieder abgetragen werden müsse. Im Frühjahr 1732 wurde mit dem Bauen (in diesem Fall zuerst mit Abtragen)
wieder begonnen. Zur 600-Jahrfeier des Stiftes! Noch vor 1736
schlossen sich die Gewölbe. Den Dachstuhl erstellte der Bernrieder
Zimmermeister Michael Pföderl. 1736 sind die großen Gewölbefres-
ken Johann Georg Bergmüllers datiert. Am 7. September 1739 wurde
der neue Tempel der Muttergottes feierlich geweiht. Der Festprediger
Pater Augustin Fastl pries die Kirche als einen »neuen Himmel«,
welcher zu Ehren der Muttergottes erbaut und eingeweiht worden
sei. – Propst Herkulan Karg war der Sohn eines Hofmusikers aus
Innsbruck. Ihm stand als Stiftsschaffner Andreas Eisele zur Seite.*

Die Kirche hat eine hervorragende, von ersten Kräften geschaffene Ausstattung erhalten. Die überragenden Fresken des Augsburger Akademiedirektors Johann Georg Bergmüller zeigen im
drei Joche überspannenden Hauptbild die ›Gründung des Dießener Chorherrenstiftes‹ (östlich) und die ›Einführung der Seligen
Mechtild in das Dießener Chorfrauenstift‹ (westlich). In der Mitte
ist die ›Muttergottes im Kreis der Dießener Patrone‹ dargestellt.
Im östlich folgenden Gewölbejoch die ›Gründung des Klosters
Sankt Georgen 815 durch den Heiligen Rathard‹. Im Chorraum
sind in einem Rundbild die 28 Heiligen und Seligen des Dießener
Grafengeschlechts um Christus geschart. Es ist dies die Begrün-
dung der historischen Existenz der Dießener Kirche (wie es auch
die Kirchweihpredigt andeutet) und zugleich ein imposanter Hinweis auf die Bedeutung dieser Existenz.

Kennzeichnend für das anachronistische, entfernte Zeiträu-
me und Personen zusammenführende Denken des Barock, ist die
Szene, »in der der Klostergründer Berchtold bei der Gründung
des Klosters im Beisein Innocenz II., unter dem Schutze Mariens,
die vom Heiligen Augustin verehrt wird … auf den Riß von
Fischers Rokokofassade hinweist.« (Hermann Bauer).

Den Raumstuck schuf eine erstrangige Wessobrunner Arbeitsgemeinschaft: Johann Georg Übelher und die Brüder Franz
Xaver und Johann Michael Feichtmayr. Bei der Eleganz des

Vortrags, die sich bei den Emporenbrüstungen des Chores und in den Schrägfeldern zwischen den Chorsäulen steigert, wäre eine Entwurfsmitarbeit François Cuvilliés anzunehmen.

Der mächtige Hochaltar ist ein Werk des Münchner Kistlers und Hofbildhauers Joachim Dietrich. Cuvilliés dürfte dabei, ähnlich wie in der Münchner Amalienburg, Form und Dekor des überaus reich geschnitzten Altartisches und Tabernakels entwerfend bestimmt haben.

Die überlebensgroßen, freistehenden Schnitzfiguren der vier Kirchenväter, Hauptwerke bayerischer Rokokoplastik, werden Joachim Dietrich zugeschrieben, wofür uns allerdings ein urkundlicher Beweis fehlt. Die Auszugsgruppe des Hochaltars soll von dem Augsburger Ehrgott Bernhard Bendl stammen. Das Hochaltarblatt der Himmelfahrt Mariens schuf der Münchner Hofmaler Balthasar Augustin Albrecht 1738. Es kann im Altar versenkt werden, um im Lauf des Kirchenjahres für Szenen aus der Heilsgeschichte Platz zu machen.

Der Hochaltar ist damit eines der vollendetsten Beispiele einer dem ›Theatrum sacrum‹ nahekommenden Intention.

Die elegante, zum Raumbild komponierte Kanzel schuf Johann Baptist Straub um 1738-40. Straub schuf auch die ›Verzierungen‹ zur Orgel des Kaspar König aus Ingolstadt.

Die noch dem Barock verpflichteten Altarskulpturen der beiden Seitenaltäre in den ersten beiden Kapellen sind von dem Augsburger Ehrgott Bernhard Bendl; die Altarbilder ›Der Heilige Dominikus empfängt den Rosenkranz‹, 1738 von Franz Georg Hermann (links) und ›Kreuzigung Christi‹ von Georg Desmarées (rechts). Egid Verhelst aus Augsburg schnitzte die Figuren der Altäre in den nächsten Nebenkapellen. Sie sind von kräftiger Plastizität und in ihrem bildnerischen Bewegungsschwung mehr dem Rokoko verpflichtet. Die Altarbilder ›Heilige Magdalena‹ von Johann Andreas Wolff (links) und ›Heiliger Augustin‹ von Bergmüller (rechts). Die Skulpturen der Altäre in der dritten Kapellenreihe sind von Johann Baptist Straub. Sie verkörpern mit ihren leichten Rahmenformen die Eleganz des höfischen Rokoko, wie es sich bei Straub unter Einfluß Raphael Donners in Wien und München herausgebildet hatte. Das Altarbild ›Heiliger Stephan‹ von Giovanni Battista Pittoni (links); ›Sankt Sebastian‹ von Giambattista Tiepolo (rechts). Das 1739 gemalte und signierte Bild enthält rechts ein Selbstbildnis des Venezianers. Das letzte Paar der Seitenaltäre schuf wieder Egid Verhelst, während die Altarbilder ›Sankt Michael‹ Johann Evangelist Holzer (links) und ›Sankt Joseph‹ Balthasar Augustin Albrecht (rechts) beisteuerten. Zum eigentlichen ›Dießener Engel‹ ist freilich nicht Holzers Sankt Michael, sondern jener schwebende Engel in der Vorhalle über dem Taufstein geworden, der mit unnachahmlicher Grazie ein Spruchband hält. Diese farbig gefaßte Schnitzfigur dürfte ein Meisterwerk Ignaz Günthers sein, der damit zum Gesamtkunstwerk von Dießen auch seinen Teil beigetragen hat.

Die Sakristei verwahrt noch einen spätgotischen ›Heiligen Petrus‹, der Erasmus Grasser zugeschrieben wird, sodann eine Reihe von Krippenfiguren, davon ein Teil wohl von Franz Xaver Schmädl.

Die Stiftskirche Dießen, heute Pfarrkirche, wurde nach Bekanntwerden alarmierender Bauschäden einer langfristigen Sicherung und Renovierung unterzogen (beendet 1985). Dabei wurde auch die Frage der Wiederherstellung des barocken Turms gelöst. Dieser an der Südseite des Langhauses stehende Turm ist im Jahre 1827 durch Blitzschlag schwer beschädigt worden, so daß er im Oberteil ausbrannte. Die ›Wiederherstellung‹ von 1846 geschah im Nazarenerstil unter Opferung des letzten Stockwerks und der alten Zwiebelkuppel, an deren Stelle ein Pyramidendach trat. Eine zeichnerische Bestandsaufnahme des alten Turms nach dem Brand von 1827 ist vorhanden. Leider fehlt darauf die Turmkuppel samt Laterne. Das für den Wiederaufbau hergestellte und gezeigte Modell vermochte die Bedeutung dieses Turmbaues für die Gesamtsituation und die Fernwirkung in der Ammerseelandschaft deutlich zu machen, hatte jedoch in den empfindlichen Details nicht völlig überzeugt.

Eine Zwiebelkuppel stellt – wie es jeder Zeichner erfährt – ein äußerst schwierig zu erfassendes Gebilde aus Fuß, Schwellung und Einziehung dar, bei der die geringsten Abweichungen vom Vorbild sogleich erkennbar sind. Man kann – selbst wenn dies an Übertreibung grenzt – bei manchen erneuerten Turmhauben der Nachkriegszeit an einer gewissen Härte der Kontur und der Schwellungen, insgesamt an ihrem geringeren plastischen Gehalt, erkennen, daß ihnen im Inneren eine moderne Stützkonstruktion aus Beton oder Stahl eingepflanzt wurde.

Fragen wir zum Schluß noch nach dem ›Idealplan‹ von Dießen. Natürlich ist dies eine rein rhetorische, zu Spekulationen neigende Frage. Denn Dießen stellt den an sich nicht häufigen Fall eines großartigen, mit dem Kirchenbau begonnenen Bauunternehmens dar, das zum Neubau der Klosteranlage nicht mehr gekommen ist. Bei den österreichischen Barockklöstern war es umgekehrt, so in Göttweig und Klosterneuburg. Merkwürdig bleibt, daß die Kirche eine so hervorragende Altarausstattung mit Altären von Dietrich und Straub, Bildern von Holzer und Tiepolo erhielt, während ein entsprechendes Chorgestühl fehlt. – Die Bauzeit entspricht der Regierungszeit Kurfürst Karl Albrechts (seit 1726 Kurfürst, von 1742-1745 Römischer Kaiser). Wurde hier etwa mit Unterstützung des Hofes weit über die Verhältnisse des Konvents hinaus gebaut? Wurde hier gar ein wittelsbachisches Kaiserkloster geplant?

An die Kirchenfassade schließt sich rechts ein bescheidenes Stück der Klosterbauten an und bricht nach 4 Fensterachsen jäh ab. Südlich erhebt sich der alte von Propst Renatus Sonntag errichtete Klosterbau aus den Jahren 1681-1688, den der Vorarlberger Michael Thumb leitete. Nördlich ein niederer, wohl Wirtschaftszwecken dienender Bau von ländlichen Verhältnissen. Dies alles dürfte den Plänen von Propst Herkulan Karg (gest. 1755; sein Bildnis von Amigoni in der Sakristei) nicht entsprochen haben.

Wir vermuten deshalb für den Idealplan zwei stattlichere Flügel seitlich der Kirche, an die sich – mittels erhöhter Eckpavillons westlich – ein großer Klosterhof schließen könnte, nördlich und südlich durch Torbauten zu betreten. Noch einmal taucht die Frage der Schauseite zum See hin in diesen Überlegungen auf. In Wiblingen bei Ulm hatte Fischer – noch vor Baubeginn der Kirche – den Klosterbau erstellt und dabei dem Chor der von ihm geplanten Kirche ein prachtvoll gegliedertes, dem Palastbau entstammendes Risalit mit halboktogonal vortretendem Pavillon vorgesetzt. Dieser Osttrakt, der als bewußte Schauseite behandelt ist, enthält in seinem Mittelteil den ursprünglich zwei Geschosse hohen Konventsaal. Norbert Lieb nennt diesen zwischen den Konventflügeln liegenden Bau einen ›monumentalen Aussichtserker, verwandt den Kaiserstiften Österreichs‹. Sollte sich der

Dießener Konvent von der schönsten Aussicht auf die Ammerseelandschaft ausgeschlossen haben? Merkwürdig ist wiederum, daß
die Stilformen des Wiblinger Konventbaues von 1750-1759 den
Stilformen der 20 Jahre früher entstandenen Dießener Fassade
ziemlich nahestehen. Der Idealplan von Dießen könnte also
durchaus auch dem Typ Wiblingen oder Weingarten entsprochen
haben. Es ist nicht auszuschließen, daß Fischer Gedanken zum
Klosterbau, die er schon einmal konzipiert hatte, und die aus
Geldmangel nicht ausgeführt wurden, später wiederaufgegriffen
und anderen Bauherren vorgelegt hat.

Es ehrt aber zugleich den Bauherrn Propst Herkulan Karg, daß
er alle Kraft auf den Bau und die reiche Ausstattung seiner
Klosterkirche gerichtet hat. Das ›Non finito‹ des unbekannten
Idealplans von Dießen liegt vielleicht in der historischen, die
gegebenen Maßstäbe kühn überschreitenden, baulichen Überhöhung des Dießener Heiligenhimmels.

Anders ausgedrückt: man baute – ähnlich wie in Weingarten –
weniger auf die Wirklichkeit als auf den Himmel bezogen.

Kloster Wessobrunn

Wessobrunn, das altberühmte Benediktinerstift in der lieblichen,
quellenreichen Landschaft nördlich des Peißenbergs, stimmt ein
wenig melancholisch. Was sich von seiner einstigen Größe sichtbar in unsere Zeit herübergerettet hat, beeindruckt zwar, ist aber
gerade noch eine Erinnerung: der Gedenkstein des 19. Jahrhunderts beruft den großen Sprachatem des Wessobrunner Gebets,
unseres ältesten Sprachdenkmals. Ein romanischer Turm und
eine Denksäule im Klostergarten bezeichnen noch den Ort, auf
dem sich einst die Abteikirche erhoben hat; 1810 hat man sie
abgerissen, nachdem der weitläufige Konventbau schon in den
Jahren nach 1803 gefallen war. Geblieben ist das helle Geviert
des Gästetraktes mit dem stuckierten Gang, dem Jagdsaal des
Johann Schmuzer; brilliant geschnittener Akanthus spielt über
Putten und jagende Hunde hin. Und dann die Pfarrkirche! Ein
Saalraum, licht und heiter, wie ein Menuett des Rokoko. Ein
Menuett, das dann freilich mit einem Schlage abreißt, wenn man
im Joch vor der Eingangstür den romanischen Kruzifixus erblickt,

schwer an einem Astkreuz hängend, fremdartig, erhaben – späte alpenländische Romanik!

In einem der Betstühle unter der Empore findet sich noch ein ovales Täfelchen mit der Aufschrift »Joseph Doll, Stukkator, 1865«. Vielleicht war er einer der Letzten aus der großen Künstlerlegion der Wessobrunner, dieser Doll. Der erste uns bekannte Wessobrunner ist Augustin Übelher: 1599 war er »gen Mantua« verreist. Dann haben sie, durch zwei Jahrhunderte, in Kirchen und Schlössern ganz Europas die geschicktesten Gipsarbeiter und Dekorateure gestellt. Heute lebt keiner mehr aus ihrer kunstreichen Sippe. Das letzte schöne Bauernhaus, das an ihr schlichtes und kunstfreudiges Dasein erinnerte, wurde dem Verfall überlassen.

Was aber fortlebt, sind die unzähligen Werke der Wessobrunner Stukkatoren, die sie in den bayerischen und fast noch zahlreicher in den württembergischen Kirchen, Abteien und in Schlössern geschaffen haben. Im Raumstuck der Kirchen des Barock kommt ihnen in Deutschland die führende Rolle zu, den Rokokostuck beherrschen sie auf weite Strecken. Und wenn im Barockzeitalter vor allem die Verbindung zum Heimatkloster wichtig gewesen ist, das sie stets förderte, so wird im Rokoko die Verbindung mit Augsburg und München von Bedeutung. Das Ansehen dieser Stukkatoren reicht bis in den Klassizismus hinein. Um 1800 sollen noch rund 100 Meister gelebt haben. Das einzigartige Phänomen dieser Stukkatorengemeinschaft, die wohl die größte Europas gewesen ist, wird auch durch die Ausstrahlungen deutlich. Sie reicht in einzelnen Kräften bis Berlin und Petersburg, Moskau und Athen, Rom und Versailles. So wurde auch der Empirestuck des Münchner Nationaltheaters um 1812 noch durch einen Wessobrunner ausgeführt.

Die Hauptanregung zur Entwicklung der Stukkatur in Wessobrunn kam wahrscheinlich durch die zahlreichen oberitalienischen Stukkateure, die aus dem Intelvital zwischen Comer- und Luganersee, alljährlich nach Bayern und Oberösterreich kamen. Auch diese lebten in bauhandwerklich organisierten Dorfgemeinschaften. Mit ihnen kommt um 1670 die Akanthusranke, die das geometrische Rahmen- und Knorpelwerk ablöst. In ihrer fleischigen Frühform, verbunden mit Putten, allegorischen Figuren, üppigen Kartuschen und Frucht-

gehängen ist sie ein Zeugnis für den räumlich-plastischen Ausdruckswillen des Barock, der körperlich empfindet und den Wandgrund ›zudeckt‹. Ein Beispiel für die Wessobrunnische Abwandlung des Italienerstucks gibt der ab 1680 erbaute, gegen 1690 von Johann Schmuzer und seiner Werkstatt stuckierte Fürsten- und Gästetrakt in Wessobrunn. Die langen Gänge zeigen ein System von Deckenfeldern mit Lorbeerstab-Rahmungen, während alles übrige, Stichkappen und Quergurte mit Akanthusstuck gefüllt ist. Seine Struktur ist dicht, jedoch auch schon ins Flächige abgewandelt. Im Tassilosaal finden wir dann die fortgeschrittene Stufe des Wessobrunner Raumstucks um 1699/1700: die Akanthusranke ist wohl unter dem Einfluß des französischen Ornamentstichs dünner geworden, sie schwingt über größere Flächen aus und deckt sie nicht vollständig, so daß der Untergrund noch mitsprechen kann. Bezeichnend, daß nun Putten, jagende Hunde und fliehende Hasen in die Ranke eingesponnen werden. Der Stuck stammt auch von Johann Schmuzer, vermutlich unter Mitarbeit seines Obergesellen Simon Höpf, der uns in der Schloßkirche Friedrichshafen neben Schmuzer urkundlich genannt ist. Weitere Mitarbeiter sind die Söhne Josef und Franz Schmuzer.

Die unmittelbar darauf folgende Stufe der Akanthus-Raumstucks zeigt uns die Pfarrkirche in Kaufering bei Landsberg, um 1705, und die Stadtpfarrkirche in Landsberg selbst. Der Akanthus leidet schon an einer gewissen Dürre und Auszehrung. Seine Dekorationsart hat sich nach langer Herrschaft erschöpft.

Um 1710 erscheint an Stelle des Akanthus, der ja, von einer Distelart abgeleitet, ein klassisches, typisch italienisches Dekorationselement ist, etwas völlig Neues. Es ist die Frühform des Bandwerks, ein reizvolles Spiel von sich verflechtenden und überkreuzenden Bändern. Diese Dekorationsart wird allgemein ›Régence-Stuck‹ genannt, da sie sich von der Dekorationsmanier zur Zeit der Regentschaft nach König Ludwig XIV. herleitet. Zunächst symmetrisch angeordnet, unter Verwendung von naturalistischem Blattwerk, Tiermotiven, Grotesken und Emblemen sowie Volutenformen, wird auch dieser Stuck allmählich immer zierlicher, zum Beispiel in der Bibliothek zu Benediktbeuern, bis er um 1730 von der Rocaille, dem Muschelwerk des Rokoko abgelöst wird. Die Rocaille, eine fast animalisch belebte, oft aufgelöste und in ihrer Spätphase flamboyante und zerflatternde Form des Muschelwerks beherrscht nun bis gegen 1760 hin den Raum-

stuck. Ihr Kennzeichen ist die Liebe zur Asymmetrie. Bis sich dann erste Anzeichen der Ermüdung und Rückwärtsbewegung zu strengeren Formen zeigen. Die Verwendung von Girlanden, antikisierenden Motiven, wie Vasen und Mäandern – zum Teil in Wiederaufnahme von Motiven der Frühstufe – kündigt den Klassizismus in seiner Frühform – das Louis Seize – an. Am Ende steht dann der entwickelte Empirestuck, den die Wessobrunner gleichfalls noch beherrscht haben.

Die Namen, die hier zu nenen wären, sind Legionen. Erwähnen wir nur, daß nicht wenige der Wessobrunner auch Bildhauer und Baumeister gewesen sind. Unter anderen sind als Bildhauer Johann Georg Übelher, Johann Michael Feichtmayr und Johann Baptist Zimmermann zu nennen. Auch der große Bodenseebildhauer Joseph Anton Feuchtmayer stammt aus der Wessobrunner Sippe. Josef Schmuzer und Dominikus Zimmermann waren als Baumeister tätig, in Ettal und Weingarten, bzw. Steinhausen und der Wieskirche.

Die *Pfarrkirche Sankt Johannes Baptist* in Wessobrunn, 1759 geweiht, ist ein spätes Rokokowerk. Ein einschiffiges Langhaus, gleich einem Saal mit flach gespannter Stichkappendecke, der Chor stark eingezogen und gleichfalls mit Stichkappendecke. Doppelte Pilaster gliedern den hellen und weiten Raum, große Fenster belichten ihn. Der Raumstuck beschränkt sich auf bestimmte weiträumig verteilte Akzente. Die Gewölbezwickel zieren noch große Kartuschen, wobei die Rocaille schon als dünne Rahmenform für Medaillonfresken auftritt. In den Stichkappen, kleinere Kartuschen, verlorene Girlanden und ein spärliches Klosterwappen am Triumphbogen, das ist beinahe alles, was im Langhaus vom Wessobrunner Stuck geblieben ist. Der Chor ist üblicherweise etwas reicher dekoriert. Das Auge wird nicht vom Stuck, sondern von den Fresken des Lechmalers Hans Baader gefesselt. Erzählt werden Szenen aus dem Leben des Kirchenpatrons, dies mit volkstümlicher Frische, zuweilen auch Drastik. Bezeichnend etwa, wie ein Bauernjunge einen Baum erklettert, um bei der Taufe Christi besser zuschauen zu können. Die Seitenaltäre zeigen den bewegten Aufbau und die freie Komposition der Spätzeit des Rokoko, vielleicht sind es Werke des Wessobrunners Tassilo Zöpf. Auf dem rechten Seitenaltar eine Figur der Heiligen Agathe, Patronin der Bauern. Auf dem linken Altar das Gnadenbild der ›Mutter der Schönen Liebe‹. Diese Madonna mit dem geneigten und bekränzten Haupt, hat nach 1700 der Prüfeninger Maler-Bruder Innozenz Metz gemalt. Die 1711 in Wessobrunn errichtete ›Bruderschaft Von der Unbefleckt Empfangenen‹ erreichte ungewöhnliche Verbreitung, nicht zuletzt durch die Wessobrunner Stukkatoren, in den Orten und Kirchen, wo sie gearbeitet haben. So ist uns in dieser Pfarrkirche – die Klosterkirche wurde ja 1810 abgerissen – doch noch ein Stück erhalten, das die Wessobrunner auf ihren Reisen in alle Welt verbunden hat.

Kloster und Dorf Wessobrunn, Pfarrkirche und Schule sind eingebettet in eine so kräftig grüne Natur, daß Gedanken der Melancholie schnell verscheucht sind. Wir fahren durch das Dorf nach Süden hin. Es geht abwärts bis zur Kapelle von Zellsee, dann rechts hinauf, wo uns bei einer Straßengabelung linker Hand der Fünfhundertjährige Eibenwald aufnimmt, ein naturgeschützter Mischwald mit rund 3000 Eiben. Das Holz dieser langsam wachsenden Bäume wurde im Mittelalter für die Herstellung von Armbrüsten gebraucht. Heute ist der in Europa fast ausgerottete Baum nur noch in Anlagen und Reservaten zu finden. Rechterhand führt die Straße durch einen Hohlweg auf eine weite Hochfläche hinauf, die einen weiten Alpenblick vom Wendelstein bis zu den Füssener Bergen gestattet. Hier liegt unter einem weiten Himmel die weitauseinandergezogene Gemeinde *Sankt Leonhard im Forst*. Einige Häuser, Pfarrhof, Kirche und Wirtshaus bilden den Kern. Die Wallfahrts- und Pfarrkirche Sankt Leonhard wurde an Stelle eines mittelalterlichen Vorgängerbaues 1724-1735 vom Kloster Wessobrunn erbaut. Die Innenausstattung geschah erst in den 6oer Jahren des 18. Jahrhunderts. Der noch nicht bekannte Baumeister schuf ein geräumiges Langhaus mit flacher Pilastergliederung und schloß daran einen zwei Joche tiefen Chor mit halbrundem Schluß und zweigeschossigem Emporenumgang. Pfeiler mit vorgelegten Pilastern tragen das Gewölbe. Kapitelle und ornamentaler Rocaillestuck weisen auf einen der besten Wessobrunner Stukkateure. Im Langhaus finden wir ein herrliches farbkräftiges Fresko des Matthäus Günther, der vom nahen Fritschgenreiterhof am Peißenberg stammte. Es zeigt den Heiligen Leonhard als Freund und Beschützer der Tiere und ist bezeichnet und 1761 datiert. Im Altarraum ein offenbar früher entstandenes Fresko von dem Zimmermann-Schüler Johann Martin Heigl. Drei hervorragende Stuckmarmoraltäre des Tassilo Zöpf. Im Rokokohochaltar das spätgotische Gnadenbild des Heiligen Leonhard. Ein stimmungsvoller Friedhof umgibt die Kirche.

Bildhauerstadt Weilheim

Das Tor zum Pfaffenwinkel und die Geburtsstadt der barocken Bildhauerkunst empfängt uns am Marienplatz mit der *Stadtpfarrkirche Sankt Mariä Himmelfahrt*, unter Förderung Kurfürst Maximilians I. 1624-31 erbaut, und der Mariensäule. Das Äußere ist schlicht, der Turm trägt eine welsche Haube (von 1573), das Innere ist ein sehr breiter, tonnengewölbter Wandpfeilerraum, ohne Emporen und in mehr stämmiger Proportionierung, als der Nachfolgebau von Sankt Michael in München. Eigenwillig und vielleicht durch die Salzburger Domkuppel angeregt, die Chorlösung mit einer achtseitigen Kuppel (Klostergewölbe), die Dehio als die erste von einem Deutschen geschaffene Kuppel nördlich der Alpen bezeichnet hat. Strenger Spätrenaissancestuck, vorwiegend als Felderteilung und die typischen geflügelten Engelsköpfe an den Kapitellen der mächtigen Wandpfeiler. Deckenfresken von Elias und Johann Greither (um 1627/28), mit die ältesten, die man als erste Versuche zur Deckengestaltung des Barock bezeichnen kann.

Den Bau hat der Maurermeister Georg Praun aus Wessobrunn ausgeführt. Aber man nimmt an, daß dies nach einem Entwurf des Bildhauers Bartholomäus Steinle geschehen ist, der 1624 als »Director über das Kirchengebäu« bezeichnet wird. Die Bildhauer können in Weilheim also auch geschulte Architekten sein, des Reißens von Gebäuden kundig.

Die Stadt lag kunstgeographisch sehr günstig. Allein im Umkreis von 20 Kilometern zehn Klöster, der Pfaffenwinkel vor der Tür, aber auch München und Augsburg nicht allzuweit entfernt. Dies ist vielleicht der Grund, warum sie bald Bildhauer hervorbringt und wandernde Gesellen anzieht; daß sie führend in der Bildnerei wird und ihre besten Kräfte nach München und Augsburg entsendet, kommt als Geschenk ihres Fleißes hinzu. Von den Großen kehrt keiner nach Weilheim zurück, jedoch halten sie familiäre Verbindung zu ihrer Geburtstadt und sie fördern sich untereinander, wie das bei Künstlerlandsmannschaften üblich ist.

Die Hauptpersönlichkeiten, an die sich der Ruhm der Bildhauerstadt Weilheim knüpft, sind Hans Krumper, Bildhauer und Architekt, Christoph Angermair, Elfenbeinschnitzer, Philipp Dirr, Bildschnitzer, und Georg Petel, der genialste in ihrer Reihe, Bildhauer und Elfenbeinschnitzer von europäischem Ruf. Sie sind meist in das Handwerk hineingeboren.

Hans Krumper kommt als Sohn des Weilheimer Kistlers und Bildhauers Adam Krumper zur Welt (etwa um 1570). Beziehungen zu München waren wohl schon vom Vater her geknüpft, und 1587 wird der junge Hans als Lehrknabe Hubert Gerhards in München erwähnt. Münchens großer Kunstförderer, Herzog Wilhelm v., schickt ihn mit einer Art von Stipendium nach Italien. Er kommt nach Venedig, nach Florenz, wo sich begabte, und nach Neuem trachtende Bildhauerjugend aus ganz Europa im Atelier des Giovanni da Bologna trifft. Um 1590 wird die Italienreise begonnen. Von 1591-1593 arbeitet der junge Schongauer Hans Reichel im gleichen Florentiner Atelier und schafft mit seinen Mitschülern eines der Modelle zu den Reliefs der Domtüren von Pisa. Hubert Gerhard, der Lehrmeister Krumpers, dürfte rund 20 Jahre früher, Adrian de Vries, rund 10 Jahre später in Florenz geweilt haben. Im Jahre 1609 – als Reichel seine beiden Hauptwerke, den Michaelskampf am Zeughaus und die Kreuzigungsgruppe in Sankt Ulrich zu Augsburg schon vollendet hat, wird Krumper Hofbildhauer in München. Es ist das München, in dem Hubert Gerhard, Friedrich Sustris und Peter Candid wirken, und das sich zum künstlerischen Zentrum im mittleren Europa aufschwingt. Krumper wächst in den Stil der hier gepflegten großen Bronzeplastik im niederländisch-romanisierenden Stil hinein, und er gibt ihm eine eigene volkstümliche Note.

Seine Hauptwerke, die Patrona Bavariae an der Münchener Residenzfassade (1616), die Allegorien auf den Giebeln der Residenzportale erweisen ihn als einen Großplastiker von eigenwilligem Gepräge. Der Ausdruck von schwerer Körperlichkeit und nachdenklichem Ernst, der diesen Gestalten eigen ist, paßt gut in den Stil und die künstlerische Stimmung der Zeit Kurfürst Maximilians von Bayern. Das monumentale Figurenwerk zum ›Castrum doloris‹, dem Überbau am Grabmal Kaiser Ludwigs des Bayern von 1620, wetteifert mit Kaiser Maximilians großem Innsbrucker Grabmal, wie auch das München Wilhelms V. durch den großen, nie vollendeten Grabmalsplan der Häuser Wittelsbach und Lothringen in der Michaelskirche zur führenden Zentrale der Bronzeplastik geworden ist.

Als Architekt, Figuren- und Stuckbildner hat Krumper in verantwortlicher Stellung ein reiches Feld gefunden, das von den Kirchen in Polling und Dachau bis Freising und Ingolstadt reicht. Bei den Visierungen für Altäre arbeitet er mit seinen Weilheimer Bildhauerkollegen eng zusammen. Weilheimer Altäre werden – wie Eva Krois festgestellt hat – ins »Land ob der Enns« exportiert.

Bei diesen Aufträgen ist *Hans Degler* – mit Krumper verschwägert – einer der vielbeschäftigten Schnitzer. Seine Anfänge sind in München, im Kreis von Friedrich Sustris zu sehen; dann, 1591, eröffnet er als Bürger von Weilheim seine Werkstatt in der Schmidgasse, gegenüber dem Krumperhaus. Sein größter Auftrag und sein bedeutendstes Schnitzwerk steht im Chor von Sankt Ullrich und Afra in Augsburg, in Gestalt dreier riesiger Schnitzaltäre, die 1604-1607 entstanden sind. 1630 gerät der Meister in finanziellen Notstand – Bezahlungen von gelieferten Arbeiten bleiben aus – und 1631 ist er gar »mit dem Turm zur Bezahlung gehandhabt« worden. Der Streit mit Melchior Bendl, einem Kollegen aus Waldsee, dem er die »Redlichkeit«, d. h. die zunftgemäße Ausbildung abspricht, zieht sich wie ein roter Faden durch die späten Jahre des Bildschnitzers. Dabei wird Degler meist unterstützt durch den ihm wohlgesonnenen Bildhauer Bartholomäus Steinle. Es galt also, Konkurrenten aus dem Feld zu schlagen und zu verhindern, daß ihnen andere, »die Nahrung schwächen.« Die Zunftakten zum Fall Bendl und Degler sind voll von kleinlichen und gehässigen Auseinandersetzungen vor Gericht, wie uns Karl Feuchtmayr, der wohl beste Kenner und Erforscher der Weilheimer Meister in vielen Aufsätzen dargelegt hat. Degler erkämpfte schließlich auch den Weilheimer Bildhauern 1618 ihre eigene Zunft, sie waren vordem mit den Malern, Kistlern und Glasern einer gemeinsamen Zunftordnung unterstellt. Er selbst war Mitglied der Münchner Zunft.

Bartholomäus Steinle, etwas jünger als Degler, kam 1605 aus Rottenbuch nach Weilheim. In seinem Schaffen, das auf mehr volkstümlichen Bahnen verläuft, tritt der Untergrund spätgotischer Schnitzübung, wie häufig in dieser Zeit, deutlicher als bei Degler hervor. Wenn Degler einen etwas sperrigen landverbundenen Manierismus vertreten hat, so erscheint uns Steinles Werk einen Grad liebenswürdiger, runder, vielleicht auch gefälliger.

So sein Marienaltar in Kloster Stams am Inn (Tirol), die zum Himmelfahrende Muttergottes in der Tölzer Pfarrkirche, die Arbeiten für Polling, Habach, Rottenbuch. Ein fürstlicher Auftrag Maximilians 1. führte ihn auf den Peißenberg, wo er den Hochaltar der Liebfrauenkirche 1617-1621 ausführte. Steinle ist häufig in Tirol und bis Kloster Marienberg in Südtirol tätig.

Er lebte bis zu seinem Tod 1628 in Weilheim, wo er als angesehener Bürger auch Ehrenämter bekleidet hat.

Sein berühmtester Schüler ist *Georg Petel* geworden. Auch dieser kam aus einer angesehenen Weilheimer Werkstatt, die auf reiches mit Intarsien geschmücktes Schrankwerk spezialisiert war. Clemens Petel, der Vater des Georg, war 1587 nach Weilheim zugezogen. Er dürfte – wie die Schreibweise seines Namens besagt – aus dem Schwäbischen herübergekommen sein. Ein reich gearbeiteter Fassadenschrank aus der Prälatur des Klosters Benediktbeuern hat sich in Weilheim erhalten und trägt die Signatur und das Datum 1587. Der um 1601/02 geborene Sohn Georg wuchs in dieser betriebsamen, auf kostbare Handwerksarbeit gerichteten Atmosphäre der Kunsttischlerei seines Vaters auf, verlor seinen Lehrmeister jedoch schon im Alter von 10 Jahren. Steinle übernahm nun die Vormundschaft und wurde erster Lehrer. Es bleibt jedoch ein Phänomen dieses großen Bildhauers, daß er seine Schnitzfiguren in technisch und handwerklich nicht ganz orthodoxer Werklichkeit ausführte, dabei viel verleimte, verkeilte, Extremitäten wie bei Elfenbeinarbeiten ansetzte, was bekanntlich erst nach Entfernen der Fassung sichtbar wird. Sehr lang und nachhaltig kann also die Ausbildung bei Steinle nicht gewesen sein. Petels Ziel war höher gerichtet als das einer ländlichen Schnitzwerkstatt. Den größten Eindruck hat er sicher von Hans Reichels Augsburger Skulpturen erfahren. Die in Erz gegossene Kreuzigungsgruppe in Sankt Ulrich zumal, muß ihn tief getroffen haben. Wahrscheinlich hatte er wie sein Vater mit dem Münchner höfischen Kunstkreis Kontakt. 1620 zog er nach Italien, und wie Joachim von Sandrart berichtet, ging er nicht nach Florenz, sondern nach Rom, in das aufblühende, Florenz ablösende Zentrum barocker Bildhauerkunst, berühmt auch durch seine Antiken. Zugleich mit ihm waren Van Dyck und der Flame Duquesnoy in Rom. Nach längerem Aufenthalt reicht er in Augsburg das Gesuch um Niederlassung ein und führt dabei an, daß er »an unterschiedlichen Orten als in Niderland, Italia und Teutschland der Kunst nachgesetzt und so vil erlernt habe, daß er an etlichen chur- und fürstlichen Höfen Gelegenheit hatte Nutz zu schaffen«. Wahrscheinlich ist er nach Italien auch in München angelangt, wo Christoph Angermair, der ihm wohl erster Lehrer auf dem Gebiet der Elfenbeinschnitzerei gewesen ist, beschäftigt war. Nach der am 22. April erhaltenen Genehmigung zur Niederlassung in Augsburg, heiratet er am 30. Juni und erhielt am 13. Juli die Bildhauergerechtigkeit. Als Bildhauer stand er in der traditionsreichen Wertachstadt im höchsten Ansehen und erhielt Aufträge von allen Seiten, vor allem von den Kirchen der Stadt. Interessant ist seine Bekanntschaft, wir können wohl annehmen, Freundschaft mit Rubens, die zwischen Italienaufenthalt und Niederlassung begonnen haben dürfte. Auch nach der Niederlassung hat er sich einige Male »ins Niderland« begeben und sich dort, wie Sandrart formuliert: »bey seinem alten Bekannten Rubens in fernere Familiarität eingelassen«. Dem Kunstsammler Rubens dürfte er dabei seine Dienste geleistet haben, als Vertrauter und Gewährsmann zwischen Italien, Augsburg und den Niederlanden.

Rubens muß den Deutschen, der wie kein anderer in Elfenbein arbeiten konnte, dabei die Anatomie im Sinne der Alten meisterhaft beherrschte, und eines der hoffnungsvollsten Talente der neuen Bildnerei war, besonders geschätzt haben.

Zu Petels Hauptwerken zählen die erlesen geschnitzten Elfenbeinkruzifixe in der Schatzkammer der Münchner Residenz (1623/34), und in der Sammlung Pallavicino in Genua (1623), das Salzfaß mit dem Triumph der Venus in Schloß Stockholm (1628), der Prunkpokal mit dem trunkenen Silen im Kunsthistorischen Museum Wien, der Heilige Sebastian im Bayerischen Nationalmuseum (1628/29),

Kleinkunstwerke von höchstem bildnerischen Rang. Aber auch eine Reihe lebensgroßer Holzskulpturen in seiner Augsburger Zeit, so den Heiligen Sebastian und den Heiligen Rochus für Sankt Moritz in Augsburg (beide um 1627/28), den Heiligen Christophorus, heute in der Katholischen Stadtpfarrkirche, um 1630. In seinem ergreifenden ›Ecce homo‹ für den Augsburger Dom hat Petel bewiesen, daß er die monumentale Kirchenskulptur auf eine neue Qualitätsstufe zu heben vermochte. Dies ist ihm auch mit einigen monumentalen Kreuzigungsgruppen gelungen, so für Katholisch Heilig Kreuz (1626/27), für das Augsburger Heiliggeistspital (1631) und mit dem großartigen Kruzifixus in Marchegg in Niederösterreich. Rastlos schaffend hat sich der frühvollendete Künstler auch in die Geschichte der Großskulptur aus Bronze eingeschrieben: Hauptwerke sind die Brunnenfigur eines Neptun für die Münchner Residenz (um 1629/30), die erneuten Kontakt mit Hans Reichel vermuten läßt, dann die Büsten für Peter Paul Rubens in Antwerpen (1633) und des Schwedenkönigs Gustav Adolf (1632) im Stockholmer Schloß. Das Werk Petels wird gekrönt von dem monumentalen, schreitenden Christus Salvator in Sankt Moritz (Lindenholz, um 1633/34), und der Kreuzigungsgruppe mit der am Kreuzesfuß knienden Magdalena in Regensburg-Niedermünster (Bronze, 1631/32). Den von Reichel vorbereiteten Stil der monumentalen Bronzeskulptur vermochte er mit dem Reiz des Individuellen zu erfüllen. Der geniale Künstler zählt zu den Opfern des Dreißigjährigen Krieges. Während der Belagerung von Augsburg durch die Kaiserlichen im Herbst 1634 ist er mit dreiunddreißig oder vierunddreißig Jahren gestorben. Daß sein Werk, das weitgehend verschollen war, wiederentdeckt werden konnte, ist eine der erfreulichsten Leistungen der deutschen Kunstwissenschaft.

Aber noch ist die Reihe der namhaften Bildhauer Weilheims nicht abgeschlossen. Neben dem schon erwähnten hervorragenden Elfenbeinschnitzer Christoph Angermair (geboren bald nach 1580), Sohn des Goldschmiedes Wilhelm Angermair, steht der aus einer Weilheimer Messerschmiedefamilie stammende *Philipp Dirr* (um 1582-1633). Er war Schüler des Clemens Petel, und da, wegen dieser Ausbildung bei einem Kistlerschreiner, offenbar die Niederlassung und ›Redlichkeit‹ in Weilheim angefochten wurde (durch Degler und Steinle), ging Dirr nach Freising. Sein Werk sind die Verkündigungsgruppe in der bischöflichen Hofkapelle in Freising, sodann die Statuen und der Rahmen zum Hochaltar mit dem Rubensbild im Freisinger Dom.

In jüngster Zeit ist durch die Plastikausstellungen in Reichersberg und Braunau am Inn auch das rege Wirken der Arbeitsgemeinschaft Krumper (Zeichner), Degler (Bildschnitzer), Georg Scheible (Faßmaler) in den oberösterreichischen Landen zum Vorschein gekommen. Als Schüler Deglers wuchs der aus dem Eichstättischen stammende *Hans Spindler* seit etwa 1607 in diese Arbeitsgemeinschaft hinein. Als Bildhauer zu Steyr-Garsten in Oberösterreich hat er ab 1617 die von Krumper-Degler angebahnten Wirkungen der Weilheimer Kunst noch intensiviert. Die in Eferding (Oberösterreich) und Linz (Schloßmuseum) erhaltenen Skulpturen zum ehemaligen Hochaltar in Stift Garsten (1617/19), dazugehörende Wappen haltende Engel und Engelkinder (Steyr, Heimathaus und Unterdambach, Auerkapelle) zählen zum frischesten, was die Weilheimer in Oberösterreich hinterlassen haben.

Daß in Weilheim die Maler nicht nur Faßmalerdienste zu leisten hatten, die bekanntlich viel Feingefühl und handwerklichkünstlerisches Können erfordern, dies beweist uns die *Malerfamilie Loth.*

Paulus Loth, das älteste uns bekannte Mitglied der Familie, liefert 1614 geschmelzte Wappenscheiben für den Münchner Hof. Sein Sohn (?) Johann Ulrich Loth (um 1600-1662), bildet sich schon im Kreis der deutschen und italienischen Maler des Manierismus und wird Hofmaler des Kurfürsten Maximilian in München. Der dritten Generation der Loth gehört dann Johann Carl Loth (1632-1698) an. Frühreif und überaus begabt, kehrt auch er der Vaterstadt den Rücken, geht nach Italien und wächst allmählich in die große Maltradition Venedigs hinein. Er wird als ›Carlotto‹ ein gesuchter Lehrer und damit Wegbereiter der Altarbild- und Freskomaler des bayerischen Barock.

In der Weilheimer Stadtpfarrkirche finden wir ein Hochaltargemälde ›Mariä Himmelfahrt‹, zu dem Johann Ulrich Loth 1636 den Auftrag erhielt und das er 1641 gemalt hat. Hier finden sich auch von *Franz Xaver Schmädl* Figuren wie die Anbetenden Engel am Hochaltar von 1792 und am Christi-Rast-Altar. Dieser aus Oberstorf gebürtige Bildschnitzer des Rokoko hat den Ruf

der Bildhauerstadt Weilheim noch ins 18. Jahrhundert hinein-
getragen.

Wir sind ihm schon oft begegnet. In der *Gnadenkapelle* auf dem
Peißenberg, den wir auf unserer Fahrt in den Pfaffenwinkel als
landbeherrschenden Punkt ansteuern, treffen wir ihn wieder
in Gesellschaft seines berühmten Malerkollegen Matthäus
Günther, der aus dem Fritschgenreiterhof in Unterpeißenberg
stammte. Er führte den Hochaltar, den ein Meister des 17. Jahrhunderts errichtet hatte, mit seinen Putten und Ornament sehr
geschickt ins Rokoko über und schuf als Eigenleistung zwei Seitenaltäre. Das Bauliche ist von ebenso reizvoller Situation wie die
Aussicht auf das Panorama. Pfarrhaus und anschließende Doppel-
kirche. Die *Pfarrkirche Mariä Himmelfahrt*, eine Stiftung Kurfürst Maximilians I., ist eine interessante Frühbarockanlage mit
geometrischem Stuckdekor. Ein eindrucksvoller Hochaltar von
1617/21 in Blau und Goldfassung von 1717/19 und Tabernakel-
engel von Schmädl. Bartholomäus Steinle ist hier vertreten durch
zwei bemerkenswerte Holzreliefs, Moses und David darstellend.

Weilheimer Bildhauerdomänen der Steinle und Schmädl sind
übrigens auch die Kollegiatstiftskirche Habach und die überaus
reich ausgestattete Stiftskirche von Rottenbuch.

›*Liberalitas Bavarica*‹ *in Kloster Polling*

Auf der Stirnseite der ehemaligen *Augustinerchorherren-Stifts-
kirche Polling* war in lateinischen Lettern ein merkwürdiges Wort
zu lesen: LIBERALITAS BAVARICA. Vielen hat es zu denken gegeben, und manch einer hat sich bemüht, seiner Bedeutung auf den
Grund zu gehen. Doch die lapidare Sentenz entzieht sich einer
bündigen Erklärung – ein klassisches Beispiel bayerischer Hinter-
sinnigkeit.

Die Inschrift stellt eine Behauptung auf, in der sie der Freiheit
das Bayerische schlicht als Attribut beifügt. Nicht von der Liberalitas Bavariae, der Freiheit Bayerns, ist hier die Rede, sondern
von der bayerischen Liberalität. Wie man Liberalität heute auch
auslegt, ob als Freiheitlichkeit, als Freigebigkeit oder als Freiheit
schlechthin, im historischen Sinn kann hier nur die Generosität
und Stifterfreude gemeint sein, mit der die bayerischen Herrscher

von Herzog Tassilo über Heinrich II. bis zu Kurfürst Maximilian I.
das Augustinerchorherrenstift bedacht haben. Kloster und Kirche wurden als Geschenk betrachtet, das man dem bayerischen Mäzenatentum zu verdanken hatte. Und dem Abt, der den Spruch zwischen 1620 und 1630 an der Giebelfront der Kirche anbringen ließ, war es wohl darum zu tun, daß diese Geisteshaltung nicht in Vergessenheit geriet.

Die Fassade der Stiftskirche beeindruckt durch ihre lapidare Einfachheit (offenbar war eine reichere Gestaltung geplant, wie der Stich von Michael Wening beweist). Beherrschend steht daneben der Turm aus Tuffstein mit dreieinhalb Metern Mauerstärke, 1605-1607 nach Plänen Hans Krumpers erbaut. Der 1822 aufgesetzte Achteckhelm ersetzt den geplanten Abschluß mit einem weiteren Stockwerk und welscher Haube.

Durch die dem Hauptportal 1733 vorgesetzte Eingangshalle betreten wir die im Kern noch spätgotische Hallenkirche von 1416-1420. Der breitgelagerte Raum umfaßt fünf Joche. Die folgenden drei Joche gehören einer Erweiterung aus den Jahren 1621 bis 1626 an. Sie besteht aus dem doppelgeschossigen Querhaus und dem Altarhaus. Zwischen den ursprünglich eingezogenen Strebepfeilern baute man Kapellen und legte einen Emporenumgang an.

Die Stukkatur in Spätrenaissanceformen, vorwiegend Rahmenfelder mit einzelnen Engelsfiguren, umschließt Gewölbe und Achteckpfeiler (mit Laubwerkkapitellen). Sie vereinheitlicht die verschiedenen Zeiten entstammenden Räume von Langhaus und Chor. Man spürt noch das spätgotische Netzgewölbe, dessen Rippen abgeschlagen wurden, in der Gewölbestruktur des Langhauses. Die Chorlösung ist ein frühes Beispiel des Freipfeiler-Chores (so in Vilgertshofen und der Wieskirche).

Polling war nicht nur Klosterkirche, sondern auch Wallfahrtskirche zum Heiligen Kreuz. Wallfahrtsziel ist das Pollinger Kreuz, ein etwa um 1180 auf Leder gemaltes Kruzifix, das nach der Gründungssage von einer Hirschkuh – während der Jagd Herzog Tassilos – aus dem Boden gescharrt wurde. Als man dieses Gnadenbild vom Kreuzaltar auf den Hochaltar zu übertragen beabsichtigte, wurde von dem Weilheimer Bildhauer Bartholomäus Steinle 1623 eine neuartige Altararchitektur erstellt: ein Doppelaltar, dessen drei Geschosse durch eine kolossale Säulenarchitektur zusammengeschlossen sind. Steinle schuf auch die Seitenfiguren Sankt Ulrich und Sankt Augustin, 1626; der Engel des Auszugs und die Bekrönung ist eine Arbeit Hans Deglers aus Weilheim, 1629.

Ein elegantes Werk stellt der Tabernakel dar, mit seinen Figuren von Glaube, Hoffnung und Liebe sowie den Stifterfiguren Sankt Heinrich und Sankt Kunigunde. Er ist das Meisterwerk des Hofbildhauers Johann Baptist Straub; das Ganze, samt den vergoldeten Holzreliefs (Mannalese, Abendmahl und Emmausjünger), wurde 1773 geschaffen.

Das nach dem Pollinger Kreuz (eines der ältesten Tafelbilder Deutschlands, in Aquarellfarbe auf Pferdehaut gemalt) wohl bedeutendste Kunstwerk der Pollinger Kirche ist heute eine Thronende Muttergottes mit Kind, ›Unsere hohe Frau‹ genannt, auf einem Pfeiler am Choreingang aufgestellt. Das Bildwerk befand sich ursprünglich nicht in der Klosterkirche, sondern fungierte als Hauptfigur des Frührenaissancealtares der ehemaligen Pollinger Pfarrkirche (1805 abgebrochen). Dieses Meisterwerk, ein Spätwerk des berühmten Hans Leinberger aus Landshut von 1526, trägt noch die alte Fassung von Jörg Greimolt aus Weilheim.

Die Pollinger Augustinerchorherren haben den Sinngehalt des Wahlspruchs LIBERALITAS BAVARICA auf ihre Weise verwirklicht als sie im 18. Jahrhundert ein reges wissenschaftliches und literarisches Wirken entfalteten, das der geistlichen Aufklärung in Bayern diente. Die von Propst Franz Töpsl geschaffene Bibliothek, Baumeister war Matthäus Bader (1775-1778), besaß 80000 Bände. Ihr hervorragender wissenschaftlicher Ruf gründete sich auf den Pollinger Chorherrn Eusebius Amort, der zusammen mit dem Augustinereremiten Gelasius Hieber aus Taufkirchen und Anellus Kandler den ›Parnassus Boicus‹ von 1722 bis 1740 herausgab.

In der Säkularisation von 1803 wurde die Bibliothek vollständig ausgeräumt. Sie war eine der reichhaltigsten und modernsten Büchersammlungen. Die im Norden anstoßenden Klostergebäude wurden abgebrochen. Erhalten blieben die östlich gelegenen Bauten der Dekanei und der Studiensäle, samt der ausgeplünderten Bibliothek. Dieser Trakt diente lange Zeit den

Zwecken einer Brauerei. Die Klostergebäude waren bis in jüngste Zeit in einem trostlosen Zustand der Verwahrlosung.

Dank der Initiative eines privaten Freundeskreises, der ›Gesellschaft der Freunde der Pollinger Bibliothek‹, konnte der Innenraum des Bibliotheksflügels mit viel Geschick und Geschmack Zug um Zug wieder hergestellt werden. Über die erneuerte Treppe betritt man die Bibliothek, deren Schrankwerk zwar verloren ist, die aber noch die farbfrohen Deckenfresken des Lechmalers Johann Baader und Stukkaturen von Tassilo Zöpf aufweist.

In dem hellen und akustisch hervorragenden Bibliotheksraum finden heute Vorträge und Konzerte statt, er kann also ein örtliches Kulturzentrum genannt werden. Man konnte zur stilgemäßen Neuausstattung eine fast vollständige Reihe barocker Abtbildnisse aus Kaisheim erhalten. Was die ehemals so reichen Bücherschätze betrifft, besteht die Aussicht, einen symbolischen Originalbestand aus München zurückzuerhalten.

Altenstadt und Schongau

Altenstadt, das ist der Schlüssel zur Geschichte Schongaus, zur Geschichte dieses alten Welfenwinkels am Lech. Als der Bergrücken, auf dem das heutige Schongau liegt, noch ein wildüberwachsener Hügel war, stand hier bei Altenstadt schon eine Burg mit einer Siedlung. Die große Römerstraße, die Via Claudia Augusta, zog hier vorbei nach Verona. Ein altes Laurentius-Patrozinium und römische Münzfunde belegen, daß hier die Römer des 4. und 5. Jahrhunderts schon eine Niederlassung besaßen. Die einwandernden Alemannen nahmen von ihr Besitz.

›Scongoe‹ hieß diese Siedlung um 1070, als die Welfen mit dem Herzogtum Bayern belehnt wurden. Herzog Welf I., der 1055 Herr im Lechrain geworden war, baute sich dann auf dem Hügel am anderen Lechufer eine neue Burg: Bitengou, Peiting. Ein volles Jahrhundert hindurch war sie der Stammsitz der Welfen und Schauplatz eines regen ritterlichen Treibens. Barbarossa weilte hier zu Gast, als er von seinem ersten Römerzug heimkehrte, Gottfried von Ronsperg, die Minnesänger und Spielleute des Mittelalters wurden hier bewirtet. Herzog Welf VI. nahm hier in

Peiting in der Heiligen Nacht des Jahres 1146 das Kreuz. Es war die Zeit, wo das Zepter dieses schwermächtigen herrischen Geschlechts von Spoleto bis an die Nordsee reichte ...

Heute ist der Peitinger Schloßberg ein Hügel wie jeder andere. Hohe Tannen, Haselstauden und Dornschleh wachsen auf ihm. Kein einziger Mauerrest erinnert mehr an seine bewegte Vergangenheit, nur ein paar Wälle und Gräben ziehen sich über die Halde hin.

Nicht anders erging es der Burg bei Altenstadt auf dem Burglaberg. Auch sie verfiel im 14. Jahrhundert, als ein merkwürdiges Erdbeben den Lechrain erschütterte. Die Quadern und Tuffsteine der eingestürzten Burgsitze holten sich dann die Bauern zum Bau ihrer Häuser herunter.

Alt-Schongau mag sich jedoch im Schutze der beiden Welfenburgen zu einem lebenskräftigen Gemeinwesen entwickelt haben. Wie anders wäre es sonst zu erklären, daß hier an der Wende des 12. zum 13. Jahrhundert eine so stattliche Kirche erbaut werden konnte. Kurz darauf, um 1220, vollzog sich jedoch eine bedeutsame Wandlung. Ein Teil der Bürgerschaft Alt-Schongaus verließ den angestammten Platz in der Ebene und gründete mit Hilfe der neuen Landesherren, der Staufer, eine neue Stadt auf dem geschützten Bergrücken hoch über dem Lech. Das alte Scongoe, etwa seit 1433 Altenstadt genannt, ging von da ab in seiner Entwicklung zurück. Es ist heute ein Dorf. Verblieben ist ihm nur seine Kirche.

Ernst, schwer und gewappnet, wie ein ritterlicher Kämpe, wächst der Baukörper von *Sankt Michael* über den niederen ländlichen Häusern auf. Zwei Türme von lombardischem Trotz stemmen sich im Osten gegen das kubische Schiff und das mächtige Satteldach. Der karge Schmuck an Türmen, Apsiden und Portal ist verwittert, er erlischt im Aufbau der Massen, im eintönigen Grau der Tuffsteinmauern. Ein paar Rundbogenfriese und an den Türmen gedrungene Arkaden mit Doppelsäulen, eine verhaltene Ahnung südländischer Bellezza ...

In diesem großen, herben Stil staufischer Romanik mögen auch die Burgen gebaut gewesen sein, die heute verfallen sind, mit solchen Türmen mögen sie das Land beherrscht haben. Das Münster von Altenstadt aber hat in ländlicher Verborgenheit die Zeiten

überdauert, es ist wie eine Urkunde, wie ein steingewordenes
Stück Mittelalter. Die Geschichte, diese Nähe vergangenen Lebens, vielleicht wird sie im Innenraum der Kirche noch mächtiger.
Ein Raumbild von körperhafter Ebenmäßigkeit, von Ruhe und
Klarheit, kaum beeinträchtigt durch einige gutgemeinte Zutaten
des vergangenen Jahrhunderts. Ein hohes überwölbtes Mittelschiff, das sich an den Seiten mit stämmigen Arkaden öffnet, die
Seitenschiffe halb so hoch und halb so tief, Räume, die für sich
schön sind. Die Kirche ist heller geworden, seit man in ihre
Außenmauern hohe Fenster eingebrochen hat. Aber wer zurück-
tritt unter die Empore, hat noch den reinen Eindruck, er spürt
etwas von der Lichtsehnsucht der Alten, die im Dämmer aufsteht,
von ihrer winterlichen Schwermut, von ihrer Erlösungsgewißheit.
Aus hohen Schlitzen sinkt das Tageslicht wie in eine Gruft herab.
Die Mauern sind stark, kein Laut dringt herein. Ein Stunden-
schlag klirrt, wie ein Schwertstreich, gegen die Pfeiler hin ...

Im Chorhaus, vor der kahlen Wand der Apside, gewahrt man
auf einmal ein großes eindrucksvolles Bild: einen Gekreuzigten,
überlebensgroß aus dem Holz gehauen, vielleicht das Triumph-
bogenkreuz der romanischen Kirche. Der mumienhaft umhüllte
Körper, die starr nebeneinandergelegten Füße, die gespreizten
Arme tragen einen Ausdruck von Hilflosigkeit und Ergebenheit.
Aber im erhobenen Haupt ist Leben, ist eine große Erhabenheit
und eine königliche Trauer. Neben dem Kreuzbalken ragen zwei
große, säulenhaft strenge Assistenzfiguren auf (Kopien der im
Bayerischen Nationalmuseum befindlichen Originale aus Altenstadt): Maria in stummer Hingabe und leidvoller Gebärde, das
Haupt auf die gefalteten Hände gelegt, und jener Johannes, der
seinen Mantel um den Leib zusammenzieht, als fröre ihn ... In
der nördlichen Apsis dann ein Bild voll Geborgenheit: eine feine
frühgotische Madonna im dunkelblau gefaßten, mit Goldsternen
geschmückten Oberkleid, den Erlöserknaben auf dem Arm und
das Zepter segnend erhoben.

Die heutige Stadt *Schongau* liegt als jüngere Gründung – jedoch
schon mehr als 700 Jahre lang – teils auf dem Hügel, teils am Fuße
eines vom Lech verlassenen Umlaufberges, der vielleicht schon
den an der nahen Via Claudia Augusta vorbeiziehenden Römern
als Lagerort diente. 1235 wird diese ›Neustadt‹ schon genannt.

Auch hier haben wir nun das Muster einer staufischen Stadt, wie bei manchen Inn-Salzach-Städten. Man spürt es heute noch an der planmäßigen Anlage und dem auf die Kreuzung der Handelswege zugeschnittenen Grundriß der Stadt auf dem Plateau. In der Mitte des Stadtplatzes steht das Ballenhaus mit seinen Zinnengiebeln, hart springt der spätgotische Chor der Stadtpfarrkirche in den Platz ein. Auch hier haben sich Teile der alten Stadtmauer und Tortürme erhalten. Die am Platz und in den Straßen vorherrschende Bauform der Häuser ist das schwäbische Steilgiebelhaus.

Ein Blick in die *Stadtpfarrkirche Mariä Himmelfahrt*, die Dominikus Zimmermann (nach eigenen erhaltenen Plänen) nach dem Turmeinsturz der alten Kirche neu gebaut hat, zeigt Fresken von Matthäus Günther (1758) und einen hervorragenden Hochaltar von Franz Xaver Schmädl (Ignaz Günther hatte dazu einen Riß 1758 aus München geliefert, der jedoch nicht ausgeführt wurde). Der Bau wurde von 1751-1753 ausgeführt. Die Kirche besitzt schöne Zunftstangen aus verschiedenen Stilepochen.

Schongaus berühmtester Künstler war der Bildhauer Hans Reichel (oder Reichle, wie man ihn schwäbischerseits nannte). Der um 1570 als Sohn des Steinbildhauers Paul Reichel in Schongau Geborene, ist Schüler des berühmten Giovanni da Bologna gewesen, er wurde in Italien »Ansi Tedesco« – also »Hansi, der Deutsche« genannt –, tauchte dann 1603 in Augsburg auf, wo er die beiden großartigen Bronzegruppen des Erzengels Michael an der Fassade des Holl'schen Zeughauses und der Kreuzgruppe des Kreuzaltars in der Ulrichskirche gestaltete. Wahrscheinlich ist auch das große Bronzegrabmal des Kardinals Philipp Wilhelm im Dom zu Regensburg sein Werk. Ein Meisterwerk von seiner genialen Bildhauerhand stellt der Bronzeadler vom Augsburger Sieglehaus dar (heute im Maximiliansmuseum). In diesem temperamentvollen Bronzebildner (dessen Großvater, der Huter Hans Reichel, 1542 von München nach Schongau zugezogen war), dürfen wir einen der größten Künstler sehen, den Oberbayern hervorgebracht und die schwäbische Reichstadt an der Wertach gefördert hat. Bekannt ist seine Mildtätigkeit – so stiftete er zum Beispiel als »fürstbischöflicher Hofbaumeister« in Brixen den Waisenkindern 1000 Gulden. Die verwitterte Grabplatte seiner Eltern ist an der Südwand der Schongauer Sebastianskirche noch zu sehen.

Versucht man die Kunst Reichels zu charakterisieren, so zeigen sich alpenländische Grundeigenschaften, das beherrschte Pathos, das sich in großen raumgreifenden Gebärden ausdrückt, die gespannte Bewegungsrhythmik seiner Figuren und Gruppen. Auch die Dramatisierung eines Vorganges, einer Geschichte, gehört dazu. Ob Reichel nicht der Meister der Heldenputti an der Münchner Mariensäule ist? Diese haben so ganz das bildnerische Temperament, das von innen heraus Kampfbetonte, das den Augsburger Heiligen Michael auszeichnet. Es wäre jedenfalls in dieser Zeit der Entstehung um 1637/38 kein Bildhauer zu nennen, der für diese köstlichen Putten in Frage käme. Gleich dem Heiligen Michael, der 1603-1605 am Vorabend des Dreißigjährigen Krieges geschaffen wurde, sind die Münchner kleinen Kämpfer Ausdruck der gegenreformatorischen Haltung. Eine kniende Magdalena besitzt die Sankt Michaelskirche in München. Sie entstand schon 1594/95. Hans Reichel ist 1642 in Brixen gestorben. Es wird nicht genügend beachtet, daß Reichel den 20 Jahre älteren Hubert Gerhard, gestorben 1622/23, um 20 Jahre überlebt, daß er Hans Krumper und den jung verstorbenen Georg Petel um 8 Jahre überlebt hat.

Wilhelm Pinder meint, Reichel sei gegen Ende seines Lebens ›merkwürdig verstummt‹. Wer aber – außer ihm – könnte die Kämpfenden Putti geschaffen haben? Damit ist die Frage nach dem Münchner Spätwerk Hans Reichels aufgeworfen. Da sind die köstlichen vier ›ziegenfüßigen Satyrn‹ (so Pistorini 1644), die vor einem Pavillon an Stelle des Grüne-Galerie-Traktes der Münchner Residenz gestanden haben. Einer, der eine Traube auspreßt, kann wohl nur von Reichel geschaffen sein, denn die Körperhaltung und Modellierung entspricht genau dem Danziger Neptun Reichels. Die Genialität Reichels ist darin zu erkennen, daß er das ihm angeborene Pathos des Monumentalbildhauers mit Natürlichkeit zu verbinden wußte (wozu auch Humor gehört). Er hatte einen ausgeprägten Sinn für das Wirkungsvoll-Zugespitzte, das Emblematische, Heraldische und was ihn auszeichnet, ist der Griff ins Große.

Ein Schmädlhochaltar von selten reicher Gestaltung auch in *Peiting*, in der *Pfarrkirche Sankt Michael*. Zwei Johannesstatuen von Bewegtheit und volkstümlichem Ausdruck, fast den Figuren des Jorhan im Erdinger Hinterland vergleichbar. Der festlich prangende Heilige Michael, der an Stelle des Altarblatts die Schmädl-Figuren überstrahlt, wurde in neuerer Zeit von Pfarrer Anleitner in Schloß Höhenried erworben. In seiner eleganten Haltung mit weitgespreizten Flügeln, Federnbusch am Helm, wie er das Schwert schwingt und zugleich den Drachen an der Kette vorführt, könnte dieser Michael ein Weilheimer Bildhauer-Geschöpf sein: ein Engel der Übergangszeit, der das Rokoko schon in sich trägt. Ein Schmädl-Engel ist er jedoch noch nicht. Er gehört der Zeit um 1720/1730 an und weist auf einen Vorgänger Schmädls hin. Vielleicht ist es jener Weilheimer Bildhauer Martin Dirr (1674-1733), dessen Witwe Maria, geborene Stämele, der Oberstdorfer Schmädl 1734 ehelichte, um zu einer eigenen Werkstatt zu gelangen? Martin Dirr ist dann der Vater des am 1. April 1723 in Weilheim geborenen Johann Georg Dirr, der später zu einem führenden Stukkateur und Bildhauer des Bodenseegebietes geworden ist. Zugleich der Wegbereiter zum frühen Klassizismus hin. Denn Dirr, der Meister zartesten Rokokostucks und feiner Putten, hat bei der Ausstattung des Salemer Münsters mit Altären aus weißem und rosafarbenem Alabaster unter westlichem Einfluß den Klassizismus erstmals auf den Schild erhoben.

Klosterkirche Rottenbuch

Rottenbuch, das ehemalige Augustiner-Chorherrenstift, das seinen Bestand auf Herzog Welf I. und das Jahr 1073 zurückführt, liegt ungewöhnlich romantisch über der Schlucht der Ammer. Ein weißer Turm, dem man die Haube etwas schlafmützig übergezogen hat, grüßt von der baumbestandenen Hochleite, ein gemütlicher Torbau mit einem Mansardendach nimmt uns auf und führt in einen geräumigen Wirtschaftshof hinein, den noch die Überreste der alten Klosteranlage, der Bräuhausflügel, malerisch umschließen.

Betritt man aber die Kirche durch die Vorhalle und das bescheidene Portal, so bricht sogleich ein Fest aus, ein Fest für das Auge zunächst. Es ist, als öffne sich der Vorhang über einem betörend schönen Bühnenbild, das unsere Augen – die alles gleichzeitig erfassen möchten – zum Vibrieren bringt! Verschwenderisch ausgegossene Dekoration über die weißen Wände hin, höchster Reichtum bei feinstem Detail, schmelzende, süße und kecke Farben, Weiß und Gold ... Man vergißt für einen Augenblick, daß der Bau doch dem gotischen Mittelalter zugehört, nimmt ihn für eine gleichmäßig durchkomponierte Einheit und begreift wieder einmal, was Dekoration sein kann. Reicheres und Reiferes hat die bayerische ›Rokokogotik‹ nicht hervorgebracht – selbst nicht in Ettal und Andechs –, und wohl selten ist einer schlichten Basilika ein solcher später Triumph widerfahren. Der Raum, über dessen Bestand man sich erst unter der Vierung völlig klar wird, zeigt sich dreischiffig und mit ausladendem Querschiffhaus, an das sich der helle Chorraum schließt. Seine gotische Seele ist noch allenthalben deutlich, nachprüfbar an den zugespitzten Arkaden, an den ins Spitze sich wölbenden Gurtbogen und Gewölbefeldern. Eigentlich ist hier – man stellt das Schritt für Schritt fest – nichts abgebrochen und entscheidend verändert worden. Nur die Chorschranken der Querarme sind durch pittoreskes Spalier aus Muschelwerk und musizierenden Putten von dem Weilheimer Franz Xaver Schmädl zu einer reizenden Bühne umgeschaffen, darauf König David die Harfe schlägt. Und die neuen Fenster bringen mit ihren Dreipaßöffnungen mehr Licht in den Raum. Alle Nahtstellen der gotischen Gliederung sind mit Kelle und Spachtel gerundet und abgeschliffen. Den Hauptteil des Neuen macht freilich das blendende Übermaß an Stuck und Farbe aus und die veränderte Rhythmik der Jochabfolge. Sie ist jetzt ›synkopisch‹ in Gemäldefelder von verschiedener Größe aufgeteilt. Die für das Auge berechnete Rahmenform tut das ihre, um über die mittelalterliche Ordnung hinwegzutäuschen. Das gotische Gewölbe schloß den Raum nach oben. Die Rokokodecke öffnet ihn; sie wird zum Hauptträger der Malerei: glaubhaft dargestellte Ereignisse aus der Geschichte des Ordens, die nahtlos in die himmlische Sphäre übergehen. Hier an der Decke spielt der Dekorateur Josef Schmuzer mit vollem Register, läßt Wolken und Kartuschen, Bandwerk und Girlanden von bizarrer Schönheit aus dem weißen Grund hervortreten und schafft damit jene Beunruhigung, die als Vorbereitung für den Weg ins Übersinnliche dienen kann. Das gilt denn auch für die Deckenbilder des Matthäus Günther, die hier von höchster Festlichkeit sind, die mit berauschendem Klang und orchestraler Macht ihr Finale ausspielen. Auch diese Farben der Fresken haben mit der Wirklichkeit nichts mehr gemein. Sie sind in bestimmter Weise suggestiver Wirkungen fähig, sind zum überwiegenden Teil schon vom Lokalton gelöste, ins Absolute strebende Malerei.

Die Gliederung durch Pilaster wird im Raum kaum wahrgenommen. Sie tragen ja nur ein schmales Gesimsstück und sind sehr flach und in sich reich verziert. Nur die Hochschiffswände sind zum Teil noch als Fläche erhalten. Gemälde sind hier mit bewegten Rahmen kurviert. Charakteristisch nun, wie die Kapitelle mit den Gemälderahmen zu einem einheitlichen Ornamentfeld verschmelzen, wie das Kapitell in den Wirbeln der Rahmenformen optisch aufgelöst wird und untergeht. Wie denn auch der Stuck an den bezeichnendsten Stellen ein absolutes Dasein führt! Er herrscht in diesem Raum, nimmt sich Freiheit, schäumt über, ist wieder ganz fein und zierlich, plätschert dahin wie eine Ländlermelodie und ist wieder sehr elegant und höfisch geschliffen ... Herrlich, wie aus den zugespitzten Arkadenscheiteln weißgoldene Rocaillekartuschen herausgreifen, wie sich die Bilderrahmen oben zu Raupen aufwerfen, wie jedes Glied, jeder Gewölbezwickel, jede Ecke mit Spannung erfüllt, verdichtet oder nur angerauht ist. Am schönsten vielleicht die Stuckgebilde auf der Brüstung der Orgelempore! Ein wahrer Magier ist dieser Stukkator Josef Schmuzer!

Kloster Steingaden

Beim Anblick von Steingaden, dem Prämonstratenserkloster, meldet sich zunächst das Mittelalter kräftig zu Wort. Der geschlossene Baukörper der *Basilika Sankt Johannes*, ihre trotzige Doppelturmgruppe, der Dachkegel der Johanneskapelle und der romanische Kreuzgang sprechen die lapidare Sprache der Welfenzeit. 1147 ist das Prämonstratenser-Kloster von Herzog Welf VI. gestiftet worden. Es ist seine Grablege. Hatte das Auge eben noch auf einem finster dräuenden Löwenrelief geruht, sich erst allmählich durch das Dämmer der Vorhalle und das steinerne ›Nadelöhr‹ eines romanischen Stufenportals vorgetastet, so wird ihm beim Anblick des Kirchenraumes ein barockes Schaustück von magistraler Wirkung zuteil. Der noch erhaltene Raumorganismus des 12. Jahrhunderts, in seiner bedeutenden Tiefe und auffallenden Breite, scheint durch den drastischen Eingriff des Barock in eine neue ›Façon‹ gebracht. Das geschah in zwei verschiedenen Epochen. Im Chor haben wir noch die strenge Gliederung und die ausgewogene Stuckdekoration von 1662, also etwa die Stilstufe von Ilgen – vielleicht sogar den gleichen Meister! –, im Langhaus hingegen das Rokoko aus der Mitte des 18. Jahrhunderts. Und man wird wohl zugeben, daß sich der Chor dem romanischen Bestand organischer anpaßt als das Langhaus, das zwar voll farbigem Glanz, aber auch voll Unruhe und Asymmetrie steckt – dabei aber doch aus dem gleichmäßigen Rhythmus der Pfeiler und Bogen nicht hinauskommt.

Bezeichnend dafür ist die Kanzel, ein überaus schwungvolles Werk des Füssener Bildhauers Anton Sturm, das hier isoliert steht, weil ihm die Korrespondenz stilgleicher Altäre fehlt. Man hat sich da und dort mit älteren Ausstattungsstücken begnügt, vielleicht aus Geldknappheit – das Kloster hat ja schließlich fast gleichzeitig mit diesem Umbau die Wallfahrtskirche in der Wies erbaut. Und mit dem Chorgestühl blieb uns auf diese Weise ein ebenso feines wie seltenes Werk der Renaissancekistlerei erhalten.

Der Stuck hat die etwas üppige, krause, flamboyante Formgebung der fünfziger Jahre des 18. Jahrhunderts. Nur in den Gurtbogen und Laibungen der Arkaden gibt er sich noch höfisch und diszipliniert. Und in den Gewölbezwickeln darf er noch einmal mit Kartuschen kräftig aufschäumen. Sonst wird er entschlossen in die Ecken gedrängt, denn die Kappenwölbung ist das Feld des Malers. Johann Georg Bergmüller, der Augsburger Akademiedirektor, hat ihr die sinnliche Farbe und das szenische Pathos eingehaucht. Und diese Malerei ist schönstes ›al fresco‹ in Perspektive, Zeichnung und Kolorit. Kaum daß die Stilunterschiede der im Abstand von einigen Jahren geschaffenen Decken- und Arkadenbilder sichtbar sind. Der geschickte Künstler wahrt dabei im Zenit des Rokoko und in seinen alten Tagen noch immer ein Stück der römischen Schulung: den kräftigen sonoren Farbklang, die deutliche Plastik des Figürlichen und die klare Anschaulichkeit des Gegenständlichen, sei es nun eine schön marmorierte Balustrade oder ein geraffter Vorhang. Auch die Wandfresken

VI

CARL WILHELM ANTON SEILER
(1846-1921)
In der Klosterkirche in Ettal

Ölgemälde 1909
München, Neue Pinakothek
(Foto: Blauel/Gnamm-Artothek)

Maler, die sich – ohne künstlerisch zu scheitern – an die Darstellung von Kircheninterieurs des Rokoko gewagt haben, sind fast an den Fingern einer Hand aufzuzählen. Sieht man von einigen Zeichnern ab, so ist eigentlich nur Adolph von Menzel als Meister des Rokoko-Interieurs zu nennen.

Es ist nicht auszuschließen, daß Carl Wilhelm Anton Seiler durch Menzels virtuose Wiedergabe der Orgel-empore der Klosterkirche Ettal (Aquarell, früher in Berlin), die rund vierzig Jahre früher entstand, zu diesem Motiv angeregt worden ist. Jedoch hat die Eleganz dieses Stücks Kirchenarchitektur immer wieder Bewunderer gefunden. Organisch und vegetabil zugleich, dem Rhythmus der Rocaille entwachsend, zeigt dieses Interieur eine ›künst-liche‹ Architekturlandschaft von äußerster Raffinesse.

über den Arkaden, in denen die Geschichte des Heiligen Norbert wie in einem Bilderbuch erzählt wird, werden als selbständige Gemäldeattribute empfunden, vergleichbar den Supraporten höfischer Schloßsäle.

Die Fresken von Steingaden sind beste Augsburger Schule, der Stuck ist ein temperamentvolles Wessobrunner Gewächs, die Musikempore ist ein Stück von bestechender Eleganz, die Kanzel gar ein bildhauerischer Wurf: und doch kommt es in dieser Kirche nicht zum großen und ganz überzeugenden Zusammenklang der Hände, der Stile und Zeiten! Mag sein, daß das Romanische hier noch zu mächtig war oder daß sich die bindende Kraft des Rokoko, die aus der Auswahl des Künstlerensembles resultiert, hier schon spürbar erschöpft hatte. Nur im Gesamtkunstwerk, bei dem sich alle Teile dem Hauptgedanken unterordnen und die Erfahrungen einer ganzen Stilentwicklung verwertet werden können, vermag das Dixhuitième seine letzten, äußersten Fähigkeiten auszuspielen: wie in der Wieskirche des Dominikus Zimmermann.

Die Wieskirche

Um 1950 – zu einer Zeit, als man in Deutschland noch reisen konnte, wohin man wollte – hatte ich eine Gruppe Dresdener Studenten mit ihrem Lehrer Hermann Beenken im Rahmen eines Barockseminars in die Wieskirche zu führen. Die romanische Basilika in Altenstadt, wo wir Station machten, fand sachverständiges Interesse, was man am Ernst der Gesichter sah. In Steingaden, wo Mittelalter und Barock unmittelbar nebeneinanderstehen, entdeckte ich eine Spur von Skepsis auf manchem Gesicht, nicht nur bei den Studenten. Als wir dann in der Wieskirche angelangt waren, löste sich die Stimmung – schon bei ihrem Anblick – ins Aufgeräumte. Wir hielten beim Loriwirt und gingen den Weg durch die Wiesen zu Fuß. In der Kirche selbst sah ich nur noch heitere Gesichter. Es war, wie wenn ein Sonnenstrahl durch ein Geschiebe grauer Wolken bricht und alles zum Freundlichen stimmt. Manche konnten sich gar nicht sattsehen, so daß der Zeitplan in Gefahr kam. Als alles schon im Omnibus versammelt war, kam immer noch einer aus dem Vorhaus heraus, zuletzt Beenken.

Wir kamen durch ein Dorf, das mit weißblauen Fahnen geschmückt war. Beenken, der neben mir saß, (wir hatten gerade über die Farben der Wies gesprochen), sagte: »Es gibt keine Farbzusammenstellung, die optimistischer wirkt, als weiß und blau. Und es paßt hierher ...« Als wir nun durch ein paar schmucke Dörfer in Richtung Rottenbuch auf die Alpenstraße kamen, meinte er mit einem Blick auf die Uhr, man möchte jetzt eigentlich nach der Wieskirche nichts mehr sehen, was diesen Eindruck schwächen könnte. Am liebsten führe er jetzt ein Stück in die Berge hinein, um auf einer Bergwiese stehen zu können. Gesagt, getan. Der Omnibus hielt nach einiger Zeit an einer Ausweichstelle bei einem steilansteigenden Berghang. Der Professor und die Studenten stiegen aus; letztere rannten mit einem Freudengeschrei den Hang hinauf, als wollten sie die Alpen stürmen ... Hernach erfuhr ich, warum: Jetzt hatten sie diese weite Reise nach München gemacht, ohne jemals in den bayerischen Alpen gewesen zu sein. Die Freude, daß es nun doch gelungen war, einen ›Berg‹ zu besteigen, entlud sich in ein paar sächsischen Juchzern und dann – als sie auf einem Buckel angelangt waren und die Aussicht auf das Bergpanorama des Wetterstein mit der Zugspitze hatten – in jener fröhlichen Ausgelassenheit, die junge Menschen gelegentlich überkommt, wenn sie in Gottes freier Natur sind.

Heute weiß ich es, daß es richtig war, damals die vorgeschriebene Route und den Zeitplan zu ignorieren ...

Vor Jahrzehnten erst so richtig ›entdeckt‹, ist die Wies heute der Inbegriff bayerisch-schwäbischen Kirchenrokokos, eine der köstlichsten und zugleich originellsten Raumschöpfungen aller Zeiten.

Wenig andere Kirchenräume haben eine derart bezaubernde Lichtwirkung wie dieser Ovalraum, dieser Chorraum mit seinen Durchbrechungen und Stuckmarmorsäulen, bei wenig anderen ist das Detail – die phantastische Rokokokanzel, die formdurchwogten Altäre, die Fresken und Heiligengestalten – so harmonisch aufs Ganze bezogen wie hier. Man spürt eben, daß es das späte Meisterwerk eines Wessobrunner Baumeisters ist, dem die Freude an bewegter Form, Farbe und Licht in die Wiege gegeben wurde.

Die Wallfahrtskirche zum gegeißelten Heiland, vor dem Bergrücken des Trauchberges, umgeben von schwermütigen Moosen, das lange Zeit verborgene Herzstück des Pfaffenwinkels, zieht heute viele Besucher an. Und doch ist sie unter den vielen berühmten Kirchen des Pfaffenwinkels die jüngste.

Ein »ganz einsam abgelegener, wenig bekannter mit Pfützen und Sunfften umgebener Ort« sei der Gnadenort vorher gewesen, heißt es in dem Büchlein »Neuentsprossene Gnadenblum auf der Wis«, das 1746 in Augsburg erschienen ist. Und über die Geschichte des Gnadenbildes selbst wird darin berichtet:

Abt Hyazinth Gaßner hatte in der Hofmark des Klosters Steingaden die Karfreitagsprozession eingeführt; dazu brauchte man unter anderen »Vorstellungen« eines Bildnisses des gegeißelten Heilands: »Zu diesem End ist ein zwischen staubvollem Geraffel schon vor etlich jahren gefundener und nach Bildhauerkunst wohl ausgearbeiteter Kopf wieder hervorgezogen worden. Diesem Haupt dann die übrige Theil einer Bildnus zu geben, suchte und fand man einen von Holz schlecht ausgearbeiteten oberen Leib, Arm und Fuß, aber weil diese Theil sich nit wohl zusammenschickten, wurde der ganze Leib mit Leinwand überzogen, hin und wieder mit Werg und tüchlein ausgefüllt, das haupt mit gemachten Haaren bedeckt und letzlich durch Fr. Lucas, einen erfahrenen Maler, mit Ölfarben gefasset ... Anno 1735 wurde dieses Bildnus wegen ihres geringen Ansehens nit mehr gebraucht, sondern in der Kleiderkammer des Klosters unter anderen theatralischen Sachen aufbehalten ...« Schließlich schenkte man die Prozessionsfigur dem Tafernwirt von Steingaden. Diesen wiederum ersuchte seine »Gevatterin und Bäuerin auf der Wis« Maria Lori so lange um dieses Bild, bis er es ihr im Mai 1738 schenkte. Sie stellte es in ihrer Kammer auf, bemerkte »den 14 Brachmonath, als an dem Sambstag Abends, und darauf folgenden Sonntag fruhe, einige Tropfen auf dem Angesicht des Bildes, welche sie vor Zäher haltete. Wußte derohalben von Schröcken ihr selbsten nit zu rathen ...«

Nach anderthalb Jahren wurde 1739 neben dem Bauernhaus eine kleine, heute noch erhaltene Feldkapelle gebaut, in der das Bildnis ohne alle Feierlichkeit »um auf solche Weiß keiner Neuerung Anlaß zu geben« aufgenommen wurde.

Aber es stellten sich bald die ersten Beter und um Erhörung flehende Gläubige ein. Der Zulauf zu dieser einsamen Wallfahrt wuchs in einem Maße und in einer Heftigkeit an, – 1749 waren es bis zu dreitausend Pilger, die in Fußmärschen oder auf dem Weg nach Rom und zurück, in die Wies kamen – daß man von einer neuen alpenländisch-bayerischen Volkswallfahrt sprechen konnte. Auch aus dem Mainzischen, aus Bregenz, Böhmen und der

Schweiz kamen Besucher. Und es spricht für die Anziehungskraft des Ortes, daß Adam Friedrich von Seinsheim, der spätere Fürstbischof von Würzburg, 1753 in der Wies seine Primiz feierte.

Abt Hyazinth Gaßner von Steingaden bestimmte Dominikus Zimmermann zum Baumeister der neuen Wallfahrtskirche und ließ wohl die Pläne einholen. Nach seinem Tod am 28. März 1745 wandte sich sein Nachfolger Abt Marianus II. Mayr an den Kurfürsten um die Baugenehmigung. Am 7. Dezember 1745 ist der Chor »40 Schuh über den Grund herausgekommen«. Und berichtet weiter: »Falls diese Wallfahrt wider Verhoffen sollte in Abgang kommen und also der völlige Kirchenbau durch die Opfer nit sollte bestritten werden können, nichts destoweniger der Chor alleinig zu einer jedennoch proportionierten Kirchen hergestöhlt werden könnte ...« Der Baumeister Zimmermann habe dazu die Versicherung gegeben. 1749 war der Chorbau schon so weit vollendet, daß man am 31. August das Gnadenbild aus der Kapelle in feierlicher Prozession in den neuen Altar (?) übertragen konnte.

Diese Prozession zeigt uns ein sehr reizvolles Ölbild auf dem Altar der alten Wieskapelle. Darauf ist auch das an den Chor anschließende Priesterhaus schon fertiggestellt. Am 1. September 1754 wurde die bereits vollendete Kirche durch den Weihbischof von Augsburg geweiht. Abt Marian Mayr hat wegen der großen Schulden, die sich aus dem rasch aufgeführten Bau der Wies ergaben, als Klostervorsteher abdanken müssen. Nach der Aufhebung des Klosters Steingaden 1803 wurde die Wieskirche geschätzt. Sie sei auf 170000 Gulden gekommen, berichtet man. Und schon 1810 haben wir eine Eingabe der Gemeinde Fronreiten an die Regierung des Isarkreises. Die Kirche solle solang bestehen, wie sie sich durch eigenes Vermögen, Opfergefälle und freiwillige Zuschüsse der Gemeinde erhalten könne. »Es wäre schmerzlich, ein so schönes und weltberühmtes Bauwerk niederreißen zu sehen.«

Der Baukörper dieser Wallfahrtskirche scheint ganz aus der Landschaft gewachsen und geht mit ihr eine innige Verbindung ein. Von welcher Seite man sich auch nähert, immer ist das erste Erblicken zwischen den dunklen Bäumen ein Erlebnis. Helligkeit breitet sich um die Kirche aus. Die Außenform wirkt wie ein schlichtes Gehäuse, in das eigenwillige Fenster von ornamentaler

Kraft gesetzt sind. Doch besitzt die Westseite eine von Bäumen verdeckte Fassade, halbrund vorschwingend und mit Säulen gegliedert wie auch mit Architekturmalerei belebt. Das Schiff weitet sich, läßt eine Art ›Querhaus‹ mit gerundeten Ansatzstücken vermuten und verengt sich zum Chor.

Das Priesterhausgebäude bildet mit dem schlichten Turm eine akzentreiche feine Baulösung.

Der Grundriß des Hauptraumes bildet ein Oval mit zwei Halbkreisbögen und geradem Mittelstück, dem innen Doppelpfeiler vorgesetzt sind, je vier an jeder Seite. Die Vorhalle schmiegt sich in weichen Apsiden an den Hauptraum an. Der Chor, der wie der Hauptraum zweischalig gehalten ist, umfaßt drei Arkadenabschnitte und zwei Geschosse mit Emporen; er schließt mit einem Korbbogen. Soviel nur zur Wallfahrts- und Baugeschichte, wie auch zur Bauerscheinung.

Das Oval ist die signifikanteste Form des reifen Rokoko; es mußte mit jener Zwangsläufigkeit entdeckt werden, die jeder Stilentwicklung innewohnt. Zimmermann hat es in einer Reihe von Kirchenbauten und Plänen aufgegriffen – Steinhausen und Ottobeuren – und schließlich hier, in seinem letzten Werk, innerhalb weniger Jahre zur Vollendung getrieben. Dazu war ihm jedes erlaubte Mittel recht: die mächtige Muldendecke ist ein hölzernes Schalgewölbe. Die Gurtbogen sind kaschiert. Nur auf diese Weise konnten die Pfeilerpaare in äußerster Schlankheit gebildet, konnten die Außenmauern durch abstrakt-ornamentale Fenstergebilde durchbrochen werden, nur so waren auch Lichtdurchbrüche und Gurtbogen von fast maurischer Grazie möglich! Und um dies alles zu wagen, mußte man schließlich Stukkateur und Baumeister sein. Ein Wessobrunner eben!

Allein die Spannweite des Gewölbes ist erstaunlich. An den Längsseiten, wo der Kuppelfuß durch ein Gesims bezeichnet wird, hat der Stukkateur dem Maler noch ein paar Meter der Malfläche gespart. Der halbsenkrechte Ansatz für eine ›Standfläche‹ von figürlichen Szenen, wie wir sie bei den Italienern und auch bei Asam und Holzer häufig finden, geht dadurch verloren. Es fehlt so auch die genauere Unterscheidung in eine irdische und himmlische Zone der Malerei. Johann Baptist Zimmermann, der Maler, gibt hier gleich Atmosphäre und kühne Wolkendraperie.

Nur an zwei ausgezeichneten Stellen, in der Längsachse über dem Chor und der Orgelempore, wird das Fresko architektonisch unterbaut: im Osten durch einen gemalten Baldachin über einem leeren Thron, im Westen durch ein geschlossenes Tor. Über die Mitte der Wölbung spannt sich ein Regenbogen mit der darauf erscheinenden Gestalt des Schmerzensmannes.

An der *Ausstattung* der Wieskirche, die allgemein als ein Gesamtkunstwerk der Brüder Zimmermann angesprochen wird, waren noch andere Kräfte maßgebend beteiligt. Das Programm im Inneren war dabei ursprünglich im Chor auf den Gegeißelten, die Hilfen und Gnaden des »göttlichen Wundarztes in der Wies«, wie ihn das Gnadenbüchlein von 1746 nennt, bezogen. Später, als der Anbau des Langhauses beschlossen war, weitete man dieses – vielleicht von Pater Magnus Straub entworfene Programm – noch aus. Im Chor haben wir eines der besten Fresken Johann Baptist Zimmermanns: Engel tragen die Leidenswerkzeuge zum Himmel. Auch die Kuppel über dem oberen, zurückgesetzten Choraltar ist freskiert. Hinter der runden Lichtaura mit dem apokalyptischen Lamm schweben Engel, deren Anbetung dem Lamm gilt. Das Hochaltarbild stammt von Balthasar Augustin Albrecht, 1753/54 geschaffen. Es stellt die Heilige Familie dar. Zwischen den Säulen des glänzend gelösten zweigeschossigen Hochaltars stehen die lebhaft bewegten, weißgefaßten Figuren der Evangelisten von Egid Verhelst aus Augsburg, vor 1749 geschaffen. Zwei Prophetenfiguren (links Jesaias) flankieren das Altarbild und weisen auf den Jesusknaben im Bild und auf den Gegeißelten darunter hin. Die Kanzel ist eine der kühnsten Erfindungen Dominikus Zimmermanns. Sie wächst aus einem geschweiften Pilaster zwischen den Pfeilern auf, getragen von einer Jünglingsherme, der eine Schale emporhebt, mit der er das von einem Delphin gespendete Wasser fängt und weitergibt, Symbol des ewig fließenden und weitergegebenen Gotteswortes. Auf dem Delphin ein fein gestalteter Putto, wohl als Jesuskind anzusprechen, den Urquell und Vermittler des Gotteswortes. Die Reliefs am Korpus stellen Allegorien des Glaubens, der Hoffnung und der Liebe dar. Vier Putten weisen die Attribute der Kirchenväter. Im offenen und durchbrochenen Schalldeckel, der wie eine Grotte aufgebaut ist, schwebt die Heilig-Geist-Taube, zuoberst ein Putto mit den Gesetzestafeln und das Auge Gottes in einem Spiegel. Die gegenüberliegende Abtsloge nach Entwurf Dominikus Zimmermanns unter Mitarbeit von Anton Sturm geschaffen. Anton Sturm schuf auch die vier Kirchenväterfiguren zwischen den Langhauspfeilern, um 1753/54, wie auch die Figuren an den Seitenaltären, 1756. Die Seitenaltäre sind von Dominikus Bergmüller aus Türkheim 1756 geschaffen. Die Altarbilder malten Johann Georg Bergmüller (links, Heilige Magdalena und Christus) und Joseph Magges (rechts, Reue des Petrus), beide 1756. In den mächtigen Deckenspiegel des Hauptraums malte Johann Baptist Zimmermann den Thron und die Herabkunft des Weltenrichters, der auf dem Regenbogen erscheint. Beim Verlassen der Kirche mahnt den Pilger ein gemaltes verschlossenes Tor an das Ende der Zeit.

Dachstuhl und Decke der Wieskirche stellen eine geniale Leistung Zimmermanns dar. Um den Eindruck eines weiten Muldengewölbes zu erreichen, griff der Baumeister zu einer im übrigen Alpenland schon bekannten Bauweise des Holzschalgewölbes, das freilich bisher nur bei kleineren Kuppeln angewandt wurde (so bei Johann Jakob Herkomer in Füssen). Es kommt jedoch noch eine Neuerung hinzu: Ansatz und Scheitel des Gewölbes, das in seiner oberen Region fast flach gespannt ist, beginnen über dem Gesims der Außenmauern, die gewöhnlich mit den Pfeilern die durchgehenden Binderbalken tragen. Die eigentlichen Binder sind um ein Stockwerk nach oben gerückt, das bei der äußeren Dachgestalt als Mansardendach in Erscheinung tritt. Die Holzdecke und der Lattenrost als Träger des großen Deckenfreskos sind mit Eisenschlaudern im Dachstuhl verankert. Diese neuartige und gewagte Deckenkonstruktion hat einerseits die Leichtheit und die vielen Durchbrechungen des Unterbaues erst ermöglicht – es haftet ihr in der Holzbauweise auch ein Stück typisch Alpenländisches an, das aus dem hier meisterlich geübten Zimmermannshandwerk herkommt. Daß sich der Druck, der durch Wind und Wetter auf die Dachhaut einwirkt, auch auf das Gewölbe und die stuckierten Durchbrechungen überträgt, hat Zimmermann wohl berechnet oder wenigstens berücksichtigt. Nicht berücksichtigen konnte er allerdings die Schallwellen und Druckwellen der Düsenflugzeuge unserer Zeit, die die Wies überfliegen.

1984 wurden alarmierende Schäden und Bruchstellen festgestellt, die zu einer Gefahr für die zahlreiche Besucherschaft der Wieskirche und vorübergehend zur Schließung des Kirchenraumes (bis auf die Vorhalle) führten.

Die Kirche zu Oberammergau

Auf dem Kirchplatz zu Oberammergau, der ein wenig an die Stimmung in Ludwig Thomas ›Heiliger Nacht‹ erinnert, ist der Schnee zu großen Haufen aufgeschaufelt. Ein Übermaß an Weiß läßt uns die ganze Farbigkeit des Werdenfelser Landes, des Ammergaues und dieses Ortes im Besonderen zum Erlebnis werden. Da liegt der breite Giebel eines Bauernhauses in der satten Leuchtkraft alter Freskomalerei. Und gegenüber, hinter tief eingeschneiten Friedhofsmauern, steigt die Kirche auf, weiß und rosa gefärbelt, mit eigenwilligen Fenstern und Kapellen, Fenstern die sicher am schönsten sind, wenn sie von innen heraus leuchten.

Es ist fast selbstverständlich: Der Ort der Passionsdarsteller, der Herrgottsschnitzer und der Lüftlmaler hat eine Kirche, die zu den stattlichsten dieses Landes hier gerechnet wird. Ihr Stil ist Rokoko, oberbayerisches Rokoko, wie es sich kerniger und farbiger kaum denken läßt. Ihr Baumeister war ein Wessobrunner.

Josef Schmuzer, der Meister der schönen Landkirchen von Garmisch und Mittenwald, der Vollender der Rotunde zu Ettal, er wußte wohl, was die Bewohner des frommen Dorfes und sein Bauherr, der Rottenbucher Propst Patritius Oswald, wollten. Nicht nur eine stattliche Dorfkirche, sondern einen Festraum des Herrn und der Apostelfürsten, der in Bau und Ausstattung den hohen Kunstsinn und die erlösungsgewisse Gläubigkeit jener Zeit bekundet.

Der Raum, den er uns in den Jahren 1736–42 errichtet hat, überrascht durch die Weite und Helligkeit und eben auch durch die Farben seiner Ausstattung und Freskomalerei. Es ist ein heller Saalraum, der seitlich in zwei Altarräume ausbuchtet und sich zum Chor hin verengt, ein hoher Raum auch, den zwei flache Rundkuppeln wie darüber schwebende Teller schließen.

Die Wände sind einfach weiß, in gebrochenem Weiß schimmern die Stukkaturen, die so deutlich der Fläche verbunden sind, daß man sie für aufgelegte Spitzen halten könnte, verdichtet um die Medaillons der Fresken.

Dieses viele Weiß scheint auch hier nur da zu sein, damit die Fresken um so heller und festlicher erstrahlen können. Denn diese Deckenfresken sind die eigentliche Überraschung unserer Kirche. Sie ziehen sogleich den Blick auf sich, wenn man hineintritt, und sie lassen uns nicht mehr los, ja es scheint, als wäre der ganze Bau auf sie bezogen.

Matthäus Günther vom nahen Peißenberg, der Augsburger Akademiedirektor, ist der Meister dieses kühn aufgezogenen Freskenhimmels in der Kirche zu Oberammergau. Man erkennt es gleich an der dramatisch zugespitzten Komposition und an dem meisterlichen Illusionismus. Und schließlich hat er auch das vollendete Werk, das in zwei Abschnitten entstanden ist, zweimal mit vollem Namen signiert, 1741 die Langhauskuppel und 1761 das Fresko über dem Altarraum. Da wird das ganze Leben der Apostelfürsten in der leidenschaftlichen Sprache des Barock erzählt. Über dem Musikchor ragt die Cathedra Petri in Rom auf, und darüber schließt sich die Peterskuppel. Da sehen wir das staunende Volk mit aus dem Leben gegriffenen Portraits der Oberammergauer, gedrängt auf Treppen und Balustraden. Und ein übermütiger Bursche schwingt sich leibhaftig in die Lüfte; er tanzt über dem Beschauer.

Im Altarraum, der mit zarteren Farben gemalt ist, sehen wir Maria, wie sie dem Heiligen Dominikus den Rosenkranz übergibt und Sankt Katharina von Siena die Dornenkrone. Und darunter erblicken wir ein symbolisches Bild, einen Hund, der auf einer Weltkugel balanciert und eine brennende Fackel im Maul hat: Der ›Dominicanes‹, der auf dem Erdball das Feuer der göttlichen Liebe entzündet. Kraftvoll und elegant zugleich und ein wenig schaubildhaft ordnen sich die Altäre im Raum zueinander. Ihre temperamentvolle Plastik hat der Weilheimer Franz Xaver Schmädl geschaffen. Ihm danken wir einige der schönsten bayerischen Weihnachtskrippen des Barock. Auch der ›Lüftlmaler‹ von Oberammergau, Franz Seraphim Zwinck, darf in diesem Ensemble nicht fehlen. Er schuf in seiner faustfertigen Art, die von Günther absticht, die Gemälde auf der Emporenbrüstung; Schöne alte Altarblätter und bilderreiche plastische Gruppen auf den

Altären; eine Fülle köstlicher Engel und Putten; am schönsten vielleicht die auf dem Auszug des Hochaltares und der großen Seitenaltäre …

Man erblickt sie kaum, aber sie sind überall dienend gegenwärtig und tragen den heiteren Part in unserem feierlichen Theatrum Sacrum.

Oberammergauer Schnitzer

Der Passionsspielort ist seit alters her der Ort einer blühenden Holzschnitzerei. Noch um 1880 lebten 120 Familien vom Ertrag dieser Kunstfertigkeit, die von den Ausübenden nicht als ›Handwerk‹, sondern (schon seit dem 17. Jahrhundert) als ›freie Bildhauerkunst‹ angesprochen werden wollte.

Seit dem 18. Jahrhundert kam noch die Faßmalerei hinzu, das heißt, die Fertigkeit, die Schnitzarbeiten mit Leimfarbe farbig zu fassen. Die Arbeiten wurden durch Verleger mit ausländischen Handelshäusern bis nach Petersburg, Kopenhagen, Drontheim, Cadix, Amsterdam, Liverpool und Lima in Peru vertrieben. ›Kraxentrager‹ setzen die Arbeiten auf den Jahrmärkten und als ›Hausierer‹ ab. 1878 wurde die staatliche Fachschule für Holzschnitzerei in Oberammergau gegründet. Daß Bildschnitzerei und Passionsspiel hier einen gemeinsamen Grund haben und innig zusammenwirkten, zeigt das Beispiel des Spielleiters Johann Georg Lang, der seit 1930 die Bühne des Passionsspiels und die Kostüme reformierte und den ›Lebenden Bildern‹ eine neue farbennuancierte Wirkung im damaligen Geschmack der Neuen Sachlichkeit verlieh. Eindrucksvoll war vor allem die Wirkung der schlichten graublauen Mäntel der Chöre, vor der sich die Lebenden Bilder durch gewählte Farbigkeit abhoben. Es ist der Einfluß des Oberammergauer Stils in der Schnitzkunst und Steinplastik (nicht nur in der religiösen) noch nicht genügend untersucht. Erwähnt sei nur, daß eines der noch vom Jugendstil bestimmten expressionistischen Kriegerdenkmäler von dem Oberammergauer Wilhelm Lechner 1928 in der Landshuter Neustadt entstand (Steinplastik). Im Besitz des Heimatmuseums, das derzeit neugestaltet wird, ist die Große Krippe mit etwa 200 Figuren, entstanden zwischen 1770 und 1830 und zum Teil von Franz Zwinck gefaßt.

Kloster Ettal

Die Gründungsgeschichte von Ettal ist legendär. Kaiser Ludwig der Bayer soll auf seinem Italienzug das Marmorbild einer Muttergottes mitgebracht und ihm zu Ehren 1330 das Kloster gegründet haben. Sicher ist, daß er zu dieser Zeit ein Stift für dreizehn Ritter, ihre Frauen und sechs Witwen »ze unser Frawen Etal« gründete und 1332 die Regel des Ritterordens eingeführt wurde. Die Stiftsgebäude waren damals bereits vollendet, 1370 wurden Kloster und Kirche geweiht. Die Kirche besaß sieben Altäre. Aber schon 1347 – bald nach dem Tode des von Glück nicht begünstigten Kaisers – ging das Ritterstift ein. Benediktiner lösten es ab und führten es später zu einem Höhepunkt bayerischer Klosterkultur. Als Ritterakademie lebte die ursprüngliche Bestimmung in der Barockzeit noch einmal für eine Generation auf.

Als Ritterstift, Benediktinerkloster und Stätte ständiger Marienverehrung ist Ettal ein seltener Fall der Klosterarchitektur des Mittelalters und des Barock. So griff man auch in der Architektur zu eigenen Formen. Ein gotischer Zentralraum, aus einem Zwölfeck gebildet, mit doppelgeschossigen Umgängen und zellenartigen Oratorien für die Ritter, die dem Gottesdienst unmittelbar beiwohnen konnten, ist die ursprüngliche Erscheinungsform der Kirche. Sucht man nach Vorbildern, so stellt man eine auffallende Verwandtschaft der Bauidee mit den Kirchen des Templerordens fest, die ihrerseits wieder auf die Pfalzkapelle Karls des Großen in Aachen zurückgehen. Auch Bayern besitzt Verwandtes etwa in der aus einem Oktogon bestehenden Heiligen Kapelle in Altötting oder in kleineren Rundkirchen wie Hausbach bei Vilshofen, die wohl in Erinnerung an das Grab Christi die Rotunde bevorzugen. In Hausbach haben wir auch die Mittelsäule als ursprüngliche Trägerin des Gewölbes. 1476–1492 wurde die Rotunde in Ettal erst eingewölbt. Sie ist ursprünglich mit Flachdecke, jedoch schon mit Mittelstütze zu denken. Erhalten blieben nur die Umfassungsmauern. Der Pfarraltar stand vor der Mittelstütze (westlich) in dieser 1491 geweihten Kirche.

Mit der neuerrichteten Ritterakademie von 1711 beginnt ein vom Hof gefördertes Bauen nach den Plänen des Hofbaumeisters Enrico Zuccalli. Aber auch jetzt kommt man nur langsam voran, und es bleibt vieles in Plänen stecken. Zuccalli errichtet die geschwungene Westfassade mit aufwendiger Säulenarchitektur aus Haustein. Ein Teil bleibt unvollendet und wird erst im 19. Jahrhundert ergänzt. Gleichzeitig entsteht der Chor nach Zuccallis Plänen. Die Kuppel des Chors errichtet Josef Schmuzer, ebenfalls nach Zuccallis Entwurf. 1726 werden Chor und Hochaltar geweiht. Nach einem schweren Brandunglück, 1744, das das Kloster mit Ausnahme des Nordflügels schwer beschädigte, ist es der Klosterarchitekt Schmuzer, der seit 1745 Ettal wiederaufbaut. Ihm ist auch die architektonische Leitung bei der eleganten Ausstattung der Rokokostiftskirche zu danken.

Wir betreten die Kirche durch das barocke Portal und finden uns in einer (1898 freigelegten) Portalvorhalle mit dem gotischen Portal. Im Tympanon die Darstellung Kaiser Ludwig des Bayern mit seiner zweiten Gemahlin Margarethe von Holland, nach 1332. Über dem Umgang haben sich noch Reste der ursprünglichen Frauenempore erhalten: ein ehemals flach gedecktes Obergeschoß, das sich mit vier Mauerschlitzen in den Hauptraum öffnet.

Der Scheitel des ursprünglichen Ringgewölbes lag tiefer als der der barocken Kuppel, ein Stück unter dem gotischen Kranzgesims, auf dem heute die barocke Kuppel aufsitzt.

Selten glücklich ist die Raumausstattung zu nennen. Sie entstand unter Schmuzers Leitung durch ein Ensemble erster Kräfte. Schmuzer verkleidete den Raummantel mit einem System doppelgeschossiger Rokokopilaster, darauf eine Attika. Ihm ist wohl auch die elegante Westempore auf zwei Säulen zu danken, deren Figuration sich in die Rundung schmiegt, wie ein Schwalbennest. Der Tiroler Johann Jakob Zeiller schuf das 1752 vollendete Fresko der Hauptkuppel: die Trinität, umgeben von den Chören der Engel und den Scharen der Heiligen. Über dem Chorbogen finden wir die Szenen der Überreichung des Gnadenbildes durch den Kaiser Ludwig den Bayern, von Zeiller gemalt. Darunter in einer Kartusche das Wappen des Bauherrn Abt Benedikt III. Das Chorkuppelfresko ist die Leistung des letzten großen süddeutschen Barockfreskanten, Martin Knoller, 1786 vollendet. Es stellt Christus und die Heiligen des Alten Bundes dar. Von Knoller ist auch das Hochaltarblatt der Himmelfahrt

Mariens, 1786 bezeichnet, in dem frühklassizistischen Hochaltaraufbau des Salzburgers Josef Lindner. Erst 1790 wurde das
Gnadenbild, angeblich Werk des Giovanni Pisano, oder von Tino
da Camaino, auf den Hochaltar übertragen. Am Sockel des Altars
haben wir ovale vergoldete Bleireliefs von Roman Anton Boos
(1788 bezeichnet): Szenen aus dem Marienleben.

Leider wurde der 1772 durch Ignaz Günther hergestellte
Hochaltarentwurf mit einer großartigen plastischen Gruppe der
Himmelfahrt Mariens nicht verwirklicht. Sein glänzend gezeich-
neter Riß befindet sich im Germanischen Nationalmuseum zu
Nürnberg. Erhalten ist auch das Modell aus Holz und Wachs für
die Hauptgruppe mit ihrer in Anlehnung an Egid Quirin Asams
Hochaltargruppe in Rohr konzipierten Assunta Mariens.

Glanzstücke in diesem Ausstattungsensemble bilden die Seitenaltäre mit dem Figurenwerk des Münchner Hofbildhauers
Johann Baptist Straub. Sie sind rhythmisch in zwei Gruppen zu
je drei Altären angeordnet, wobei jeweils der mittlere Altar durch
einen Tabernakel ausgezeichnet ist. Hervorragende Altarblätter
von Martin Knoller, Johann Jakob Zeiller, Franz Georg Hermann,
Felix Anton Scheffler. Die Fassung stammt von Ignaz Bauer aus
München. Straub lieferte auch die Kanzel. Ausgezeichnete
Schnitzkunst zeigt sich an den Beichtstühlen und an dem Orgel-
prospekt des Simon Gantner aus Kleinkizighofen.

Sehenswert ist auch die Sakristei mit ihrer Rokokoausstattung,
darunter ein Tabernakelrelief der Kreuzabnahme von Straub,
ein Rokokoaltar mit Gemälde von Georg Dieffenbrunner, Intar-
sienschränke mit geschnitzten Giebelaufsätzen.

Von den Klostergebäuden fiel das meiste der Säkularisation
zum Opfer. Was heute zu sehen ist, stammt aus dem 20. Jahrhundert. Es dient einem bekannten Internat und dem von Ettal
betriebenen Kunstverlag. Seit 1906 ist Ettal wieder Benediktinerabtei und das Kulturzentrum im Ammergau, vielbesucht wegen
seiner eigenen Atmosphäre und der Romantik seiner Lage, zu der
noch die romantische Entstehungsgeschichte des Ritterstifts und
die Rokokostiftskirche kommen.

Zwiſchen Loiſach und Iſar

Beuerberg und Habach

DAS um 1120 durch die Herren von Eurasburg gegründete *Augustinerchorherrenstift Beuerberg* ersetzte seine romanische, im 15. Jahrhundert renovierte Kirche zwischen 1626 und 1635 durch einen Neubau, bei dem Isaak Pader aus München als Berater fungierte. Die Fassade ist fast hundert Jahre jünger, da die Erneuerung der Konventsbauten 1729 die Verlängerung der Kirche um ein Joch nach Westen zur Erreichung einer geschlossenen Front notwendig machte.

Beuerberg ist die typische Wandpfeileranlage des Frühbarock, wie sie sich aus der spätgotischen Wandpfeilerkirche (zum Beispiel Elsenbach bei Neumarkt an der Rott) entwickelt hat, nicht ohne Einfluß von Sankt Michael in München. Das Langhaus ist mit einer Stichkappentonne gewölbt, der Altarraum stark eingezogen, rechteckig geschlossen und mit seitlichen Emporen versehen. Kannelierte Pilaster, die den Wandpfeilern vorgestellt sind, gliedern den Raum. Geometrisch aufgeteilter Rahmenwerkstuck, weiß getüncht, gibt dem Kirchenraum den Charakter des Frühbarock. Dabei spricht der lebhafte Farbakzent der Altäre besonders an. So der Hochaltar, ein üppig dekorierter Säulenaufbau von 1635 mit einem Altarbild des Elias Greither aus Weilheim: ›Kreuzabnahme Christi‹ in Anlehnung an Daniele da Volterra.

Uns interessiert neben den Bildern der Seitenaltäre von Johann Baptist Untersteiner das Gemälde des Seitenaltars im Altarraum und einer ›Taufe des Heiligen Augustin‹ von Hans Ulrich Frank, 1638 gemalt. Dieser Augsburger Maler, Zeichner und Radierer aus Kaufbeuren ließ 1643 und 1656 eine genialische Radierfolge der Schrecken des Krieges erscheinen. Er war wohl von Johann Heinrich Schönfeld beeinflußt. Auch im religiösen Sujet zeigt

VII

LUDWIG NEUREUTHER
(1775-1836)
Wolfratshausen

Aquarell, um 1810
München, Staatliche Graphische Sammlung
(Hirmer-Fotoarchiv, München)

Ludwig Neureuther zählt mit Dillis, Warnberger, Wagenbauer und Dorner zu den Pionieren der künstlerischen Entdeckung Oberbayerns. Der unermüdliche Wanderer und
Zeichner hat uns duftige Aquarelle aus dem Oberland hinterlassen, die zuweilen – wie hier – den besonderen Reiz des
›Non finito‹ haben. Sein Blick auf Wolfratshausen von Norden her zeigt den typisch oberbayerischen Markt, den die
Pfarrkirche Sankt Andreas mit ihrem schlank gezeichneten,
jedoch vollen Zwiebelturm überragt. Der schmale Fahrweg
zwischen der Loisach und der steilen Bergleite ist von drei
kleinen ausgesparten Staffagefigürchen belebt. Heute zwängen sich hier Autokolonnen in den Ort hinein.

sich die Nähe zu Schönfeld, mit dem er vielleicht schon in Italien zusammengetroffen war. Die Nähe zu Callot, die man seinem Radierwerk bescheinigt hat, wird bei dem Maler nicht sichtbar.

Den volkstümlichen Akzent unserer Fahrt ins Isar- und Loisachtal gibt die östlich Iffeldorf gelegene Marienwallfahrtskirche *Heuwinkl.* 1689 vom Kloster Wessobrunn durch dessen Baumeister Johann Schmuzer erbaut, gibt der kleine Zentralbau mit vier Konchen ein originelles Raumbild, an dem noch ein steil aufsteigendes Klostergewölbe mit Laterne, halbkuppelförmige Muscheln und Ochsenaugenfenster mitwirken. Das reizvollste ist der Stuck des Wessobrunners, meisterhaft geschnittener Akanthus, nicht zu dicht, sondern schwungvoll aufgetragen, dazu farbig gefaßt. Ein kleiner Rokokobalkon prägt sich besonders ein. Vielleicht ist Heuwinkl nun wirklich das Kircherl am Wegrand, das auch die Naturwanderer in Entzücken versetzt.

Die nächste Station ist das ehemalige *Augustinerchorherrenstift Habach*, mit der stattlichen Klosterkirche Sankt Ulrich und dem etwas befremdlichen Spitzhelm auf dem barocken Turmunterbau.

Die Kirche ist in der Art des Kaspar Feichtmayr als schlichtgewaltiger Wandpfeilerbau errichtet worden. 1668 war der Bau vollendet. Er erhielt eine ansprechende, im Altarraum sich steigernde Stuckdekoration in Feichtmayrscher Felderteilung. Dazu eine Altarausstattung die sich sehen lassen kann. Ein aufwendiger Hochaltar und sechs barocke Seitenaltäre!

Meister, wie Franz Xaver Schmädl aus Weilheim, haben hier um 1753 ihr bestes dazu gegeben. Eine Beweinung Christi in lebensgroß geschnitzten Figuren, zurecht dem Weilheimer Bartholomäus Steinle zugeschrieben, ist 1609 datiert.

Das Straßendorf, das früher Poststation an der Straße nach Garmisch war, liegt heute abseits vom Verkehr und träumt seit der Säkularisation von 1803 seiner Klosterherrlichkeit nach.

Franz Marc in Sindelsdorf und Ried

Sindelsdorf am Südfuß eines Bergzuges gelegen, hat eine barocke Pfarrkirche Sankt Georg von 1699 mit älterem Spitzturm. Hauptausstattungsstück ist der Hochaltar von Franz Xaver Schmädl aus dem Jahre 1753 mit einem Altarblatt von Johann Baptist Zimmermann. Die Deckenbilder schuf Johann Sebastian Troger um 1780. Wir sehen die Patrone Georg und Sebastian, dazu heimatlich verklärte Landschaft mit vier Kirchen, vom Füllhorn überschüttet. Sindelsdorf gehörte seit 1716 grundherrlich zu Benediktbeuern. Der schön gelegene Ort ist mit einer ergreifenden Malervita verbunden, was nur Einzelne, aber die um so begeisterter wahrnehmen.

Schon im Jahre 1909 hatte Franz Marc Sindelsdorf kennengelernt: während einer Sommerfrische von Mai bis Oktober. Er gewann es lieb, so daß er sich im nächsten Jahr schon entschloß »mit dem halbem Hausrat« dorthin zu übersiedeln. Als Wohnung bot sich das eben neugebaute geräumige Haus des Schreinermeisters Joseph Niggl an, gleich am Ortseingang gelegen. Hier zog Marc mit Frau Maria und dem Hund Russi und einem aus Ungarn stammenden Dienstmädchen im Frühjahr 1910 im ersten Stock ein. Als Atelier diente der Dachboden.

Allmählich fanden sich die Münchner Freunde und Bekannten als Besucher in »Symboldsdingen« (wie Macke Sindelsdorf treffend nannte) ein. Es entstand der Plan zum Almanach ›Der Blaue Reiter‹. Die Gartenlaube, in der die Freunde berieten, existiert heute noch. Damals noch in der nordwestlichen Ecke des Gartens gelegen, wurde sie später ans andere Ende des Gartens direkt an die Straße versetzt. Die Schlußredaktion des Almanachs fand im Oktober 1911 in Murnau statt.

Im Laufe des Jahres 1911 – in einem ungewöhnlich langen und heißen Sommer –, gelang Franz Marc der Durchbruch zu seinen großen Tierkompositionen, in denen sich sein neuer, nur ihm eigener Stil manifestierte: Tiersymbolik in magischer Abstraktion, in Stilisierungsformen des Kubismus zu einer großen Form gezwungen, der etwas Endgültiges anhaftet, ein meisterlich gemalter Zyklus von Bildern, der Geburt, Herrlichkeit und Tod des Tieres in Einem umfaßt. Marcs eigentliche künstlerische Konfession war es, das Tier in mythischer, natursymbolischer Verklärung wiederzugeben.

Fast alle diese großen, später weltberühmt gewordenen Tierkompositionen, sind hier im Sommer des Jahres 1911 auf dem heißen Dachboden in Sindelsdorf entstanden: die ›Blauen Pferde‹, die ›Roten Rehe‹, die ›Wölfe‹ und der ›Weiße Stier‹, der ›Tiger‹, das ›Arme Land Tirol‹, die ›Tierschicksale‹, der verschollene ›Turm der blauen Pferde‹.

Wolfgang Christlieb fand den denkwürdigen Dachboden noch Anfang der sechziger Jahre in fast unverändertem Zustand. Er wurde dabei von »der äußerst feschen, lebenslustigen und gescheiten Schwiegertochter, Maria Niggl« geführt. Sie berichtete ihm:

»Da schaug'ns her, da vorn bei der Balkontür' hat er g'arwat. Ja, was glauben's was da scho' für Leut' kemma' san – ganz andächtig san's dag'stand'n – hiikniat haben sie sich und haben die Farbspritzer 'küßt vor lauter Verehrung. Und a jeder hat sich a' Stück'l mitg'nomma – a Leinwand, an Pappndeckel mit a'ra Skizzen – aber wissen's, dann ist amal die ›Entrümpelung‹ komma, und da haben wir des Zeugl owigschmissen und hams verbrennt.«

Im Haus des Bäckermeisters Lautenbacher, Haus Nr. 13, wohnten die Freunde Marcs, der Maler Niestlé und seine Braut wie auch Heinrich Campendonck (später nach Seeshaupt verzogen).

Zitieren wir zum Schluß noch den Brief von Helmut Macke. Im Oktober 1910 berichtet der Maler über einen Besuch bei Franz Marc in Sindelsdorf.

»Er hatte sein Atelier in der Schellingstraße aufgegeben und war nach Sindelsdorf gezogen. Dort besuchte ich ihn und war sehr überrascht seine Bilder vollständig von der Münchner Freilichtmalerei befreit zu finden. Im Januar zog ich selbst nach Sindelsdorf heraus und wohnte bis zum März mit Marc in einem Hause. Marc führte ein sehr regelmäßiges Leben. Um halb neun, nach dem Frühstück war er auf seinem Atelier oder besser seinem Dachboden und malte genau bis zum Glockenschlag zwölf, bei dessen Schall zu gleicher Zeit auch der große weiße Schäferhund zu jaulen anfing. Spätestens halb zwei Uhr stand Marc wieder vor seiner Stafflei, auf dem zugigen Boden mit unverputzten Pfannen, auf welchem eigentlich dieselbe Temperatur

herrschte wie draußen. Er war eingehüllt in einen alten schwarzen Mantel, dessen mit Persianerpelz besetzten Kragen hochgeschlagen. Unter seiner vor Kälte feuchten Nase hing als Wärmespender die Zigarette zwischen den schmalen Lippen. Aber im übrigen war er vollständig absorbiert von seiner Arbeit, denn zu dieser Zeit erfolgte der Durchbruch zu seiner eigenen Form. Er hatte immer eine Folge von Bildern zu gleicher Zeit in Arbeit. Damals zählte zu diesen Bildern als das Führende das jetzt im Folkwang befindliche Pferdebild.«

Im Jahr 1914 war Marc von Sindelsdorf in ein eigenes Haus nach Ried bei Benediktbeuern umgezogen. Das von den Eltern ererbte Haus war für diesen Zweck verkauft worden. Am 4. Mai schickte Franz Marc eine Ansichtskarte des Rieder Hauses an Alfred Kubin: »Hier unser Besitz, seit 8 Tagen sind wir schon drin.«

Am 4. März 1916 – Marc war bei Kriegsausbruch als Freiwilliger ins Feld gezogen – schreibt Marc den letzten Brief an seine Frau: »Ja, dieses Jahr werde ich auch zurückkommen in mein unversehrtes, liebes Heim, zu Dir und zu meiner Arbeit. Zwischen den grenzenlosen schaudervollen Bildern der Zerstörung, zwischen denen ich jetzt lebe, hat dieser Heimkehrgedanke einen Glorienschein, der gar nicht lieblich genug zu beschreiben ist. Behüte nur dies mein Heim und Dich selbst, Deine Seele, Deinen Leib und alles was mir gehört, zu mir gehört!«

Am gleichen Tag nachmittags 4 Uhr ist Franz Marc gefallen. Er wurde im Park des Schlosses Gussainville bei Braquis begraben. Ein junger Sindelsdorfer, Ludwig Burger, der Marc vor Verdun begegnet ist, ließ das Grab herrichten und fertigte eine Photographie. Erst 1917 konnte die Überführung nach Kochel erfolgen, wo Franz Marc im Friedhof an der Seite seiner Frau Maria ruht.

Von Sindelsdorf führt eine Birkenallee hinüber nach Bichl und Benediktbeuern.

Dorfkirche Bichl

Wer die Kirche Sankt Georg auf einem Hügel liegen sieht, umgeben von einer niederen Kirchhofmauer und von einem Pfarrhof des 19. Jahrhunders etwas bedrängt, erwartet nichts besonderes. Eine schlichte Dorfkirche des 18. Jahrhunderts mit nüchterner

Giebelfront und seltsamen Dachverschneidungen. Daneben wächst ein sichtbar älterer Turm auf, der über glattverputztem Unterbau kraftvolle Blendfeldgliederung zeigt und mit praller Zwiebelhaube schließt. Er stammt von Kaspar Feichtmayr, dem Baumeister der Klosterkirche von Benediktbeuern. Dem Turm entspricht auf der gegenüberliegenden Seite der Anbau der Sakristei.

Was das große gekehlte Fenster der mit Lisenen besetzten Giebelfront schon vermuten ließ, das bestätigt das Innere. Es erweist sich hier der Meister des Landkirchenbaues: Johann Michael Fischer. Ab 1751 ist der Bau von Benediktbeuern aus errichtet worden.

Der Grundriß zeigt die schlichteste Form seiner Landkirchen: ein quadratischer Hauptraum mit innen abgerundeten Ecken, ein gleicher kleiner Chor und eine querrechteckige Vorhalle. Im Aufbau zeigt sich eine gewisse Rhythmisierung durch Pilaster und geschwungenes Gebälk. Die Kirche besitzt in den Fresken und im Hochaltar Schöpfungen erstrangiger Meister. Die Fresken schuf der Tiroler Jakob Zeiller für 250 Gulden im Jahre 1752, Reisekosten von Ettal her inbegriffen. Die Freskierung beginnt in den Hängezwickeln von Langhaus und Chor mit phantastischer Quadraturmalerei, ein seltenes Beispiel dieser ansonsten nur in Tirol und Österreich in dieser Stilphase üblichen Praxis. Ursprünglich war offenbar Stuck vorgesehen, da uns eine »sehr schöne« Zeichnung für Stuck von Thomas Sporer erhalten ist. In gemalten und üppig gerahmten Nischen, die von Schweifgiebeln überhöht sind, sitzen die vier Evangelisten, als bewegte Schreiber mit ihren Attributen. Darüber ist in einem rund gerahmten Gewölbefeld die Enthauptung des Heiligen Georg mit großer Dramatik dargestellt. Für die gesamte Ausmalung, zu der auch noch das Chorfresko kommt, brauchte Zeiller (nach Mindera) vom 15. September bis zum 25. Oktober 1752.

Für die Altarausstattung konnte der Münchner Hofbildhauer Johann Baptist Straub gewonnen werden. Leider wurden die plastischen Hauptstücke der beiden Seitenaltäre im letzten Jahrhundert entfernt (heute durch neue Figuren ersetzt). Die Kistlerarbeit stammt von Martin Heigl aus Benediktbeuern. Erhalten blieb uns der Hochaltar, wenn auch ziemlich beeinträchtigt und mancher Teile beraubt. Sein Hauptstück – die Gruppe ›Sankt Georg bezwingt den Drachen‹ – ist zugleich ein Hauptwerk der bayerischen Rokokoplastik. Die Reiterfigur – temperamentvoll und elegant zugleich – mit dem sich aufbäumenden Pferd ist in Seitenansicht wiedergegeben, und setzt sich auch damit von der vergleichbaren Gruppe Asams in Weltenburg ab. Eine Restaurierung von 1980/81 hat uns die ursprüngliche Fassung, soweit möglich, zurückgegeben. Straub erhielt für den Hochaltar 300 Gulden.

Kloster Benediktbeuern

Benediktbeuern ist kein Reichskloster, sondern ein Klosterreich. Unter den drei vom bairischen Uradelsgeschlecht der Huosi um 740 gegründeten Hausklöstern ist es das bedeutendste. Und eigentlich ist dieses Benediktbeuern heute noch die geistliche Mitte eines Klosterlandes, das von Penzberg bis in die Jachenau reichte, den Kochelsee und den Walchensee mit einschloß also des Territoriums Benediktbeuern. Über die große mittelalterliche Geschichte des Klosters, seine Rodungstätigkeit, sein reges Geistesleben und seine fleißigen Scriptores (die berühmte Miniaturenhandschrift der ›Carmina Burana‹ ist allerdings nicht hier entstanden, sondern nur verwahrt worden!), über seine bedeutende Gemäldegalerie und seine Historiker (Karl Meichelbeck) erfahren wir Näheres in der hervorragend belegten Stiftsgeschichte, die ein Historiker unserer Tage geschrieben hat: Pater Karl Mindera. Uns interessiert in erster Linie das Benediktbeurer Kunstschaffen und das Kloster als Kunststätte.

Kirche und Klosterbauten empfangen uns in der schlichten Größe des 17. Jahrhunderts, für die die Zwiebelkuppeln auf den beiden Turmoktogonen ein Wahrzeichen sind. Diese Türme steigen zu beiden Seiten des Chorhauses der Kirche schlicht vierseitig auf, um erst über dem Dachfirst ins Achteck überzugehen. Eine eigenwillig-elegante Erweiterung, eigentlich ein Rokokoagglomerat des Chorhauses, stellt die Anastasiakapelle dar. Ihre Außenerscheinung in Form eines Ovals ist von gleicher Schlichtheit.

Die Klosteranlage gruppiert sich um zwei rechteckige Höfe: den eigentlichen Konventbau südlich der Kirche und den großen

Äußeren Hof, der sich westlich anschließt und der in der Nordostecke die Kirchenfassade miteinbindet. Interessant ist die Fassadengestaltung des Äußeren Hofes, der in seinem Südflügel die Prälatur enthält, durch die Anlage von zweigeschossigen Flügeln mit erdgeschossigen Arkaden nach Entwurf von Ötschmann 1732.

Ein Wandpfeilerbau, der sich mit acht Gewölbejochen in die Tiefe erstreckt, nimmt uns auf. Der Chor kurz und in Breite des Mittelschiffs. Dahinter der zweigeschossige Psallier- oder Mönchschor. Die Anlage der Doppeltürme seitlich des Chors geht auf die mittelalterliche Vorgängerkirche zurück. Den Wandpfeilern sind Pilaster auf hohen Sockeln vorgelegt. Ein flaches Tonnengewölbe – fast ist es ein Korbbogengewölbe – spannt sich auf Gurten. In die Tonne greifen abgerundete Stichkappen hinein. Statt der Fenster finden wir dekorierte Nischen mit Apostelfiguren aus Stuck, von Engeln flankiert. Die Arkaden sind durch Brüstungen zweigeteilt. Die Scheidbogen der Langhausarkaden greifen in das Gebälk hinein – auch sie sind korbbogig. Die Arkaden sind unterteilt: ein hochsitzender Emporenumgang nimmt dem Langhaus viel Licht, schafft jedoch eine zweite Umkreisungsebene, der auch der zweistöckige Aufbau der Orgelempore entspricht. Die Kirche empfängt ihr Licht ausschließlich von den großen Fenstern der Westfassade und von den Fenstern der Langhausmauern aus den Seitenschiffen. Der bayerisch stämmige, breitschäftige Kirchenbau ist 1681-82 durch Kaspar Feichtmayr aus Bernried errichtet worden. Offenbar hatten die Arbeiten im Bereich des Mönchschores 1675 – nachdem die baufälligen Türme schon 1672 neuerrichtet wurden – begonnen.

Dieser Feichtmayrbau wirkt räumlich nicht so elegant wie der Raum von Tegernsee. Sein Kennzeichen sind die Korbbogen bei den Gewölbegurten und Arkaden. Die Fensterformen folgen den Formen der deutschen Renaissance. Nur der Raumstuck ist italienisch und – wie Karl Mindera annimmt – nach der Art des im Kloster Garsten in Oberösterreich tätigen Carlone-Trupps ausgeführt.

Typisch für diesen italienischen Charakter des Raumstucks sind die auf den Emporenbrüstungen angebrachten Stuckfiguren der Tugenden, die dichten Füllungen der Arkadenbogen und Gurten mit Akanthusranken, die schweren Rahmenformen der

Deckenfelder mit Lorbeerkränzen und Wülsten, die Frucht- und Blattgehänge seitlich der Stichkappen und in ihrem Scheitel. Zurückhaltender ist der Deckenstuck in den Seitenschiffkapellen, wo wir ovale Deckenfelder und Kartuschen in den Gewölbezwickeln finden. Zu üppiger Gestaltung wirft sich der Stuck in der Sankt Leonhardskapelle nördlich der Vorhalle auf. Hier werden die Fruchtgirlanden von Engelshermen getragen und Putten umspielen die Inschriftkartuschen. Der carloneske Charakter des Gewölbestucks ist in der Leonhardskapelle und in den Seitenschiffen am deutlichsten ausgeprägt. Vergleicht man die Gemälderahmen der Hauptschiffe von Benediktbeuern und Tegernsee, so zeigt sich in Benediktbeuern eine ältere und konservativere Auffassung: die den Blattkranz hinterlegende Rahmenform hat noch den Charakter des Rollwerks, die Stichkappen weisen keine so eleganten Füllungen mit Palmbüscheln und Bändern auf. Auch der ornamentale Schmuck der Pilasterschäfte mit Akanthusranken kommt von älteren Vorbildern her, zum Beispiel von der Wiener Dominikanerkirche. Sicher ist nur, daß der Raumstuck nicht mehr vom Baumeister der Kirche Kaspar Feichtmayr stammen kann. »Einzig an den Kapitälen und dem inneren Rahmenwerk um die Fresken kann man noch Feichtmayrs Werkstatt erkennen« schreibt Mindera. Wie der Feichtmayrsche Stuck gestaltet ist, zeigt uns die Decke des hinter dem Altarraum befindlichen Psallierchors, um 1675: rein geometrisches Rahmenwerk aus Perlstab- und Blattleisten, Girlanden, geflügelten Engelsköpfchen, Blattzweigen und Voluten, dies alles dem architektonischen Lineament folgend und es betonend, aufgetragen. Es handelt sich hier um eine konsequente, persönliche Ausformung der Stuckdekoration der Miesbacher-Schlierseer Meister.

Die Freskomalerei in den Deckenfeldern hat Hans Georg Asam, der Vater der beiden berühmten Künstlerbrüder, in den Jahren zwischen 1682 und 1684 geschaffen.

Das Programm umfaßt im Hauptschiff das Heilswirken Christi von seiner Geburt (im Chorraum) bis zum Jüngsten Gericht (im Eingangsjoch), während in den Seitenschiffen auf die einzelnen Altarpatrozinien Bezug genommen wird. Für die Freskomalerei des Barock und Rokoko sind diese Deckenbilder Asams wegweisend. Wenden sie doch zum erstenmal in Bayern konsequent die von

Andrea Pozzo eingeführte illusionistische Deutung des Gemälde-feldes als Himmelsraum an. Dies im Wechsel von perspektivisch ge-stalteter Himmelsarchitektur und Landschaft.

Den Stuck an den Seitenwänden des Altarraumes schuf 1791 Franz Doll. Der Hochaltar mit Tabernakel stammt aus den Jahren 1686 und 1695. Sein Gemälde Sankt Benedikt ist eine Leistung des Tirolers Martin Knoller von 1788. Von Knoller ist auch das Gemälde am Sakramentsaltar (vorderste Kapelle nördlich) und am Joseph-altar (südlich). Die Kirche besitzt in den folgenden Seitenkapellen, am Katharinenaltar (nördlich) und am Dreikönigsaltar südlich Altarblätter des aus Weilheim stammenden, in Venedig tätigen Ma-lers Karl Loth, während das Gemälde am Kreuzaltar von Frater Lucas Zais (dem Klostermaler) nach Karl Loth kopiert ist. In der Leonhardskapelle findet sich ein Altar von 1791 des Wessobrunners Franz Doll, mit einem Bild von Johann Rottenhammer. Am Anto-niusaltar (letzte Kapelle südlich) ein Altarbild von Cosmas Damian Asam, der 1686 in Benediktbeuern geboren worden ist.

Seit 1962 – als die Emporensäulen um 7,5 cm wichen und sich die Chorbogen um 25 cm senkten – ist eine umfassende Restau-rierung notwendig geworden. Die Farben der Deckenfresken, deren Bindemittel sich zersetzt hat, leuchten wieder in frischen Erdfarben, die ihnen Hans Georg Asam gegeben hat. Ihr Kolorit setzt sich von den wiederhergestellten zarten Weißtönungen des Stucks ab. Auch konnte durch den Einsatz vieler Freunde Bene-diktbeuerns die Barockorgel wiederhergestellt werden: eine Orgel von Josef Christoph Egedacher (1779 in ein neues Gehäuse gesetzt und 1964 restauriert).

Bei der Restaurierung des Gewölbestucks der Kirche 1964 wurden Signaturen und ein Datum aufgedeckt: 1684 M.T.A.M. Vielleicht deuten die letzten beiden Buchstaben auf den seit den neunziger Jahren in der Steiermark tätigen Freskomaler und Stukkateur Antonio Maderni, wahrscheinlich vom Luganer See. Dieser scheint aus dem Stukkatorentrupp des Giovanni Battista Carlone hervorgegangen zu sein. In Benediktbeuern müßte er demnach neben dem vor ihm genannten Meister M.T. seine Erstlingsarbeit als Stukkateur geleistet haben. Diese Herkunft aus dem Kreis der Passauer Domstukkateure zeigt auch die Stuck-ausstattung der Wallfahrtskirche Frauenberg bei Admont um

1695. Als Familienname für ›T‹ böte sich Tencalla an. Der 1685 verstorbene Freskant des Passauer Domes müßte allerdings einen Sohn oder Verwandten gehabt haben, der als Stukkateur ausgebildet wurde. Die berühmte Prandtauertreppe in Sankt Florian ist von einem Giovanni Manfredo Maderni ab 1708 stuckiert worden, einem »Meister der zarten Ranke«, wie ihn Rudolf Preimesberger nennt (›Notizen zur italienischen Stukkatur in Österreich‹, in: Arte e Artisti dei Laghi Lombardi II, Como 1962). Jedoch sind dies nur unsere Vermutungen, die zur Lösung der Stukkatorenfrage beitragen möchten.

Die *Anastasiakapelle* ist das Rokokokleinod von Benediktbeuern, erbaut in den Jahren 1750-1758 von Johann Michael Fischer. Der helle Zentralraum in Form einer Ellipse ist nach französischer Art durch eine farbige Stuckmarmorstruktur (Pilaster und Gebälk) gegliedert. Eine Flachkuppel mit Stichkappen überdeckt ihn. Die Fresken schuf der Tiroler Johann Jakob Zeiller, Akademieprofessor in Wien: ›Die Heiligste Dreifaltigkeit in Erwartung der Heiligen Anastasia‹, 1752 vollendet. Das als Reliquie verehrte Haupt der Heiligen war in ein neues von Egid Quirin Asam entworfenes Büstenreliquiar versetzt worden. Der Meister des eleganten Stucks ist unbekannt. Wir dürfen ihn wohl im Kreis der Wessobrunner Meister um Johann Michael Feichtmayr suchen, vielleicht unter der Mitarbeit Johann Georg Übelhers. Feichtmayr müßte wohl der Meister der Hochaltarfiguren sein. Jacobo Amigoni schuf 1725 das Hochaltarbild ›Himmelfahrt der Heiligen Anastasia‹. Darunter steht das berühmte Büstenreliquiar. Amigoni malte auch das Bild zum nördlichen Seitenaltar. Die hervorragenden Holzskulpturen zu den beiden Seitenaltären lieferte 1759 Ignaz Günther, er schuf auch den Entwurf der Altäre und die Ornamente. Seine Signatur kam neben der des Steinmetzen Joachim Achmiller auf dem Rahmen des Schutzengelbildes zum Vorschein.

Von herrlichem Schwung sind die Tragengel des Auszugs. Der mit dem blauen Vorhang spielende Putto des südlichen Altars gehört zum Feinsten des Meisters.

In ihrer Stilreinheit und erlesenen Ausstattung durch Spitzenkräfte des bayerischen Rokoko ist die Anastasiakapelle nicht nur einer der schönsten kleineren Kirchenräume geworden, sondern auch Ausgangspunkt für spätere große Gesamtkunstwerke der hier vereinigten Künstler: so für Ottobeuren und Rott am Inn.

Im Konventgebäude (heute Aula) hat sich eine üppige Stuckdekoration der Ära Kaspar Feichtmayr erhalten. Der Saal ist mit Deckengemälden von Kaspar Amort geschmückt (um 1675). Jünger und der Zeit nach 1686 angehörend ist der Kapitelsaal mit seinem italienisch anmutenden Stuckdekor. Von Johann Baptist Zimmermann sind uns Stuck und Fresko im Neuen Festsaal erhalten (Flora und Ceres, 1731/32). Er gab schon dem ehemaligen Bibliotheksaal 1725 Stuck und Fresken. Zimmermann und Sohn Josef haben schließlich 1731/32 den Neuen Gästetrakt im Süden mit allen Zimmern und dem Flur mit reizvollen Rokokostuck und Gemälden ausgestattet. Die Patres nannten diese Räume der Südfront das ›Kleine Versailles‹.

Das Kloster hatte seine eigenen Kunsthandwerker. So den Klostertischler Michael Ötschmann, ein Kunstschreiner und Alleskönner, der die Schränke des Archivs gestaltete und in Wintertagen die Karten des gesamten Klosterterritoriums liebevoll zeichnete und einen Band mit hundert Bauplänen hinterließ. Neben ihm arbeitete der Malerbruder Lucas Zais, der für die Farbgebung und Risse zum Schnitzwerk zuständig war. Er gab den Bauten dieser Zeit die farbige Fassung, so den Fronten das ›Benediktbeurer‹ oder ›Beurer Grün‹ (eine Farb-Mörtel-Mischung aus gemahlenem Grünsandstein). Mit einem Blick auf dieses ›Beurer Grün‹, das heute wieder entdeckt worden ist (so bei der Fassade des Westhofes) und das in seiner Erdhaftigkeit gut in die Landschaft paßt, verlassen wir das oberbayerische Klosterreich. Das Dorf Benediktbeuern erhielt 1962 die Werktagskirche Mariä Himmelfahrt mit Turmpyramide und Walmdach. Dies ein erwähnenswerter Versuch (von Architekt Fritz Hierl, Murnau) dem verfließenden Ortskern eine neue Mitte zu geben.

Kochel und Walchensee

Für den, der die Naturschönheit des Alpenlandes in kulturgeographischem Zusammenhang erleben will, mag es wohl besser sein, die alte Rottstraße, die von Benediktbeuern über Kochel zum Walchensee führt, einzuschlagen, um schließlich Mittenwald als den gemäßen Endpunkt anzusteuern. Hier empfinden wir die Steigerung vom Vorgebirge zum Hochgebirge als ein allmähliches Eindringen in die Hochregion ohne die touristischen Ablenkungen. Es ist ein kulturgeographisch bedeutender und mit Erinnerungen befrachteter Weg nach Italien, den schon Goethe auf seiner Italienreise eingeschlagen hat.

Kochel, die Heimat des legendären Schmiedbalthes, Schmied von Kochel genannt, besaß eines der drei Hausklöster des Geschlechts der Huosi, ein um 740 gegründetes Nonnenkloster. Es wurde bei den Ungarneinfällen zerstört und nicht wiederaufgebaut. Die Pfarrkirche Sankt Michael ist ein charaktervoller Bau des Kaspar Feichtmayr von Bernried (Zuschreibung), zwischen 1680 und 1690 erbaut. Um die Kirche hat sich ein Stück des alten Kochel erhalten, während sich der Kurort im Zeichen des Fremdenverkehrs schon seit den letzten Jahrzehnten des 19. Jahrhunderts ausweitete. Das begann am Ortsrand mit ersten Villen im Stil der Hochlandromantik, Holzbalkons und den Büsten Ludwigs II. und der Sissi im Vorhaus neben dem Portal. Weiter draußen auf einer Anhöhe hatten Georg von Dillis und sein Freund Georg von Stengel schon 1804 »ein kleines Landhaus mit romantischer Aussicht« erworben. Dillis hat den Kochelsee zweimal gemalt: einmal mit dem mächtigen Massiv des Herzogstandes und des Heimgartens im Hintergrund (Kunsthalle Bremen) und einmal gegen den Felsenkeller (Privatbesitz München).

Die alte ›Via regia ad Tyrolenses et Italos‹, heute ›Kesselbergstraße‹ genannt, wurde in den Jahren 1492-1495 zur Rottstraße durch den Bayernherzog Albrecht IV. ausgebaut. Wie uns die Erinnerungstafel von 1492 meldet, hat ›Hainrich Part aus München diese Straße erdacht‹. 1781 fand eine Erweiterung und Ausbau der für diese Zeit sehr fortschrittlichen Bergstraße statt. In den dreißiger Jahren wurde sie in ganz Deutschland bekannt: Hier fanden die heute schon legendären Kesselberg-Bergrennen statt mit ihrem Hauptmatador Hans Stuck.

Eine technische Leistung der 20er Jahre war der Bau des Walchenseekraftwerks, das sich das starke Gefälle vom Walchensee zum Kochelsee mit mächtigen Turbinenanlagen zunutze macht: Hier begann die aus Wasserkraft gewonnene Elektrifizierung Bayerns.

Urfeld heißt der Ort, der uns droben, am Nordende des Wal-
chensees empfängt. Zwei Hotels: ›Post und Jäger‹ (derzeit entsteht ein Neubau) und ›Fischer‹ am See. Ein paar Landhäuser.

*In einem von diesen am Berghang gelegenen Häusern verbrachte
der aus Ostpreußen stammende, in München und Berlin tätige Maler
Lovis Corinth seine letzten Sommerjahre, in rastlosem Schaffen
seiner von ihm geliebten Walchenseelandschaft hingegeben. 1918
malte er dort sein erstes Landschaftsbild, das noch an sein ›Inntal‹
von 1910 gemahnt. Dann malt er die Walchenseelandschaft wieder
und wieder: in betörendem Blau, vom Fenster aus, auf der Terrasse
und vom Garten, von den Höhen ringsum, von 1920 bis 1924.
Charlotte Berend-Corinth, seine Frau, die das Haus mit Hilfe
heimischer Arbeiter unter großen Mühen in der Inflationszeit erbauen
ließ, berichtet uns in ihrem Erinnerungsbuch ›Lovis‹: »Allein in Urfeld
sind 1920 zehn Gemälde entstanden; das vielleicht bedeutendste,
›Serpentine‹ betitelt, stellt den Blick von der letzten Straßenwindung
unterhalb der Paßhöhe des Kesselbergs hinüber zu den benachbarten
Hängen und hinunter zum Walchensee dar. Obwohl der Auf- und
Abstieg anstrengend war, trug Corinth das Bild – wie immer – selbst.
Insgesamt schuf er zweiunddreißig Gemälde in diesem Jahr.«*

*1919, im Oktober und im Winter, hatte Corinth einige »traumhafte
Schneelandschaften« in Urfeld gemalt. In Urfeld entstand auch das
›Große Selbstbildnis vor dem Walchensee‹ von 1924. 1925 ist der
Maler in Zandvoort (Holland) gestorben.*

Auf altem Benediktbeurer Klostergebiet reisend, kommen wir
in das Dorf *Walchensee*. Seine alte Pfarrkirche Sankt Jakob mit
der knapp sitzenden Turmhaube (1603), wurde 1712 bis 1714 von
Marx Hainz umgebaut und wohl von Josef Hainz stuckiert, ist
heute Friedhofskirche. Die daneben stehende und sie mit ihrem
mächtigen Dach überragende neue Pfarrkirche Sankt Ulrich,
errichtete der Wiener Architekt Clemens Holzmeister. Die Gestaltung der Taufkapelle ist ein Werk des in München lebenden
Allgäuer Bildhauers Karl Knappe. Eindrucksvoll ist die Anlage
des am Ufer gelegenen Klösterls Sankt Anna. Der mächtige
Giebelbau mit Schopfwalmdach enthält eine von Mönchszellen
umschlossene Kapelle. Er wurde 1688 wohl von Marx Hainz als
Eremitenklösterchen errichtet. Heute zum Pfarrhof bestimmt,
stellt der Bau ein Zeugnis für das landschaftsgebundene klöster-

liche Bauwesen des Barock dar, obwohl es sich in seinem Körpervolumen und in der Dachneigung (Steildach) von den ›geduckten‹ bäuerlichen Bauernhäusern Oberbayerns deutlich abhebt. Die auf eine Halbinsel, Zwergern, hinausgerückte kleine Kirche Sankt Margareth ist die älteste Kirche am See, (nach Karl Mindera) vielleicht schon zusammen mit der Rodung vom Urkloster Scharnitz errichtet. Auf dem Friedhof Grabsteine der Fischerfamilie Zwerger, die vom 15. bis ins 19. Jahrhundert auf den drei Fischeranwesen der Halbinsel lebten. Bei Einsiedel, wo ehemals der große von Goethe erwähnte Ahornbaum stand, zweigt eine Straße ab und führt am Südufer des Sees entlang in die Jachenau, eine der ursprünglichsten Tallandschaften Oberbayerns. Das Tal der Flößer und Holzknechte wurde von Benediktbeuern aus besiedelt und durch Rodung erschlossen. In seiner Abgeschiedenheit blieb es ein Rückzugsgebiet bäuerlicher Lebensart, wenn auch zu den zwanzig Urbauernhöfen des 13. Jahrhunderts neue Höfe gekommen sind. Die Pfarrkirche ist Sankt Nikolaus, dem Patron der Flößer geweiht. Die älteste Kirche wurde 1291 von Bischof Wolfhard geweiht. Der heutige Bau, im wesentlichen 1706 errichtet und 1718 erweitert »in form eines Rondolls mit oratorien vnd sacristey« von Josef Hainz, erhielt 1787 neuen Deckenstuck von dem Wessobrunner Franz Doll, Fresken von Alois Gaibler aus Kaufbeuren. Im Chorfresko ist Sankt Nikolaus in der Landschaft der Jachenau dargestellt und wir erblicken das Portrait des Pfarrvikars P. Heinrich Burkhard. Von der reichen Einrichtung heben wir hervor: die spätgotischen Schreinfiguren der Heiligen Nikolaus und Petrus, die ehemals wohl dem Schrein des Hochaltars zugehört haben.

Der ursprüngliche kleine Turm der Kirche erhob sich über dem westlichen Vorhaus. Der heutige Zwiebelturm an der Nordseite ist eine gute Neuschöpfung des 19. Jahrhunderts, was man an den dünnen Lisenen, die ihn im Oberteil gliedern, gerade noch erkennt. Es ist dies ein frühes Zeugnis landschaftsgebundenen Bauens, so wie die oben erwähnte neue Pfarrkirche von Walchensee, ein spätes ist. Die Gegend ist reich an solchen Beispielen bis in unsere Tage herein, und bekanntlich zählt der mächtige Walmdachpfarrhof von Walchensee zu den am öftesten kopierten Bauwerken Oberbayerns.

VIII

LOVIS CORINTH

(1858-1925)

Walchenseepanorama

Ölgemälde 1924, Köln, Wallraf-Richartz-Museum

Ein wesentlicher Teil des Spätwerkes von Corinth entstand zwischen 1918 und 1925 bei Sommeraufenthalten in Urfeld am Walchensee. Es sind fast ausnahmslos Landschaftsbilder (Ölbilder, Aquarelle, Zeichnungen und Radierungen), in denen der zum Großstädter gewordene Ostpreuße seiner Inspiration und seinem Verhältnis zur Alpennatur Ausdruck gibt. Corinth malt den See (meist von seinem Landhaus aus) zu allen Tageszeiten, in seiner rasch wechselnden Atmosphäre, bei hellem Sonnenlicht und verhängter Ferne, mit dem pastos hingesetzten Wiesengrün seiner Steilufer, dem beherrschenden Blau seines Spiegels und dem Violett der von Schnee bedeckten Berghäupter. Er malt ihn im Mondlicht, im Frühjahr, im Herbst und im Winter. Hier wiedergegeben ist der Panoramablick vom Nordwest- zum Südostufer, wie er sich von Corinths Landhaus aus bietet. Im Mittelpunkt steht die große Lärche, die er öfter radiert hat, links unten ist Urfeld mit dem Hotel ›Fischer am See‹ zu erkennen. Der in der Mitte angedeutete Steig führt zu Corinths Landhaus (heute im Besitz der Familie Heisenberg) herauf. Corinths Walchensee-Bilder sind wohl der größte Hymnenzyklus, den ein Maler einer Landschaft Oberbayerns gewidmet hat.

Kloster Schlehdorf

Der Besuch des Bauernhofmuseums Glentleiten wird heute gerne mit einem Abstecher nach Schlehdorf verbunden. Dadurch ist das alte *Augustinerchorherrenstift Sankt Tertulin* einem größeren Kreis bekannt geworden. Auf Grund seines Alters und seiner interessanten Baugeschichte hat es dies längst verdient. Schlehdorf ist zwischen 732 und 740 gegründet und damit eines der ältesten Benediktinerklöster Bayerns gewesen.

Es gehörte mit Kochel und Benediktbeuern zu den drei um 740 gegründeten Hausklöstern der Huosi, die ihre Stammburg südlich von Dürnhausen hatten. Als ›Zelle‹ und Pilgerstation lag es inmitten des unübersehbaren und undurchdringlichen Scharnitzer Waldes, der damals vom Walchensee über Mittenwald bis zum Seefelder Sattel reichte. Kochel wurde im 10. Jahrhundert von den Ungarn zerstört und erhob sich nie wieder, Benediktbeuern wurde eine der mächtigsten Abteien Oberbayerns, Schlehdorf blieb klein und vergleichsweise unbedeutend. Von Bischof Otto I. von Freising, dem berühmten Geschichtsschreiber der Barbarossazeit, wurde Schlehdorf als Augustinerchorherrenstift neu ins Leben gerufen. Die alte Lage des Klosters bezeichnet heute ein Kreuz nahe dem See.

Die barocke Klosteranlage wurde landschaftsprägend auf den Hügel versetzt, auf dem vordem eine Kapelle stand, dem ›Kirchenbühel‹ über dem Dorf.

Eine zeitgenössische Chronik vermerkt, daß die Kirche 1727 von Johann Michael Fischer, »der schon vorher das Kloster gebaut hatte, angefangen« wurde. Die Baudaten des Klosters sind bekannt: im Januar 1717 lag der Entwurf von Johann Georg Ettenhofer, dem Palier Giovanni Antonio Viscardis, vor, 1718 erfolgte die Grundsteinlegung, 1724 war der Neubau unter der Bauführung Johann Mayrs, des Schwiegervaters von Johann Michael Fischer, so weit fertiggestellt, daß er bezogen werden konnte.

Schlehdorf verkörpert dabei das einfache Klosterschema des Barock, wie es schon das Mittelalter gekannt hat, bei dem drei Flügel um einen Innenhof südlich oder nördlich der Kirche angesetzt werden. Der vordere, an die Kirchenfassade anschließende

Block, ist dreigeschossig, der übrige Teil nur zweigeschossig. Der vordere Trakt enthält ein Stiegenhaus mit einer vierteiligen Treppe. Eine doppelläufige Freitreppe führt zum Kloster hinauf. In ihrer strengen zentralen Orientierung auf die Kirchenmitte liegt vielleicht schon ein klassizistischer Zug.

Auch die Fassade weist eine gewisse Strenge und Flächigkeit der Gliederung auf. Sie schließt mit einem Dreieckgiebel und ist von kräftigen viereckigen Türmen flankiert, die oben abgeschrägte Ecken haben und in einer gedrückten Zwiebelhaube endigen.

Der Innenraum empfängt ›mit kühler Großartigkeit‹ – wie es treffend im ›Dehio‹ heißt. Eigentlich ein Saalraum, bestehend aus drei Jochen, denen westlich die Vorhalle und östlich der Chor angesetzt sind. Wandpfeiler gliedern das Langhaus und scheiden flache begleitende Nebenkapellen aus, darüber sehr hoch angesetzte Emporen. Langhaus und Vorhalle sind mit einem weich ausbuchtenden Lattengewölbe eingedeckt. Halbrund schließende Fenster belichten es von den Kapellen her. Der Chor, dessen Joch etwas erweitert ist, zeigt Pilastergliederung und seitliche Emporen, dazu Ovalfenster. Es fehlt jegliche Stukkatur; sie ist durch nüchternes, die Architekturlinien betonendes Rahmenwerk ersetzt. Die Deckenfresken zeigen Szenen aus dem Leben des Kirchenpatrons, des Heiligen Tertulin, dessen Bekehrung und Martyrium. Ihre Meister sind Joseph Zitter und Johann Georg Winter (im Altarraum), Joseph Baader (im Schiff) und Ignaz Baldauf (im Eingangsjoch). Der Hochaltar aus Marmor ist nach einem Entwurf des Kistlermeisters Georg Miller aus Kleinweil von dem Steinmetzen Caspar Birkel in der 2. Hälfte des 18. Jahrhunderts ausgeführt und nicht ohne Geschick in die Apsis eingefügt. Er enthält ein vorzügliches Altarblatt der ›Anbetung der Hirten‹ von Johann Zick (1735). Der Tabernakel entstand 1740. Die Seitenaltäre im Altarraum sind Spätwerke des Tassilo Zöpf aus Wessobrunn. Der nördliche enthält eine kleine geschnitzte Muttergottes im Strahlenkranz von Tobias Baader aus der 2. Hälfte des 17. Jahrhunderts. Die vier Seitenaltäre im Langhaus zeigen in klassizistischem Aufbau hervorragende Altarblätter von Meistern des Spätrokoko wie den ›Heiligen Augustinus‹ von Christian Winck (1781, zweiter Altar der Nordseite), den ›Heiligen Johannes Nepomuk vor König Wenzel‹ von Franz Kirzinger (1794) und den ›Tod des Heiligen Joseph‹, vermutlich von Sebastian Jaud.

Um 1780 dürfte der Kirchenbau nach langer Unterbrechung vollendet gewesen sein, und in den Jahren danach wurde noch an seiner Ausstattung gearbeitet. Sicher hat auch das 19. Jahrhundert an einer gewissen Nüchternheit der Erscheinung seinen Teil beigetragen. Johann Michael Fischers Pläne von ›nach 1724‹ – wenn sie überhaupt vorhanden waren – dürften einer gründlichen ›Regularisierung‹ unterworfen worden sein. So wirkt die Kirche wie ein charakteristisches Werk des Überganges, der Wendezeit zwischen dem Tod Kurfürst Max III. Joseph (1777) und dem langsamen Heraufdämmern der nüchtern orientierten Karl-Theodor-Zeit. Auch der gemalte Stuck, der sich noch wenige Jahre zuvor (1776) so ungehindert in Kirchendekorationen ausleben konnte, wie in Inchenhofen, ist jetzt verbannt.

Die nahe Friedhofskapelle zum Heiligen Kreuz ist ein barocker Zentralbau von 1693, mit quadratischem Grundriß und vier Apsiden. Auf dem Hochaltar finden wir einen etwas überlebensgroßen Kruzifixus (Holz, barock überfaßt) aus der Zeit um 1200, vielleicht ein Rest der mittelalterlichen Kirchenausstattung von Schlehdorf.

Bauernhofmuseum Glentleiten

Das Gebiet um Murnau ist seit einigen Jahren um eine andere Attraktion reicher: wir meinen das *Bauernhofmuseum Glentleiten* über Großweil. Der erste Spatenstich erfolgte am 24. Juli 1973 dort, wo heute der aus Kochel stammende Hodererhof steht.

Der Hodererhof von 1775 ist der schönste Hof des Museums, hinzu kamen der Mesnerhof ›Zum Kramer‹, mit 33 Metern Länge der größte Hof, mit dem alteingerichteten Kramerladl, in dem man verschiedenes kaufen kann; dann das Hafner-Anwesen, in dessen Werkstatt getöpfert wird und Töpfereiware erstanden werden kann. Das Museum im Freien wurde ständig weiter ausgebaut, so daß sich heute dank dem Förderverein ›Freundeskreis Freilichtmuseum Südbayern e. V.‹ eine umfassende, alle Bereiche bäuerlichen Lebens spiegelnde Museumslandschaft entwickeln konnte.

Zunächst ist zur Klärung des Begriffs zu sagen, daß es – und zwar schon lange – ›Freilichtmuseen‹ und ›Bauernhofmuseen‹ gibt. Das ›Freilichtmuseum‹ kommt aus dem Norden: 1891 wurde das erste durch den schwedischen Volkskundler Artur Hazelius in Skansen bei Stockholm eröffnet. Hier werden die Exponate aus einem bestimmten Einzugsgebiet auf das Museumsgelände übertragen und hauptamtlich nach wissenschaftlichen Prinzipien verwaltet.

Bei ›Bauernhofmuseen‹ blieben sie in situ oder stehen nicht unter hauptamtlicher wissenschaftlicher Leitung.

Bei dem Freilichtmuseum Glentleiten faßte man den löblichen Plan, auf einem Gelände von zunächst 15 ha in einem landschaftlich einzigartigen Gelände, hoch über dem Kochelsee, ein Freilichtmuseum lebendiger Art zu schaffen, das der ganzen Bevölkerung offen steht, das nicht sonntäglich, sozusagen mit Filzpantoffeln besichtigt wird, sondern das werktäglich haussam auf den Besucher wirkt. Die Höfe und Handwerkerstuben sind nicht ausgestorben, es wird Tag für Tag darin gewerkelt. Das Holz ist vor der Hütte und unter dem Dach, Kühe und Ziegen sind auf der Weide. Für das Freigelände erworben werden nur Bauernhäuser, die dem sicheren Verfall und der Zerstörung anheimgefallen wären, nach einem klar durchdachten, wissenschaftlich erarbeiteten Konzept des ersten Museumsleiters Ottmar Schuberth. In zehn Bauabschnitten soll das Freilichtmuseum in das schließlich auf 44 ha erweiterte Gelände hineinwachsen, wobei im dritten Bauabschnitt eine Dorfanlage in einem vom übrigen Gelände durch eine bewaldete Schlucht abgeschirmten und verhältnismäßig ebenen Grundstück geplant ist.

Der Eingangsbau – bei dem sich der 1976 von Paul Ernst Rattelmüller geschaffene weißblaue Maibaum präsentiert – ist kein Bauernhaus, sondern ein stattliches Schopfwalmhaus, die ehemalige Thürlmühle aus Weilheim. Auf der Höhe, bei der großen Eiche beginnt der Rundgang. Hier befindet sich als Dauereinrichtung die Sammlung Zwink mit bäuerlichem Gerät aus dem Ammergau. Hier werden auch zahlreiche Einzelausstellungen veranstaltet.

Durch einen wegen der nahen Bundesstraße notwendigen Tunnel, der für Ausstellungszwecke genützt wird, gelangt man in das Freigelände. Greifen wir aus dem Rundgang, der sich sehr abwechslungsreich gestaltet und eine kleine Wanderung in sich schließt, noch einige bedeutende Objekte heraus.

Tritt man aus dem Mesnerhof hinaus, so geht der Blick auf den Dorfweiher mit der Fischerhütte und Hammerschmiede. Der Schiebelhof stammt aus Tyrlbrunn, östlich von Trostberg. Der Besitzer, ein Bauer, war zugleich ›Gastgeb‹. Er besitzt in drei Kammern seines Obergeschosses volkstümlich naive, in ihrer Weise einzigartige Wandmalereien aus den Jahren um 1650 und 1691, auf einer dünnen Malschicht aus Lehm und Kalk: Jagdszenen und der Heilige Georg zu Roß, der Heilige Sebastian, Florian, Laurentius und Ursula, dazu zierliche Rankenmalerei. Auch der Michlhof stammt aus der Gegend von Tyrlaching, nämlich aus Tyrlbrunn, und er wurde deshalb in die Nachbarschaft des Schiebelhofes gesetzt. Beide bilden mit dem Jacklstadel einen geschlossenen Hof, eine Anlage, die in Oberbayern wirklich anzutreffen ist. Das Erdgeschoß des Michlhofes ist wohl im 18. Jahrhundert neuerrichtet worden, was man aus der Raumhöhe schließt, während das Obergeschoß in Blockbauweise auf Grund der niederen, für unsere Wohnverhältnisse kaum erträglichen Höhe, älter ist. Er besitzt eine unverändert übernommene Herdstatt mit Kutte und Kamin, Sommerkuchel mit Kuchelkammer und eine Hauskapelle.

Der Jacklstadel aus Steinhart bei Wasserburg diente zunächst der Bayern-Ausstellung im Münchner Stadtmuseum und wurde dann 1972 dem Freilichtmuseum geschenkt. Hier lernen wir eines der kunstvollen und reichen Bundwerke kennen.

Schlichter wirkt das ›Mirznhäusel‹ – ein typisches Handwerkerhaus mit kleiner Landwirtschaft – aus dem Jahre 1677. Ursprünglich wahrscheinlich ein Rauchhaus ist es durch den Einsatz von Grünwalder Bürgern in letzter Minute vor der Spitzhacke gerettet worden.

Neben dem Mirzn eine kleine Seilerwerkstatt mit originaler Seilerei (ein Neubau). Das Deichlhäusel ist ein schlichtes Handwerkerhaus aus Höfen/Arzbach im Landkreis Tölz. Ursprünglich war es ein ›Rauchhaus‹ von einfachster Form. ›Rauchhäuser‹ sind Bauernhäuser ohne Kamin, bei denen der Rauch von der offenen Feuerstelle durch die sogenannte ›Rauchhurre‹ in den offenen Dachraum abzieht und von dort durch Spalten und Ritzen im Schindeldach ins Freie dringt. Im Jahre 1777 gab es allein in Grünwald noch 24 solcher Häuser. Das oberbayerische Rauchhaus unterscheidet sich von den ostalpinen ›Rauchstubenhäusern‹ in Kärnten und Steiermark, bei denen der Rauch in der Küche steht und durch Schlitze in der aufgehenden Blockwand, in Mannshöhe oder meist darunter angebracht, abzieht. Der Hodererhof aus Kochel – er mußte einer Friedhofserweiterung weichen – ist das erste und zugleich das stattlichste Bauernhof-exponat der Glentleiten. Er besitzt über der offenen Herdstelle eine ›Kutte‹ von der der Rauch über die ›Hurre‹ in den Dachraum abzieht. Für unsere strengen feuerpolizeilichen Verordnungen schier unbegreiflich ist diese in Oberbayern noch im 18. Jahr-hundert so verbreitete Art der Feuerung, die tatsächlich zum Abbrennen ganzer Dörfer führte. Der Hodererhof hat den großen Brand von Kochel im Jahre 1761 nicht überstanden und wurde mit dieser Feuerungsform 1775 wiederaufgebaut. Zuletzt war dieser Prachthof mit Blech eingedeckt. Heute hat er wieder das herrlich lange mit Steinen beschwerte Legschindeldach. Im Zehentmaier-Anwesen wird eine Hafnerei betrieben, die über Absatz nicht zu klagen hat. Es stammt aus Sauerlach und stellt eines der selten gewordenen reinen Holzhäuser dar, bei denen auch das Erdgeschoß in Blockbauweise aufgeführt ist. Der Kamin gehört zum Brennofen der darin eingerichteten Hafnerei. Ur-sprünglich ist es ein Rauchhaus gewesen, wie sich in der Kuchl zeigt. Der Mörnerhof besitzt wieder eine köstliche Wandmalerei im Obergeschoß – wobei zu sagen ist, daß dieses Geschoß als Lagerraum oder Schütt für das Getreide gedient hat. Über einem gemalten Vorhang sehen wir an der Giebelseite eine phantastische Stadtvedute mit Zwiebeltürmen, daneben eine lange Kutschen-auffahrt, vierspännig mit dem Stangenreiter; ferner ein Liebes-paar und einen Edelmann in spanischer Tracht. Merkwürdig sind die Fensterumrahmungen mit kleinen Giebeln, die seitlich mit unbestimmbaren Wappen geschmückt sind. 1775 ist diese Malerei datiert. Wahrscheinlich ist diese Malerei aus der Notwendigkeit, die Schütt mit einem Kalklehmanstrich innen zu schützen ent-standen. Also aus reiner Freude an der Sache, an einer haussam-schmuckreichen Gestaltung. Und diese Freude empfindet der Besucher der Glentleiten auch heute, wenn er von Hof zu Hof wandert und sich durch niedere Türstürze in Kammern zwängt oder im Herrgottswinkel auf der Bank Platz nimmt, was erlaubt

IX

Wassily Kandinsky
(1866-1944)
Straße in Murnau
Ölgemälde 1908
Murnau, Privatbesitz

Das Bild der oberbayerischen Marktstraße auf ansteigendem Terrain, die dabei entstehende Verschränkung der vorspringenden Giebeldächer, die gesteigerte Farbigkeit des
Oberlandes, dies alles könnte für Kandinsky ein Beweggrund gewesen sein, dieses Motiv zu wählen. Hinzu kamen
noch stark kontrastierende Beleuchtungseffekte durch das
steil einfallende Sonnenlicht mit starken Schlagschatten,
Kontraste, die an den Holzschnitt erinnern, ganz allgemein
die Neigung zu Formexperimenten und expressiven Übersteigerungen der Farbe, wie sie im Kreis der französischen
›Fauves‹ üblich waren. Letzte Nachklänge des Jugendstils
beruft das fast ornamentale Farbknäuel in der linken unteren Bildecke. – Murnau war eine der Wiegen des ›Blauen
Reiter‹, das damals noch abgelegene ›Gabriele-Münter-
Haus‹ eine Art von Versuchstation auf dem Weg vom
Jugendstil und Spätimpressionismus zur Abstraktion.
Dieser zu seiner Zeit kaum bemerkte Einbruch des Avantgardismus in den stillen Markt, den die Villen Emanuel von
Seidls ein Jahrhundertwende-Flair gegeben hatten, und
seine beziehungsreiche Bedeutung für die künstlerische
Entwicklung wird erst heute so recht erkannt.

ist. Aus einem 1979 entstandenen Büchlein von Ottmar Schuberth kann man noch Detaillierteres über die Höfe, ihre Geschichte und die oft abenteuerlichen Umstände ihres Erwerbs für das Freilichtmuseum erfahren.

In und um Murnau

Murnau, dessen langgezogener Straßenplatz uns aus Bildern Kandinskys vertraut ist – nordsüdlich orientiert, wie fast alle Siedlungen an Hauptverkehrsstraßen im Voralpenland – wirkt aufs erste nicht so farbig, wie es die Maler des ›Blauen Reiter‹ gesehen haben; auch ist sein altes oberbayerisches Baugesicht durch einige Großbrände nahezu vernichtet worden. An die Stelle der alten Häuser traten Neubauten, die großzügig und zweckbedacht errichtet wurden: etwa der Griesbräu.

Vom letzten Brand von 1774 verschont blieb allerdings die *Pfarrkirche Sankt Nikolaus.* Sie gibt sich schon im Äußeren als eine der stattlichen Pfarrkirchen des Barock zu erkennen. 1717 bis 1734 wurde sie erbaut. Seltenerweise ist uns der Baumeister in keiner Urkunde genannt, so daß man an Enrico Zuccalli und Johann Mayr dachte. Nur der Bauführer Kaspar Bauhofer aus Murnau ist uns bekannt. Der scheint sich jedoch an die Pläne eines Größeren gehalten zu haben, und bei den sicheren Proportionen des Kirchenschiffs mit den charakteristischen Thermenfenstern und dem ansehnlichen Turm denkt man unwillkürlich an die Münchner Baumeisterfamilie Gunetzrhainer, mit der ja Johann Mayr eng verwandt ist.

Es geht im Räumlichen um eine interessante Verbindung von Lang- und Zentralbau. Der Hauptraum bildet ein auf quadratischem Grundriß durch Eckabschrägungen gewonnenes inneres Oktogon aus. Dieses trägt über den Halbkreisbogen der Hauptachsen eine elegante Flachkuppel auf kreisförmigem Grundriß. Nach Osten schließt sich ein über sechs Stufen erhöhter kreuzförmiger Chor an, der nach schmalem Vorjoch einen breitrechteckigen Raum mit seitlichen Apsiden folgen läßt und in einem halbrund geschlossenen Altarhaus endet. Die Fresken dann allerdings spätes 19. Jahrhundert: die im Chor stammen von Johann Michael Wittmer 1872; einem Nazarener, Schwiegersohn des Joseph Anton Koch, der lange in Rom gelebt hat; die im Flach-

kuppelgewölbe von Waldemar Kolmsperger 1893. Kolmsperger
war ein recht geschickter Nachempfinder des Rokokofreskos im
ausgehenden 19. Jahrhundert. Auch der Rokokohochaltar von
1730, durch Bartholomäus Zwinck 1771 schon verändert, wurde
bei der Restaurierung 1871 in seinem figürlichen Schmuck ge-
schmälert. Sein Altarbild ist von Johann Baader, 1771. Von dem
Weilheimer Franz Xaver Schmädl sind uns auf dem nördlichen
Seitenaltar die Gruppe ›Anna Selbdritt mit Joseph und Joachim‹,
von 1751 und ein ›Christus an der Geißelsäule‹ ein Frühwerk von
1734, erhalten. Die feine Kanzel und die reichgeschnitzten
Oratoriengitter, vor allem aber die schönen Beichtstühle verdienen
unsere Beachtung.

*Am 15. August 1908 hatten sich Wassily Kandinsky und Gabriele
Münter zu einem Studienaufenthalt im Griesbräu zu Murnau runde
vierzehn Tage einquartiert, nachdem sie im Frühling jenes Jahres
noch in Südtirol (Lana) den letzten und feinsten Möglichkeiten des
Impressionismus nachgegangen waren. Mitte Juni hatte sie schon eine
Reise an den Starnberger See und den Staffelsee geführt, bei der die
Münter zum erstenmal nach Murnau kam, während Kandinsky
schon einmal eben durchgefahren war. Den weitgereisten Malern
wurde dieser Ort mit dem inselreichen See und dem Murnauer Moos
im Süden bald die liebste Bleibe. Sie holten ihre Malerkollegen aus
München, Alexej Jawlensky und Marianne von Werefkin, nach. Im
Sommer 1909 sahen sie auf einem Spaziergang hinter einem Bauern-
garten ein soeben vollendetes Haus stehen. Es lag bei zwei großen
Eichen, etwas außerhalb des Ortes, an der Allee zum Ramsach-
Kircherl, damals noch das einzige Gebäude jenseits der Bahnlinie.
Man hatte von ihm aus einen herrlichen Blick auf den Ort mit dem
alten Amtshaus und der Pfarrkirche, nach Süden hin auf das Mur-
nauer Moos und im Hintergrund das Wettersteingebirge. Noch im
Juli zogen Kandinsky und die Münter hier ein. Es gab kein elektri-
sches Licht, ja nicht einmal Wasser, dazu einen einzigen Zimmerofen.
Kandinsky ging an die Einrichtung und ließ vom ländlichen Schreiner
einfache Möbel herstellen, von denen er einige selbst bemalte. Für das
Treppengeländer entwarf er später einen Fries aus stilisierten Blumen
und kleinen Reiterfiguren. Mittels einer Schablone malte er diese
Motive selbst auf die Treppenwange. Das Gartenhäuschen erhielt
einen blauen Anstrich. In einer Mischung aus russischer und bayeri-*

scher Volkskunst mit Jugendstilnachklängen erhielt das Malerhaus seine eigene künstlerische Note. Auf einem Ölbild der Münter ist Kandinsky am etwas ungemütlichen Eßtisch in der Lederhose zu sehen. Als das Gemälde 1912 bei den ›Indépendents‹ in Paris ausgestellt war, schrieb ein nichtsahnender Kritiker, das Bild zeige, »was im Haushalt eines armen Vegetariers vorgeht«.

Das Münter-Kandinsky-Haus ist heute noch wohlerhalten und seit Sommer 1984 zu besichtigen. Mit den originalen Möbeln, der Kandinsky-Treppe, zahlreichen Hinterglasbildern und Erinnerungsstücken ist es eine Sehenswürdigkeit, die beeindruckt. Die kleine Villa dagegen, in der der große Schriftsteller Ödön von Horváth von 1923 bis 1933 wohnte, sein Vaterhaus, wurde unverständlicherweise vor einigen Jahren abgerissen. Daß sich auch dieser Weltbürger noch als Zwanzigjähriger mit der oberbayerischen Lederhose befreundete, zeigen einige alte Fotografien: eine davon mit Familie auf der Terrasse vor der Horváth-Villa. Im Griesbräu hatte Horváth die ersten Versammlungen der Nationalsozialisten miterlebt und nach einer Schlägerei mit der ihm eigenen Objektivität die Karten aufgedeckt.

Heute liegen die Bücher über den Blauen Reiter, Kandinsky und die Münter in den Buchhandlungen auf. Und es ist schon fast wieder vergessen, daß Murnau von den oberbayerischen Landschaftsmalern in der Zeit des Spätbiedermeier entdeckt worden ist. Wilhelm von Kobell, Max Joseph Wagenbauer, Ludwig Neureuther, Simon Warnberger, Karl Spitzweg und nach ihnen Adolf Lier, Karl Mayr-Graz, Edmund Steppes, Walter Teutsch und Ernst Haider, Max Unold und Georg Schrimpf haben hier gelebt und gemalt. Hauptanziehungspunkt war neben der See- und Mooslandschaft das gastliche Haus des Architekten Emanuel von Seidl. Als sich Mayr-Graz hier durch Seidl um 1900 eine der noblen Villen erstellen ließ, begann diese Zeit der Künstlergeselligkeit. Ein ›Zwetschgengarten‹ sei es gewesen, der dann den Villenarchitekten Seidl fest an Murnau gebunden hat, wird uns erzählt. Und bald nach 1900 ist dann am Südrand Murnaus, am Kapferberg, die Seidlvilla mit ihren großangelegten gartenarchitektonischen Bauten und Gestalten begonnen worden. Und 1916 – als sich der Junggeselle Seidl verheiratete – kam noch ein Damenschlafzimmer und ein Wirtschaftstrakt hinzu. Daneben entstand einer der schönsten Landschaftsgärten Oberbayerns mit

Blick auf die Kette der Berge, auf die Dörfer und Einöden der damals noch wenig belebten Garmischer Landstraße, und auf die Loisach. Als das Kernstück dieses mit Hermen, Laubengängen und Lusthäuschen ausstaffierten Gartens galt der Freundschaftstempel auf der Anhöhe. Und weil Seidl ein großer Musikfreund war, wurde viel musiziert, wurden ganze Singspiele und Shakespeares ›Sommernachtstraum‹ (durch Reinhardt und mit dessen Ensemble) aufgeführt. Seidls Murnauer Gästebuch mit Zeichnungen von Julius Diez, Adolf Hengeler, Waldemar Kolmsperger und Hermann Stockmann ist die reizvolle Chronik dieser Zeit, die durch den Tod Seidls am Weihnachtstag des Jahres 1919 ein plötzliches Ende fand.

Am Froschhauser See – dem Badeplatz der Murnauer – liegt *Froschhausen* mit seiner Wallfahrtskirche Sankt Leonhard. Ein schlichter Kirchenbau des 17. Jahrhunderts mit einem Zwiebelturm von 1730. Im Inneren, das 1786 umgestaltet wurde, zeigt er sich in überraschend reichem, geradezu bizarrem Rokoko. Der Hochaltar ist mit Schwung aufgebaut: ein phantasievoller Baldachin, der sich ins Gewölbe hinein erstreckt. In seiner Mitte die Figur des sitzenden Heiligen Leonhard. Das Deckenfresko von Alois Gaibler weicht mit ovalem Gegenschwung zurück. Es zeigt die Heilung eines vom Teufel Besessenen durch den Heiligen Leonhard. Spätes, züngelndes und flamboyantes Rokoko zeigen auch die Seitenaltäre. Die Neigung zur asymmetrischen Komposition erinnert uns an Hörgersdorf im Erdinger Land. Die Kirche besitzt geschnitzte Emporenstützen. Zahlreiche Hinterglasbilder mit der Darstellung des Heiligen Leonhard als Helfer in der Not erinnern an die lange Reihe der Murnauer Hinterglasmaler, die bis an die Schwelle der Gegenwart reicht. Die Maler des ›Blauen Reiter‹ haben diese mit ursprünglichem Farbempfinden geschaffenen, einen ›inneren Klang‹ hervorbringenden, kleinen Bildwerke der Hausindustrie besonders geschätzt. Aus einer Sammlung des Brauers Krötz in Murnau wählten Kandinsky und Marc elf Hinterglasbilder für ihren Almanach aus. Fast alle haben sie in schöpferischer Nachempfindung Hinterglasbilder geschaffen.

Schwaiganger (heute Landesgestütshof) – nahe der Abzweigung der Murnauer Landstraße von der heutigen Olympiastraße gelegen – erinnert an die Romanze zwischen der Herzogin Maria

Anna Charlotte von Bayern, Herzogin Clemens genannt, und ihrem Hofkammer-Rat Andre von Rieden, ihrem ehemaligen Kammerdiener, einem Bauernsohn aus Rieden bei Seehausen. Die Herzogin und Schwägerin des Kurfürsten Karl Theodor hat durch ihr mutiges Konspirieren mit Friedrich dem Großen, das Andre patriotisch unterstützte, die Selbständigkeit Bayerns, allen schlau eingefädelten Tauschplänen zum Trotz, gerettet.

Garmisch-Partenkirchen

Kunstfreunde finden in dem durch die Olympischen Winterspiele von 1936 weltweit bekannt gewordenen Wintersportort eine Reihe von Sehenswürdigkeiten mit dem Reiz des Typischen und Besonderen.

Zum Besonderen zählt die *Alte Pfarrkirche Sankt Martin*, die mit einem Spitzhelmturm den ältesten Kern des weitauseinander gewachsenen Dorfes bezeichnet. Der frühgotische Bau erhielt im Schiff um 1520 ein Netzgewölbe mit einer Mittelstütze nach dem Vorbild Ettals. Die Überraschung sind dann die gotischen Fresken, die fast die ganze Nord- und Ostwand bedecken. An der Nordwand ein großer Christophorus, Schutzpatron der Reisenden auf dem Weg über die Alpen (um 1340 zu datieren). Östlich anschließend – eindrucksvolle Passionsdarstellungen aus der ersten Hälfte des 15. Jahrhunderts. Etwas später sind die Fresken des Heiligen Erhard, des Gekreuzigten, der Heiligen Gregor und Urban entstanden.

An der Ostwand findet sich eine Kreuzigungsdarstellung aus der ersten Hälfte des 15. Jahrhunderts, ferner ein Jüngstes Gericht aus der Zeit um 1430.

Die *Neue Pfarrkirche Sankt Martin* ist ein stattlicher Barockbau, von 1730-34 errichtet. Baumeister waren Josef Schmuzer aus Wessobrunn und sein Polier Joachim Gigl. Ein schlichter Saalbau, der vier Joche umfaßt, wobei das östliche Joch querhausartig erweitert wird. Ein gedrücktes Tonnengewölbe ruht auf Gurten und flachen Doppelpilastern auf. Bewegt kurvierte Fenster in zwei Reihen übereinander. Der sich an das Langhaus schließende Altarraum ist halbrund geschlossen und besitzt ein Kuppelgewölbe. An den Stukkaturen, die nach Entwürfen

Schmuzers gearbeitet sind, waren außer dem Baumeister selbst noch die wenig bekannten Wessobrunner Michael Schmidt (Westempore) und Leonhard Baader (Kapitelle und Oratorien) beteiligt. Die Deckenfresken sind ein ausgezeichnetes Frühwerk des Matthäus Günther, bezeichnet 1733. Die Szenen aus der Martinslegende an der Westwand stammen dagegen von Franz Zwinck (1776), die Gemälde in den querhausartigen Seitenkapellen von zwei Gehilfen Johann Georg Dieffenbrunners, Anton Steinmetz und Anton Loos.

Das Figurenwerk am Hochaltar schuf der Füssener Anton Sturm. Das Hochaltargemälde ist ein nach van Dyck geschaffenes Werk des Regensburger Malers Martin Speer. Die Figuren zu den reichen Seitenaltären von 1750-52 schnitzte Franz Xaver Schmädl aus Weilheim. Einige feine Zunftstangen haben sich noch in diesem Kirchenraum aus dem 18. Jahrhundert erhalten.

Die *Pfarrkirche zu Unserer lieben Frau* (seit 1672 Pfarrkirche) besitzt drei neugotische Altäre im Oberammergauer Nazarenerstil, auf dem rechten Seitenaltar eine Pietà von dem auch als Fassadenmaler vielfach tätigen Heinrich Bickel (1947). Im Seitenschiff das alte Altarbild von Bartolomäus Litterini (1731). Der linke Seitenaltar birgt drei spätgotische Figuren (um 1400).

Die nördlich der Pfarrkirche stehende *Sebastianskapelle* aus der Pestzeit von 1634 ist seit 1924 Kriegergedächtniskapelle. Das Kriegerdenkmal auf dem Friedhofsplatz stammt von dem in Partenkirchen geborenen Bildhauer Josef Wackerle (1880-1959). Es wurde 1929 unter Mitwirkung des Bildhauers Georg Neuner geschaffen. Wackerle, der gegenüber seinen Generationsgenossen Adlhart und Knappe eine barocke Formauffassung vertrat, zählt zu den ursprünglichsten Bildhauertemperamenten der süddeutschen Kunstlandschaft zwischen den beiden Weltkriegen.

Ein Erlebnis von besonderer Art ist ein Besuch der am Berghang nordöstlich von Partenkirchen gelegenen *Wallfahrtskirche Sankt Anton*. Ein Bergkreuzweg begleitet uns hinauf. Diese seit 1704 als Gelöbniskirche der Partenkirchener im Spanischen Erbfolgekrieg errichtete Bau wurde um 1738/39 (vielleicht durch Josef Schmuzer) erweitert. Das heißt, der ursprünglich kleine Zentralbau mit seinem zart stuckierten Klostergewölbe, daran schließt sich ein überkuppelter Chor, erhielt einen Erweiterungsbau auf der Südseite in Form eines Ovals. Dieser jüngere Ovalraum öffnet sich mit Arkaden in das ältere Oktogon. Die Resträume in den Ecken bilden Kapellen. Die Ovalkuppel des Hauptraumes besitzt eines der hervorragendsten Deckenbilder ›al fresco‹ von Johann Evangelist Holzer, 1739 gemalt. Im unteren Teil gemalte Scheinarchitektur, Säulenstellungen, die ein kurviertes Gebälk tragen. Dazwischen gemalte Obelisken. Darüber der offene Himmel aus dem das Christkind dem Heiligen Antonius entgegenschwebt. Mit offenen Armen, auf der Weltkugel schwebend und von Engeln umgeben, nimmt er die Hilfe des Christkinds für die notleidende Menschheit entgegen. Zwischen den Säulen sehen wir Engel, die den Notleidenden und Verfolgten Hilfe bringen. Darunter ein großartig realistisch aufgefaßter Bettler in gebeugter Haltung. Hinter ihm der fliehende Tod als Gerippe dargestellt. Am Südrand sehen wir die Spendung des Antoniusbrotes. Das herrliche Kolorit Holzers, seine kräftige und zugleich lichte, jedoch niemals süßliche Rokokofarbe, die Sauberkeit seiner Zeichnung, die vornehme und zugleich volkstümliche Auffassung lassen das Partenkirchener Fresko als die vielleicht vollendeste Leistung der süddeutschen Rokokomalerei erscheinen. Der Antoniushymnus ist mit mozartischer Frische und alpenländischer Sinnlichkeit vor Augen geführt, als ein Theatrum sacrum, an dem die Menschen innig teilhaben.

An der oberen Isar

Mittenwald

DER an der alten Handelsstraße von Augsburg nach Verona gelegene Ort führt seinen Namen auf seine Lage ›mitten im Wald
Scharnitz‹ zurück (media silva), einer Station der Römerstraße,
wo in unseren Tagen die Grundmauern des frühmittelalterlichen
Klosters ausgegraben wurden. Berühmt ist er aber vor allem seit
1680, durch das von Matthias Klotz (1653-1748) hier eingeführte
und zu großer Blüte gediehene Geigenbaugewerbe geworden.
Einige Brände in den Jahren 1763, 1783 und 1914 haben das
Ortsbild zwar verändert, jedoch ist uns Mittenwald als das exemplarische Großdorf in den bayerischen Alpen in schönem Zusammenstand von alten und neueren Hausensembles erhalten
geblieben. Der untere Markt ist nach dem Brand von 1914 bis
1917 in einem Akt früher Denkmalpflege nach dem Vorbild der
Mittenwalder Häuser wiederaufgebaut worden. Unter den freskierten Häusern des 18. Jahrhunderts sei das Neunerhaus erwähnt,
sodann die von Franz Karner freskierten Häuser Obermarkt 20,
(Schlipferhaus), das Seitzhaus, das Hornsteinerhaus im Gries 6
(bez. 1775) und der Gasthof zur Alpenrose, letzterer von Franz
Zwinck freskiert. Den zahlreichen Reisenden in alter Zeit diente
das Pilgerhaus, das Spital zum Heiligen Geist, mit spätgotischer,
barock veränderter Kapelle über dem Tordurchgang als Herberge.
Die *Pfarrkirche Sankt Peter und Paul* war ursprünglich eine
spätgotische Anlage von der uns – wie auch alte Votivbilder in der
Sakristei zeigen – nur die Choranlage erhalten ist. Der barocke
Neubau erfolgte ab 1738 durch den Ettaler Architekten Josef
Schmuzer. 1740 war der Kirchenbau abgeschlossen; der Turm
wurde 1738 abgebrochen und sein Neubau 1746 vollendet. 1749
wurde die Kirche geweiht.

Entstanden war eine der schönsten Dorfkirchen Oberbayerns, mit feiner, abgerundeter Räumlichkeit, Kapellen, Emporenhalle und reizvoller Freskierung der Außenmauern und des Turmes. Der Neubau kann sich den Pfarrkirchen von Garmisch und Oberammergau an die Seite stellen. Dem Inneren gibt der vorzügliche Raumstuck Schmuzers (Bandwerk und Gitterwerk mit Ranken und Blütengehängen) den Charakter des Besonderen. Hinzu kommen die Deckengemälde des Matthäus Günther von 1740, hervorragend komponierte und farbig sehr delikat gemalte Szenen aus dem Leben der Kirchenpatrone. Günther gab auch das Hochaltarbild (1742) mit der Verherrlichung des Apostelfürsten.

Die Friedhofskirche Sankt Nikolaus mit ihrem köstlichen Turm wird man schon deshalb aufsuchen, weil sie in ihrer spätgotischen Räumlichkeit eine spätgotische Muttergottes auf der Mondsichel (am Triumphbogen) besitzt. Der barocke Hochaltar von 1672 zeigt rückseitig die eingekratzte Inschrift: »M. K. 1684 Geigenmacher im 20. Jahr«. Es ist dies eine Erinnerung an den berühmtesten Mittenwalder, den Geigenbauer Matthias Klotz. Vor der Pfarrkirche steht sein Denkmal, das der Münchner Erzgießer Ferdinand von Miller 1890 geschaffen hat. König Ludwig I. gründete hier 1858 die staatliche Geigenbauschule. In der Ballenhausgasse hinter der Kirche befindet sich das sehenswerte Geigenbau- und Heimatmuseum.

Goethe, der auf seiner Italienreise in der ehemaligen Posthalterei übernachtete, hat Mittenwald als ein »lebendiges Bilderbuch« empfunden. Wer die Hochstraße, den Obermarkt, den Untermarkt und den Gries abwandert, wer die reizvolle farbige Bemalung des Turmes der Pfarrkirche betrachtet, und dann an neueren Bauten – wie dem Adlerhaus – die nachempfundenen Hausmalereien erblickt, der erhält einen Eindruck von der ungebrochenen Bilderfreude der Mittenwalder.

Lenggries

Lenggries, das ehemals als ›Grieser Amt‹ zum Tegernseer Klostergericht gehörte, zählt nicht zu den Orten, die der Kunstwanderer unbedingt aufsucht, um dort auf seine Kosten zu kommen. Es sind im Sommer die Naturwanderer, die hier in den Spuren von Ludwig Steub und Ludwig Thoma, allenfalls auch von Ganghofer, Station machen und den Isarwinkel zwischen Fall und Vorderriß durchmessen. Dabei hat Lenggries – wie fast alle Fremdenverkehrsorte im Oberbayerischen – eine beachtliche Pfarrkirche vorzuweisen, *Sankt Jakobus*, die sich zuerst durch die hohe Zwiebelkuppel des Turms bemerkbar macht. Die Kuppel ist – bis auf den Laternenunterbau – gut konturiert. Der Kirchturm weist im zweiten Geschoß originelle Fassadenmalereien auf. Im Westen sehen wir den Heiligen Jakobus dargestellt, wobei der rechte Arm plastisch herausgearbeitet ist und der Pilgerstab den Zeiger der Sonnenuhr bildet; im Norden und Süden den Heiligen Joseph und die Immaculata.

Die Kirche ist in den Jahren 1721-1722 erbaut. Obwohl man von dieser Bauzeit eigentlich einen Frührokokoraum erwarten würde, ein Kirchenwerk, das vom Münchner Hofbauamt bestimmt erscheint, finden wir eine Kirche, die uns an Schlehdorf erinnert und als frühklassizistischer Saalraum erstellt wurde. Das Langhaus besitzt Tonnengewölbe, der Altarraum eine Tonne mit Gurtbogen. In der Mitte der Langhauswände springen hohe, dreiseitig geschlossene Nebenkapellen aus, die von Doppelpilastern gerahmt werden, deren Gebälk den Rundbogen umschließt. Die eigenwillige Architektur könnte wohl von einem Lokalmeister stammen, dessen Pläne das Hofbauamt korrigiert hat. Im Westen haben wir die im Oberland übliche große, hier freilich durch Pfeiler dreigeteilte Empore. Der Altarraum ist eingezogen und schließt als Halbrund. Er ist reicher als das Langhaus dekoriert. Wir sehen Fresken mit Szenen aus dem Leben des Kirchenpatrons, des Heiligen Jakobus Maior, so den Sieg der Spanier über die Mauren in der Schlacht von Clavigo, gemalt von dem kaum bekannten Tölzer Anton Ertl 1722. Die Langhausdecke ist in Felder geteilt und weist Medaillonfresken mit Darstellungen der vier Evangelisten auf. Im Hochaltar aus dem Jahre 1916 ist die Hauptfigur des Vorgängeraltars erhalten: ein sitzender Heiliger Jakobus. Das übrige Figurenwerk stammt von dem Tiroler Meister Sturmbeck. Auch die Seitenaltäre sind aus der Mitte des 19. Jahrhunderts. Aber in den Seitenkapellen sind uns noch die Altäre von 1726/27 erhalten. Johann Steinhäuser, Kistler in Anger, hat sie geschaffen, und Philip Guglhör steuerte die Gemälde bei. Eine Steinhäuser-Kanzel in Weiß-Gold-Fassung. Zwei alte Tragstangen der Sankt-Nikolaus-Floßleutezunft aus dem 18. Jahrhundert geben Lokalkolorit. Die Mariahilf-Kapelle im Friedhof, seit 1920 Kriegergedächtniskapelle, ist ein im Kern noch gotischer, wohl dem 14. Jahrhundert entstammender, 1745 im Rokokostil vergrößerter Bau. Die Decke zieren fünf Fresken aus dem Marienleben aus der Zeit von 1749. Das Gnadenbild, eine Sitzende Muttergottes mit Kind, stammt aus dem Anfang des 16. Jahrhunderts und wurde mehrmals restauriert, wie die rückseitigen Inschriften belegen.

Lenggries besitzt – ähnlich wie Bad Tölz – einen volkskundlich interessanten *Kalvarienberg*. Er erstreckt sich nicht weit vom Schloß Hohenburg, dem alten Stammsitz der Grafen von Hörwarth, auf einer nordwestlich gelegenen Höhe. Er führt uns über die geschickt in den Berg eingelassene Steintreppe zu den auf den Absätzen stehenden fünf kleinen Stationskapellen. Darin finden sich nicht ganz lebensgroße Darstellungen der Passion Christi in volkstümlicher Realistik (1694). Die eigentliche Kalvarie, eine lebensgroße Kreuzigung Christi, stand ursprünglich am oberen Auslauf der Treppe. Jetzt erhebt sie sich auf der Höhe darüber. Die Kreuzkapelle, die nun deren ursprünglichen Platz einnimmt, wurde 1726 erbaut. Sie besitzt eine Heilige Stiege mit Engelsfiguren. Hinter der Kreuzgruppe finden wir noch eine Heilig-Grab-Kapelle von 1698 mit vielen Votivbildern und dem Bildnis des Grafen von Hörwarth, der eine 1590 in Ungarn erbeutete Türkenfahne stiftete.

Das Flößerhandwerk war einmal der einträglichste und bedeutendste Erwerbszweig der Bewohner des Isarwinkels. In der Kunstgeschichte spielten die Flößer eine Zubringerrolle, brachten sie doch das Holz für die mächtigen Dachstühle spätgotischer Kirchen ins Vorland hinaus. So wurden für den Dachstuhl der Münchner Liebfrauenkirche auf 140 Flößen ganze 2200 Stämme

Holz vom Isarwinkel nach München geflößt. Und weiter draußen, in Schlehdorf, Tölz und Schäftlarn wurden die Eichen auf der Isar und Loisach mittels Flößen nach Freising gebracht, insgesamt 90 mächtige Stämme, aus denen das Chorgestühl des Freisinger Doms geschnitzt wurde. Um die Jahrhundertwende erweckte der eigenwillige Ort das Interesse der Maler.

Am 2. Juni 1908 schreibt Franz Marc an den Bruder: »Gestern machte ich eine Fahrt Tölz–Lenggries am Bock oben ...« Er wohnte damals beim Senner Hans von der geliebten Staffelalm, der sich nach Lenggries verheiratet hatte. Maria Marc schildert uns die Entstehung der Bilder ›Grüne Studie‹ und ›Lärchenbäumchen‹: »Mein Mann hat es in Lenggries gemalt, in einer kleinen Schonung, die bestanden war von Lärchen und Tannenbäumchen. Wir zogen damals immer morgens zusammen zu dem ganz stillen, einsamen Studienplatz, der fern vom Dorf, in der prallen, heißen Sonne lag. Für meinen Mann konnten die ›Motive‹ nicht hell und sonnig genug sein, er wollte überhaupt nur die Sonne malen, – und ich war so begeistert durch ihn, daß ich es mit größtem Eifer mittat. So standen wir wochenlang dort und malten am selben Fleck, – jeder suchte sich solch ein Bäumchen aus. Es wurden in umheimlichen Mengen Cadmium hellst und Kremser-Weiß I (das war das beste, was es gab) – vermalt ... Später im Sommer fing er dann das große Lenggrieser Pferdebild an, das er auf einer Pferdeweide malte ... Er ging immer den Pferden nach, beobachtete sie und ›lernte auswendig‹, wie er das nannte, – dann kehrte er zur Staffelei zurück und malte weiter. Mittags ging ich zu ihm mit dem Mittagessen, das ich meist im Wirtshaus holte, nebst Kaffee und Kuchen. Wir setzten uns dann in die Nähe seiner Staffelei unter den Bäumen und verzehrten glücklich unser Mittagessen. Erst am späten Nachmittag kehrte er heim, schwerbeladen mit dem Riesenbild – und sehr müde vom Arbeiten.«

Die Wohnung von Franz Marc in Lenggries im Sommer 1908 war das Haus Pacher.

Skizzen aus Bad Tölz

Vor gut hundert Jahren ist ein Student namens Anton Krettner von München aus in die Sommerferien nach Tölz gefahren (wie es damals noch hieß). Er nahm im Bruckbräu Quartier, verliebte sich in die Wirtstochter und heiratete schließlich die schöne

Tölzerin mit dem dazu gehörigen Gasthof nebst Brauerei. Daran wäre gar nichts Ungewöhnliches oder Erzählenswertes, wenn nicht dieser Anton Krettner – neben seiner bald aufgegebenen Juristerei – zu verschiedenen Anlässen kleine Musikstücke komponiert hätte. Beim Bruckbräu saßen am Sonntagvormittag die Mitglieder des Schützenvereins zu einem Weißbier beisammen, darunter auch die Musikanten der Schützenkapelle. Bei solchem Anlaß wurde der Anton Krettner, der inzwischen, auf Grund seiner juristischen Kenntnisse auch zum Bürgermeister des Marktes gewählt worden war, wieder einmal gebeten, zu irgend einer Festesfeier einen Marsch zu schreiben.

Was aus der Feder des Sonntagskomponisten Anton Krettner hervorging, war jedoch nicht irgendein Marsch, sondern der Tölzer Schützenmarsch.

Dies ist ein Stück Marschmusik von hinreißendem Temperament, eigener Rhythmik und wirksamen Steigerungen, Schwellungen in das Heitere und Optimistische hinein, kurzum ein Marsch, in dem sich Oberbayern in seiner sonntäglichen Stimmung und Freudigkeit, wohl auch in seinem heimlichen Übermut ausdrückt.

Tölz am Leonharditag! Was für ein Bild, wenn die Blasmusik in den unteren Markt hereinschwenkt, die Bauernburschen standartenstolz auf ihren geschmückten Rössern sitzen, die alten Truhenwagen und Tafelwagen, mit Girlanden geziert und bemalt, die Mädchen miederprangend, die Frauen in schimmernder Festtagstracht, hellblau und altrosa, die Kinder dazwischen mit roten Wangen – dann die Schützkompanie mit ihren Stöpselhüten und den schweren Stutzen, der wiegend-federnde Schritt der Alpler, der Übermut, der sich in einem Juchzer kundtut.

Die Häuser von Tölz, die sich zweizeilig und mit vorspringenden Dächern zum Oberen Markt hinaufziehen, dem stark ansteigenden Straßenzug folgend, entsprechen der eigentümlichen Rhythmik und Farbigkeit des Voralpenlandes, ja sie zwingen uns eine bestimmte Gangart auf, die langsamer ist als die gewohnte. Verblichene und erneuerte Fresken begleiten uns und droben die malerische Baugruppe des Rathauses, die Gabriel von Seidl so gekonnt und wirkungsvoll in das Ganze eingebunden hat, daß sie jeder für original hält. Noch lustiger ist es freilich diese Markt-

straße hinunterzugehen bis zum Bruckbräu, dessen Fassadengestaltung übrigens auch eine Leistung Seidls ist. Er ist gerne
beim Bruckbräu gesessen. Zu den Sommergästen von Tölz zählten auch Thomas Mann und seine Kinder Erika, Klaus, Golo,
Monika und Michael.

Das altmodische Hotel aus der Jahrhundertwende hat geräumige Zimmer mit Ölheizung. Ein Stahlstich mit dem Portrait der
jugendlichen Kaiserin Elisabeth, goldgerahmt, hängt an der hell
tapezierten Wand. Und im Frühstückszimmer entdecken wir
Illustrationen von Gabriel von Seidl zu einem Jubiläumsfest.

Erster Spaziergang zur *Kalvarienbergkirche*, die mit zwei Tür-
men über das Isartal herrscht. Im Inneren führt eine Heilige
Stiege zu einer abschließenden Kapelle mit Kreuzigungsgruppe.
Feines Vesperbild der Münchner Schule des Rokoko! Kreuzweg-
kapellen, ein kolossaler Ölbergchristus des Nazareners Joseph
Otmar Entres (1836). Die Leonhardskapelle – Ziel der großen
Wallfahrt am Leonharditag – ist mit einer eisernen Kette um-
gürtet.

Der Bruckbräu und auch die Brücke aus den dreißiger Jahren
von Roderich Fick haben Patina angesetzt. Alte Gast- und Bürgerhäuser mit Fassadenmalereiresten begleiten uns die Marktstraße
hinauf: Oswaldbräu, Oberlandbrauerei, Sporerhaus. Das Winzererdenkmal und das Rathaus sind doch erkennbarer Historis-
mus, das Rathaus von Seidl sogar guter. Im ›Oberbayerischen‹
war er Meister. Original ist Tölz noch beim Kahnturm! Spuren
der amerikanischen Garnison überall, auch im Markt. Kleines
Café an der Marktstraße, es ist gedrängt voll. Tölz ist eine eng
zusammengebaute, haussame Stadt, wo jeder jeden kennt; die
Kurstadt Tölz liegt dagegen abseits, über der Isarbrücke, hier
kaum spürbar. Dort drüben ist ›Bad Tölz‹!

Am zweiten Tag fotografische Experimente mit Gegenlicht
im Gries! Das malerische Winterbild der Stadt drängt einen
geradezu, es in Bildern, die man schon gesehen hat, festzuhalten:
Bilder vom winterlichen Oberland, vielleicht. Das Heimatmuseum
bietet manche Überraschung. Auf engem Raum eine große
Sammlung Tölzer Kästen, von denen die ältesten, die ›Türken-
kästen‹ eine Entdeckung sind. Ein altes Foto zeigt den früheren
›Bürgerbräu‹, ein langgestrecktes nüchternes Gebäude in provin-

ziellem Klassizismus, Traufseite zum Markt hin, aus dem Seidl unter Beibehaltung der geraden Fensterordnung zwei ›echte‹ oberbayerische Häuser mit vorspringendem Giebeldach und Erker zauberte. Hernach ein Heft ›Bad Tölz und Umgebung‹ – ein Bilderbuch mit einem kurzen Überblick über die Stadtgeschichte – erworben.

Ganz ohne Entdeckungen und damit Aufregung verläuft selten ein Kirchenbesuch. In der *Stadtpfarrkirche Mariä Himmelfahrt* zunächst die Himmelfahrtsmuttergottes von Steinle in der »wiederhergestellten« (sehr neu dünkenden) Fassung notiert, dann das hervorragende Pestbild von Hans Ulrich Loth, bez. 1634, von einem Altar der Schützengesellschaft bewundert. Auf der nördlichen Chor-Empore schließlich ein großes, schon etwas brüchig gewordenes Leinwandbild ›Verklärung des Heiligen Laurentius‹ entdeckt. Das Kolorit in feinsten Abstufungen von grau und blau, absolut sichere Ton-in-Ton-Malerei in lichtdurchtränkter Aura. Das Bild ist zweifellos ein Johann Heinrich Schönfeld, wahrscheinlich Spätwerk um 1680. Das Pestbild von Loth, der Laurentius von Schönfeld, und das echte rotmarmorne Winzererdenkmal gehören zu den schönsten Erlebnissen dieses Besuchs.

Die *Mühlfeldkirche Mariahilf* – ein Bau nach Plänen Josef Schmuzers, (1735/37), hat einen markanten Turm. Jedoch mußte die Kuppel nach einem Blitzschlag im Jahre 1755 von dem Münchner Lorenz Sappel erneuert werden. Im Inneren Wessobrunner Rokokostuck, im Chorraum farbfrische Fresken von Matthäus Günther (1737). Die Tölzer Pestprozession erinnert an die Schrecken der Pest vom Jahre 1634.

Dietramszell

Das ehemalige *Augustinerchorherrenstift Mariä Himmelfahrt*, von den frommen Einsiedlern Otto, Berengar und dem Mönch Dietram (dem ersten Abt) begründet und 1107 (bzw. 1147) von Rom aus bestätigt, wartet heute mit barocker Baulichkeit auf. Peter Offner, Dekan von Stift Beuerberg, wird als zweiter Gründer angesprochen. Als Propst von Dietramszell trug er die Schulden ab und erbaute die 1722 geweihte – an der Nordwestecke der

Klosterkirche liegende, eigentlich angebaute – Pfarrkirche. 1729 wurde auch die Klosterkirche neu errichtet; 1741 war sie vollendet, während sich die Ausstattung bis zur Kirchenweihe 1748 hinzog. Der Baumeister ist urkundlich nicht bekannt. Jedoch dürften (nach dem Vorschlag Norbert Liebs) die heimischen Meister Magnus Feichtmayr und Lorenz Sappel hier am Werk gewesen sein. Die Deckenfresken schuf laut Inschrift Johann Baptist Zimmermann 1744; vom selben Meister stammt auch der Raumstuck. Der Raum gehört hinsichtlich seiner konservativen Haltung noch in die Richtung Beuerberg, Sankt Michael in München, wie man sich auch an die Wandpfeilerkirchen (mit Emporen) der Vorarlberger Meister erinnert (z.B. Schloßkirche Friedrichshafen und Obermarchtal). Ein gut aufgebauter Hochaltar mit doppelten, kulissenartig gereihten Säulen (1748 mit der Kirche geweiht) zeigt das Altarbild Himmelfahrt Mariens von Zimmermann, 1745 datiert. Hervorragend in Aufbau und Bewegungsausdruck die beiden Figuren des Heiligen Martin und des Heiligen Korbinian, die unseres Erachtens Johann Georg Übelher nahestehen. Stilistisch wären diese Figuren zwischen Wilhering in Oberösterreich (1741-1744) und Amorbach im Odenwald (1744 ff.), jedoch noch vor Engelszell, Oberösterreich (1758 ff.) einzuordnen. Übelher war einer der besten Figuralplastiker unter den Wessobrunnern und hat offenbar auf Thomas Schaidhauf eingewirkt. Er arbeitete neben Stuck auch in Holz.

Das Figurenwerk der meisten Seitenaltäre und der Kanzel stammt von dem Weilheimer Franz Xaver Schmädl. Vielleicht am besten gelungen die Johann-Nepomuk-Gruppe links am Choreingang und ihr Gegenstück, der Heilige Petrus Fourier, ein 1730 seliggesprochener Augustiner-Chorherr. Am Kreuzaltar und am Annenbruderschaftsaltar äußert sich das Allgäuer Schnitzertalent des Lokalmeisters am freiesten. Er ist ein Meister des Putto, wie die auf den Gebälkstücken sich tummelnden Engelskinder beweisen. Die Muttergottes am Bruderschaftsaltar ist von 1641. Der letzte Altar und zwei Choraltäre haben gute Figuren von Philipp Rempl, insbesondere die Heilige Katharina am Seitenaltar rechts. In diesen Figuren des 1813 zu Wolfratshausen gestorbenen Schnitzers lebt letztes Münchner Rokoko fort.

Die herrlichste Idylle des Rokoko ist dann die abseits der Straße bei Dietramszell gelegene *Wallfahrtskirche Sankt Leonhard*. An Stelle einer älteren, 1640 errichteten Pestkapelle, wurde sie 1769 von Propst Leonhard Schwab von Dietramszell erbaut. Baumeister war der tüchtige Leonhard Matthäus Gießl.

Hier vor dem Waldrand, umgeben von alten Bäumen in schönstem Wiesengrund, ist ihm sein feinstes Werk gelungen: ein Zentralbau auf rechteckigem Grundriß mit Wandpfeilern an den Ecken und einer großen Kuppel mit Hängezwickeln. Ein kurzer, dreiseitig geschlossener Altarraum, gegenüber ein halbrund geschlossener Vorraum mit Orgelempore. Feiner Stuck der feichtmayrschen Richtung und Deckenfresken von volkstümlicher Frische und Leuchtkraft des Kolorits, Meisterwerk des Christian Winck von 1769 (Feichtmayr und Winck schufen auch die Ausstattung der Wallfahrtskirche Loh bei Deggendorf!).

Die drei Altäre und die Kanzel sind einfühlungsreiche Arbeiten des Philipp Rempl (1770). Der Meister ist durch Inschrift auf der Rückseite des Heiligen Sebastian, der linken Hochaltarfigur, gesichert: »1770 P. R.«. Die stimmungsvolle Kirche wurde mitsamt den Altären am 24. Mai 1774 geweiht.

Im Mangfallknie

Ignaz Günthers Schnitzwerke in Weyarn

DIE ehemalige Stiftskirche der Augustinerchorherren zu Weyarn, jetzt *Pfarrkirche Sankt Peter und Paul,* deren hellen Tuffsteinturm man gleich nach der Mangfallbrücke von der Salzburger Autobahn aus erblickt, ist für viele ein vertrautes Bild. Wer hier abbiegt findet sich gleich in eine der schönsten Gegenden Oberbayerns versetzt, in einen Klosterort von barockem Gepräge. Die Klosterkirche und die Reste des Stiftsgebäudes liegen hart am Steilhang des hier tief eingesenkten Mangfalltales. Sie stehen an Stelle einer Burg der Klostergründer, der Herren von Falkenstein, von der sich nichts erhalten hat. Vielleicht, daß die Jakobskapelle südlich gegenüber der Kirche (1136 genannt) über der ehemaligen Burgkapelle errichtet wurde. 1133 wurde das Kloster gegründet. Die heutige Barockkirche zählt nicht zu den großen Werken der Klosterkirchenkunst des Barock, aber sie hat, selbst großen Anlagen gegenüber, den Vorteil, das sie in den Proportionen überaus glücklich und in den Abmessungen harmonisch empfunden werden kann. Hier hat ein Graubündener Baumeister, Lorenzo Sciasca aus Rovereto, Erbauer des Alten Herrenchiemseer Domes und der Gmunder Pfarrkirche, ein Meisterwerk geschaffen: ein klassischer Wandpfeilerraum mit eingezogenem Altarhaus und Rundapside, in den Jahren 1678-1693 errichtet. Nach zwei Bränden fand eine Renovation des Inneren unter Leitung des Hofkünstlers Johann Baptist Zimmermann statt (1729), in die Decke zogen die ›Gipsatori‹ heiteres Laub- und Bandlwerk des frühen Rokoko. Bunte pastellfarbene Fresken traten an die Stelle des Italienerstucks der Graubündener Magistri: Szenen aus dem Leben des Heiligen Augustin und der Kirchenpatrone Petrus und Paulus.

Hauptstücke der Ausstattung des Barock, den Hochaltar mit seinen kraftvollen Figuren Sankt Augustin und Sankt Ambrosius, das Altarbild von Johann Baptist Untersteiner (Schlüsselübergabe an Petrus), die schlichteren Seitenaltäre und die Kanzel von 1699 konnte man in die Neugestaltung übernehmen, vielleicht aus Sparsamkeitsgründen, denn das Stift war im Verhältnis zu anderen nicht besonders reich.

Rund 33 Jahre nach der Zimmermannschen Renovierung ließ Propst Augustin Hamel (aus Anlaß der Einführung des 40-stündigen Gebets) den alten Tabernakel durch einen neuen ersetzen. Den Auftrag erhielt der hofbefreite Bildhauer Ignaz Günther in München, der schon im Jahre 1755 den Valeriusschrein mit zwei herrlichen, gleich Liegefiguren sitzenden Engeln geliefert hatte. Wir wissen nicht, wie die Auftragsfolge zustandekam. Günther war jetzt 38 Jahre alt und hatte schon einen Namen. Vorbei war die Zeit, in der er, wie er in einem erhaltenen Brief selbst bekennt (Ordinariatsarchiv München), seine Arbeit gut und wohlfeil lieferte, »um sich bekannt zu machen und allen ein contento zu geben«. Er war jetzt verheiratet und Besitzer eines Doppelanwesens am Oberen Anger, das er 1761 auf »offener Gant« erworben hatte. Am 29. Juli 1763 wird der neue Tabernakel, nachdem ihn der Faßmaler Nikolaus Nepaur in Silber gefaßt hatte, aufgestellt.

Unter den Tabernakelschöpfungen Günthers ist diese nicht die aufwendigste, jedoch vielleicht die eleganteste Lösung. Runde 22 Jahre nach dem Tabernakel seines Lehrers Johann Baptist Straub in Fürstenzell entstanden, verkörpert er noch letztes Rokoko in vibrierender Spannung und Asymmetrie. Vom Anbetungsengel, der mit dem Weihrauchfaß auf einer Volute kniet, geht die Bewegung, das Kreisen um das Gehäuse mit dem Silberkreuz aus. Auf der anderen Seite sehen wir einen Putto, der einen Vorhang rafft. Und als Bekrönung des Tabernakels das Lamm Gottes auf dem Buch mit den sieben Siegeln, ein herbeifliegender Putto, in der Falte des Vorhangs versteckt, wieder Puttenköpfe. Im gleichen Jahr vollendete Günther seinen berühmten Schutzengel im Bürgersaal in München, der ursprünglich für eine Bruderschaft, die Schutzengelbruderschaft, bei der Karmeliterkirche, bestimmt war.

Diese Bruderschaften, die es an allen größeren Orten, und

besonders bei Klöstern gab, spielten im Bayern des 17. und 18. Jahrhunderts eine große Rolle als Auftraggeber, um nicht zu sagen Kunstmäzene. Hier in Weyarn bestand schon seit 1631 eine angesehene Rosenkranzbruderschaft mit zahlreichen Mitgliedern, die es mit ihren Statuten ernst nahmen. Von ihr wurden wenigstens viermal im Jahr Prozessionen im Freien abgehalten. Diese Umzüge, die der religiösen Erbauung dienten, waren dreiteilig angelegt: entsprechend dem Rosenkranzgebet sollten sie den Freudenreichen Rosenkranz, sodann den Schmerzensreichen und schließlich den Glorreichen Rosenkranz bildhaft miterleben lassen. Zur Vergegenwärtigung dieser Themen ließ man sogenannte ›Fercula‹ – Tragefiguren – anfertigen. Gerhard P. Woeckel ist es gelungen, im noch erhaltenen Bruderschaftsbuch im Pfarrarchiv von Weyarn den urkundlichen Beleg zu finden. Demnach erhielt Ignaz Günther im Jahre 1764 den überraschend geringen Betrag von 124 Gulden für die Tragefiguren der Verkündigungsgruppe und der Pietà, hier Mater dolorosa genannt, während der Faßmaler Nepaur 50 Gulden ausbezahlt erhielt. Die Verkündigunsszene gehörte zum Freudenreichen Rosenkranz, die Dolorosa (Pietà) zum Schmerzensreichen Rosenkranz. Den Glorreichen Rosenkranz vergegenwärtigte eine ›Maria vom Siege‹, die vielleicht schon früher entstanden ist. (Hier fanden sich keine Belege).

Solche Tragefiguren bilden eine relativ seltene, nicht immer so qualitätvolle Gruppe innerhalb der Barockplastik, in Spanien – wo sie besonders häufig sind – ›marschierende Plastik‹ genannt. Sie durften – um die Träger bei der langen Prozession nicht allzusehr zu strapazieren – nicht sehr schwer sein. Untersuchungen der jüngsten Zeit bei der Restaurierung der Gruppen haben ergeben, daß die Figuren nicht nur von ihrem Holzkern befreit, sondern so weit als möglich ausgehöhlt wurden (Verkündigungsengel und Maria vom Siege). Im Weyarner Bruderschaftsbuch findet sich jedoch unter der Rubrik »Einnamb, außgaab« eine Bemerkung, aus der zu schließen ist, daß die »Träger aber sich sehr der schwäre halber bekhlaget, als dass fast niemandt mehr diese marianische Dienst Omnio gratis auf sich nemen wollen«, weshalb man sich genötigt sähe, für diese acht Träger etwas »aus dem Bruderschaft Söckl« zu bestimmen. Also wurde den Trägern – kräftigen Bauernburschen – im Jahre 1764 der

»doppelte Convent-Trunckh« in Höhe von 1 Gulden und 32 Kreuzern gegeben (zitiert nach Gerhard P. Woeckel: ›Ignaz Günther‹ Regensburg 1977, Seite 45). Im gleichen Jahr erhielten sie auch noch »8 blaue röckh samt zugehör«.

An vier Festtagen wurden diese Prozessionen veranstaltet: an Fronleichnam, am Patroziniumsfest Peter und Paul, am Valeriustag (Valeriusschrein in Weyarn!), und am Rosenkranzfest. Nimmt man an, daß die Teilnehmer ein paar Mal im Jahr vom Regen überrascht wurden, so ist es fast ein Wunder, daß die Figuren aus Lindenholz heute noch in so hervorragendem Zustand sind, und bei einigen nicht einmal die Fassung größeren Schaden genommen hat.

Betrachten wir uns zuerst die Verkündigunsgruppe, die neben der Pietà wohl berühmteste unter den Weyarner Portabiles.

Auf einem Rokokoschemel, der mit Einlegearbeit geziert ist, kniet die jugendliche Muttergottes in der Gebärde der Demut, den Blick fast scheu nach unten gerichtet, die Augen gesenkt. Solche Kniende hat Günther gern dargestellt; sie finden sich meist in Verbindung mit den Voluten als Tabernakelflankenfiguren, etwa in Neustift bei Freising oder Altenhohenau am Inn. Hier in Weyarn ist ihm die feinste, die zarteste und zugleich die persönlichste Lösung gelungen; ein Bildwerk von subtiler seelischer Spannung, bei dem sich Ausdruck und Erscheinungsform die Waage halten, fast schwebend und bis in die letzte Geste beherrscht. Und doch spürt man wie ein Zittern durch diese feine Gestalt geht, die das Wunder erfährt. Ein Engel von strahlender Erscheinung und vollendeter Leiblichkeit tritt seitlich auf die Kniende zu, auf einem Wolkenstück schwebend, mit flatternden, knisternden Gewändern angetan, mit schimmerndem Brustpanzer und taubengrauen samtenen Flügeln, von denen einer noch im Fluge gespreizt ist. Es ist der Erzengel Raphael, der mit der Lilie auf die Jungfrau zutritt, ja mit seiner nach oben weisenden Hand fast eindringlich wirkt: Er spricht das ›Ave Maria, gratia plena … ‹. Einbruch des Jenseits in die irdische Welt, Verbindung von Diesseits und Jenseits, in einem Werk von absoluter Vergeistigung mit sinnlichen Mitteln dargestellt, volkstümlich, höchst anschaulich und doch mit einem Seitenblick auf das Höfische und Galante. Dies alles hat Günther mit der nur ihm eigenen Überlegenheit und Direktheit darzustellen und zu vereinen vermocht.

Merkwürdig ist: Von dieser fast lebensgroßen Gruppe, die in sehr helle pastellartige Temperafarben gefaßt ist und die der religiösen Erbauung dienen soll, geht eine himmlische Heiterkeit und eine zartsinnliche Wirkung aus wie von der Musik Mozarts. Das ist anders als bei den spanischen Tragefiguren des 18. Jahrhunderts, etwa des Sarzillo, bei denen der Naturalismus als bewußtes Mittel eingesetzt wird und die Absichten und Wirkungen kräftiger sind als bei Günther. Mit himmlischer Grazie tritt dagegen der Günthersche Gottesbote auf, und die Jungfrau ist »in Grazie tief«. Der Sohn eines Schreiners aus Altmannstein in der Oberpfalz schuf tatsächlich die empfindsamsten Bildwerke des 18. Jahrhunderts, dem Zeitalter der Empfindsamkeit, dem ja auch die Idyllen Gessners und die Leiden des jungen Werther zugehören, als Äußerungen eines Wortrokoko, ebenso bezeichnend wie das bayerische, Günthersche Bildrokoko. Wohlgemerkt: Geheimnisse (des Rosenkranzes) galt es darzustellen!

Das Gegenstück zur Verkündigung ist die Pietà, die Beweinung Christi durch seine Mutter. Dieses, aus den Vesperbildern des Mittelalters erwachsene Andachtsbildthema hat Günther in der überlieferten volkstümlichen Auffassung dargestellt: der tote Christus im Schoß der Mutter zu einer eng aufeinanderbezogenen Gruppe vereint, dazu die Attribute, die wohl von der Bruderschaft erwartet worden sind: das Kreuz mit den Putten und das Schwert, das Mariens Herz durchdringt. In seinem Spätwerk in Nenningen hat Günther dieses ›Beiwerk‹ weggelassen, und noch tieferen Eindruck angestrebt und wohl auch erreicht. Georg Raphael Donner, der geniale Wiener Bildhauer, hat in seiner Pietà im Dom zu Gurk die beruhigte Form des beginnenden Klassizismus vorausgeprägt, den klaren Dreiecksaufbau vor allem, aber auch die Funktion der trauernden Putti. An Michelangelos hinreißendes Frühwerk in der Peterskirche in Rom möchte man sich erinnern und an die vielen feinen Vesperbilder des Weichen Stils um 1400 – von Seeon bis Gars am Inn –, um das Netz der Stilzusammenhänge zu verdeutlichen. Auffallend bleibt, wie Günther dieses Thema der Zweisamkeit, dieses letzte Thema, sozusagen im Mantel der überlieferten Gestaltung auf die Spitze treibt, oder auf eine letzte Linie, wo das sinnlich Faßbare, das Schaubare, das körperlich Nachempfindbare mit einer fast schmerzlichen Direkt-

X

(1799-1846)

Blick aus dem großen Salon
des Tegernseer Schlosses

Aquarell 1840
Schweinfurt, Sammlung Georg Schäfer

Nachtmann, ein für seine subtile, genau dokumentierende
Malweise und seine perspektivisch exakt komponierten
›Zimmerbilder‹ gesuchter ›Miniaturist‹ (Porzellanmaler in
Nymphenburg!), schuf 1840 eine Folge getreuer Abbilder
des klassizistischen Wohnensembles des Tegernseer Schlosses. Dieses Eröffnungsblatt steht hier als ein Zeugnis für die
Umwandlung des säkularisierten Klosters in eine Königliche Sommerresidenz, die unter König Max Joseph I. erfolgt ist. Von der Rückwand der Salonhalle her ergibt sich
ein weiter Blick auf den dreischiffigen Innenraum und aus
den Fenstern auf die heitere Wasserlandschaft des Tegern-
sees.

Die miniaturhafte Arbeitsweise der ›Zimmermalerei‹ –
damals eine eigene, vor allem an Fürstenhöfen gepflegte
Kunstgattung – ist charakteristisch für diese als Souvenir
dienenden Wohnkultur-Zeugnisse, die oft von Hof zu Hof
verschenkt wurden. Solche bayerischen Innen- und Außen-
ansichten gelangten auch nach Berlin-Potsdam, Wien und
Darmstadt, ja sogar nach Sankt Petersburg. – Nachtmann,
geboren in Bodenmais, war übrigens einer der wenigen
Künstler, die aus dem Bayerischen Wald der Münchner
Kunstsphäre zugewachsen sind.

heit auf uns wirkt. Die Schönheit des Christuskörpers, dem Mittelalter noch kein Gesetz, für Michelangelo das Höchste, sie ist für Günther gewiß ein Ansporn zu künstlerischer Meisterung im Sinne der Zeit; dabei gelingt es ihm, die Zweisamkeit äußerlich und innerlich ausgewogen zu gestalten. Stärker als bei Georg Raphael Donners Gurker Pietà (oder Beweinung) wird die Gruppe von der Mater dolorosa, der Schmerzensreichen Mutter bestimmt. Das verbindende Element sind die zittrigen, gebrochenen Linienverläufe der Gewänder, die ein Netz von Beziehungen über die Figuren legen, gesteigert durch das seitliche Licht, das die Grate der Falten aufblitzen läßt: dann die gleichgerichtete Kopfneigung (nach rechts unten), zu der der wegblickende Putto ein Gegengewicht schafft; und vor allem das Spiel der Hände, in denen aller Ausdruck gesammelt ist. Matthias Grünewald sei noch aufgerufen, der in seiner Aschaffenburger Beweinung die Hände so sehr in den Mittelpunkt gerückt hat, daß er sie im Ausschnitt (ohne die Muttergottes) zu geben wagte.

Unter den Mariendarstellungen Günthers finden wir öfters die Immakulata, die unbefleckte Gottesmutter, so in Kopřivná-Geppersdorf (Tschechoslowakei) und in Attel am Inn, oder das Apokalyptische Weib in einer Figur aus Ramersdorf, ehemals auf dem Schalldeckel der Kanzel, so auch in Mallersdorf in Niederbayern als Auszugsfigur des Hochaltares. Hier in Weyarn hat er die Maria vom Siege dargestellt. Ein gegenreformatorisches Thema also, das vom Jesuitenorden, den Franziskanern und von den Rosenkranzbruderschaften aufgegriffen und in Bayern besonders populär wurde. Es sollte in dieser Darstellung der Triumph der Kirche über den Drachen der Apokalypse symbolisiert werden, mit dem die Häresie gemeint war. In der Weyarner Maria vom Sieg gibt Günther dem gegenreformatorischen Ernst des Themas ein Stück Rokokograzie mit. Der elegante Bewegungsschwung seiner schlanken Figur mit dem in großen Dreiecksformen aufrauschenden Mantel – einer Kompositionsidee von dem Schwung eines Tiepolo – ist nur den besten Werken des 18. Jahrhunderts eigen. Entsprechend der apokalyptischen Vision Johannis umgab das Haupt ein Strahlenkranz von zwölf Sternen (die originalen sind verloren). Die Fassung wurde weitgehend erneuert. Diese beliebte, nicht sehr schwere Figur, wird heute noch bei Prozessionen durch die Fluren getragen. Und dieses Getragenwerden, dieses Schimmern im Sonnenlicht, dieses leise Schwanken, es schöpft sozusagen den Ausdrucksgehalt der Figuren bis ins letzte aus. Es gibt ihnen den lebendigen Aktionsraum und Rahmen zurück, für den sie geschaffen wurden.

Nach den urkundlichen Quellen wurde im Jahre 1755 in Weyarn »in der Mitte der Closter-Kirchen« (als Kreuzaltar!) ein Schrein mit den Reliquien des Heiligen Valerius aufgestellt, zu dem sich ein feiner Entwurf Günthers im Münchner Stadtmuseum erhalten hat. Dieser Schrein, mit den beiden vollrund gearbeiteten, liegenden Engeln, ist heute am Mittelpfeiler der Südwand aufgestellt. Wahrscheinlich war eine aufrecht stehende Schmerzensmutter (früher in der Jakobskapelle, jetzt in der Sakristei) ursprünglich für den Valeriusschrein bestimmt. Diese Schmerzensmutter, die ihre farbige Fassung verloren hat, und den Typ eines älteren, vielverehrten Gnadenbildes in der Münchner Herzogspitalkirche (1651, von Tobias Baader) frei ins Rokoko übersetzt, muß als eines der ausdrucksvollsten Werke des Münchner Bildhauers bezeichnet werden. So sehr das Fehlen der Fassung bedauert wird, haben wir hier doch einmal Gelegenheit die Handschrift des Schnitzers kennenzulernen, bis ins feinste Detail einer Falte, der Durchformung und schnitzerischen Oberflächenbehandlung des Gesichtes und der Hände. Die Figur in ihrem meisterlichen Kontrapost und in der blockhaften Geschlossenheit des Mantels, der sich wie eine Rinde um den Stamm schließt, . zeigt zugleich die Beweglichkeit und Schmiegsamkeit mit der Günther seine Figuren ›natürlich‹ zu gestalten wußte.

In der Jakobskapelle haben wir schließlich noch Darstellungen der beiden bayerischen Volksheiligen, Sankt Sebastian und Sankt Leonhard, in ihren alten Rokokorahmungen. Auch sie ausdrucksvoll und elegant zugleich, wie das 18. Jahrhundert seine Lieblingsheiligen sehen wollte, und zugleich ein wenig aus dieser Sphäre entrückt ins Höfisch-Feine, was in diesem Jahrhundert eben auch ›himmlisch‹ bedeutete.

In diesem himmlischen Hofstaat, den Ignaz Günther in Weyarn geschaffen hat, spielen die Putten natürlich eine wichtige Rolle. Sie sind nicht Nebenwerk am Tabernakel, an der Beweinungsgruppe, sondern haben eine weisende, dienende, reflektierende und erklärende Funktion. Ihr Ausdruck – direkter als bei erwachsenen Personen – lenkt die Gefühle und lenkt sie gelegentlich ein wenig ab. Manchmal sagen sie uns sogar: es ist erlaubt, heiter gestimmt zu sein in der Kirche; es ist erlaubt, zu lächeln. Die Putten Günthers haben einen eigenen unnachahmlichen Charme, natürlich nur die Eigenhändigen, die Schöpfungen oder besser: die Geschöpfe des Meisters. Diese sind mit einem Wort gesagt: köstlich. Kostbar sind sie auch, wie mancher Antiquitätenhändler unserer Zeit es bestätigen kann.

Weyarn besitzt die Schönsten: in allen Bewegungs- und Aktionskreisen; Stehende mit dem Schilde; fliegende, herbeischwebende, geflügelte Engelsköpfe; Weinende oder ›Greinende‹, wie man früher sagte. Auch Neckische und Fröhliche sind dabei, aber nie zu laute Bengelchen. Manche haben sogar einen Zug von leiser Schwermut schon im Kindlichen angelegt, Rosen im Haar und goldene Stirnbänder. Die anmutigsten unter dieser Puttenversammlung sind wohl die Engelskinder an den Glorien des Herz-Jesu- und des Herz-Mariae-Altares: je zwei stehende und zwei fliegende. Was treiben diese Kleinen am Altar? Sie machen mit ihren Gesten und mit ihrem leicht übertriebenen Kontrapost – das eine Bein vorgesetzt, das andere zurück, den Kopf nach links, den Kopf im Gegensinn nach rechts – die großen, auch so menschlichen Heiligen nach. Machen sie sich vielleicht sogar über die Großen lustig? Wir wissen es nicht. Sicher ist: der Heilige Leonhard, der eher ein etwas blasierter Bibliothekar des 18. Jahrhunderts ist, hat für sie ein nachsichtiges Lächeln übrig.

Miesbach

Der ehemalige Markt hat sich am Übergang über die Schlierach im Schutze einer mittelalterlichen Burg entwickelt. Im Mittelalter ursprünglich Freisinger Besitz, kam die Burg nach Zerstörung von 1312 an die Herrschaft Hohenwaldeck und 1483 an die Herren von Maxlrain, im Jahre 1734 schließlich gelangte Miesbach an Bayern. Da ein Brand im Jahre 1783 fast den ganzen aus Holzhäusern bestehenden Ort zerstörte, ist das historische Stadtbild weitgehend beeinträchtigt. Das ehemalige Schloß der Maxlrainer, 1611 erbaut, erfuhr eine wiederholte Umgestaltung.

Ein bedeutender Sakralbau des Spätbarock ist die *Pfarrkirche Mariä Himmelfahrt*. Die ursprünglich mittelalterliche Kirche, 1663/65 in einen barocken Saalbau aufgegangen, wurde nach dem Brand 1783 wiederaufgebaut. Dabei wurden die Langhauswände erhöht und der Turmabschluß – in Form einer guten Haubenkuppel – erneuert. Baumeister war Anton Baumgartner aus München, Ausführung durch seinen Palier Joseph Kirnberger aus München. Eine Restaurierung von 1937 beseitigte die neuromanische Ausmalung. Der Chorbau zeigt noch spätgotische Umfassungsmauern mit flachen Strebepfeilern. Das Innere des Langhauses entfaltet sich als ein breiter Saalraum von sechs Achsen mit Wandpfeilern und flacher Stichkappentonne.

Die innere Raumschale und die Deckengemälde wurden 1937 erneuert. Am neuen Hochaltar eine Kreuzigungsgruppe mit einem Kruzifixus von Roman Anton Boos, München, 1783; Schmerzensmutter – ehemals Gnadenbild – von Johann Millauer 1665, Johannes Evangelist und Maria sowie die anbetenden Engel aus dem 18. Jahrhundert.

Der interessante Zentralbau der *Portiunkulakapelle*, 1659 errichtet und 1901 mit Vorbau versehen, hat durch die Restaurierung von 1861/62 im Inneren viel von seiner ursprünglichen Wirkung eingebüßt.

Im Jahre 1818 wurde der Markt Miesbach durch »allergnädigsten Erlaß« des Königs zur Stadt erhoben. Miesbach ist heute wirtschaftliches und kulturelles Zentrum und Sitz der Behörden des Landkreises. Eines Landkreises, der heute sehr wesentlich vom Fremdenverkehr bestimmt ist. Von den 27 Gemeinden ist jede zweite eine anerkannte Fremdenverkehrsgemeinde.

Im Miesbacher Heimatmuseum erfährt man, daß Miesbach, an der Kreuzung zweier uralter Handelsstraßen gelegen, einst Mittelpunkt eines florierenden Salzhandels gewesen ist, daß es auch als Bergwerksort, die wenig ergiebige Kohlenförderung lief von der zweiten Hälfte des 18. Jahrhunderts bis 1911, in die Geschichte eingegangen, und heute noch der Mittelpunkt einer bedeutenden Fleckviehzucht ist. Über die oft genannten Miesbacher Stukkateure, die von Georg Hager, einem der Väter der bayerischen Barockforschung, so genannt worden sind, wird man auffallend wenig an urkundlichen Namen und Tatsachen finden.

Wahrscheinlich ist Georg Hager ein Irrtum unterlaufen, als er die von ihm zusammengestellte – heute als Schlierseer Schule geltende – Gruppe von Stuckarbeiten Miesbacher Meistern zuschrieb. In Miesbach selbst hat sich von dieser Stukkatorenkunst nichts erhalten, da die 1663-1665 »mit schöner Stuckador durchgehent kunstreich ausgezierte« Pfarrkirche Mariä Himmelfahrt 1783 abbrannte. Es besteht also immerhin die Möglichkeit, daß dieser Miesbacher Kirchenstuck von Miesbacher Meistern ausgeführt wurde und somit noch andere Arbeiten dieser Art, die wir im einzelnen nicht kennen und deshalb auch nicht vergleichen können, von Miesbacher Stukkatoren herrühren.

Aus Miesbach kommt schließlich auch der Vater der bayerischen Barockskulptur: Balthasar Ableitner, der 1614 im Markt Miesbach als Sohn eines Zimmermanns geboren wurde, und schon mit dreizehn Jahren als Lehrknabe zu dem in München schaffenden Weilheimer Christoph Angermair kam. In Rom hat sich dieser hervorragende Bildhauer die Voraussetzung zu einem für den bayerischen Barock grundlegenden Schaffen geholt. 1635-1642 weilte er in der Ewigen Stadt. Nach seiner Rückkehr nach München wurde er 1653 zum Hofbildhauer ernannt. Der Hof hat ihn dann für zahlreiche Arbeiten (die heute größtenteils zerstört sind) herangezogen: so für die Ausstattung der Münchner Residenz, die Karmelitenkirche, das Chorgestühl der Theatinerkirche, für zwei der monumentalen Evangelistenfiguren dortselbst, für die Dekoration des alten Münchner Opernhauses bei der Salvatorkirche und das Prunkschiff ›Bucentaurus‹ auf dem Starnberger See. Die Schwere, von Ernst und echtem Bemühen um monumentale Form getragene Psyche des Oberbayern – die in etwa an Hans Krumper gemahnt – konnte sich weniger an Berninis neuem Stilwollen als an Michelangelos Vorbild begeistern. Ableitners Statuarik ist getragen vom Ringen um Ausdruck und ruhiger Kraft. Er starb 1705 mit 92 Jahren. Sein bedeutendster Schüler ist Andreas Faistenberger aus Kitzbühel geworden.

Ähnlich wie die Brannenburger Gegend mit den Dientzenhofern oder das Tegernseer Tal mit den Reiffenstuel, ist Miesbach die Heimat eines namhaften Baumeistergeschlechts gewesen: der Gunetzrhainer. Ihr Heimathaus steht heute noch auf dem Stadelberg über dem Schlierachtal bei Miesbach.

Hier war das Zimmermannshandwerk der Ausgangspunkt für das Baumeistertum, und im 17. Jahrhundert lassen sich schon sechs Meister dieses Namens in der Residenzstadt München nachweisen. Martin Gunetzrhainer, »ein Bauersohn aus der Grafschaft Miesbach« erhielt 1674 das Bürger- und Meisterrecht in München und ist 1699 als Stadtmaurermeister gestorben. Aus seiner ersten Ehe gingen die berühmten Baumeisterbrüder Johann Baptist (1692-1763) und Ignaz Anton (1698-1764) Gunetzrhainer hervor. Johann Baptist wurde unter Cuvilliés zunächst Unterbaumeister bei Hof und dann Oberhofbaumeister. Zu seinen Hauptwerken gehören die Damenstiftskirche in München, die Zisterzienserinnenkirche Landshut-Seligenthal, die Hofmarkkirche Schönbrunn bei Dachau und die Schloßkirche Sandizell bei Aichach. Er leitete auch den Klosterneubau in Tegernsee von 1726 bis 1731. Sein feines Wohnhaus am Münchner Promenadeplatz, das für sein Ansehen und seinen Kunstsinn spricht, wurde nach Kriegszerstörung (nur die Fassade blieb erhalten) rekonstruiert.

Ignaz Anton Gunetzrhainers Hauptwerke sind der von ihm geplante Neubau von Kirche und Kloster der Karmeliten zu Reisach am Inn, die Neugestaltung der Sankt Peterskirche in München und das Palais Törring (die heutige Hauptpost), dessen Fassade zu den besten Leistungen der Münchner Adelsarchitektur gehörte, aber ebenso wie dessen Treppenhaus leider zerstört worden ist. Ignaz Anton Gunetzrhainer war Stadtoberbaumeister in München, eine Stellung, die in etwa dem heutigen Stadtbaumeister entspricht. Er hat das Gesicht vieler Bauten und Planungen nachdrücklich (oft im Hintergrund wirkend) bestimmt. Die Zeugnisse eines ›Gunetzrhainer-Stils‹ sind daher deutlich wahrzunehmen, in München selbst und in den vielen der vom Hofbauamt überwachten Land-Klöster und Hofmarkskirchen. Dabei haben die Meister aus dem Oberland den durch Cuvilliés schon hereingebrachten Zug des französischen Klassizismus noch in ihrer Weise verstärkt. Ein rationelles Element teilt sich in Rundbogenarchitekturen, großen Thermenfenstern und geschliffenen Pilastergliederungen den Rokokobauten mit.

In Miesbach geboren ist der neben dem Münchner Georg Schrimpf wohl bedeutendste süddeutsche Maler der ›Neuen Sachlichkeit‹ Christian Schad (1894-1982). Eigentlich ist es überraschend, daß dieser lange vergessene Maler, der nach seinen mondänen Portraits vielen als leicht versnobter Gesellschaftsmaler galt, und dessen Bilder »penetrant realistisch« genannt wurden, ein geborener Oberbayer ist.

Der Kunsthistoriker Franz Roh hat innerhalb der Bewegung der sogenannten Neuen Sachlichkeit in den zwanziger Jahren zwischen einem bukolischen (süddeutschen) Flügel, vertreten durch Georg Schrimpf, und einem gesellschaftskritischen (norddeutschen und sächsischen) Flügel, vornehmlich Otto Dix und George Grosz, unterschieden. Das Werk von Christian Schad, wie es heute durch einige Retrospektiven bekannt geworden ist, macht diese Unterscheidung in einigen Punkten revisionsbedürftig. Denn Schad ist ein Maler, der großstädtische Eleganz mit gesellschaftskritischer Schärfe allein durch die Objektivität seines Sehens und Darstellens verbindet.

Schad studierte 1913 an der Münchner Akademie. Er ging 1915 bis 1920 nach Zürich und Genf, nahm an der gegen den Krieg gerichteten Dada-Bewegung teil, übersiedelte dann 1920 nach Italien, 1927 nach Wien, und 1928 nach Berlin. 1934 erhielt er Ausstellungsverbot. 1942 lebte er in Aschaffenburg und seit 1962 bis zu seinem Tode in Keilberg bei Aschaffenburg.

Die Pfarrkirche in Gmund

Gmund nennt sich das ›Tor zum Tegernsee‹. Und früher kam man nicht einfach wie heute durch eine ›Hohle Gasse‹ nach Gmund hinein, sondern mußte ein Tor passieren: ein förmliches Nadelöhr, das die Scheune des Kistlerhofs in der Mitte durchstieß. Bis dann König Max I. um 1820 den Kistlerhof teilweise abbrechen und eine neue zum Ostufer des Sees hinunterführende Straße anlegen ließ. Gmund ist die älteste Siedlung am Tegernsee, wahrscheinlich älter als das Kloster selbst. 1274 wurde es von Bischof Konrad von Freising mit allen Zehnten dem Kloster Tegernsee übergeben und hatte von da an die Rolle einer ›Sperrfeste‹ für das Tal zu übernehmen. Sperre im verkehrsmäßigen Sinn ist es auch heute, vor allem an Wochenden, wenn sich die Autos durch die ›Hohle Gasse‹ zwängen.

Die *Pfarrkirche Sankt Ägidius*, eine der Urpfarreien des Landes, zählt zu der Gruppe der meist von Graubündener Muratori errichteten Saalkirchen. 1688 durch Lorenzo Sciasca erbaut, verkörpert sie den bei Landkirchen gebräuchlichen Typ der Wandpfeileranlage in exemplarischer Weise. Der weiträumige und gut belichtete Saalraum weist Pilastergliederung an den blockartigen Wandpfeilern, kräftiges Gebälk, hohe Rundbogenfenster an der aufgehenden Wand und Okulifenster über dem Gesims auf. Das Langhaus zeigt ein von Gurten unterteiltes Tonnengewölbe mit tief einschneidenden Stichkappen. Der Chor ist wenig eingezogen, einjochig mit Stichkappengewölbe bedeckt. Er schließt mit einer Rundapside. Der Raumstuck ist rein geometrisch. Er zieht die Gliederungsformen nach, unterteilt die Gurte und zeichnet im Gewölbescheitel einzelne Felder aus. Die Halbkuppel der Apside ist strahlenförmig mit Gurten geziert, im Scheitel erscheint eine Kreisform.

Dieses Grundschema hat Sciasca bereits bei der 1682 vollendeten Pfarrkirche Vachendorf bei Traunstein mit Erfolg angewandt. Er wird dort als »welscher Maurmaister, der im Ciembsee den Kürchenpau gefiehrt« bezeichnet und legte einen Kostenvoranschlag von 5029 Gulden vor. Die Gmundner Pfarrkirche weist größere Okuli und dagegen keine Lisenengliederung im Ausbau auf. Sie ist etwas breiter proportioniert, was dem Raum eine gewisse Behäbigkeit verleiht. (Weitere Bauten Sciascas sind: Sankt Oswald in Traunstein, 1675-77, nach Plänen und unter Oberleitung von Caspar Zuccalli, Hofmaurermeister in München, Domstiftskirche Herrenchiemsee, 1675/76-78; Turm der Franziskanerkirche in Berchtesgaden, 1682; Turm der Pfarrkirche Haslach bei Traunstein; Sankt Pankraz bei Karlstein bei Reichenhall 1686; Wallfahrtskirche Antwort bei Endorf, 1686; Stiftskirche Weyarn, 1687-93). Zu den Nachfolgern Sciascas zählte sein Landsmann Antonio Riva, 1676 erstmals genannt. Das ursprüngliche ›Sciassia‹ (sprich: Schassia) – so die in Roveredo, dem Geburtsort des Meisters gebräuchliche Namensform – wurde in Bayern zu ›Sciasca‹ (sprich: Schaska) verstümmelt. Andere Mitglieder der Familie waren Domenico Sciassia, Stiftsbaumeister von Sankt Lambrecht in der Steiermark; Verwandte aus Roveredo die Zuccalli, Riva und Domenico Macio (Mazio), in Bayern Magzin genannt, der Erbauer der Klosterkirche Aldersbach, ansässig in Landau an der Isar, seit 1680 mit Jacobina Riva, einer Schwester Antonios, verheiratet. Die den Bauten der Graubündener Gruppe eigene architektonische Klarheit kommt besonders in Weyarn und Gmund zum Ausdruck.

Da die Pfarre Gmund dem Kloster Tegernsee inkorporiert war, besorgte das Kloster auch die Ausstattung der Kirche. Der Hochaltar war ursprünglich der Bruderschaftsaltar der Tegernseer Klosterkirche und wurde 1692 transferiert und erneuert: Altargemälde ›Legende des Heiligen Eligius‹ von Hans Georg Asam, Figuren Joachim und Michael von Thomas Hürnle, um 1695/96, Fassung von Georg Paumgartner, Tegernsee, Tabernakel von Gregor Höß in Egern. Die Seitenaltäre von 1761 haben ältere Bestandteile, so am südlichen Gemälde von Hans Georg Asam ›Die Heiligen Nikolaus und Johann Baptist empfehlen Gmund dem Göttlichen Lamm‹, 1695; am nördlichen eine spätgotische Figur der Sitzenden Muttergottes mit Kind, Ende des 15. Jahrhunderts.

Am Triumphbogen eine kleines, weißes Marmorrelief der Schutzmantelmuttergottes aus der 1. Hälfte des 15. Jahrhunderts. An der Nordwand ein Holzrelief (klassizistisch) der Geburt Christi, bezeichnet Jos. Muxl, 1799. Muxl ist der Schöpfer der beiden Löwenfiguren, die zur Erinnerung an die Ufer-Straßentrassierung bei Abbach gesetzt wurden. Von Ignaz Günther stammt das vergoldete Holzrelief ›Landschaft mit barmherzigem Samariter‹, 1763, an der Südseite. Von Thomas Hürnle (Mitglied der großen, später in Landshut ansässigen Bildhauerfamilie Hiernle) ist der prächtige Heilige Michael in der Torhalle (1692, rechter Arm ergänzt). Die Kirche besitzt zahlreiche Grabdenkmäler, unter anderem von der Familie Reiffenstuel, so das des »kunstreichen Meisters« Simon Reiffenstuel, Herzog Maximilians Brunnen- und Zimmerermeister, gestorben 1620; ein gemaltes Epitaph für Hans Reiffenstuel, der 1596 die Salzwasserleitung Reichenhall–Traunstein baute, und ein Epitaph von 1644 zum Gedächtnis von Johann Reiffenstuel, der 32 Jahre Hofbaumeister in München gewesen ist, und seiner beiden Frauen.

Die kleine *Kapelle Sankt Quirin*, malerisch am Seeufer an der Straße nach Tegernsee gelegen, ist der Überlieferung nach an jener Stelle erbaut, an der man bei der Überführung der Gebeine des römischen Märtyrers (etwa zwischen 766 und 769) Rast machte. Bei dieser Gelegenheit soll die als heilkräftig angesehene Quelle entsprungen sein. Das vielbegehrte ›Quirinusöl‹ entstammte jedoch aus einer, am anderen Ufer des Sees, bei Bad Wiessee

gelegenen Quelle. Das jetzige Kirchlein wurde um 1450 von Abt
Kaspar Ayndorffer errichtet. Abt Kaspar Wenzl von Tegernsee
ließ 1674 den kleinen achteckigen Ziehbrunnen über der Quelle
errichten. Im Jahre 1676 erhielt die Kirche ihre reizvolle Stuckdekoration in geometrischen Feldern, die der sogenannten Miesbacher Schule zugerechnet werden kann. Die Kirche besitzt einen
Hochaltar von 1638 mit der Figur des Titelheiligen und zwei
Seitenaltäre von 1676. Die originale Barockorgel von 1680 wurde
1964 restauriert. Seit der Gesamtrenovierung von 1977 ist Sankt
Quirin ein Schmuckstück am See.

Ehemalige Benediktinerabteikirche Tegernsee

Man muß es schon zu Eingang betonen, daß Tegernsee ein ehe-
maliges Kloster ist, denn die Einheimischen sprechen vom
»Schloß«. Und die Fremden lernen meist nur das Bräustüberl
kennen. Früher wäre es niemanden eingefallen von etwas anderem
als dem Kloster oder dem Stift zu sprechen. Dieses Stift war
nämlich nicht nur eines der ältesten Klöster in Bayern, sondern es
war auch, reich an Besitz und Kunst, ein Wirtschafts- und Kulturzentrum des ganzen Oberlandes. Seine Anlage reichte einst bis
zum See hinab und die Klosterkirche war wie die Kirche im
Escorial in ein breitgelagertes Viereck von Klostertrakten eingebaut. Mehr als die Hälfte der ganzen Anlage ist nach der Säkularisation abgebrochen worden. Das Ganze, das einer kleinen Kloster-
stadt gleicht, sehen wir nur noch auf den barocken Stichen. Den
Rest der Klosteranlage zu beiden Seiten der Kirche erwarb König
Max I. Joseph, um ihn dann durch den Architekten Leo von
Klenze zum Schloß umgestalten zu lassen.

So empfängt uns heute eine prätentiöse Kirchenfassade des
Klassizismus mit palastartigem Westwerk und dahinter aufsteigenden Doppeltürmen, die mit Dreieckgiebeln und Pyramidendach schließen. Klenze hat von den Barocktürmen ein Stück
abgetragen. Hoch über dem Portal – in rein dekorativer Weise –
ist das rotmarmorne Stiftergrabmal eingelassen. Wir erkennen
unter zierlichem Baldachinen Abt Adalbert und Otkar mit dem
Kirchenmodell – Brüder aus dem Geschlecht der Huosi –. Dieses
von Hans Halder aus München 1457 geschaffene Stiftergrab zählt

zu den ältesten seines Typs in Bayern. Einst erhob es sich als Deckplatte auf einer Tumba im Chor vor dem Hochaltar. Wie man auf dem großen Weningstich von 1700 erkennt, schmückte das Stiftergrab bereits die barocke Kirchenfassade in einer Nische über dem Portal.

Beim Eintritt in die Kirche zeigt sich schon, daß dieses Bauwerk keine reine Barockschöpfung ist. Es mußte auf die Raumverhältnisse und den Grundriß der Vorgängerkirchen aus karolingischer, romanischer und gotischer Zeit Rücksicht genommen werden. Der durch zahlreiche Brände und Einstürze verheerte romanische Kirchenbau wurde durch Abt Konrad Ayrinschmalz in den 70er Jahren des 15. Jahrhunderts im Sinne der Spätgotik umgestaltet. Die mittelalterlich-romanische Kirche war eine Pfeilerbasilika mit tiefem, ausgeschiedenen Ostchor, stattlicher Krypta, einem Lettner zwischen Langhaus und Chor sowie zwei Westtürmen, deren Mauerwerk in den heutigen Türmen noch erhalten ist. Über ihre Ausstattung durch Abt Ellinger (1032-1041) wurde in Urkunden von Gold- und Silberzier und Glasfenstern aus den Tegernseer Werkstätten berichtet. Die spätgotische Kirche besaß 24 Altäre. 1424 nach einem Choreinsturz wurde der Lettner entfernt und der Mönchschor hinter den Hochaltar verlegt.

Ihre heutige Bauerscheinung erhielt die Klosterkirche unter Abt Bernhard Wenzl (1673-1700). Der Neubau (1684-88), der mit der Erweiterung der Gruft zur Mönchsgruft begann, stand unter der Leitung von Antonio Riva, der als »der kloster Tegernseeische bisher geweste Baumeister« bezeichnet wird.

Der aus Graubünden stammende Baumeister hatte sich bis dahin noch wenig hervorgetan. 1679-1689 hatte er den Westturm der Sankt Georgskirche in Freising errichtet. Nach der Arbeit in Tegernsee, 1690, den Zentralbau der Wallfahrtskirche Mariahilf in Vilshofen gebaut. Nach Plänen von Johann Caspar Zuccalli hat Riva dann von 1691 bis 1699 den stattlichen Schloßbau von Aurolzmünster bei Ried im heute oberösterreichischen Innviertel hochgeführt. Er war in Landshut und Passau ansässig.

Das Raumsystem einer Basilika blieb bestehen, wurde jedoch, im Sinne der Zeit, um ein Querhaus mit runder Flachkuppel und einen kurzen einjochigen Chor bereichert. Es ist also das barocke

System der Kreuzkuppelkirche, bei der das Querhaus nicht über die Umfassungsmauern hinausreicht. Eine rechteckige Vorhalle zwischen den romanischen Türmen trägt auf vier Marmorsäulen die Musikempore. Es folgen vier Langhausjoche, überwölbt von einer Tonne mit Stichkappen, zwischen flachen Gurtbogen. Die Seitenschiffe weisen Kreuzgewölbe auf. Sie werden begleitet von flachen, eingezogenen Kapellen (entsprechend dem Passauer Dom). Zwei Kapellen des vierten Joches laden mit ihrem Abschluß über die Umfassungsmauern aus. Die einzelnen Joche trennen Pfeiler mit kannelierten Pilastern und Kompositkapitellen darüber ein flach verkröpftes Gebälk mit niedriger Attika, über der sich halbkreisförmige, etwas überhöhte Rundfenster öffnen. Die Vierungskuppel ruht auf Pfeilern mit abgeschrägten Ecken und Hängezwickeln. Die Querhausarme sind von Quertonnen überwölbt. Sie öffnen sich mit zwei hohen Rundbogenfenstern, über dem Gesims ein Thermenfenster.

Der Altarraum besteht aus einem Joch und schließt mit einem Segmentbogen ab. Dahinter liegt der drei Fensterachsen umfassende, auf spätgotischen Chorgrundmauern ruhende Psallierchor; darunter die dreischiffige etwa quadratische Krypta (1895 umgestaltet), südlich des Psallierchors die quadratische, auf einer Mittelsäule ruhende, zwei gleichartige Stockwerke umfassende Sakristei. Sie ist ein unveränderter gotischer Bauteil. Das Erdgeschoß besitzt ein Sterngewölbe mit Schwarz-Grau-Malerei des 17. Jahrhunderts. Der Raumstuck ist von unbekannten italienischen Stukkateuren ausgeführt. Die Gliederung mit kannelierten Pilastern, Kompositkapitellen und flachen Gurtbogen ist von nicht zu übersehender Eleganz. Reicher und quellender ist der Stuck in den Gewölbefeldern. Als Motive treffen wir Engelsköpfe in den Zwickeln neben den Kapitälen des Langhauses, Fruchtgehänge und -girlanden, Palmzweige in den Stichkappen, Blattstäbe zur Rahmung der Gemäldefelder, Kartuschen mit Akanthusranken auf den Gurtbögen, Fruchtgehänge mit Rosetten, im Wechsel mit Akanthusranken. In den Abschrägungen der Vierungspfeiler stehen überlebensgroße Stuckfiguren der Kirchenväter in gerahmten Nischen. In den Gewölbezwickeln, je eine große Kartusche auf einer Muschel, darüber ein großer Engel, der eine Girlande stützt. Die Girlande wird zum Scheitel der

Bogen hin von kleinen bewegten Engeln gehalten. In den Vierungsgurten Vasen und Kartuschen. Reizvolle, bewegte Engel und Engelshermen finden sich in den Seitenschiffen. Der hinter dem Hochaltar befindliche Psallierchor ist ähnlich reich stuckiert. Zwischen den Stichkappen sitzen die Figuren der Vier Evangelisten. Im östlichen Gewölbeschluß Engel, die eine Kartusche mit dem Pelikan tragen.

Die Fresken sind beachtliche Frühwerke Hans Georg Asams. Sie verteilen sich auf einzelne, verschieden gerahmte, gleichförmige Bildfelder der Decke, die von der Stuckdekoration ausgespart sind. In der Vorhalle haben wir Szenen aus der Legende des Kirchenpatrons Sankt Quirinus. Im Langhaus und in den Querhausarmen Szenen aus dem Leben, Leiden und der Glorie Christi. Zwischen den Fenstern der Querschiffarme finden sich gerahmte Wandfresken mit Darstellungen der Vierzehn Nothelfer und der Sippe Christi. In der Flachkuppel der Vierung die Dreifaltigkeit und Allerheiligen. In den Seitenschiffen finden sich Wandfresken mit Szenen aus der Klosterhistorie: die erste Gründung des Klosters ›719‹, und die Neugründung ›978‹. Vom ehemaligen Hochaltar von 1690 ist nur noch der Marmorunterbau erhalten sowie die beiden Flankenfiguren der Heiligen Petrus und Paulus. Der obere Aufbau wurde 1820 abgebrochen und durch das klassizistisch gerahmte Altarbild von Karl Loth ›Kreuzigung Christi‹ ersetzt.

Der Stiftersarkophag (ohne die Deckplatte) von 1445 dient als Mensa. Die ursprünglichen Marmor-Seitenaltäre (mit Gemälden von Hans Georg Asam) wurden durch klassizistische Holzaltäre mit Bildern von Joseph Hauber ersetzt (1820).

Attribution des Rokoko ist die im Norden des Seitenschiffes befindliche Quirinuskapelle mit vergoldetem Rokokostuck und Reliquienbüsten, sowie Stuckrelief, Stuckmarmoraltären mit Figuren der Heiligen Agatha und Florian. Die gegenüberliegende Benediktuskapelle weist hervorragende Rokokofiguren der Pestheiligen Rochus und Sebastian aus der Meisterhand von Johann Baptist Straub auf.

Die Kanzel stammt noch von der ursprünglichen Ausstattung: 1690. In der Sakristei wird die berühmte, 1,27 m hohe Turmmonstranz des Landsberger Goldschmieds Hans Kistler (1448, bez.) aufbewahrt. Von den Festräumen des Klosters blieb nur der ehemalige Rekreationssaal mit Rokokostuck von Johann Baptist Zimmermann (Vertrag von 1728) und ein Deckenfresko ›Die Musen huldigen Abt Gregor Plaichshirn‹ erhalten. Ein reizvolles Freskodetail zeigt die Badkapelle von Wildbad Kreuth. Beachtung verdienen die barocke Osttreppe nach Sankt Florianer Vorbild (Sankt Florian bei Linz von Carlo Antonio Carlone) und das mit Rokokostuck verzierte ›Vogelzimmer‹ des ehemaligen Abteigebäudes. Von der noblen Empire-Ausstattung des ›Schlosses‹ unter König Max I. Joseph blieb uns leider nur eine Serie reizvoller Aquarelle erhalten.

Eine letzte Umgestaltung erfuhr das Schloß um 1980 durch den Umbau zum Gymnasium.

Rottach-Egern

Die *Pfarrkirche Sankt Laurentius* in Egern ließ 1466 der bau- und kunstfreudige Abt Konrad Ayrinschmalz an der Stelle einer 1111 erbauten Kirche neu errichten. Die schlichte Wandpfeilerkirche erhielt 1671/72 durch zwei Schlierseer Maurer-Stukkateure (!) ihren Raumstuck aus Weinranken und Fruchtgehängen, wobei auch die Pfeiler mit ihren korinthischen Kapitälen miteinbezogen wurden. Im Hochaltar von 1689 ein Gemälde von Hans Georg Asam mit Darstellung des Titelheiligen, wie er Almosen austeilt. Im rechten Seitenaltar das Gnadenbild ›Unsere Liebe Frau von Egern‹ aus dem 15. Jahrhundert Sehenswert ist gewiß auch die kleine Kapelle an der Nordseite der Kirche, die Abt Maurus von Tegernsee 1508 den Pestpatronen Sebastian und Rochus weihte. Eine Renovierung von 1966 brachte alten Freskenschmuck zutage und die Umgestaltung zur Taufkapelle.

Um dieses Herz des alten Egern drängt sich heute die Gastronomie und Hotellerie. Aus alten Bauernhäusern wurden Pensionen, aus Gasthöfen Großhotels mit internationalem Flair.

Wo es stiller wird in der Egerner Bucht liegen die Villen mit Holzveranda, darunter das Haus des Hofmalers Josef Stieler und des Volksschriftstellers Ludwig Ganghofer. Vorbei sind die Zeiten, als Leo Slezak vom Balkon seines Bauernhauses in Überfahr Opernarien über den See schmetterte (heute Café Köck), als der

Kiem-Pauli im ›Gasthaus Zur Überfahrt‹ mit seiner Zither die Gäste unterhielt, und das ›Tegernseer Bauerntheater‹ im Theatersaal Ludwig Thomas Schwank ›I. Klasse‹ 1910 uraufgeführt hatte.

Seit die Familie König Max I. Joseph Schloß Tegernsee zu ihrer Sommerresidenz erkor, haben sich auch die Maler eingestellt, nicht nur die Hofmaler, sondern auch Landschafter wie Georg Dillis und Wilhelm Kobell.

Von Dillis haben wir das klassische Bild ›Der Tegernsee‹ aus dem Nachlaß König Max I. Joseph in der Neuen Pinakothek. Von einem mit Laubbäumen bestandenen Berghang geht der Blick über das Uferkirchlein Sankt Quirin auf die schimmernde Fläche des Sees, der von blauen Bergkulissen eingesäumt ist. Im Hintergrund leuchten die Türme des Schlosses Tegernsee auf. Mit diesem Bild erfreute Dillis König Max zu seinem Namenstag am 12. Oktober 1825. In Münchner Privatbesitz hat sich eine vehemente Kohle-Vorzeichnung des Dillis erhalten.

Ein anderes Bild: der Tegernsee, wie ihn Wilhelm Kobell vom Weg zur Neureuth 1833 gemalt hat (Neue Pinakothek, Leihgabe Residenzmuseum). Ein Föhntag mit glasklarer Atmosphäre. Ein kraftvoll gewölbter, hell von der Sonne beschienener Hügel im Vordergrund, die schüttere Grasnarbe mit den ruhenden Schafen, ein paar Kinder als helle Staffagefigürchen – der kleine Flötenspieler. Dahinter die plane Fläche des Sees, das weiße Karree des Klosters Tegernsee mit den spitzen Turmhauben, die Kulisse der Berge am anderen Ufer blau abfallend gegen einen hohen lichtblauen Himmel mit aufziehenden Wolken. Ein Bild, das zum Inbegriff Oberbayerns geworden ist.

Auf dem Friedhof in Rottach-Egern, das man links noch erkennt, liegen Ludwig Thoma und Ludwig Ganghofer begraben, ebenso der Kiem-Pauli und Karl Alexander von Müller, denen ich noch begegnet bin. Damals, als man noch mit dem Fahrrad ins Oberland fuhr, war alles noch etwas kärglich. Ein Landhaus mit Holzveranda aus der Zeit des Hofmalers Karl von Stieler, hinter Obstbäumen versteckt, die knarzende Treppe zum Ausbau, die Garderobe wie in einem Jägerhaus. Den Professor von Müller, der Sohn eines bayerischen Kultusministers gewesen ist und in Cambridge studiert hatte, hätte man wohl auch für einen Förster oder für einen Münchner

Realitätenbesitzer auf Sommerfrische halten können. Als ich ihn fragte, ob er dabei sein möchte (ich gedachte ihn als Mitarbeiter bei einer Sendereihe des Bayerischen Rundfunks zu gewinnen), schüttelte er sein ergrautes Haupt: »Schaun's Herr Doktor, des is alles recht und schön, mit dem Dabeisein ist das so eine Sache – ich hab da meine Erfahrungen gemacht – und bin jetzt zum Zuschaun übergegangen, bin Zuschauer in Bayern ... Finden Sie nicht auch, daß wir (Bayern) zu oft dabei gewesen sind.« Damit hatte er mit Charme eine Absage erteilt, mit der seine persönliche Situation und eine historische Frage Bayerns verbunden waren.

Diese Frage nach dem Dabeisein ist uralt.

Sie stellte sich schon Herzog Tassilo III., als er eigenmächtig mit seinen Bayern das Heer Karls des Großen auf dem maurischen Feldzug verließ, und sie stellt sich noch heute, etwa in verändertem Maßstab mit dem Bad Kreuther Beschluß, eine Bonner Fraktionsgemeinschaft aufzukündigen. Ebenso bezeichnend aber wie das Auftrumpfen ist das Einlenken und das Nachgrollen ... Am Tegernsee lebte Hans Ludwig Erhard, ein Franke, der einzige Bundeskanzler, den die Bayern bisher stellen konnten. Und nicht weit von ihm lebt Dagny Gulbransson, die Witwe des großen Simplicissimus-Zeichners Olaf Gulbransson. Wie Ludwig Thoma auf seine ›Tuften‹ hat sich Gulbransson auf den Schererhof zurückgezogen. Wer etwas von ihm haben wollte, der mußte sich zu Fuß auf den Schererhof bemühen, und sei es der Herr Reemtsma persönlich ... (Das für einen Besuch bei Reemtsma zur Verfügung gestellte Privatflugzeug hatte Gulbransson ausgeschlagen). Und umsonst hat der Olaf rein gar nichts gemacht. Da hielt er es mit den leichten Mädchen, wie er in einer witzigen Zeichnung mitteilte. Er schrieb auch nicht, sondern gab seine Mitteilungen in Zeichnungen kund, eine jede davon ein Juwel für den Empfänger, wie man aus seinen Büchern, die ja auch gezeichnet sind, sehen kann. Oder noch besser im Pavillon in Tegernsee selbst, wo der ganze Gulbransson – ein Norweger in Oberbayern – kennenzulernen ist.

Der bayerische Historiker und Essayist, der Dichter der ›Heiligen Nacht‹ und der Simplzeichner mit der sichersten Feder, sie lebten hier noch unter Bauern in sokratischer Ruhe und Beschaulichkeit, eingehüllt in ihr Biedermeier, das von Föhnstößen unterbrochen war, vielleicht, um der Verletzlichkeit ihres scheinbar so gesunden Tempe-

raments zu entgehen. »Ich schreite retro ... hülle mich immer mehr in das Süddeutsche« schrieb Ludwig Thoma einmal, als er erkannte, daß das begeisterte Mitjubeln und Mitsterben »anno 70 ein Fehler gewesen sei ...«

Anno 70! Aber wie hielt er es mit 1914. Damals war doch die Garde der Simplzeichner unter Führung von Thoma und Heine – nach einer erregten Nachtsitzung – kehrt marsch, marsch – ins nationale Lager eingeschwenkt. Die altbayerische Ecke, aus der allwöchentlich die schärfsten Florettstöße gegen den Popanz-Wilhelminismus kamen, war nun mit einmal entwaffnet, und die beste satirische Zeitschrift der Zeit nun ein Blatt wie viele andere, vielleicht noch mit besseren Zeichnern.

Schliersee

Die ehemalige Kollegiatsstifts- heutige *Pfarrkirche Sankt Sixtus* in Schliersse ist ein Neubau aus den Jahren 1712-1725. Der Baumeister war – wie wir nun aus neuen Archiv- und Planfunden von Gabriele Dischinger wissen – der Schlierseer Maurermeister Caspar Glasl aus Reichersdorf, der bereits 1706 beim Klosterbau zu Weyarn tätig war. 1712 lieferte er einen Vorentwurf und den Ausführungsplan für die Schlierseer Pfarrkirche. Dieser hielt sich weitgehend an das Vorbild der Klosterkirche Weyarn in Grundriß und Aufbau. Dabei ist auf die im Plan noch vorgesehene ›Weyarner Fensterordnung‹ Sciascas – Hochrechteckfenster und Oculi darüber – bei der Ausführung verzichtet worden. Die Wandpfeileranlage ist breitproportioniert und weist seitliche Kapellen zwischen stark ausgebildeten Pfeilern auf. Die Vorlagen der Pfeiler besitzen keine Kapitelle, sondern nur Gebälkstücke. Die Wölbung ist eine Stichkappentonne über flachen Gurtbögen. Erlesen wirkt die spätere Stukkatur Johann Baptist Zimmermanns, der auch die Deckenbilder des Altarraumes malte. Der Hochaltar stammt aus der Erbauungszeit der Kirche. 1717 von dem Kistler Blasius Zwinck aus Miesbach und dem Bildhauer Franz Fröhlich aus Tölz errichtet, enthält er ein Altarblatt des Heiligen Sixtus von Paul Vogl (1720). 1750 kam ein Rokokotabernakel hinzu.

Der Annenaltar von 1718, der Bruderschaftsaltar vom Guten Tod, 1719, der Magdalenenaltar von 1768. Die ehemalige Hochaltarfigur des Heiligen Sixtus (um 1520) ist heute an der Nordwand des Altarraumes angebracht. Darunter der aus bäuerlichem Besitz stammende Gnadenstuhl aus der Werkstatt des Erasmus Grasser. Ein Teil der spätgotischen Ausstattung ist vielleicht das 1494 datierte Tafelbild der Schutzmantelmuttergottes, das Jan Pollack zugeschrieben wird, in der Katharinenkapelle. Die Kapelle, Begräbnisstätte derer von Hohenwaldeck, enthält eine Katharinenfigur (um 1650), zwei spätgotische Figuren, die Heiligen Petrus und Paulus. Aus der Nachfolge Jan Pollacks stammt wohl der kleine Flügelaltar in der dicht neben der Kirche stehenden Nikolauskapelle (heute Kriegergedächtniskapelle).

Der Kirchturm von Sankt Sixtus – dessen Unterbau noch romanisch ist – erhielt 1873 einen neuen Spitzhelm, der für das Empfinden der Nazarenerzeit charakteristisch ist. Auf Gläsls Riß war ein einfacher und niedriger, von den Vorgängerbauten übernommener Turm mit dem Spitzhelm in Höhe der Dachlinie ansetzend, zu sehen. So bestand er bis zu seiner Erneuerung, 1873.

Zu der von Gläsl in drei Varianten vorgeschlagenen Turmgestaltung mit aufgesetztem Oktogon, Zwiebelhaube und Laterne kam es nicht. Sie hätte wie der von ihm errichtete Elbacher Turm ausgesehen.

Schliersee besitzt ein in seiner Art seltenes, gewachsenes *Heimatmuseum*, das aus dem 14. Jahrhundert stammende Schredlhaus. Seinen Namen hat es von einem seiner Vorbewohner namens Sigmund Schröttel, der 1463 hier als Chorherr und Küster gelebt hat. Interessanter jedoch für uns sind die Eigentümer der Zeit von 1555 bis 1727, die Familie Zwerger. Unter ihnen sind nämlich die bekannten Namen der Schlierseer Baumeister- und Stukkatorengemeinschaft zu vermuten: Hans Zwerger (1598-1666) und sein Sohn Georg (1638-1721). Diese Zwergerfamilie bildet eine kunst- und familiengeschichtliche Parallele zu den Dientzenhofern (deren Stammhaus, der Hof ›Zum Gugg‹ bei Brannenburg, ähnlich eindrucksvoll erhalten ist). Nur, daß die Zwerger nicht über ihren heimatlichen Umkreis, das Oberland, hinaus tätig geworden sind. Die nördlichste Linie der Bautätigkeit des Georg Zwerger bezeichnen: Ilmmünster, Anzing und Markt Schwaben.

Das Heimathaus der Zwerger besteht aus zwei, in verschiedenen Zeiten entstandenen Gebäuden, die heute ein Dach vereinigt.

Der hintere, noch aus Bruchsteinen gemauerte Teil stammt wohl aus dem 14. Jahrhundert und soll einst als Gefängnis gedient haben. Der vordere Bau, in der üblichen Blockbauweise auf gemauertem Erdgeschoß errichtet, stammt aus dem 15. Jahrhundert. Er besitzt eine hölzerne Altane, die große Stube im Erdgeschoß, die Kammern im Obergeschoß zum Teil noch mit ursprünglichen Balkendecken. Die Einrichtung und der bäuerliche Hausrat vermitteln den Eindruck des Ursprünglichen, so daß man sich das Haus als bewohnt vorstellen kann, was bei den Freilichtmuseen oft schwerfällt. Die größte Sehenswürdigkeit des Hauses ist eine die ganze Höhe bis zum Dachabzug einnehmende ›Rauchkuchel‹, von denen es in Oberbayern nur noch wenige gibt. Im Unterschied zu den ostalpenländischen Rauchküchen, bei denen der Rauch von der offenen Feuerstelle meist durch Balkenlöcher in anderthalb Meter Höhe abzieht, finden wir hier die Rauchklappe im Dach, ursprünglich ›Hurr‹ genannt. Mauern und Dachstuhl sind pechschwarz. Uns erscheint dies im höchsten Maße ›brandgefährlich‹, ein Umstand, der wohl auch dazu geführt hat, daß so wenige Rauchhöfe unversehrt erhalten sind.

Zum Schlierseer Heimathaus gehört noch eine Sammlung alter Küchengeräte, die uns die Küchenarbeit einer Bäuerin zur Versorgung der Großfamilie anschaulich machen.

Im Hinterhaus, dem ehemaligen ›Gefängnis‹, könnte die Stukkatorenwerkstatt der Zwerger zu vermuten sein, die Gipserei oder ›Gipsküche‹. Bei den Schlierseer und Miesbacher Stukkatoren – ist im Unterschied zu den Wessobrunnern, noch der Formstuck üblich. Das heißt: die einzelnen Ornamentteile wie Engelsköpfe, Festons, Girlanden, mußten in Stuckmasse vorgeformt werden. Dies geschah mit Hilfe der geschnitzten Modeln. Das Material ist Gips. Der mußte in genügender Menge in den eichenen Fässern vorhanden sein. Zu seiner Festigkeit wurden gerne Kälberhaare in die Masse gerührt. Bei größeren Formstücken dienten kleine Holzkohlenstückchen zur Erleichterung der Masse. Die Leisten, die Frucht- und Eierstäbe wurden (wohl im Kirchengewölbe selbst) als ›Preßstuck‹ ausgeführt. Die vorgeformten Teile mußten nun an bestimmten und dafür ausgesparten Stellen eingesetzt werden. Dieses Verfahren ergibt die reizvolle Geometrie, die Spannung zwischen glatter Fläche, Rahmen-

werk und Ornament des Stucks. Ausgehend von den Jesuitenkirchen, zumal Sankt Michael in München, entwickelte sich der bayerische Spätrenaissancestuck in eigener Form- und Gestaltungsweise, deren früheste Stationen mit dem Raumstuck in Karthaus-Prüll (um 1601 bis 1605) bezeichnet ist, gefolgt von der Stiftskirche in Polling, deren Raumstuck nach 1628 durch Georg Schmuzer aus Wessobrunn (vielleicht nach Plänen Hans Krumpers) vollendet wurde. Unbekannt ist der Meister von Möschenfeld (1640). Kaspar Feichtmayr aus Bernried, tätig in Weilheim, und Georg Zwerger in Schliersee, Wolfgang Zwerger, in München tätig (Sendlinger Kirche und Oberföhring), sind offenbar die letzten oberbayerischen Stukkateure, vor dem großen Zustrom der Meister aus dem oberitalienischen Intelvital zwischen dem Comer- und Luganersee. Die Vorherrschaft des Italienerstucks wird mit dem Raumstuck der Münchner Theatinerkirche, der Klosterkirche in Benediktbeuern und Tegernsee, und der Stukkatur des Carlonetrupps im Passauer Dom begründet. Immerhin behaupten Georg und Wolfgang Zwerger ihr aus der Spätrenaissance stammendes Repertoire noch bis über das Jahr 1700 hinaus. Dann schlug allerdings den Schlierseer Stukkatoren die letzte Stunde.

Ein Spaziergang bei dem man einen schönen Ausblick auf den Schliersee genießt, führt zur *Georgskapelle* auf dem Weinberg. Die Kapelle entstand 1368–1387, ihr Chor um 1470. 1606 wurde die Anlage umgebaut. Ein steiles Zeltdach mit einem Kuppeldachreiter überdeckt sie. Im Inneren finden wir einen freistehenden Hochaltar, nach Art eines Triumphbogens aufgebaut, mit der typisch alpenländischen Schreinfigur des reitenden Heiligen Georg als Drachentöter, die laut Inschrift 1624 gestiftet wurde. An der nördlichen Wand spätgotische Schnitzfiguren des Heiligen Sixtus und der Heiligen Barbara, um 1500 zu datieren.

Fischhausen am Schliersee

In der höchst malerisch dicht am See gelegenen Kirche *Sankt Leonhard* lernen wir ein Kirchenbauwerk des Schlierseers Hans Zwerger kennen, das er vermutlich kurz vor 1657 (Weihe) errichtet hat. Der Grundriß ist ungewöhnlich: ein gestrecktes Achteck mit rechteckigem Vorraum (darüber Empore). An den Süd- und Nordseiten finden wir Flachnischen für die Seitenaltäre. Hinter dem Altarraum erhebt sich der Turm. Er steigt ungewöhnlich hoch mit seinem Spitzhelm und vier Giebeln heraus und ist landschaftsprägend. Bemerkenswert ist der Raumstuck des Georg Zwerger: ein exemplarisches Werk der sogenannten Miesbach-Schlierseer Stukkatorengruppe, die den Wessobrunnern vorausgeht. Die Hauptmotive sind: Früchteschnüre, Ranken und Zweige, sowie Vasen, im Scheitel der Wölbung Engelsfiguren. Charakteristisch ferner die in große Rahmen eingelassenen Reliefdarstellungen: in einem Herzschild ein Kruzifixus mit Maria, dem Heiligen Antonius von Padua und vier Engeln. Bei den Arbeiten der Schlierseer handelt es sich offensichtlich um gegossenen und versetzten Stuck. Weitere Werke dieser Art von Georg Zwerger finden sich unter anderem in der Friedhofskapelle in Elbach, in der ehemaligen Wallfahrtskirche Sankt Johannes Baptist in Föching bei Holzkirchen und in der Pfarrkirche Sankt Margaretha in Markt Schwaben, einem 1671 vom Schlierseer Maurermeister Georg Zwerger errichteten Kirchenbau, sowie in der Wallfahrtskirche Sankt Maria in Anzing bei Markt Schwaben, die Zwerger 1677-81 erbaute. Es wäre denkbar, daß Georg Zwerger, in ähnlicher Weise wie Kaspar Feichtmayr in Benediktbeuern, für den Stuck seiner Kirchen verantwortlich war, demnach auch ausgebildeter Stukkateur gewesen ist.

Nicht bekannt sind uns die Meister des Hochaltars und der beiden Seitenaltäre von 1671, jedoch dürften Maler und Schnitzer dem lokalen Umkreis entstammen. Am südlichen Seitenaltar befindet sich eine spätgotische Mondsichelmadonna mit Strahlenkranz. Sankt Leonhard ist berühmt durch seine prächtige Leonhardifahrt am Sonntag vor oder nach dem 6. November.

Schlierseer Maler

In einem kleinen Häusel in der Sommerau am Nordrand von Schliersee lebte der Maler Karl Haider (1846-1912). Der geborene Münchner bezog seine altmeisterliche Malkunst aus dem Kreis um Wilhelm Leibl und Hans Thoma in München. Absolute Ehrlichkeit und Treue zum Detail, eine herbe poetische Naturanschauung geben seinen Landschaftsbildern und Bildnissen die eigene Note im Leiblkreis. Dabei ist in seinen Bildern

die Abneigung gegen alles Virtuose und jede ›Mache‹ das Erstaunlichste. Darin ist Haider ein Vorläufer der Sachlichkeit der
dreißiger Jahre, und zugleich ein letzter ›Nazarener‹, was seine
Zeichenkunst anbelangt. Keiner konnte so klar und ohne alle
›Faxen‹, so eindringlich wie er, einen oberbayerischen Bauernbuben oder ein Bauernmädchen festhalten. Der kleine Maler mit
dem großen Schlapphut, der zeitlebens ein leidenschaftlicher
Musiker war, lebte – in seiner Bedeutung nur von wenigen erkannt – unter den Schlierseer Bauern. Um seine Bilder rissen sich
allerdings die großen Galerien in Berlin, Wien, Hamburg, Dresden und Frankfurt, Mannheim, Karlsruhe, Köln und Leipzig.

Eine bekannte Figur im Schliersee der Jahrhundertwende war
der Baron von Perfall. Der 1853 in Landsberg am Lech Geborene
hatte sich mit der Wiener Burgschauspielerin Magda Irrschick,
kurz nach der Heirat 1878, an den Schliersee begeben und das
Perfallhaus gebaut, das leider einem neuen Kurzentrum weichen
mußte. Unsterblich ist er vor allem durch das von Wilhelm Leibl
1876 gemalte Bild ›Der Jäger‹ geworden. In einem Kraftakt sondersgleichen hat der Maler bei Nebel und Sonnenglut, im Freien
(bei Unterschondorf) sein Modell festgehalten. Das Bild erwarb
die Berliner Nationalgalerie; es ist dort seit 1945 verschollen. Der
liebenswürdige und erfolgreiche Jagdschriftsteller Maximilian
von Perfall liegt in der Nähe seiner geliebten Wurzhütte am
Spitzingsee begraben.

Mit dem Perfallhaus, das 1970 abgebrochen wurde, war eine
weitere Erinnerung verbunden. Es war auch das Vaterhaus der
Staatsschauspielerin Magda Lena, geborenen von Perfall, gewesen. In Regensburg, bei ihren ersten Schritten auf der Bühne,
hatte sie den Maler Josef Achmann kennengelernt. Die beiden
heirateten 1920 und übersiedelten nach München, wo Magda
Lena als Hochdramatische am Staatstheater engagiert war. Als
sie 1940 von einer infektiösen Grippe hinweggerafft wurde, übersiedelte der Maler in das Schlierseer Perfallhaus.

Der Tod seiner Frau hat den Maler still gemacht.

Vorbei war nun die Münchner Zeit, wo man hoch über den
Dächern Schwabings eine gesellige Häuslichkeit gepflegt hatte
und sich abends in einer Gastwirtschaft in der Schönfeldstraße
›unter den Fischen‹ (gemeint ist ein Wandbild) zu geselliger

Runde mit den Malern Max Unold, dem Freunde Georg Britting, dem Schriftsteller Curt Hohoff traf (Hohoff hat diese Zeit in seinem Erinnerungsbuch beschrieben).

Josef Achmann ist am 26. Mai 1885 in Regensburg auf dem Unteren Wöhrd im Haus der Gastwirtschaft ›Zur silbernen Gans‹ geboren worden. Er starb 1958. (Britting hatte wenige Straßen weiter auf dem Oberen Wöhrd am 17. Februar 1891 das Licht der Welt erblickt.) Achmann wollte zunächst Ingenieur werden. Der Vater – ein Hafnermeister – läßt ihn schließlich nach München ziehen, wo er den Beruf des Zeichenlehrers anstrebt. Die Akademie besuchte er allerdings nur ganze sechs Wochen. 1912 ist er freischaffender Künstler und stellt in der Alten Secession sein ›Lesendes Mädchen‹ (Kunsthalle Regensburg) aus. Ein zweijähriger Aufenthalt in Paris bringt ihn dem französischen Kubismus nahe. In Paris traf ihn der Ausbruch des Weltkriegs.

1920 erscheinen in der Reihe der Künstlerhefte und Graphikbücher (im Verlag der Saturne) Holzschnitte von Achmann mit Britting-Texten. ›Die kleine Stadt‹ heißt eine sechs Holzschnitte umfassende Sammlung. »Ich bin kein Abstraktionist« hatte Achmann schon 1919 geschrieben. Später wird er sich von den »Mitläufern«, »Schmarotzern« und »Geschäftigen« dieser Sturm- und Drang-Bewegung absetzen und zum Ärger der ›Abstraktionisten‹ einen neuen Realismus verfolgen. Um 1950 schrieb er: »Expressionismus hat zertrümmert, so wie wir es in der Sichel machten. Die aber haben die Trümmer nocheinmal zertrümmert. Man muß sich bemühen, aus der Formzertrümmerung wieder eine neue, aber vereinfachte Form zu finden (›Zeichnen ist Weglassen‹) und eine neue Welt sichtbar zu machen, – im Gegensatz zum Gegenstandslosen. Dies hat wohl ästhetische Reize, aber nicht die letzte Erfüllung. Man muß aus den Erfahrungen der neuen Form wieder einen neuen Realismus gewinnen. Gegenstandslose Malerei ist Seins-los, ist Sinnlos.« 1928 trat Achmann der Neuen Secession bei. Bei ihrer Auflösung 1934 war er ihr Vorstand. 1934 hatte Achmann in der Biennale, Venedig ausgestellt. 1939 bei Günther Franke in München. Bilder von ihm hängen in der Städtischen Galerie München, Nationalgalerie Berlin, Kunsthalle Mannheim und Regensburg sowie im Carnegie-Institut in Pittsburgh.

Bayrischzell

Abt Konrad von Scheyern (1206-1226) berichtet in seiner 1210 verfaßten Chronik, daß zwei fromme adelige Brüder namens Otto und Adalbert im Jahre 1076 eine Zelle und ein Kirchlein errichtet haben. Das Gotteshaus soll im Jahre 1077 durch Bischof Ellenhard von Pola in Istrien (zum Patriarchat Aquileia gehörend) geweiht worden sein. Gräfin Haziga, Gemahlin des Pfalzgrafen Otto von Wittelsbach, ließ 1079 zum Andenken an ihren zweiten Gemahl, den Grafen Otto II. von Scheyern, »in der Zell« ein kleines Kloster gründen und dessen Kirche der Heiligen Margaretha weihen. Vor 1080 wurde das Klösterchen mit Benediktinern von Hirsau besetzt. Aber schon 1085 baten die Mönche die Gräfin ihr Kloster aus dieser unwirtlichen Gegend in eine freundlichere verlegen zu dürfen. So kam das Kloster nach Fischbachau. Im Jahre 1104 verlegte man es auf den Petersberg bei Eisenhofen und schließlich 1119 nach Scheyern.

Die Gebäude von Kloster und Kirche gerieten allmählich in Verfall. Heute ist nichts mehr davon erhalten; jedoch nimmt man an, daß das Kloster auf dem Grund des Unterlärchenhofes stand. Die *Pfarrkirche Sankt Margaretha* erinnert mit ihrem Spitzhelm an Sankt Leonhard in Fischhausen. Der Baubestand gehört im wesentlichen der 1. Hälfte des 18. Jahrhunderts an wie so oft in dieser Gegend. Hier dürfen und müssen wir auf eine Beschreibung von Ilka von Vignau zurückgreifen:

»Diese Kirche von Sankt Margaretha ist ein Juwel. Wie so oft, wenn man eine der anspruchslosen bayerischen Landkirchen betritt, ist man auch hier überrascht von der phantasievollen Ausstattung des Innenraums, von der Kunstfertigkeit der zumeist unbekannten ländlichen Meister, deren Werke sich nicht selten mit den Schöpfungen bekannter und berühmter Künstler messen können ... Wenn man auch gehört hat, daß das Langhaus in Pilastergliederung und mit klassischem Architrav einiges ahnen läßt, so hätte man hier ›in der Zell‹, deren Gemeinde noch 1839 aus nur 360 Einwohnern in zwei Dörfern, vier Weilern und siebzehn Einöden bestand, einen Innenraum von solcher künstlerischer Gestaltung doch nicht erwartet. Quadratisch mit ausgerundeten Ecken, eingezogenem, halbrund geschlossenen Altarraum, mit einer von Rundbögen und Zwickelflächen getragenen Flachkuppel

zeugt er nicht nur von selbstbewußter architektonischer Gestaltungskraft, sondern strahlt er auch eine vollendete Harmonie aus. Leider ist gerade dieser sichtlich vom großen Münchner Architekten Johann Michael Fischer beeinflußte Baumeister nicht überliefert. Der liebenswürdige, zarte Stuck fügt sich voller Grazie in die Architektur und bildet eine seltene, in sich geschlossene Einheit«.

Das große Deckenfresko stellt die Gründung der ›Margarethenzell‹ durch Gräfin Haziga dar; in den stuckgerahmten Zwickelfeldern sieht man die vier Evangelisten mit ihren Symbolen, im Chorgewölbe drei Szenen aus dem Leben der Kirchenpatronin. Im Schrein des älteren, aus der ersten Hälfte des 17. Jahrhunderts stammenden Hochaltars stehen die vergoldeten Holzfiguren dreier weiblicher Heiliger:

> *Margareth' mit'm Wurm,*
> *Barbara mit'm Turm,*
> *Katharin' mit'm Radl;*
> *Sind die ›Drei heilig'n Madl‹,*

wie der Volksmund sagt, flankiert außen von Petrus und Paulus. Im Auszug ›Maria mit dem Kind‹, beiderseits anbetende Engel, über dem Tabernakel eine sich dem barocken Stil des Altars gut einfügende Herz-Jesu-Figur von Thomas Buscher aus dem Jahre 1904, darunter ein von der Herzogin Karl Theodor in Bayern gestiftetes Rokoko-Kruzifix.

Fischbachau und Elbach

Der Schlierseer Winkel im Mai: saftiggrüne Wiesengründe voll roter Mehlprimeln und blauer Enzianglocken, dazwischen die hellen Bergbauernhöfe und weidendes Vieh, Bergrücken, die in ruhigen, gelassenen Linien abfallen, eine sanfte Bucht, in der – wie ein gespanntes Tuch – der heitere See liegt. Das macht zusammen die Stimmung dieser Landschaft.

Das Rauschen der Bergbäche und Triften und Rieseln der Brunnen und Tränken, der Klang der Glocken des Weideviehs: das ist die Melodie dieser Landschaft.

Auf der Spitzinghöhe aber ist vom Mai noch nicht mehr als eine zarte Ahnung da. Hier ruhen die Wasser in vorweltlicher Geborgenheit und Stille, gerahmt von dunklen Tannen. Hier tritt man auf einmal in die Einsamkeit eines Hochmoores mit Rinnen, in denen das Wasser regungslos ruht, mooszottigen Latschen und öden verlassenen Torfgruben. Diese feuchten, schwankenden Möser sind eine Wiege der Bergwasser.

In diese Landschaft, die einmal von weiten Wäldern überzogen war, sind um das Jahr 1000 die Benediktiner vorgedrungen. Am Fuß der Berge, an den Ufern der fischreichen Leitzach, haben sie 1085 ihr Kloster gegründet: Fischbachau.

Das *Martinsmünster*, ein herber Quaderbau der Romanik, von spätbarocker Heiterkeit köstlich umspielt, ist heute noch das eindrucksvolle Zeugnis ihres Wirkens. Eine der schönsten Marienfiguren des 18. Jahrhunderts ist uns an einem Seitenaltar erhalten. Sie kam erst im 19. Jahrhundert in die Kirche.

Dieses Martinsmünster in Fischbachau ist die klösterliche Keimzelle für den Petersberg bei Dachau und Kloster Scheyern, wohin die von Gräfin Haziga von Scheyern gegründete Benediktinerabtei 1104, beziehungsweise 1119 verlegt wurde. Die Kirche stellt im Kern noch den romanischen Bau einer Basilika von 1110 dar. Erst die Veränderungen von 1628/29 brachten den Abbruch der Apsiden und der verlängerten Ostjoche der Seitenschiffe. In den Jahren 1699 bis 1702 erhöhte der Baumeister Hans Mayr von Hausstätt die Chorapsis und errichtete den oktogonalen Turm mit der kraftvollen Zwiebelhaube. Und im 18. Jahrhundert gestaltete man die Fenster neu und zog ein Holzgewölbe ein. Wessobrunner Meister gaben in Anlehnung an Asams Freisinger Domausstattung ein Stuckgewand, das 1765 noch bereichert wurde. Umfängliche Deckenfresken schildern im Mittelschiff das Leben des Kirchenpatrons Sankt Martin, im rechten Seitenschiff die fünfzehn Geheimnisse des Rosenkranzes, im linken Seitenschiff Geschichte und Wirken der Benediktiner. Das Fresko über dem Hochaltar, ein Engelskonzert, ist von M. Puechner aus Ingolstadt signiert. In sichtbarem Beziehungsreichtum stellte der Freisinger Hofmaler Joseph Johann Dreyer 1766 auf dem Hochaltarbild die Stifterin Gräfin Haziga, die Heiligen Martin und Benedikt, Bendiktinermönche mit dem Plan der Kirche und der Ansicht von Petersberg dar. Auf dem rechten Seitenaltar finden wir eine lebensgroße Rokokomadonna im Typ der Muttergottes von Santa Maria Salute in Venedig. Die um 1740 geschaffene Holzskulptur zählt zu den besten Madonnendarstellungen des Rokoko in Bayern. Maria steht auf einer Mondsichel und ist in einen üppigen, an der Hüfte gebauschten Mantel gekleidet. In der Rechten hält sie die Lilie, mit der Linken das Kind, das auf einem Gewandbausch steht, der wieder von einem Putto gestützt wird. Die Figur kam vor 1892 als private Stiftung in die Kirche und die Überlieferung hielt sie für eine französische Arbeit. Das ist sie aber keinesfalls. Zuerst für eine Arbeit von Egid Verhelst aus Augsburg angesprochen, mehren sich jetzt Gründe stilistischer Art, sie als ein Hauptwerk des Meisters der ›Passauer Madonna‹ (Spitalkirche Sankt Johannes in Passau) zu betrachten.

In der *Friedhofskirche Mariä Schutz*, deren Vorgängerin 1087 als Laienkirche geweiht wurde, die dann nach gotischen Umbauten um 1630 ihre heutige Erscheinung erhielt, finden wir fein aufgeteilten Stuck der Miesbacher-Schlierseer Schule, ein Mariä-Schutz-Relief des Hans von Pfaffenhofen von 1504, im Hochaltar von 1634 ein spätgotisches Mariä-Tod-Relief und ein gutes Kruzifix, das mit Balthasar Ableithner in Verbindung gebracht wird. Die köstliche Rokokoorgel mit einem Werk von 1750 sei nicht vergessen.

Reich ist das Land an Wallfahrtskirchen. Die Marienheiligtümer in Westerhofen und das köstliche Birkenstein mit seinem Rokokoschrein, oder Sankt Leonhard in Fischhausen, wo man zum novemberlichen Leonhardsfest mit Umritt, Messe und Festgepränge das Heil für die Rösser erfleht.

Draußen im Vorland, wo die Wasser der Leitzach schon etwas gezähmter fließen, liegt das schöne Dorf *Elbach*. Ein hoher Kirchturm, mit doppelter Zwiebelhaube kündigt es schon von weitem an. Gleich neben der *Pfarrkirche Sankt Andreas* dann die Wallfahrtskirche Heilig Blut.

Die Pfarrkirche hat wahrscheinlich der Baumeister Johann Mayr gebaut: 1689. Der Turm stammt vom Maurermeister Caspar Glasl (laut Inschrift). Das Innere ist ein stattlicher, heller Saalbau, den Wandpfeiler mit korinthischen Pilastern gliedern. Eine Stichkappentonne überwölbt das Langhaus von fünf Jochen. Der eingezogene Chor von zwei Jochen schließt mit drei Seiten.

Große Westempore. Schlichter geometrischer Raumstuck, vorwiegend Rahmenwerk, mit gemalten Ranken und Bandwerk, letzteres erst 1722 hinzugefügt. Fresken aus der Andreaslegende und dem Marienleben. Die Altarausstattung aus dem Ende des 17. Jahrhunderts. Das Kirchengestühl zeigt geschnitzte Wangen in ›deutscher Spätrenaissance‹, gefertigt von Kaspar Schindler 1689, Bildschnitzer in Niklasreuth, damals in Elbach. Neben den geschnitzten Zunft- und Prozessionsstangen, die kleine Figuren tragen, besitzt die Kirche eine besonders reiche, aus verschiedenen Zeiten stammende Barockkrippe. Auf Wunsch kann man sie sehen.

Eine Entdeckung ist dann die *Friedhofs- und Wallfahrtskirche Heilig Blut.* Jörg Zwerger hat sie in den Jahren von 1660 bis 1670 gebaut. Er dürfte dabei im Chor das Mauerwerk eines spätgotischen Vorgängerbaus mitverwendet haben. Der besondere Reichtum dieser kleinen Kirche liegt in ihrer farbig gefaßten Stuckausstattung. Und hier möchten wir Friedrich Springorum das Wort geben, der sich gerne hier aufgehalten hat:

»Der schlichte Bau besitzt im Inneren einen überreichen, alle Flächen, Gewölbe und Fensterlaibungen schmückenden Miesbacher Stuck, der so sicher an den Grenzen des Geschmacks entlangwandert, daß wir glauben, nie etwas lieberes gesehen zu haben. Großflächig und in starken Farben aufgetragen, scheinen seine Vasen, Fruchtgehänge, stilisierten Blattornamente und christlichen Symbole eher ein keramisches Relief denn Stuck zu sein. Zwischen den Stichkappen stehen stuckierte Engel, die mit vorgestreckten Armen Spruchbänder herzeigen; sie stehen in rührender Unbeholfenheit da, auf Podesten, über deren Rand ihre nicht einmal kleinen Füße so weit vorragen, daß wir dauernd versucht sind, ihre Sohlen zu kitzeln.«

In der Heimat der ›Hausstätter‹ und Dientzenhofer

Fast ein wenig überspitzt, jedoch mit dem Staunen des ersten Erlebnisses, hat uns Ernst Kammerer, der im Krieg gefallene Feuilletonist, die Fahrt auf der Salzburger Autobahn beschrieben. Rosegger ging es beim Anblick der ersten Eisenbahn nicht anders. Inzwischen ist diese Autobahn dreispurig und zu einer selbstverständlichen Gewohnheit geworden. Die Autos fahren schneller.

Der Anblick von Wilparting ist ein vertrautes Bild, das in keinem Bildband über Bayern fehlt. Nur die Fremden fragen noch: Was ist das? Eine Barockkirche und eine Kapelle, da rechts!

Wilparting! Wir fahren beim Rasthaus Irschenberg heraus, ein kurzes Stück Landstraße Richtung Miesbach, dann links ab und auf dem Feldweg unterhalb des Rasthauses zur Kirche. Die bei einem Bauernhof gelegene stattliche *Wallfahrtskirche Sankt Marinus und Anianus* erinnert an die Zeiten des frühen Christentums in Bayern, als der Bischof Marinus und sein Diakon Anianus, zwei irische Missionare, im 7. Jahrhundert hier den Martertod erlitten haben. Damals war hier noch Wildnis und Urwald. Das Volk hat die Erinnerung durch Jahrhunderte weitergetragen. Die mittelalterliche Wallfahrtskirche wurde 1697 auf älterer Grundlage neu erstellt, und nach einem Brand 1724 grundlegend erneuert. Damals entstand das gotische Langhaus und der schlanke Westturm mit der Zwiebelhaube. Der Wandpfeilerraum mit Stichkappentonne zeigt guten Rokokostuck und Deckengemälde von Martin Heigl, 1759. Die Altäre wurden aus der älteren Kirche übernommen (1697). Vor dem Triumphbogen wurde 1778 ein großes Marmorhochgrab für die beiden irischen Missionare aufgerichtet. Auf dessen Deckplatte finden sich ihre Relieffiguren nach dem Vorbild der älteren spätgotischen Grabmäler, die unter der Empore aufgestellt sind (Rest der farbigen Fassung!) Sechs Legendenbilder an den Wänden und sechs an der Empore erzählen das Leben der Heiligen Marinus und Anianus, von Johann Blasius Vicelli gemalt.

Die *Kapelle Sankt Veit* ist auf der Stelle erbaut, auf der nach der Legende der Heilige Marinus seine Zelle hatte. Der Bau ist ein schlichtes Oktogon mit achtseitiger Flachkuppel und hölzernem Dachreiter. Stuck aus der Bauzeit, dem 17. Jahrhundert, und ein Kruzifix des 16. Jahrhunderts sind bemerkenswert.

Die Pfarrkirche Sankt Martin in Au hat noch den spätgotischen Westturm mit vier Giebeln und Spitzhelm. Die Kirche soll aus Steinen der Burg Alten-Waldeck bestehen. Sie ist von dem Haus-stätter Maurermeister Abraham Millauer 1719 erbaut. Nach einem Überschlag im Pfarrarchiv scheint der Plan zum Neubau von Wolfgang Dientzenhofer, Bürger und Maurermeister in Aibling zu stammen. Bei diesem Mitglied der großen Baumeisterfamilie dürfte es sich um Wolfgang II. handeln, einen der in Oberbayern verbliebenen und dem Landbaumeistertum verpflichteten Maurermeister. Das Langhaus zeigt Wandpfeilersystem, die Pfeiler mit korinthischen Pilastern besetzt, daran schließt sich der Chor (Doppelpilaster) und die Apsis. Die Wölbung besteht aus einem Tonnengewölbe mit kurzen Stichkappen und Quergurten. Der Stuck weist dünne Akanthusranken auf, an den Scheiteln der Stichkappen Engelsköpfchen, dann kleine Kartuschen, an den Quergurten Rosetten, in der Apsis findet sich eine große Muschel, in den Stichkappen Palmenkartuschen und Heiligendarstellungen. Auch das Äußere zeigt Gliederung: Blendbögen und gliedernde Pilaster. Drei Barockaltäre stammen aus der Erbauungszeit. Von kostümlichem Interesse ist das Grabmal für den 1600 gestorbenen Pfarrer Wolfgang Erlmoser, der mit Bart und Rosenkranz dargestellt ist und unter der Westempore begraben liegt.

Die nahe *Taxakapelle Mariä Heimsuchung*, ein im 18. Jahrhundert umgebauter Bau von 1657, ist durch ihre schlichte, jedoch feine Fassadengestaltung mit dem Kuppelturm als Werk Philipp Millauers von Hausstätt anzusprechen.

Fahren wir nun weiter in Richtung Feilnbach, so treffen wir in abgeschiedener Lage, am Rande des Moors zwischen Apfelbäumen *Sankt Laurentius in Wiechs*. Sie ist nach den in Hausstätt vorgefundenen Rechnungen das Werk des Maurermeisters Johann Thaller aus Hausstätt, 1754-1758 erbaut. Interessant ist, wie der Baumeister hier einen ehemals gotischen Bau durch Verlängerung im Westen, eingestellte Wandpfeiler, Abrundung der Ecken und Überwölbung und Stukkatur grundlegend verändert hat. Noch stecken die gotischen Mauern bis zum Dachansatz im Langhaus und der Chor hat den gotischen Schluß in drei Seiten des Achtecks. Der Turm wächst mit einer feinen Abschrägung und pilastergeschmücktem Obergeschoß und etwas gedrückter Zwiebelkuppel über dem angestückten Langhaus auf. Der feine Rokokostuck zeigt originale Farbfassung: weißer Grund, die Stukkaturen graublau, einige ockerfarben, die Kartuschen mit strohgelber Füllung. Die Seitenaltäre sind mit Stuckbaldachinen und Säulen ausgestattet, auf dem linken der Wiesheiland, auf dem rechten die Schmerzhafte Muttergottes. Auch die Kanzel ist aus Stuck: weiß

XI

PETER VON HESS

(1792-1871)

Sankt-Leonhards-Fest in Fischhausen am Schliersee

Ölgemälde 1825
Berlin (West), Nationalgalerie,
Staatliche Museen Preußischer Kulturbesitz
(Foto: Jörg P. Anders)

Peter von Heß, dem Schöpfer der berühmten Chiemseelandschaft und Bruder des Nazareners Heinrich Maria von
Heß, gelingt hier ein zauberhaftes Bild des bürgerlichen
Realismus, den besten Werken der Wiener Schule an die
Seite zu stellen. Das meisterhaft komponierte, figurenreiche Genrebild läßt exakt wiedergegebene Landschaft am
Schliersee mit der Brecherspitze und Rotwand im Hintergrund (durchs Tal dazwischen geht es zum Spitzingsee
hinauf) erkennen. Nicht weniger genau wiedergegeben ist
die Tracht (diese Zeit ist zugleich eine Epoche der Entdeckung der Tracht, der bäuerlichen Bauweise und Darstellung des Brauchtums!) Dargestellt wird die Vorbereitung eines Truhenwagens zur Leonhardifahrt, die heute
noch in Fischhausen begangen wird.

Insgesamt ein Bild, das idealisierende Vorstellungen der
Spätaufklärung mit der klaren kristallinen Malweise des
Klassizismus verbindet, intime Gefühlswerte durch realistische Auffassung bändigt und in seiner Akkuratesse zugleich ein volkskundliches Dokument darstellt.

mit mattrosafarbigen Feldern. An der Brüstung der Westempore hat sich in einer Kartusche der Stukkateur mit seinem Monogramm, der Jahreszahl und drei Stukkatorenwerkzeugen – Spitzkelle, zwei Spachteln – verewigt: J.M.B. 1758. Über dem M eine 4. Der hervorragende Raumstuck erinnert uns an das Treppenhaus der Passauer Residenz. Sehr wahrscheinlich also von Johann Baptist Modler aus Kößlarn mit seinen vier Söhnen! Eine Trouvaille!

Über die *Wallfahrtskirche Sankt Maria in Schwarzlack* bei Brannenburg schreibt Georg Hager in den Kunstdenkmälern des Königreichs Bayern (1900): *»Die Kirche ist interessant im Grundriß und Aufbau, aber trocken und hart in den Details. Die Anlage hat Ähnlichkeit mit der Kirche in Berbling, B.-A. Rosenheim.«*

Die Kunstdenkmale, wie sie ursprünglich hießen, 1895 mit Oberbayern begonnen, sind immer noch die ausführlichste Quelle für den, der nicht nur genaue Beschreibungen, sondern auch die entsprechende Literatur haben will. Man kann sie sogar beim Reisen mitnehmen, denn es gibt alte broschierte Ausgaben der einzelnen Bezirksämter. Und die Beschreibungen sind gut, wie uns das Beispiel Schwarzlack beweist: »Die Kirche ist nordwestlich gerichtet. An einen rechteckigen Hauptraum mit innen abgeschrägten Ecken schließen sich an den Schmalseiten querrechteckige kleinere Räume, von denen der eine (mit außen abgerundeten Ecken) den Chor bildet, der andere die Vorhalle und darüber die Orgelempore enthält. Zu beiden Seiten des Chores je ein Gang, der zur Sakristei hinter dem Chor führt. Über diesen Gängen Emporen. Zu beiden Seiten der Vorhalle Aufgang zur Orgelempore. Chor, Hauptraum und Vorhalle außen rechteckig ummantelt. Im Chor Kappe, im Hauptraum Flachkuppel. Geringe Stuccaturen, die in dem Festhalten am frühen Rococostil (Laub- und Bandwerk) hinter der Stilentwicklung der Erbauungszeit zurückbleiben. Über dem Chor Dachreiter mit modernem Spitzdach. Gefällige Facade mit Pilastergliederung und gekehlter Überleitung zum Giebelaufsatz (ähnlich der Schloßkapelle Neubeuern, B.-A. Rosenheim.«

Allein am Umgang mit den Fachausdrücken bemerkt man, daß diese frühen Kunsthistoriker und Denkmalpfleger als Architekten geschult sind. Um 1890 hat die Wiederentdeckung des Barock ihren Anfang genommen. Und sie ging von Architekten aus, die ihre Kirchen, Rathäuser und Bürgerhäuser in neubarockem Stil errichtet haben.

Die Kirche in Schwarzlack hat der tüchtige Rokokobaumeister Philipp Millauer aus Hausstätt in den Jahren 1750-51 erbaut. 1755 war sie im Inneren vollendet. Am 26. Februar 1755 brannten Dachstuhl und Klause ab. Im Herbst 1763 wurde der Bau einer neuen Klause angefangen. 1764 wurde die Kirche ›verschönert‹ und durch Oratorien an den Seiten des Chores erweitert. Die Weihe fand am 3. Juni 1767 statt. Um den Bau der Klause bewarb sich Johann Thaller, der Nachfolger Millauers in Haustätt.

Mit der 1659 gegründeten Klause und einem Riegelwerkkirchlein (1685-1687, 1716 erneuert) hatte die Wallfahrt begonnen.

Wer nun ein Stück des naturverbundenen volkstümlichen Wallfahrtswesens kennen lernen will, der wird die *Magdalenenkapelle auf der Biber* aufsuchen, bei, oder besser: hoch über *Brannenburg*, auf einem steilen abfallenden Felsen gelegen. Von Degerndorf führt die Straße Richtung Bayrischzell, zunächst zum Gasthaus ›Zum feurigen Tatzelwurm‹ (berühmt durch Ludwig Steubs Schilderungen aus dem vorigen Jahrhundert) auf das Sudelfeld hinauf. Es öffnet sich unerwartet die gewaltige Szenerie der *Biber-Steinbrüche*, im schwindelerregenden Blick aufgerissene Felsen. Diese Steinbrüche, die zu den ältesten in Bayern gehören (schon um das Jahr 1000 erwähnt und im ganzen Mittelalter mit Abbau von Baustein und Mühlsteinen betrieben) sind eine kulturhistorische Sehenswürdigkeit. An den Steinbrüchen der Biberwand entlang führt der Fahrweg rechts hinauf zu einigen Häusern vor Beginn der Steigung. Dann gehts zu Fuß gut zehn Minuten durch den Bergwald mit gelegentlich weiten Ausblicken in das Inntal. Kurz vor der Höhe, wo der Weg zum Steig wird, finden sich Höhlen im Fels, die zur Eremitei ausgebaut worden sind. Hier auf dieser geschützten Höhe, deren Höhlen an vorgeschichtliche Behausungen erinnern, die *Magdalenenklause*. Sie ist 1626 bis 1629 von dem Eremiten Johannes Schell gegründet worden und besteht aus einem in den Felsen gehauenen Wohnraum, einer Brunnenstube und einer Ölberggrotte. Weiter oben auf einer Waldlichtung wurde 1734 ein Heiliges Grab in einem hofartigen Bezirk mit vier Toren angelegt. An den Mauern Nischen mit (1849 erneuerten) Stationsbildern, rechts vom Aufgang finden wir noch eine Feldkanzel, die für regen Wallfahrtsbetrieb spricht. Links vom Aufgang eine nach Süden gerichtete Kapelle mit der 12. Station. Der kleine Bau stammt aus der Mitte des 17. Jahrhunderts, besitzt Rahmenstuck und einen später angebauten Turm. An der Wand und in der angebauten Nebenkapelle gemalte Szenen aus der Lazarusgeschichte und aus der Magdalenenlegende. Die ganze Anlage erinnert an die Heiligen Berge Böhmens und Oberitaliens.

Fährt man nun zurück, so biegt man am Ende der Biberwand links ab in Richtung ›Gasthaus zum Tatzelwurm‹, kurz nach den letzten Häusern zweigt rechts die Straße zur Kirche Sankt Margarethen ab. Wir sind im engeren Heimatbereich der Baumeisterfamilie Dientzenhofer! Im schön gelegenen Gasthaus über der Kirche erhält man den Schlüssel zur Kirche, der Taufkirche der Dientzenhofersöhne.

Das malerisch über Degerndorf gelegene Kirchlein *Sankt Margarethen* ist ein schlichter Bau der Spätgotik mit markantem Sattelturm. Das auf älterer Grundlage ruhende, rechteckige Langhaus wurde 1654 verlängert, 1931 restauriert. Im barocken Hochaltar von 1732 finden sich die spätgotischen Figuren der Heiligen Katharina, Barbara und Petrus, im Langhaus die zweiseitig bemalten Altarflügel aus dem Ende des 15. Jahrhunderts mit Darstellungen des Ölbergs und aus der Legende der Kirchenpatronin Margarethe. An der Südseite der verwitterte Rest eines Freskos mit der Schutzmantelmaria. Westlich der Kirche ist einer der ältesten und denkwürdigsten Bauernhöfe Oberbayerns erhalten: (inschriftlich aus dem Jahre 1542) der Hof ›Gugg‹ am Guggenberg. Er ist das Stammhaus der berühmten Baumeisterfamilie Dientzenhofer, der Böhmen und Franken eine Reihe seiner hervorragendsten Baumeister des Barock verdankt. Seit 1654 in Besitz des Stammvaters der Familie Georg Dientzenhofer (1614 bis 1673) und seiner Frau Barbara Tanner aus Litzldorf bei Au am Inn kamen hier die Söhne Christoph, Leonhard und Johann Dientzenhofer zur Welt. Die älteren Söhne Georg (Erbauer der Wallfahrtskirche Kappel bei Waldsassen) und Wolfgang (Baumeister in Amberg, Erbauer der Kirchen zu Ensdorf, Michelfeld, Speinshart und Maria Hilf bei Amberg) wurden noch auf dem Vedelpolzlehen bei Au am Inn geboren. Der prachtvolle Hof war durch Tausch mit dem Schwager Georg Tanner an Georg Dientzenhofer gelangt. Eine Schwester der Baumeister, Anna Dientzenhofer heiratete in Prag Abraham Leuthner, den aus einer Straubinger Bildhauerfamilie stammenden obersten Fortifikationsarchitekten im Königreich Böhmen und Architekten der Klosterkirche Waldsassen. Praktisch hat einer der Brüder den anderen nachgezogen und gefördert. Wo die Grundlagen für diese, nur von den oberitalienischen Muratori-Zentren Val Intelvi und Roveredo in Graubünden oder im oberbayerischen Wessobrunn zu findende Baumeistergemeinschaft zu suchen sind, läßt sich vorläufig nicht bestimmen. Vielleicht boten die nahen Tuffsteinbrüche von Sankt Margarethen – die einen durch seine Leichtigkeit für den Gewölbebau besonders geeigneten Stein lieferten – die Basis für die frühe Vertrautheit mit dem Maurerhandwerk.

Wer zum Hof ›Gugg‹ auf den Guggenberg hinaufwandert – es ist der zweite Hof nach der Überquerung der Autostraße –, der lernt nicht nur ein herrliches Stück Landschaft, sondern auch ein Stück von der Wirklichkeit des oberbayerischen Denkmalschutzes und der Bauernhofpflege kennen. Der erste Hof direkt am Weg ist der Dorner-Bauernhof, eines der seltenen Prachtstücke Inntaler Bauernhofarchitektur, wie uns der Bauer erzählt, 1719 nach einem Brand neu errichtet. Der stattlich gemauerte Wohnteil mit einem schmucken Erker ist auf Grund der soliden und großzügigen Anlage noch gut bewohnbar. Auch der hölzerne Aufbau mit dem Schrot ist bestens instandgehalten. Das ganze steht unter Denkmalschutz. Entschieden anders ist der Eindruck beim Hof ›Gugg‹. Der herrlich gelegene Hof, der durch seine äußere Schlichtheit sein Alter kaum verrät, wirkt vernachlässigt und ausgestorben. Da er nicht mehr bewohnbar ist, wird er dem Verfall überlassen. Der jetzige Besitzer sah sich gezwungen, für seine Wohnbedürfnisse und seinen Maschinenpark ein neues Gebäude zu errichten. Dieses liegt hinter dem alten Hof in gerade noch erträglichem Abstand zu ihm. Der endgültige Verfall des alten Hofes von 1542 setzt erfahrungsgemäß erst dann ein, wenn der Besitzer auszieht. Der Bayerische Staat, der dem Besitzer schwer zu erfüllende Auflagen macht, sollte in solchen Fällen die weitere Erhaltung, d. h. die Instandsetzung des Guggenhofes übernehmen. Es böte sich die seltene Gelegenheit – hier an einem der schönsten Flecke des Landes und in einem der ältesten Höfe Oberbayerns –, ein Dientzenhofer-Gedächtnishaus einzurichten.

Dientzenhoferbauten sind uns im Inntal und Chiemgau nicht bekannt. Wer auf Vorläufer- und Ausläuferspuren wandern will, der besuche die Kirche *Sankt Johann Baptist in Westerndorf* bei Pang, ein von Konstantin Pader oder Hans Zwerger 1670 errichteter merkwürdiger Zentralbau auf vierpaßförmigem Grundriß mit kreisförmig umschlossener Außenmauer, Stuckdekoration in ›Miesbacher Art‹, überdeckt von einer einzigen riesigen Zwiebelkuppel.

Von der Höhe des Kleinen Madron blinkt der helle Würfel der *Peterskirche* ins Degerndorfer Tal herab. Zu dieser, zur Pfarrei Flintsbach gehörigen Wallfahrtsstätte, führt zuletzt ein Fußweg durch Hochwald und Bergwiesen in einer Stunde hinauf (847 m hoch gelegen). Droben angelangt, eröffnet sich ein herrlicher Rundblick auf das Inntal und seine Bergwelt. Die Expositurkirche Sankt Peter ist eine ursprünglich erhaltene romanische Anlage mit rechteckigem einschiffigen Langhaus, Flachdecke und eingezogenem Chor. Das Äußere ist schlicht: Bruchsteinwerk, teilweise Versetzquadern. Ein niedriger gedrungener Sattelturm an der Nordseite des Langhauses. Reste romanischer Bauplastik, darunter das großartige Flachrelief des Heiligen Petrus an der Westseite, in einer Rundbogenrahmung. Ein romanisches Rundbogenportal (ohne Tympanon) lädt in den niedrigen Kirchenraum ein. Eine bemerkenswerte hölzerne Kasettendecke aus Lärchen- und Fichtenholz, 1608 von Quirin Reiffenstuel nach Entwurf Hans Krumpers geschaffen, zieht das Auge an. Der Hochaltar von 1676 enthält das Gnadenbild, einen Sitzenden Heiligen Petrus, spätgotisch, um 1525, flankiert von den Barockfiguren der Heiligen Johannes Baptist und Paulus, 1676 von Thomas Eder geschaffen. Eine noch ältere Petrusfigur der Zeit um 1400 findet sich an der Nordwand des Langhauses. An der Orgelempore, zwischen barocken Apostelbüsten, ein romanisches Holzkruzifix von eindrucksvoller knapper Stilisierung des kleinen Körpers, der waagrecht ausgespannte Arme und gekreuzte Füße zeigt. Von den schlichten Seitenaltären enthält der Marienaltar links Nachbildungen der in Bayern vielverehrten Gnadenbilder von Mariahilf bei Passau und Altötting (schon 1139 wurde hier durch Bischof Otto von Freising ein Marienaltar geweiht!). Der rechte Seitenaltar ist dem Heiligen Nikolaus, dem Patron der Schiffsleute geweiht (Sankt Nikolaus in Rosenheim, Schiffsleutbruderschaften in Neubeuern und Flintsbach).

In der um 1608 angebauten Sebastianskapelle findet sich ein Altar der Pestheiligen Sebastian und Rochus, und Benno. An der Südseite außen haben wir noch eine alte Freikanzel, die an die Wallfahrtstage des Petersheiligtums erinnert, bei denen die Bauern und Pilger um gutes Wetter und Erntesegen beim Wetterherrn angehalten haben.

Auf unserem Wunschzettel steht noch das Sachranger Tal, die Heimat des Müllner-Peter, des unglücklichen Bauernkomponisten. Üblicherweise besucht man es vom Chiemgau her. Von hier aus aber haben wir es viel näher: Wir passieren bei Nieder- oder Oberaudorf die Grenze, fahren knappe neun Kilometer durch Tirol und kommen über die Grenzstation Aschach nach Sachrang.

Nahe der österreichischen Grenze und schwer zugänglich die *Ölbergkapelle Sankt Rupert* bei Sachrang, nach der Überlieferung der älteste Kirchenbau der Gegend, zweigeschossig und unter geschickter Ausnutzung der Hanglage im 18. Jahrhundert durch eine Emporenkapelle erweitert, besitzt eine originelle bemalte Holzdecke von 1762. *Sachrang* selbst hat eine bedeutende *Pfarrkirche Sankt Michael*, 1688-89 erbaut. Bei ihrem Saalbau von drei großen Gewölbejochen wird die Mitarbeit des Graubündners Lorenzo Sciasca angenommen. Auf Sciasca weisen vor allem die Kreuzgewölbe im Langhaus und die außen über den Fenstern angebrachten querovalen Blendoculi hin (Peter von Bomhard). Den Stuckdekor am Triumphbogen und im Altarraum zogen Giulio und Pietro Cristofori. Die aufwendigen Barockaltäre stammen aus der Bauzeit der Kirche.

Vielleicht waren die italienischen Stukkateure Cristofori auch bei der Dekoration des Festsaales des Schlosses *Hohenaschau* tätig. Es ist der kunstgeschichtlich bemerkenswerte Raum des hoch auf einem Felskegel über dem Priental aufwachsenden Schlosses der Grafen von Preysing (bis 1853). Diese großartige Stuckdekoration, zu der noch zwölf überlebensgroße Stuckfiguren von Preysing-

schen Ahnen kommen wie auch reiche Kamin- und Türumrah-
mungen, setzt sich in den anschließenden Sälen fort, nach Datie-
rungen entstanden um 1680-86. Prächtige Kachelöfen!

In der Schloßkapelle Altarbilder von Johann Baptist Zimmermann und zwei Lindenholzstatuetten der Heiligen Johann Nepomuk und Florian von Ignaz Günther, 1766. Es sind die Modelle
für die in der Pfarrkirche Niederaschau verwahrten Silberstatuet-
ten.

Im Chiemgau

Malernester

DIE langhingestreckten, zusammengewachsenen Dörfer, *Degern-dorf-Brannenburg*, waren einst eine beliebte Künstlersommer-frische und sind es heute noch. »Der Zug ging nach Brannenburg«, schreibt Emma Haushofer-Merk, eine Meisterin des Altmünch-ner Romans, womit sie die Künstlergesellschaft ›Jung München‹ meinte, die des städtischen Kunstbetriebs überdrüssig nach Brannenburg flüchtete. Als erster kam Wilhelm Busch 1856, erst fünfundzwanzig Jahre alt. Er wohnte in der Mühle »gut und billig«, wie er selbst schreibt. Der Maler Theodor Pixis, ein Bran-nenburger Freund und Weggefährte, hat ihn aus dem Rückblick mit Worten festgehalten: »Ein bildhübscher Bursche mit langen blondbraunen Haaren, einem jugendlichen Schnurr- und Knebel-bärtchen, den Kopf bedeckt mit einer eigentümlich geformten grünkarierten Mütze … Gewöhnlich still und in sich gekehrt, war er, wenn er aus sich herausging, einer der lustigsten und anre-gendsten unter uns und bald unser aller Liebling.« Es wurde skizziert und gezeichnet: Bauernstuben, ländliche Staffage, Kin-der und Bauersleute, fast keine Karikatur. Nur einmal in der ›Mittagstafel in der Rosenheimer Bahnhof-Restauration‹ taucht der Strich des satirischen Zeichners auf. Damals stand er schon in Kontakt mit dem Verleger der ›Fliegenden Blätter‹, Caspar Braun. Dann die Freunde Anton Braith und Christian Mali, die 1866 in das Inntal wandern und bis 1891 immer wieder kommen. Was in dieser Zeit in der Flußlandschaft und im Chiemgau an Skizzen entsteht, an Aquarellen und Ölbildern, ist heute im Braith-Mali-Museum in Biberach an der Riß zu sehen, in Aus-schnitten in der kleinen von Hans Heyn gestalteten und von der Sparkasse Rosenheim herausgegebenen Broschüre ›Wilhelm

Busch, Anton Braith, Christian Mali – Zeichnungen und Bilder aus dem Inntal und dem Chiemgau‹. Braith, der entschiedenere von den dreien, ist ein meisterhafter Tierdarsteller, ein Vorläufer Heinrich von Zügels, obwohl noch die realistische Sehweise vorherrscht. Seine Landschaftsskizzen, wie ›Der Friedhof von Aising‹ (um 1875), seine ›Hüterbuben‹ übertreffen an Unmittelbarkeit die Zeichnungen von Busch und erreichen Menzels stupende zeichnerische Erfassung der Wirklichkeit. Mali, sensibel, sprachgewandt, geschäftstüchtig, wirkt dagegen wie der biedermeierlich brave Berichterstatter vom oberbayerischen Landleben, der noch etwas von der Motivtreue und Sorgfalt der Nazarener in sich trägt. Heute sind die Motive, die sie gezeichnet haben, kaum mehr aufzufinden, da die Mehrzahl der alten Holzhäuser verschwunden ist, und an der Stelle der Mühle vielleicht eine Tankstelle steht. 1893 noch malte Max Liebermann seinen sonnendurchfluteten ›Biergarten in Brannenburg‹ (Paris, Palais Tokyo). Gasthöfe wie die Post in Brannenburg sind es noch, an die sich die Erinnerung an das malerische Brannenburg heften kann. Aber auch er ist schon modernisiert.

Im Frühjahr 1929 erwarb dann der Maler Karl Caspar (1879 bis 1956) ein Landhaus in Brannenburg. Dieses Haus wird von 1936/37 bis zu seinem Tode der ständige Wohnsitz des Malers und seiner Frau, der Malerin Marie Caspar-Filser. Der aus Württemberg stammende Akademielehrer und Erneuerer der Kirchenkunst, dessen Werk nach 1933 als ›entartet‹ geschmäht wurde, fand in dem stillen Künstlerort sein ›Buon retiro‹. Bezeichnend hierfür sein Selbstbildnis von 1932 im Garten des Brannenburger Hauses mit dem Titel ›Ein Bäumchen wird gepflanzt‹, heute im Städelschen Kunstinstitut zu Frankfurt am Main: Es ist ein Bekenntnis, sich trotz widriger Umstände nicht unterkriegen zu lassen.

Als die Caspars unter vielen Mühen ihrem Häuschen einen Atelieranbau hinzufügten, konnten die verstreuten und gefährdeten Ölbilder gerettet werden. Von Marie Caspar-Filser aus Riedlingen (1878-1968) kennen wir hervorragende Stilleben und Blumenbilder. Sie malte 1929 die ›Mitteralm bei Brannenburg‹, 1932 die ›Sternsinger im Inntal‹ und die großartige Landschaft ›Septembermond im Inntal‹. Die Tochter des Künstlerpaares, Felizitas Köster-Caspar, hat das den Caspars eigene Form- und

Farbgefühl persönlich weiterentwickelt. Und auch die Enkelin ist Malerin. Ein Besuch des Malerhauses, der nach Anmeldung gewährt wird, ist ein eindrucksvolles Erlebnis. Von den religiösen Szenen ›Gang nach Emmaus‹, ›Weihnachtstriptychon‹, ›Sankt Hubertus‹ – geht eine starke Wirkung aus. Die kühne ›sezessionistische‹ Farbgebung bricht entschieden mit der honigbraunen Farbe der Nazarener (weshalb die Bilder vielfach auf Ablehnung stießen) und vermittelt doch in den Rosa-Violett- und Blautönen in anderer Weise etwas von der ›nazarenischen Süße‹. Marie Caspar-Filsers Koloristik entwickelt sich aus dem dunkeltonigen (sehr eindrucksvollen) Frühwerk zu einer ähnlichen dekorativen Farbgestaltung, wobei das Zueinander der Lokalfarben erdhafter und der Wirklichkeit näher steht. Als wir an einem nicht sehr hellen Märztag von Felizitas Köster-Caspar durch das Haus geführt wurden, fragten wir uns unwillkürlich, warum die großen religiösen Kompositionen nicht in Kirchen, Pfarrhäusern und Heimen zu finden sind. Herrn Köster ist es jüngst gelungen, das Triptychon von 1923 zurückzuerwerben. Im Atelier wurden uns einzelne deponierte Blumenbilder der Malerin gezeigt. Sogleich brach ein Fest der Farbe aus. Die Stelle im Fußboden, auf der die Blumenmalerin vor der Staffelei stand, ist völlig abgetreten und wie gehämmert. Die Malerin trug hohe Absätze und rauchte. Auf der Staffelei stand eine Pop-art-Skizze der Enkelin.

Diesen Besuch im Malerhaus hatte uns Ute Bartling – eine Brannenburgerin aus Friesland – vermittelt. Ihm folgten noch viele Besuche im kunstfreundlichen Heim des Zahnarztes Dr. Dietmar Bartling, mit und ohne Hauskonzert, zwischen Bildern von Hötzendorff und Tomschiczek. Ein Besuch bei dem in Brannenburg lebenden Dichter und Lyriker Rainer Malkowski schloß sich an.

Das Literarische hat in Brannenburg einen vorbereiteten Boden. Hier im Haus Vorderleiten lebte der Schriftsteller Henry von Heiseler, der dem George-Kreis nahestand und zu den Münchener ›Argonauten‹ – einem Veranstaltungs- und Lesekreis zur Pflege zeitgenössischer Literatur – Verbindung hatte. Das Brannenburger Haus war ein Treffpunkt der Schriftsteller und Maler, wenn auch nicht so berühmt wie der Neubeurer-Schloß-Kreis der Julie von Wendelstadt (nachzulesen in Lillian Schacherls Landschaftsbuch ›Der Chiemgau‹). Im Haus Vorderleiten – und damit kommen wir wieder zur Malerei – lernte im Jahre 1920 der aus dem Hannoveranischen stammende, in München lebende Maler Walter Schnackenberg eine Cousine Henry von Heiselers kennen: Gitta Mylius, geborene Thieme. Sie wurde seine Frau. Schnakkenberg war einer der hervorragendsten Graphiker und Plakatmeister Münchens. Er lebte seit den dreißiger Jahren in Schlattan bei Partenkirchen und starb 1961 nach einem zweiten Aufenthalt (1950-1961) in Brannenburg im Städtischen Krankenhaus in Rosenheim. Seine satirischen Zeichnungen, vor allem seine etwa zwanzig Plakate, festigten den Ruf Münchens als führende Plakatstadt in den zwanziger Jahren und besitzen heute internationale Geltung. Seine Witwe lebt heute hochbetagt in Inzell, wo wir sie ein paarmal besucht haben, um ihre Erinnerungen an Schnackenberg, Max Halbe, Stefan George, Karl Knappe, Tini Rupprecht, Fritz Behn, Marcel von Nemes, Rudolf Schlichter, Bruno Frank, Eduard Ege und Ernst Pentzold aus erstem Mund zu hören. Auch von den berühmten Tänzerinnen jener Zeit war viel die Rede, von Tacka-Tacka, Lo Hesse, Maria Hagen und Gussi Holl. Leider schlummern die schönsten Plakate Schnackenbergs im Plakatarchiv des Münchner Stadtmuseums, werden nur gelegentlich gezeigt; die zeitkritischen Beiträge zum Stuttgarter ›Wespennest‹, dem ›Deutschen Michel‹ und zum ›Simplicissimus‹ – sein eigentliches Spätwerk – finden nicht die Beachtung, die diesen hellsichtigen ›Zeitansagen‹ gebührt.

Feldwies und Übersee

Die beiden konkurrierenden Uferorte am Chiemsee haben bis in die neueste Zeit immer wieder Maler angezogen. Schon bald nach der Jahrhundertwende hatte sich der Münchner Julius Exter das ›Stricker- und Schwabenhäusl‹ in Feldwies gekauft. Mit ›Häusl‹ bezeichnete man früher das kleinste bayerische Hofmaß, den $\frac{1}{32}$-Hof.

Exter – ein Freund des Malerfürsten Franz von Stuck und führendes Mitglied der ›Münchner Secession‹ – setzte hier seine Lehrtätigkeit fort. Er war Meister der Aktdarstellung, des Porträtfaches und befaßte sich auch mit religiösen Themen. Das

Malerhäusl ist uns mit seinem Bildernachlaß unversehrt erhalten, genauso wie es Exter 1939 verlassen hat.

In Übersee lebte der Maler Max Steinleitner zwischen Atelier, Bauernstube und Barockfiguren. Der hier im Jahre 1887 Geborene nahm acht Semester Zeichenunterricht bei Professor Heinrich Knirr in München, besuchte zwei Semester die Kunstgewerbeschule (Professoren Gmelin, Engels und Dietz), bildete sich sonst autodidaktisch. Daß er ursprünglich kunstgeschichtlich interessiert war, sei nicht vergessen (er hörte bei Wölfflin). Immer wieder zog es ihn nach Paris, wo er oft bei den ›Independents‹ ausstellte. Eine Kollektivausstellung brachte die Pariser Galerie ›Zack‹. Der Verleger und Schriftsteller Dr. Josef Habbel hat ihn in Übersee besucht:

»Es war noch in der ›hungrigen‹ Zeit, als ich einmal den Maler Max Steinleitner in Übersee am Chiemsee besuchte. Nicht weit vom Bahnhof fand ich sein Haus; links vom Eingang die gemütliche Wohnstube, rechts das Atelier. Ein köstlich schmeckender, von ihm selbst gastfreundlich bereiteter Pfannkuchen nebst gutem Bohnenkaffee erquickte mich, bevor wir an das Beschauen und Notieren gingen. Der damals etwa Sechzigjährige konnte mir nicht nur eine große Fülle von Bildern, zum großen Teil Portraits, zeigen und mich von den fast zwielichtig zwischen dem Dunkel-Düsteren menschlicher Not und Bedrängnis und dem Helleren der Heimat und ihrer Menschen wechselnden Gesichtern seines Schaffens beeindrucken, um nicht zu sagen benehmen lassen, sondern er konnte auch aus der Fülle des ›erfahrenen‹ Künstlerlebens mit Orientierungspunkten wie München, Paris, Zürich fesselnd erzählen. Mein Spitzbartgesicht und meine Statur erinnerten ihn – horribile dictu – an Lenin, den er in Zürich einmal kennenlernte. Was soll ich von seinen Bildern sagen? Die Pariser Presse hat seine dortige Kollektiv-Ausstellung seiner Zeit sehr ins Licht gerückt; seine Vorliebe für die schwarze Farbe und ein eigenartiges Licht, das er gerade dieser aufzuprägen vermag, fiel mir besonders auf und schien mir ein Eingangstor zum Verständnis zu sein … Der herzliche Abschied ließ mich gehen mit dem Bewußtsein, einem eigenwilligen Künstler von sehr beachtlicher Formkraft begegnet zu sein.«

In der Pfarrkirche Übersee sind zwei Bilder von Steinleitner zu sehen: ein ›Heiliger Leonhard‹ und eine ›Heilige Irmingard‹.

Hier in Feldwies lebte auch seit mehr als einem halben Jahrhundert das Malerehepaar Balwé-Stainmer. Arnold Balwé und seine Frau Elisabeth haben sich ein altes Bauernhaus zu einer Künstlerbehausung mit Atelier eingerichtet, ähnlich dem Maler Franz S. Gebhardt-Westerbuchberg. Lillian Schacherl schreibt über den Maler:

»Arnold Balwé hat die Bauern bei der Heuernte und beim Eisstockschießen gemalt und Berge, Moor, See und Ache bei Sonne und Schnee. Er bringt auf seinen Leinwänden Ölbäume, griechische Kuppeln und die Fischstände von Saint-Tropez heim – und stellt seine Staffelei schnell wieder verzückt in das Blumenfeuerwerk seines Gartens. Wo er hinschaut, setzt er die Welt in ein Gleichgewicht zwischen blühenden und kühlenden Farben, wo er hinschaut, geht die Welt in dieser Gleichung auf.«

Nach 1933 – etwa um die gleiche Zeit wie die Balwés – zog sich einer der bedeutendsten Maler der Moderne in ein Bauernhaus in Feldwies zurück: Der Niederbayer Willi Geiger (1878-1971).

Der Schüler Franz von Stucks an der Münchner Akademie erhielt den mit 6000 Goldmark dotierten Graf-Schack-Preis zu einem zweijährigen Aufenthalt in Italien und Spanien. Aus der Begegnung mit Spanien ergab sich die Besonderheit seiner künstlerischen Entwicklung, etwa die Mappe der Radierungen vom spanischen Stierkampf. 1928 wurde Geiger an die Leipziger Akademie berufen und war dort bis zu seiner Entlassung aus dem Staatsdienst 1933 als Lehrer fruchtbar tätig. In Feldwies schuf er zahlreiche Graphiken und Ölbilder, Zeichnungen von politisch-satirischer Schärfe, die geheim gehalten werden mußten. In Blumenstücken, Stilleben, Bildnissen wirkt die intensive Naturauffassung und Hintergründigkeit des deutschen Expressionismus fort, zu dessen wichtigsten Vertretern Geiger gehörte. Dabei verdankte er seinen Ruhm vor allem den graphisch-illustrativen Arbeiten, den Radierzyklen und den Illustrationen zu Dostojewskij, Tolstoj, Kleist und vielen anderen Werken der Weltliteratur. 1945 wurde er als Leiter einer Malklasse an die Münchner Akademie berufen. Die Lehrtätigkeit nahm er bis ins 73. Lebensjahr wahr, um sich dann 1951 wieder nach Feldwies zurückzuziehen. Der 80. Geburtstag brachte eine große Schülerschaft in das Bauernhaus am Chiemsee, und wie Teilnehmer berichten, war es eines der schönsten Künstlerfeste, die es in diesem Malerwinkel je gegeben hat. Jeder Neuankommende wurde freudig begrüßt, der Erinnerungen und Gespräche war kein Ende. Man tanzte zur Musik ausgelassen in der Tenne, und bereitete so ›dem großen Alten Mann der Moderne‹ ein unvergeßliches Fest. Willi Geiger hinterließ Lebenserinnerungen, die bis heute noch nicht veröffentlicht sind. Wolfgang Petzet schrieb ihm eine hervorragende Monographie, die 1960 im Verlag F. Bruckmann erschienen ist.

Zu dem Maler auf dem Westerbuchberg hielt er in den kritischen Jahren nach 1933 kollegiale Distanz. Dabei spielte offenbar eine Begebenheit eine Rolle, die für jene Zeit charakteristisch erscheint. Einmal zeigte Geiger seinem Malerkollegen Zeichnungen von anklagendem satirischen Charakter, Szenen aus den Konzentrationslagern des Regimes. Der politisch naive Gebhardt-Westerbuchberg war empört. Seither zog sich Geiger von ihm zurück. Nach dem Kriege traf man wieder zusammen, nicht ohne daß Geiger den Kollegen fragte, wer nun recht behalten habe. Später stellte Geiger gemeinsam mit Westerbuchberg in Landshut aus. Von Anton Schreiegg – der ein hervorragendes Bildnis Geigers von dem Dichter Ezra Pound besitzt – erhielt der Verfasser das oben Berichtete erzählt. 1971 ist Willi Geiger gestorben.

In Ising am Chiemsee hatte schließlich nach langer Wanderschaft der 1914 im Badischen geborene Maler und Graphiker Jörg Schreyögg sein Domizil gefunden. Er ist ein Meister der Landschaftszeichnung und des Aquarells, gleich ob er nun eine Föhnstimmung am Chiemsee, oder eine Flaute am Ammersee mit leichtem wäßrigen Pinsel erfaßt; als Zeichner gelingen ihm Impressionen aus dem mittelalterlichen Tessin nicht weniger eindringlich als das Bergpanorama von Mittenwald. Es ist dies eine Art von Landschaftserfassung, die bei aller scheinbaren Leichtigkeit des Niederschreibens eine entschiedene Hand verspüren läßt.

Besuch in Westerbuchberg

Wir hatten die Autobahnausfahrt Übersee übersehen, uns dann auf schmalen Landstraßen gründlich verfahren, landeten schließlich bei Osterbuchbergs einsamen Bauernhöfen, wo niemand zu sehen war, bis uns ein Fischer an der Tiroler Ache das letzte Stück Weg beschreiben konnte. Deshalb sei gleich zu Eingang der Hinweis gegeben, wie man ohne Umwege nach Westerbuchberg kommt.

Autobahnausfahrt Feldwies-Übersee, beziehungsweise die Bahnstation Übersee. Man fährt durch die Ortschaft Übersee in Richtung Grassau (Bahnbusstrecke Bahnhof Übersee-Marquartstein, Haltestelle: Westerbuchberg), vor Mietenkam Abzweigung nach rechts: Westerbuchberg.

In der romanisch-gotischen *Pfarrkirche Sankt Petrus und Paulus* sind über dem Gewölbe interessante Reste von spätgotischer Freskomalerei erhalten: Ornamente und Figuren. Streumuster (Sterne und Rosetten) zwischen den einsäumenden Streifen, dunkelrot auf weißem Grund. An Figuralem läßt sich ein Engel mit dem Kreuz und das Fragment einer Anna Selbdritt erkennen. Das romanische Langhaus hatte also in spätgotischer Zeit eine vollständige Ausmalung – entsprechend der Streichenkapelle – erfahren. Das Langhaus wurde nach Süden um ein Seitenschiff erweitert (Netzgewölbe) und erhielt einen wenig eingezogenen spätgotischen Chor. Ein rotmarmornes Portal weist im Scheitel die im Inntal typische Überschneidung der Stäbe auf.

Aber eigentlich sind wir nicht nach Westerbuchberg gekommen, um diese für die Gegend typische Landkirche zu sehen, sondern wegen der Galerie Westerbuchberg. Und hier ist wieder eine Wegbeschreibung notwendig. Außerhalb des Ortes zweigt die Fahrstraße rechts ab (Schild ›Gasthof zur schönen Aussicht‹). Es geht dann bergan, vorbei am Gasthof, bis zu einer alten Linde. Hier rechts ab. Ein stattlicher modernisierter Bauernhof läßt mit seinen großen Fenstern gleich die Galerie erkennen. Parkplatz rückseitig, hier auch Eingang zur Galerie. Auf diesem etwas abgelegenen Höhenzug im Süden der Chiemseelandschaft hat der Maler Franz S. Gebhardt in den dreißiger Jahren einen Bauernhof erworben, den er lange mit seiner Frau, der Bildhauerin

XII

WILHELM LEIBL
(1844-1900)

Drei Frauen in der Kirche

Ölgemälde 1882
Hamburg, Kunsthalle

Nach wiederholten Aufenthalten in Aibling sowie im Dachauer Hinterland und am Ammersee verließ Wilhelm Leibl 1878 endgültig München und übersiedelte in die Inntal-Landschaft, wo sein spätes Hauptwerk entsteht. In vierjähriger harter Arbeit, die durch Winterpausen und Krankheit unterbrochen wird, entsteht zwischen 1878 und 1882 in Berbling das Bild ›Drei Frauen in der Kirche‹.

Dargestellt sind eine hochgewachsene Bauerndirn, eine alte Frau und eine Kleinbäuerin, alle im Sonntagsstaat, die Dirn in der Brannenburger Tracht. Die drei sitzen beziehungsweise knien in einer Bank der Berblinger Dorfkirche; die beiden vorderen nehmen dabei jene Haltung ein, die die oberbayerischen Kirchenbänke des Rokoko dem Beter aufzwingen: ein halbes Sitzen und Knien. Die Junge hält das Gebetbuch weit unten auf den Knien, als denke sie über etwas nach; die Alte hält es mit schwerer Hand nah vor den Augen. Die Dritte hat die Hände vor der Brust gefaltet und blickt geradeaus. Wie immer bei seinen Bildnissen hat Leibl größte Sorgfalt auf die Wiedergabe der Kleidung, insbesondere der Tracht gelegt. Der karierte Rock, die weiße Schürze, das Mieder mit dem Silbergeschnür, das rosenbedeckte Fürtuch, der Hut sind mit bestechender Realistik gemalt. Der Jugend kommen die hellen Farben, dem Alter die dunklen zu. Das trifft auch für die Köpfe und Hände zu, die Frische und Lebensnähe atmen, von der Mühsal der Arbeit gezeichnet sind. Bei allem Bemühen um Authentizität in Haltung, Gefühl, Ausdruck und Stimmung der Beterinnen, trotz filigranhafter Behandlung der Details der Tracht, gehen der große Zug des Bildes und seine Sinnfälligkeit nicht verloren.

Käthe Seele, und einer Magd bewirtschaftet hat. Es waren Jahre harter Bauernarbeit, die aus dem Oberpfälzer einen Oberbayern gemacht haben. Bauer und Maler nannte er sich damals.

Wer die hellen Ausstellungsräume der Galerie aufmerksam durchwandert, bekommt Respekt vor diesem Malerleben, das sich in Oberbayern, im Chiemgau erfüllte. Hier ist auch Weite! Die frühe, an Greco erinnernde ›Toledo-Ansicht‹, der grünewaldsche ›Till-Eulenspiegel-Zyklus‹, ›Stilleben mit Gliederpuppe‹, mit Flaschen, mit Atelier und Masken. Verblühende Blumen, Totenschädel, das Vanitasmotiv … Nach 1950 – dies wird deutlich – erfährt sein Stil eine Wandlung ins Monumentale. Als Monumentalmaler hatte er angefangen und sein erstes Gesetz hieß Fläche. Die Formate werden groß. Das Weiß – dessen Materie an weiße Putzwände erinnert – erhält seine Dominanz im Farbgefüge. Am Ende dieser Periode stößt der Maler zur religiösen Thematik vor. Das vorherrschende Weiß wird verdrängt durch das Erlebnis Rouaults und spätgotischer Glasfenster. Satt werden jetzt die Ölfarben auf die Leinwände gesetzt; sie fügen sich zu leuchtenden Bildstrukturen und Farbkontrasten. Es entstehen Bilder wie ›Jesus auf dem See Genezareth‹, ›Die Bergpredigt‹ ›Anbetung der Könige‹ und ›Golgatha‹. Es sind Bekenntnisse zur überlieferten christlichen Thematik aus einem inneren, nicht aus einem öffentlichen Auftrag. Man fühlt sich an Karl Caspars Werk, an seinen großen Versuch der Erneuerung der religiösen Malerei erinnert, und an Georg Ph. Wörlen aus dem Wiener ›Hagenbund‹, der in Passau am Werk war.

Im Spätwerk laufen die Fäden zusammen, der Eklektizist wird zu einem Gestalter seelischer Vorgänge. Vom Thema her gewinnt diese Malerei ihr Gewicht. Dies gilt vor allem für den Zyklus schwarz-weißer Monotypien mit dem Titel ›Passion – Bilder zur Leidensgeschichte‹ 1958-1960.

Man frägt sich: Warum hat dieser Maler keine Kirchenfresken gemalt, warum hat er keine Kapelle ausgestattet. Jedoch ist seine Galerie im letzten Teil eine Bekundung religiöser Kunst in unserer Zeit – jenseits von Gebhard Fugels Christusbild. Ein religiöses ›Panorama‹ mit Golgatha, dem See Genezareth, mit dem Ölberg und Jerusalem. Ein Panorama, in dem die ›Große Chiemseelandschaft‹ mit der Kirche von Westerbuchberg nicht fehlt und auch die kargen Häuser in der Steinpfalz nicht vergessen sind. In Kiefersfelden und Flintsbach bei Brannenburg spielt und errichtet man Bauerntheater, in Thiersee und Erl spielt man die Passion. Westerbuchberg malt sie und stellt sie aus. Dem Bayern ist das Spielerische des ›L'art pour l'art‹ eine schöne Sache, aber fast niemals Endzweck seines Tuns. Und wie er in seiner Literatur über die Selbstdarstellung zum Weihespiel drängt, zum ›Theatrum sacrum‹, so drängt er in seiner Bildvorstellung und in seiner Kunst zur religiösen Szene und zum Ergreifenden hin. Kunst und Kult liegen hier nahe zusammen und treffen sich an einem Punkt, der zwischen Selbstverwirklichung, Selbsterlösung und Gemeinschaftserlebnis liegt.

Auf Leibls Erdenspur

Fast genau an der Nahtstelle zwischen den letzten Moränenhügeln und der Ebene des ›Filz‹, liegt *Berbling*. Seine Lage hat etwas Bezwingendes, ist von der Natur her ausgezeichnet, und man spürt förmlich, wie die bildende, formende Kraft des Bodens auf das ihm verhaftete Menschenwerk übergreift: auf die Straße, auf das Bauerngehöft, auf die Kirche. Nichts ist regulär oder geordnet, aber alles hat seinen rechten Platz. Die Straße schwingt sich wie eine gebogene Sichel am Kirchhof vorbei ins Tal, das biedermeierliche Schulhaus – »Von der Gemeinde Berbling ihren Kinder 1840« – zeigt behäbig die Breitseite, ein Bauernhof schiebt sich mit freskengeschmückter Brust in das Straßenknie, andere Gehöfte staffeln sich gemach die Hügellehne hinunter, einer stellt sich breitspurig quer, wieder ein anderer zeigt seine mächtige Flanke – und ein jeder ist ein Herr für sich. Zuoberst aber, noch einmal von den Häusern abgesetzt und auf eine Bergkuppe gestellt, erhebt sich die *Pfarrkirche Heilig Kreuz*. Sie faßt alles zusammen und ist ein Bild voll Kraft und Eigenwillen. Spannkräftig wie die Rundungen einer Geige wölben sich uns ihre Außenmauern entgegen. In der Mitte sinken sie jählings ein, bezeichnen eine Taille von fast weiblicher Anmut. Auch die Pilaster und Gesimse beugen sich diesem Schwung, machen eine energische Konkave und lassen dann an den abgerundeten Ecken ein Stück glatter Mauer wie eine entblößte Schulter stehen. Die

Profile sind rassig und bestimmt, fast wie mit der Spachtel ausgezogen, die Putzfelder säuberlich abgesetzt, zweifarbig in Weiß und Ockerrot. Aber das Köstlichste sind wohl die Fenster, die in der Mitte zu einer Gruppe zusammengezogen sind. Rundbogig geschlossen und dreigeteilt erinnern sie fast an die Schallöcher einer Bratsche. Dann noch ein Turm, der dem ganzen schwingungsreichen und urmusikalischen Gebilde Festigkeit und Halt verleiht, der mit einer prallen, zweifach eingezogenen Zwiebelhaube doch sehr bestimmt nach oben strebt. Beinahe jedes Glied und jedes Stück an diesem fabelhaft gewachsenen Baukörper fesselt das Auge, und noch im Schwellen und Einsinken der Dachhaut vermeint man den Zug und Schwung der Hügelwelt ringsum zu spüren.

Man tritt ein und findet einen in allen Teilen entsprechenden preziös gebildeten Raum: wieder sanft anschwellend, energisch sich brüstend, wieder einsinkend und weich abschwellend. Der Grundriß, den man am Boden nachzuzeichnen versucht, entpuppt sich als ein überaus feines Zirkelkunststück: queroval die Vorhalle, längsgerichtet das Hauptschiff, das in der Mitte zusammengedrückt erscheint, der Chor wieder ein Queroval. Zierliche Rokokopilaster, die von den gerundeten Ecken abgerückt sind; federnd kurviertes Gebälk und Gesims; Wölbungen, die sich aus ihren Ansatzzwickeln herrlich nach oben blähen! Darauf noch der fein aufgetragene Rocaille-Stuck und die zartfarbene Haut der Freskogemälde von der Hand tüchtiger ländlicher Meister.

Die Altarausstattung, oder, wenn es erlaubt ist, das ›Mobiliar‹ dieser Rokokokirche, hält denn auch den Schwung des ganzen erfreulich mit. Auch sie ist von ländlicher Meisterhand und bis zum Gestühl herab von Anmut und Charakter. Vielleicht war es der in Aibling ansässige Tiroler Bildschnitzer Joseph Götsch, der den beiden überlebensgroßen und naturalistisch gefaßten Altarstatuen Sankt Joseph und Sankt Joachim ein Stück höfischer Noblesse mitgeteilt hat, der die kecken Engel auf den prächtig blauen Vorhang streute und die drolligen Tabernakelgruppen in den Seitenaltären schuf. Vielleicht war es auch einer seiner Gehilfen?

Auch um den Namen des Baumeisters dieser Kirche bleibt ein Rest von Ungewißheit. Die Bauakten nennen uns hier zwei Na-

men: die Hausstätter Philipp Millauer und Hans Thaller. Doch
was sagt es schon, daß der eine, nämlich Thaller, uns die feine,
artverwandte Raumlösung von Sankt Laurentius in Wiechs geschenkt hat und daß der andere gelegentlich nur als ausführende
Kraft im Kreise der Gunetzrhainer anzutreffen ist. Sicher ist nur,
daß die Grundidee des Räumlichen, die einschwingenden Langhausmauern und die Art ihrer Gliederung durch Pilaster, in
Bayern relativ selten ist. Sie kommt aus Böhmen und ist auf ganz
ähnliche Weise bei den Landkirchenbauten Kilian Ignaz Dien-
tzenhofers vorgebildet. Die Dientzenhofer sind ja nicht weit von
hier, auf dem Gugghof bei Degerndorf, daheim gewesen. Vielleicht hat einer der beiden Meister einen entsprechenden Riß zum
Vorbild gehabt und daraus seine eigene ›Berblinger Lösung‹
entwickelt. Und nichts hindert uns wohl, diese Berblinger Dorfkirche als das originellste Substrat ländlicher Rokokoarchitektur
in diesen Breitengraden zu bezeichnen: als eine durchaus origi-
näre und in ihrer Weise sogar klassische Lösung.

Der helle Raum dieser Dorfkirche ist aber noch durch ein großes Ereignis der Kunstgeschichte geweiht: hier nämlich, in ihrem
Hauptschiff, hat Wilhelm Leibl vier Sommer hindurch an seinem
Bild ›*Drei Frauen in der Kirche*‹ gearbeitet. Wir erkennen die
Stuhlwangen wieder, die etwas gröber geschnitzten in der Mitte
mit den abgegriffenen Ornamenten. Wir meinen die Frauen dort
sitzen zu sehen: die über das Buch gebeugte Alte, die Vierzigerin
mit den schmalen Lippen, die Junge in der Miesbacher Tracht
mit dem stolz geneigten Haupt. Und hier etwa muß die Staffelei
des Malers gestanden haben, hier muß er gesessen sein, beklom-
men schaffend, träumend, verzweifelt und stolz, in manischer
Leidenschaft einem Bild hingegeben, welches das Äußerste sein
sollte, dessen seine Hand fähig war. Dieser große Menschen-
schilderer, dieses Genie der Sorgfalt mit den groben Händen,
dieser Heilige und Narr von einem Maler, der seinen Modellen
das Letzte an Ausdauer abgerungen hat und der von sich zu
behaupten wagte, daß er ihre Seele »mithinein male«. Hier schau-
ten ihm die Bauernkinder andächtig und mit gefalteten Händen
zu, und der alte Pfarrer von Berbling ließ ihn vier Sommer hindurch in seiner Kirche uneingeschränkt gewähren. Er war ihm
ein Freund. Hier wurde endlich der letzte Pinselzug getan an

einem Werk, das vom Tag seiner Vollendung an schon der Weltgeschichte der Kunst angehörte. Ist es möglich – auf der Kante dieser Stuhlwange und auf diesem Sitzbrett zeichnen sich noch verlorene Spuren von eingetrockneter Ölfarbe ab, kleine Tupfen nur und ein zarter Strich, wie von einem streifenden Pinsel: dunkelgrün und hellgelb? Jawohl, es sind die nachgelassenen Spuren dieses Ereignisses in der Kirche zu Berbling. Sie haben die Zeiten überdauert, während die Berblinger Bäuerinnen, die Leibl hier gemalt hat, auch die blutjunge mit stolz geneigtem Haupt, schon lange draußen auf dem Friedhof ruhen.

Das Dorf liegt in sonntäglicher Stille. Es will uns noch schöner erscheinen als zuvor, erhoben und geweiht durch eine Erinnerung. Diesen einfachen Bauerngarten, hinter einem Hof, mit dem blühenden Apfelbaum und der weißen, ins Grau hinüberspielenden Mauer, hat man ihn nicht schon einmal gesehen, auf einem Bild von Johann Sperl, dem Malerfreund? Auch das *Bauernhaus*, in dem Leibl gearbeitet hat, steht noch da, eine verwunschene Herberge, draußen am Dorfrand, seit Jahrzehnten sich selbst überlassen. Moderluft schlägt uns entgegen, als uns der Bauer die Tür aufsperrt. Er führt uns in die große Stube. Da ist noch der Wandschrank, der einst das Malerutensil bergen mochte, dort die bäuerliche Standuhr, die ihm die Stunde zeigte, hier die Wandtruhe, auf der er schlafen konnte, die umlaufende Bank und der große Tisch. Staub tanzt vor den schmalen Lichtlöchern der Fenster, die zerbrochene Scheiben und vergilbte Leinenvorhänge haben. Staub liegt auch auf den wenigen Bildern, die sich gesäubert als billige Drucke erweisen. Nur eines davon scheint uns von Wert, ja teuer: eine alte Porträtfotografie des bärtigen Malers mit der eigenhändigen Widmung: »Zur Erinnerung an W. Leibl, 22. Mai 1882«.

1878-81 hatte Leibl in dem Berblinger Bauernhaus gelebt. Er malte im Winter auf den Bauernhöfen, verstand es die Bauern für seine Arbeit zu interessieren, so daß sie ihm willig saßen. Er selbst hatte damals die ländliche Tracht angezogen, die langen Hosen und die Lodenjoppe und den ländlichen Hut. Als leidenschaftlicher Jäger schloß er mit dem Hauner Sepp Freundschaft. Diente ihm doch dieser nicht nur als Jagdbegleiter, sondern auch als Dolmetscher. Der Kölner, der sein Lebtag kein bayerisches

Wort über die Lippen brachte, als das mißverständliche »Zum Sakramenter!«, konnte die Berblinger Bauern nämlich nicht gut verstehen, und schlimmer wars noch umgekehrt. Der Hauner Sepp mußte Leibls Rede ins Oberbayerische übersetzen. Mit dem Berblinger Pfarrer Blank verstand er sich gut, beide verband eine herzliche Freundschaft. Er konnte in der Kirche malen, solange er wollte. Nach dem Tode Blanks am 30. November 1878 wollte er sich bei dem neuen Pfarrer mit einem einzigartigen Geschenk einführen. Er bat, einen gekreuzigten Christus für die Berblinger Kirche malen zu dürfen. Als der neue Pfarrherr das Malen in der Kirche verbot, nahm Leibl von seinem Geschenk Abstand. Berbling wurde ihm um 1880 leidig.

Er ging nach *Aibling*. Seit 1881 lebte er dort mit seinem Freund Johann Sperl, der uns den Aiblinger Bauernhausgarten in einem Bild der Städtischen Galerie München darstellt. Auch der Vorfrühling in Aibling zählt zu den stimmungsvollsten Bildern des Freundes Sperl. 1892 entstand das Bildnis der ›Kögl-Marie‹, eines Bauernmädchens aus Willing. In dieser frischen, skizzenhaft angelegten Porträtstudie wird der Realist Leibl deutlich. Auf den simplen Vorwurf, er male nur »häßliche« Modelle, antwortete er: »Ich will nur malen, was wahr ist, und das hält man für häßlich, weil man nicht mehr gewohnt ist, etwas Wahres zu sehen.«

Kutterling hieß dann die letzte Station. Das Dorf liegt versteckt zwischen Feldern und Wiesen, Wald und Obstbäumen nicht weit der Straße, die von Miesbach nach Brannenburg führt. Der Ort sollte ihn von 1892 bis zu seiner Übersiedlung in das Krankenhaus der Universität Würzburg im Jahre 1900 festhalten. Hatte der späte Leibl die stillen Bauernküchen mit ihrer Rembrandtschen Atmosphäre entdeckt, Räume in die der Mensch wie ein lebendes Inventar hineingesetzt ist, durch die das Licht in kleinen Fenstern dringt, so tritt nun die abgründige Stille der Mensch-zu-Mensch Beziehung in den Bildern ein. Die Spannung oft nur halbbewußter Gefühle zwischen zwei Menschen wird sichtbar gemacht, etwa in der ›Bauernküche in Kutterling‹ von 1898, auf der die Magd für einen Augenblick zu einem jungen Burschen hinüberschaut.

In Kutterling lebte Leibl wieder mit Sperl, seinem Freund und Faktotum, zusammen. Der kleine Sperl schlief in der bäuerlichen

Himmelbettstatt; während sich der lange Leibl eine neue ›Klappe‹ anfertigen lassen mußte. Auch in Kutterling besuchte ihn oft der Hauner Sepp. Als er sich schließlich entschloß, dem Drängen des Arztes nachzugeben, um in Würzburg sein Herzleiden auszukurieren, sagte er zum Hauner: »Sepp jetzt gehts dahin«. Das Aiblinger Heimatmuseum bewahrt neben der aus Köln zurückerworbenen Vertäfelung seiner Malerstube die Einrichtungsstücke aus Leibls Kutterlinger ›Atelier‹: seine Staffelei, den Tisch zum Anreiben der Farben, zwei Pinsel, die Palette, einen Stuhl und den Malstock. Auch Erinnerungsstücke wie Hemd, Lederhose, Tabakspfeife, Charivari mit sechs Hirschgranteln, die Jagdtasche und ein Jagdbesteck aus seinem Besitz belegen die enge Verbundenheit des Malers mit dem Land. Eine Besonderheit ist der Sprechapparat aus Leibls Besitz und eine Schallplatte mit Leibls Stimme.

Alte Chiemseemaler und ein moderner Bildhauer

Leidenschaftlich geliebt, gesammelt und auf Auktionen ersteigert werden sie noch immer, die Chiemseemaler, obwohl die wirklich Großen in ihrer Reihe selten sind.

Begonnen hatte es eigentlich schon mit der neuen verfeinerten Natursicht des Johann Georg Dillis, des ersten Direktors der Alten Pinakothek. Er malte 1792 als erster eine Chiemseeansicht, die den Zauber der Luftperspektive am See erfaßt und damit seiner Zeit voraus ist. Bezaubernd allerdings auch sein ›Ländliches Fest‹ vor dem Försterhaus in Grüngiebing bei Wasserburg (seinem Vaterhaus), eine der frischesten und in seiner köstlichen Naivität nicht wiedererreichten Szenen aus dem Volksleben des Oberlandes. Ihm folgte Johann Jakob Dorner mit seiner Ansicht von Prien (1808). Max Joseph Wagenbauer, der Marktschreiberssohn aus Grafing, sei nicht vergessen. Maximilian Haushofer war es dann, der mit seinen Freunden die Fraueninsel als Malerrefugium eigentlich erst entdeckte. Der 1811 in Nymphenburg Geborene bildete sich autodidaktisch und lernte bei Carl Rottmann das Landschaftsfach. Nach der obligaten Italienreise kam er 1828 mit den Malern Karl und Josef Boshart und Franz Trautmann erstmals auf die Insel. Die Fraueninsel wurde von da an populär in Malerkreisen, ihr ursprüngliches Milieu, bestehend aus einem Gasthof (mit zwei umworbenen Töchtern) und Fischern zog Künstler aus München, Düsseldorf, Berlin und Hamburg an. So Eduard Schleich, Andreas Achenbach aus Düsseldorf, und Albert Zimmermann. Im Jahre 1848 legten Engelbert Seitz und Johann Friedrich Lentner das berühmte Erinnerungsbuch der Künstlergilde an, die ›Frauenchiemseer Malerchronik‹. Haushofer, der 1845 als Lehrer an die Prager Akademie der bildenden Künste berufen wurde, zog es später immer wieder auf die Insel zurück, wo er mit Christian Morgenstern und Heinz Heinlein, Schleich und Rottmann zusammentrifft. 1866 starb er in Starnberg.

Die Malerkolonie Frauenwörth erlebte dann um 1870 mit Karl Raupp und Joseph Wopfner eine zweite Blüte. Sie, die man jetzt die ›Inselkönige‹ nennt, vertreten einen idyllischen Realismus, wie er der Münchner Genremalerei eigen ist. Es muß fast immer eine kleine Geschichte im Bilde dabei sein: etwa die Dramatik des aufkommenden Sturms …

Die wohl bekannteste aller Chiemseeansichten schuf bezeichnenderweise ein Maler, der nicht zur Frauenchiemseer Malergilde zu rechnen ist: Peter von Heß, in seinem Ölgemälde ›Der Chiemsee‹ von 1812/13.

Der aus dem Kreis um Wilhelm Leibl kommende Heidelberger Wilhelm Trübner steht außerhalb der Gruppe der Chiemseemaler. Trübner hat dieses oft geschilderte Malerparadies in den 70er Jahren für sich neu entdeckt. Es entsteht die erste Gruppe seiner Herrenchiemseebilder, so das Alte Schloß von 1874 (Berlin Nationalgalerie), und eine andere Fassung des Motivs im Besitz der Neuen Pinakothek in München. Um 1890 – als sich Trübner der Freilichtmalerei verschrieb – ändert er seine Landschaftsauffassung. Ein Zeugnis dieser Zeit ist die ›Landschaft mit dem Telegraphenmast bei Kloster Seeon‹ von 1892 (Kunsthalle Karlsruhe); ebenso das Ölbild ›Kloster Seeon‹ von 1892 in der Sammlung Oscar Reinhardt, Winterthur.

Eine Ausnahmeerscheinung in der Reihe der Chiemseemaler ist der Porträtist und Landschafter Hiasl Maier-Erding (1894 bis 1933). Der Sohn des Wirts ›Zum Kirmeier‹ in Erding gilt seit einer Gedächtnisausstellung der Stadt Erding 1973 als ein künstlerisches Naturtalent und gewissermaßen als eine Inkarnation oberbayerischen Malertums in der Nachfolge Wilhelm Leibls. Als Lehrbub bei einem Dekorationsmaler in Prien malt der Hiasl seine ersten Landschaftsbilder und findet in der Äbtissin von Frauenwörth eine Förderin. Der Bruder Franz – ein Metzger von Beruf – soll ihn angehalten haben, zu studieren. Er hat ihn später in einem großartigen Bildnis, das sich im Besitz des Maierbräu in Erding erhalten hat, festgehalten: einem Porträt, das die Realität sichtbar macht und den Hintergrund aufscheinen läßt. Eine erste Lehre in der Münchner Kunstgewerbeschule bei Fritz Helmut Ehmcke bestärkt das Kunstgewerblich-Illustrative, das in ihm angelegt war. Die Akademiejahre bei dem Landschafter Karl Raupp und dem eleganten Angelo Jank geben nicht viel. In den Kriegsjahren macht sich der Akademiestudent mit Kriegspostkarten bekannt. Erst Carl Johann Becker-Gundahl erkennt das urwüchsige Talent, das sich hinter der Schale aus Bauernschläue und Pfiffigkeit verbirgt. Der große Wurf des 22jährigen Malers ist das ›Priener Brautpaar‹, datiert »III. 1916«, heute in Passauer Privatbesitz. In den beiden getrennt gemalten Personen – der Mimi Fritz aus Prien und dem Hochzeiter, einem Knecht aus Mupferting – die auf einer Bauernbank zusammenkomponiert sind, kommt die innere Beziehungslosigkeit der durch bäuerliche ›Schmuser‹ zusammengeführten Brautpaare zum Ausdruck. Tracht und Physiognomie sind mit einer an Leibl erinnernden Realistik, jedoch größerer flächen- und umrissebetonender Verve gemalt. Der Farbauftrag wirkt pastos; das Kolorit ist erdhaft gebunden, jedoch kraftvoll; der Illustrationsstil des Ignatius Taschner ist verarbeitet. Der Hiasl wird seit 1918 als Porträtist von Schwerin bis Amsterdam hoffähig. 1921 weilt er als Gast in der Villa Malatesta in Florenz. Dann zieht er sich in sein Atelier im Rapplhaus in Gstadt zurück, malt unter anderem die ›Gedächtniskapelle auf Frauenchiemsee‹, den ›Marktplatz von Rosenheim‹, die ›Haager Straße im Fahnenschmuck‹ und den ›Blick auf die Schranne‹ in Erding. Der impressionistische Einfluß macht sich geltend. Als er mit 39 Jahren an einem Nierenleiden stirbt und in Erding begraben wird, ist das Haus, das er sich in Gstadt baute, noch nicht vollendet (späteres Dr.-Caspari-Haus).

Heute werden seine Bilder, die vor Jahren noch in Erdinger Gaststuben hingen oder sich in Privatbesitz von Nachkommen seiner einstigen Förderer erhalten haben, wieder hochgeschätzt. Die Marktgemeinde Prien hat ihn 1982 mit einer großen, im Eigenverlag erschienenen (und nicht im Buchhandel erhältlichen) Monographie von Fritz Aigner geehrt.

Vielleicht sollten wir auch noch den in Paris geborenen Maler Leo von Welden erwähnen. Er verlor im Kriegsjahr 1943 sein Münchner Atelier und fast sein gesamtes Werk. Er zog nach Aibling und arbeitete zeitweise im Leibl-Atelier in der Alten Hofmühle. Er fand hier Anschluß an Maler wie Sepp Hilz, Hermann Marcel Urban, Brynolf Wennerberg und Hans Müller-Schnuttenbach. In diesem Kreis muß der temperamentvolle von Welden zuweilen wie eine Gestalt aus ›Don Quijote‹ gewirkt haben. Dabei war er kein Neuerer, sondern eher ein temperament-bestimmter und humorvoller Fabulierer, was seine Illustrationen betrifft; in den Malwerken, wie ›Diskussion‹, ›Wasserburg am Inn‹, ›Lautenspieler‹ und ›Der Schimmel‹ herrscht das Impulsive der ersten Eingebung vor. Er malte barocke Szenen mit Tanz- und Liebespaaren, bäuerliche Typen, Landsknechte und Land-streicher. 1952 nach Feilnbach übersiedelt, schuf er für die Feiln-bacher Kirche einen Kreuzweg und einen Tier-Freskenzyklus für die dortige Schule. In Feilnbach entstanden die oben ge-nannten Werke, die seine barocke Phase einleiteten und weiterhin akzentuieren. Er selbst hat sich des öfteren porträtiert, als Komö-diant oder als Vorläufer der ›Wilden‹. Daisy Campi-Euler, die Malerkollegin vom Eichbichl über dem Rinser See, hat seinen markanten Kopf im Halbprofil mit einem Poilubärtchen wie einen Franzosen gesehen. ›Die Eulers‹ – Hermann Euler und seine Frau Daisy – zählen übrigens mit den ›Caspars‹ und den ›Croissants‹ zu den markantesten Malerpaaren, die das Bild der Malerlandschaft um den Chiemsee mitgeprägt haben.

Der Hauptsitz der Chiemseemaler war das aufstrebende und gesellige *Prien*, seit 1860 Schnellzugstation auf der Strecke München-Salzburg-Wien, Sitz der von der Familie Feßler be-triebenen Chiemseeschiffahrt mit eigener Schmalspurbahn – Bok-kerl genannt – zum Chiemseehafen von Stock. Daß es hier nach dem Vorspiel der Dillis, Dorner und Heß um 1870 so recht ›künstlerisch‹ zu werden begann, verdankt sich hauptsächlich dem aus Hamburg stammenden Maler Hugo Kauffmann, der sich ›Am Gries‹ niederließ und sein Haus zum Mittelpunkt geselligen Lebens machte. »Droben beim Kauffmann, da flogen die Kugeln und Kegel, daß man es in den Sommernächten bis in unsere Schlafstube krachen hörte«, erzählt Franziska Hager. Und fährt dann fort: »Auf ihrem Sommersitz nahe Prien schufen Vater und Sohn, Hugo und Hermann Kauffmann, manches Blatt ›Chiemgauisch Volk‹, womit der Charakter dieser bis heute so beliebten Genremalerei trefflich umrissen ist. Nah der heute abgerissenen Kauffmann-Villa hatten die Maler Markus von Gosen – ein Urenkel Kauffmanns – und Wilhelm Hauschild – Maler des Märchenkönigs – ihr Domizil. Bei Sankt Salvator wohnten die Freunde Emil Lugo und Wilhelm Jensen. Beide, der Maler und der Dichter, liegen auf der Fraueninsel begraben.

Im Jahre 1922 wurde die Künstlergemeinschaft ›*Die Welle*‹ gegründet. Ihr Initiator ist der 1877 in Jerchel bei Tangermünde geborene Porträtist und Landschaftsmaler Paul Roloff (gestorben 1951 in Prien). Seit 1909 Mitglied der Münchner Secession kaufte er 1919 den Hof Aich bei Prutting und zog 1921 nach Stock bei Prien, wo er seine Hauptwerke schuf. Zu dieser Gemeinschaft gehörten die Landschafter Bernhard Klinkerfuß und Theodor Hummel – ein geborener Schlierseer und gleichfalls Mitglied der ›Secession‹ – und auch der Simplzeichner Rudolf Sieck. Der Landschafter und Bildnismaler Emil Thoma zählte zu den Gründungsmitgliedern der ›Welle‹ und ersten Förderern der Städtischen Galerie Rosenheim. Seine Frau, die Volkskundlerin Annette Thoma gab dem Kreis den Namen. Zu den gemeinsam veranstalteten Ausstellungen – in einem Pavillon in Stock – wurden Maler von Rang, wie Max Slevogt, geladen. Als man 1933 den Pavillon abbrach, stieß ›Die Welle‹ zu den ›Frauenwörthern‹, die schon seit 1919 in der noch unentdeckten Torhalle von Frauenchiemsee ausstellten.

Dieses traditionelle künstlerische Flair von Prien, das nach 1945 durch die Veranstaltung der ersten Ausstellung der ›verfemten‹ Künstler in Bayern ein Stück Weltläufigkeit bewies, es lebt noch heute.

Nahe der Kirche liegt das Priener Heimatmuseum, eines der freundlichsten seiner Art, seit 1964 in einem prächtigen Biedermeierhaus eingerichtet. Und 1985 wurde die ›Galerie im Alten Rathaus‹ eröffnet, in der die bisher etwa 400 Werke umfassende Sammlung von Chiemseebildern in exemplarischer, von Zeit zu Zeit wechselnder Auswahl gezeigt wird. Man muß es dieser Gemeinde und ihrem verantwortlichen Referenten, Fritz Aigner, hoch anrechnen, daß sie dieses künstlerische Erbe in so vorbildlicher Weise sammeln, pflegen und veröffentlichen. Aber daneben verspricht auch ein Besuch der Pfarrkirche Mariä Himmelfahrt eine besondere Überraschung auf dem Feld der Rokokofreskomalerei: eine Seeschlacht auf der Decke! Das verwegene Stück kirchlicher Historienmalerei von Johann Baptist Zimmermann, signiert 1738, stellt die Seeschlacht von Lepanto dar. Der Münchner Hofmaler und Stukkateur gab auch den beschwingten Rokokostuck und die Kanzel, während die Altäre strengere, jedoch tüchtige Salzburger Produkte der bekannten Werkstatt Georg Dopplers sind.

Obwohl der Chiemsee – wie alle Seelandschaften – ein reines Malerparadies gewesen ist, hat er auch einmal einen Bildhauer von Rang an seine Gestade gelockt. Und er ist dort geblieben. 1964 hat der aus Erlangen stammende und dort 1902 geborene Heinrich Kirchner in Pavolding bei Seeon einen alten Bauernhof erworben. Mit einem, den Bildhauern oft eigenen Geschick zur Raumgestaltung hat er ihn umgebaut und eingerichtet, ein wenig klösterliches Refugium und auch Raum der Gastlichkeit.

Als Bildhauer ist Kirchner einen eigenen Weg gegangen, der ihn zur religiösen Thematik wie auch zu einem persönlich empfundenen welthaltigen Humanismus führte. Während der schwierigen Jahre von 1932 bis 1952 hat er die Erzgießereiwerkstatt der Akademie der Bildenden Künste in München geleitet. Unter seinen Meisterschülern finden sich namhafte Bildhauer der Gegenwart wie der jetzt in Landshut schaffende und in München lehrende Fritz Koenig. 1952 erhielt Kirchner eine Professur für Bildhauerei, bis 1970 hat er in München unterrichtet. Am 1. März 1984 ist er gestorben und wurde auf der von ihm geliebten Fraueninsel beigesetzt. Die Münchner Kunstkritikerin Doris Schmidt schrieb in einem Nachruf:

»Kirchner war ein im strengen Sinne frommer Mann, einer der glaubend vertraute und dessen innere Freiheit keine Zweifel kannte. Die Schöpfungsordnung der Genesis, das ›Gilgamesch‹, der Sonnengesang des Franz von Assisi, die Totengebete der alten Ägypter und Albert Einsteins ›Alles ist Wandlung‹ bestimmen sein Weltbild. Gestalten, in denen er das Thema Begegnung – von Mensch zu Mensch, wie des Menschen mit Gott – formuliert hat, recken sich auf, bereit ihr Gegenüber zu sich zu ziehen: Rufer in der Wüste und Mahner in einer Welt, in der das alte ›Homo homini lupus‹ Angst und Schrecken verbreitet ... Sein Triumphkreuz in der Kirche von Greifenberg am Ammersee ist eines der wenigen Werke unseres Jahrhunderts, die geistige Hoheit ausdrücken; man kann das Kreuz wie den ›Guten Hirten‹ den großen Werken des Mittelalters an die Seite stellen. Freilich sind sie, und das unterscheidet sie vom Mittelalter, einsame Leistungen geblieben ...«

Da – wie zu hören ist – die Stadt Erlangen seinen Nachlaß erworben hat und damit wohl auch der von Kirchner persönlich und mit Feingefühl gestaltete Plastikgarten bei seinem Bauernhof in Pavolding eines Tages dezimiert oder aufgelöst wird, wollen wir festhalten: vor dem Hoftor die eigenwillige Gruppe der Motorradfahrer und ein Lamm. Im Hof des Bauernhauses finden sich einige große Bronzen aus seiner letzten Schaffenszeit: eine trägt trägt den für ihn bezeichnenden Titel ›Hoffnung‹. Auch auf die Wiese beim Hof erstreckt sich dieses Freilichtmuseum moderner Plastik. Hier stehen unter anderem die typischen Kirchner-Bronzen: überlebensgroße Gestalten, die als Rufer und Mahner ihre Köpfe und Arme zum Himmel erheben, als wollten sie dunkle Wolken und Unheil bannen. Wir denken, daß diese bildhaft gewordenen Rufer gut in dieser Landschaft stehen: als Kirchners Vermächtnis.

Auf den Inseln im Chiemsee

Inseln sind Rückzugsgebiete in Zeiten des Krieges und der Not, Reservate auch früherer Kultur und Kunst, wie uns das Beispiel der Reichenau im Bodensee und jetzt auch *Frauenchiemsee* lehrt. Das Benediktinerkloster Sankt Maria soll der Tradition nach von Herzog Tassilo III. gegründet und 782 geweiht worden sein, heißt es in älteren Beschreibungen von Frauenwörth im Chiemsee, eine

Nachricht, die heute mit größerer Wahrscheinlichkeit auf die Herreninsel bezogen werden kann.

Die ältesten Teile der Klosteranlage auf Frauenwörth stammen – die neueren Ausgrabungen von Vladimir Milojcic haben diese Auffassung bestätigt – aus der Zeit König Ludwigs des Deutschen, der um 860 das Kloster Frauenwörth gestiftet hat. Seine Tochter Irmingard stand als Äbtissin dem Inselkloster vor. Bei den Ausgrabungen in den Jahren 1961-64 wurde ihr Grab (gestorben 866) in das Fundament eines Mittelschiffspfeilers eingetieft vorgefunden: ein sicheres Zeichen, daß der heute dort bestehende ottonisch-romanische Kirchenbau des Münsters auf spätkarolingischer Grundlage steht.

Als größte Sensation dieser Ausgrabungen ergab sich, daß die bisher als romanisch angesprochene Torhalle ein noch aufrecht stehender Teil der spätkarolingischen Klosteranlage darstellt, dem Münster nördlich vorgelagert: ein Empfangsbau mit einer dem Heiligen Michael geweihten Oberkirche. Wer ihn zum ersten Mal erblickt, erkennt sein Alter und seine Bedeutung nicht. Es ist ein unscheinbarer, jedoch sorgfältig proportionierter Längskörper von zwei Geschossen, dem östlich ein rechteckiger Anbau vorgelegt ist. Die Westseite dürfte einen gleichen Anbau gehabt haben. Das Erdgeschoß wirkt nach der Freilegung der alten Bausubstanz geradezu leicht: Arkaden und dreiteilige Gruppenfenster, Profile von großer Schlichtheit. Das ganze Obergeschoß nimmt ein mächtiger Raum ein, dem sich in der Längsachse ein rechteckiger Anraum zuordnet. Letzterer zeigt einzigartige Malereien, deren Entdeckung eine kunsthistorische Sensation brachte.

Die 1961 im Obergeschoß der Torhalle freigelegten Freskomalereien – ein Zyklus von Engelsgestalten – sind direkt auf die noch feuchte Putzoberfläche (Tünche) aufgemalt worden, und damit gleichfalls Dokumente spätkarolingischer Wandmalerei aus der Zeit Ludwigs des Deutschen (um 860). Hans Sedlmayr schreibt über sie: *»Die fünf Engel sind von außerordentlicher Schönheit. Monochrom in Rot, mit sicheren, weichen, großzügigen Strichen gemalt, suggerieren sie allein durch das Mittel der Linie die Körper unter dem Gewand, die Rundung des Armes, sein Ausgreifen im Raum, den Raum der die Glieder umgibt. Die leider zum größten Teil zerstörten Gesichter sind mit feinen Linien mehr gezeichnet als ge-*

XIII

WILHELM TRÜBNER
(1851-1917)

Auf Frauenchiemsee

Ölgemälde 1891
Köln, Wallraf-Richartz-Museum

Das Bild besteht zur Hälfte aus nichts als Wiese. Es ist dies keine Wiese, in die man hineintauchen möchte, sondern ein ganz gewöhnlicher Wiesenplan, begrenzt von einer lang sich hinziehenden niederen Mauer und einem barocken Klostertrakt. Man spürt die leichte Wölbung des Terrains, empfindet das Herauswachsen der Architektur aus dieser Wölbung, wie auch das halbe Untertauchen von Gebäudeteilen, der Kirche und vor allem des Turms. Dieser Turm — ein von der Münsterkirche abgerücktes Polygon, den eine mächtige Zwiebelkuppe bedeckt — steht sichtlich im Mittelpunkt des Bildes, wenn auch nicht ganz im geometrischen Sinn, so doch kompositionell. Trübners kühne Kompositionsweise, die oft nicht frei von Härten ist, präsentiert diesen Turm wie auf einem Teller. Der hellblaue Horizont ist zartdunstiger Himmel, könnte aber auch Seedunst sein. Trübner hat die Inseln im Chiemsee und ihre Bauten wiederholt gemalt. Es ist als wollte er sich durch seine eigenwillige Perspektive von der Masse der gängigen Chiemsee-

Motive und ihrer Protagonisten deutlich absetzen.

malt. Das Motiv des Haltens der Sphaira und des Stabes ist von Engel zu Engel fein und lebendig variiert. Bei einzelnen Engeln ist ein Kontrapost gegeben ... Es gibt in der Wandmalerei des westlichen Mittelalters, aber auch in der Buchmalerei, kaum ein Werk, das so ›antik‹, so ›griechisch‹ wirkt wie diese Gestalten.«

Obgleich wir kaum ein westliches Werk kennen, das so antik wirkt, gibt es auch gewisse Anhaltspunkte dafür, daß die Fresken nicht reiner Kunstimport sind. So sind die Arme zweier Engel mit parallel verlaufenden C-förmigen Linien und Ovalen ›ornamentalisiert‹. Dies weist auf einen Kreis von Miniaturen der vorkarolingisch-irischen Phase und hat seinen Vorläufer in der Buchmalerei des späten 8. und frühen 9. Jahrhundert, wo wir ähnliche Stilisierungen finden. Wie man sich hinsichtlich der hier aufgeworfenen Stilprobleme und der Herkunft des Malers auch entscheiden wird, die 1961 entdeckten und dann freigelegten Fresken stellen eine der bedeutendsten Entdeckungen karolingischer Wandmalerei dar. Sie haben auch in der Fachwelt schon eine lebhafte Debatte ausgelöst.

Heute ist das Obergeschoß der Vorhalle zum Museum ausgestaltet. Hier wurden die originalgetreuen Kopien jener romanischen Fresken aufgestellt, die etwa gleichzeitig mit den Torhallenfresken über den Gewölben (Gewölbetaschen) des Münsters entdeckt wurden. Auch diese Fresken, Reste der um 1160 geschaffenen romanischen Ausmalung des Hochschiffs des Münsters, sind als Zeugnisse hochromanischer Monumentmalerei von großem Interesse. Die Originale sind in situ nicht zugänglich, jedoch sind uns weitere Teile dieser hochromanischen Ausmalung im Münster selbst, auf der Unterseite einzelner Arkaden erhalten.

Das Münster Sankt Maria zeigt sich vom Torbau aus als querliegender, nach Osten orientierter Baukörper. Er wird nordwestlich durch den freistehenden achteckigen Turm (›Campanile‹) flankiert, der in seinem Ursprung auf die Zeit um 1150 zurückgehen dürfte. Die Kirche wird durch das romanische Laienportal an der Nordseite betreten. An der Westmauer des heutigen Vorhauses und etwa in der Breite des Westwerks der Kirche verlief ein längerer Trakt der spätkarolingischen Klosterbauten (ca. 38 Meter nach Norden hin). Weitere Teile des Ursprungsbaues wurden an der Südmauer und Ostmauer des Westwerks und unter dem Triumphbogen der Vierung entdeckt.

Das romanische Nordportal ist eine urtümliche Arbeit, im Bogenfeld Flecht- und Blattwerk, an den Seiten Säulen mit Fratzen und Löwen. Die eisenbeschlagene Tür weist noch einen romanischen Türklopfer mit Löwenkopf auf. Der Innenraum zeigt eine dreischiffige romanische Basilika mit Westwerk und Vierung, sowie Vierungsumgang. Daran schließt sich der stark eingezogene gotische Chor. Die spätkarolingische Vorgängerkirche ist als einfacher Saalraum in der Breite des Mittelschiffs anzunehmen mit Einschluß der gleich breiten Vierung. Bei den spätgotischen Umbaumaßnahmen wurden den romanischen Langhauspfeilern rechteckige Stützpfeiler mit gekehlten Ecken vorgelegt. Die Seitenschiffgewölbe durch Meister Jörg von Schnaitsee 1472 aufgeführt, das Mittelschiff 1476 durch Hans Lauffer aus Landshut gewölbt. Der Eindruck des romanischen Raumes ist im Langhaus durch die Proportionen und die drei kräftigen, freistehenden Pfeilerpaare mit halbrunden Vorlagen, die oben trapezförmig abgeschrägt in den Leibungsbogen übergehen, noch gewahrt. Der rechteckige Vorchor mit doppelgeschossigem Umgang wird als ältester Chorumgang in Süddeutschland angesprochen. An den Leibungen die erwähnten, 1929 freigelegten romanischen Fresken: in der östlichen Bogenleibung Brustbild Christi zwischen zwei Engeln, abwärts zwei weitere halbfigurige Engel in strenger Frontalität, dann ganzfigurige Maria und Martha, in der Südarkade wieder Engelhalbfiguren (Seraphim) mit kreisrunden Nimben, formelhaft gezeichneten Gesichtern und ausdrucksvollen Gesten, Paare trinkender Vögel, in der nördlichen Arkade Tauben in Vierpässen. Die Fresken stehen in nächster Beziehung zu den Halbfiguren in der Vorhalle der Nonnbergkirche in Salzburg, dürften jedoch etwas später anzusetzen sein. Die Altarausstattung des Münsters ist ziemlich einheitlich aus dem späten 17. Jahrhundert: der Hochaltar in feierlichem Schwarzgold von 1694 mit den Figuren Sankt Benedikt und Scholastika. Die Kanzel von 1662.

Der Name *Herrenchiemsee* besagt, daß hier ein Männerkloster gegenüber dem Frauenkloster auf Frauenchiemsee bestand. Die aufeinander zugeordnete Insellage der beiden Klöster spricht heute noch für eine gleichzeitige und geschichtlich miteinander verknüpfte Entstehungsgeschichte. Vom Historischen her und von der Bedeutung gesehen, besitzt Herrenchiemsee das Primat. Die Herren waren Augustinerchorherren, die der Salzburger Erzbischof Konrad 1130 hier ansässig machte. Hartmann, einer der führenden Persönlichkeiten der Reformbewegung der süddeutschen Augustinerchorherren, wurde als Gründerabt eingesetzt. Er hat später als Bischof von Brixen das Chorherrenstift Neustift ins Leben gerufen. Der gewaltige Salzburger Erzbischof Eberhard II. erhob dann Herrenchiemsee – gleichzeitig mit Seckau und Lavant – zu einem Salzburger Eigenbistum (zwischen 1213 und 1218).

Seit Rüdiger von Radeck, dem ersten Bischof von Chiemsee, nehmen die Chiemseebischöfe die Ämter des Weihbischofs und des Generalvikars der Salzburger Diözese ein. Die Herrenchiemseer Stiftskirche erhielt damit den Rang einer Domkirche.

Herrenchiemsee hatte jedoch schon im Frühmittelalter eine bedeutsame Rolle gespielt. Es ist ein Beispiel bayerischer Klosterkultur und bewegter Geschichte, die hier in einzelnen sich ablösenden (bisher faßbaren) Schichten von 782 bis zur Säkularisation von 1803 reicht.

Am 1. September 782 (wenn die Zeitrechnung richtig ist) wurde die Klosterkirche Herrenchiemsee von dem bedeutenden Oberhirten Virgil von Salzburg geweiht. Es war zum Missionskloster für Kärnten-Karantanien bestimmt, und als solches war es von Herzog Tassilo III. gefördert worden. Nach Tassilos Sturz im Jahre 788 schenkte Karl der Große das Kloster seinem Freund Erzbischof Angilram von Metz als Eigenkloster. 891 gab König Arnulf das Kloster der Salzburger Kirche als Eigenkloster zurück, während Frauenchiemsee weiterhin Reichskloster verblieb.

Im Ungarneinfall von 907 wurde das klösterliche Leben auf den Inseln ausgelöscht. Es blieb still auf der Insel, bis 1130 die Augustinerchorherrn kamen.

Die hochmittelalterliche Klosteranlage des 12. Jahrhunderts, die bereits Vorläufer des 8. und des 9. Jahrhunderts hatte, wird gegenwärtig durch archäologische Grabungen erforscht. Von diesen Ausgrabungen darf man sich bedeutsame Aufschlüsse über

die Entstehungsgeschichte einer Klosteranlage vom Frühmittelalter bis zum Hochmittelalter erwarten, denn zum Glück ist das
Areal später nur teilweise überbaut worden.

Was vom Kloster heute noch aufrecht steht und damit auch
vom einstigen Bistum kündet, entstammt dem Barock. Aber auch
diese Bauten wie der Alte Dom – im Knechtsgewand der Säkularisation – sprechen eine eindringliche Sprache. Eine Ansicht
der spätgotischen Domkirche überliefert uns Merian.

Sie wurde durch den barocken Neubau unter Propst Rupert
Kögl von 1676-1678 ersetzt. Der junge Lorenzo Sciasca erhielt
den Auftrag und führte den Bau (ohne Unterrichtung seines
Meisters Caspar Zuccalli) aus. Der Inseldom von Herrenwörth
war der erste selbständige große Bau, den Sciasca im Chiemgau
durchführte. Das System schloß sich Sankt Oswald in Traunstein
an: ein Langhaus mit drei Gewölbejochen, starken Wandpfeilern
und Kapellen mit Emporen und Quertonnen. Der Hauptraum
mit einer Tonne mit Stichkappen gewölbt. Daran schloß sich
der nur wenig eingezogene Chor mit Apsidenschluß (dieser wurde
um 1820, als das Langhaus zum Sudraum einer Brauerei herabgewürdigt wurde, abgebrochen). Das Langhausgewölbe erhielt
sparsamen, jedoch kraftvollen Italienerstuck, der ein System von
Feldern für Deckenmalerei freiließ. Die heutigen schwerbeschä-
digten Deckenfresken schildern Szenen aus dem Leben des Heiligen Augustin und die Fußwaschung und sind von Josef Eder,
Maler zu Velburg, 1795 und 1796 geschaffen. Der Oberbau der
beiden im Kern noch mittelalterlichen Westtürme der Domkirche
wurde abgetragen, die Krypta nach 1818 als Bierkeller genützt,
die Westfassade arg verstümmelt.

Erhalten sind die Klostergebäude – jetzt das ›Alte Schloß‹
genannt. Eine quadratische Anlage, die unter Propst Ersenius
(1629-1653) errichtet wurde und deren Ostflügel 1645 von Jakob
Kurrer erbaut wurde. Darin der Kaisersaal mit seiner um 1700
vorgenommenen reichen Ausstattung und die zweischiffige Bibliothek mit Rokokodekoration von 1735.

Die Pfarrkirche Sankt Maria blieb unberührt. Sie ist ein kleiner
im Kern noch gotischer Tuffsteinbau, der um 1632 verändert
wurde. Die schöne Kasettendecke in Schwarz und Gold mit
Gemälden stammt von diesem Umbau.

Auf der Suche nach einem idealen Bauplatz für sein *Neues Schloß*, das ein neues ›Versailles‹ werden sollte, wurde König Ludwig II. durch einen Zufall auf die Insel Herrenchiemsee aufmerksam. Die öffentlichen Proteste gegen das Abholzen des Baumbestandes durch die privaten Besitzer seit der Säkularisation von 1803 veranlaßten ihn, 1873 die Herreninsel zu kaufen. Dabei hatte er zunächst an ein Traumschloß auf einer Insel oder einem Territorium in der ganzen Welt gedacht, unter anderem auf der Insel Mallorca. Für den Chiemsee hatte er keine besondere Patience, denn er war ihm vermutlich von Jugend an nicht vertraut genug und von seinen geliebten Bergen zu weit entfernt. So heißt es in der Korrespondenz mit Bürkel (vom 29. September 1881): »Seine Majestät seien für die hiesige Gegend sowohl als für den See nicht eingenommen und hätten für beide keine Vorliebe. Die Kunst allein müsse dieses Unangenehme angenehm machen, und Gegend und See vergessen machen.«

Von 1875 bis 1881 (dem Jahr dieses Schreibens) hatte Ludwig Herrenchiemsee kein einzige Mal besucht. Wechselnden Stimmungen unterworfen, mochte sich die anfängliche Sympathie für die Insel, der möglicherweise etwas übereilte Kauf, fast zu einer Antipathie gesteigert haben. Doch zum Glück war im Jahr 1878 (am 21. Mai) bereits der Grundstein zum Neuen Schloß gelegt worden. Das Schloß sollte mit einem Aufwand von sechseinhalb Millionen Gulden innerhalb von sechzehn Jahren vollendet sein.

Die Planungen Georg von Dollmanns sahen nichts weniger als eine Kopie des Schloßes Versailles in seiner ganzen Ausdehnung vor. Da jedoch das Versailler Schloß aus älteren Teilen im Stile Ludwigs XIV. gewachsen war und bis ins 19. Jahrhundert hinein Veränderungen erfahren hatte, wurde man bei den Planungen zu einer Neuschöpfung »im Geiste des Styles«, das heißt im Sinne des 19. Jahrhunderts gezwungen. Gesamterscheinung und Grundriß geben uns ein reguliertes Versailles (man stellte sogar kunsthistorische Forschungen über den ursprünglichen Zustand an), also kopierte Teile des Fassadenaufrisses, innerhalb einer sich zwangsläufig und eigengesetzlich entwickelten Planung.

Ähnliches gilt für die Anlage des Parks, bei der man sozusagen das Netz des rekonstruierten Parks von Versailles den Gegebenheiten der Insel anzupassen suchte. Auch dabei entstand etwas grundsätzlich Neues. Ein Barockgarten, der von altem hohen Baumbestand umschlossen ist, dessen Hauptkanal in den See mündet, Achsen die sich totlaufen. Der Park ist die Leistung des Hofgartendirektors Karl von Effner.

Im Jahre 1881 konnte der König bereits den im Rohbau erstellten Haupttrakt mit der Großen Galerie und dem Paradeschlafzimmer besichtigen. Dollmann, der die Bauleitung hatte, wurde zum Hofoberbaudirektor ernannt und mit dem Verdienstorden vom Heiligen Michael (Komturkreuz) ausgezeichnet. Bei der Ausstattung der Räume ging man – so weit es die Einhaltung der Termine erlaubte – zunächst sehr gewissenhaft vor, versuchte den Wünschen des Königs in allem zu entsprechen, was oftmals schwer war. Der König gab sich dabei mit alten Stichvorlagen von Versailles nicht zufrieden, auch nicht mit den neuen Aufnahmen, zu denen man den Hoffotografen Albert eigens nach Paris gesandt hatte. Er verlangte zusätzliche Nachforschung in den zeitgenössischen Quellen über den Urzustand der Gemächer.

Dabei standen von Anfang an zwei Räume im Vordergrund: die Große Spiegelgalerie und das Paradeschlafzimmer. Das zentrale Thema bildete dabei immer wieder die Malerei und die Farbgestaltung. So hatte Dollmann bereits im Jahre 1875 den Maler Georg Schwoiser nach Paris mitgenommen, der »den Charakter der dortigen Malerei fest in sich aufnehmen sollte« (Korrespondenz Düfflip vom 3. August 1875). Zur Gestaltung der Decke wurde 1879 ein Trupp von Malern studienhalber nach Versailles geschickt.

Bei der Besichtigung der vollendeten Galerie Ende September 1881 herrschte noch Übereinstimmung mit dem Architekten, ja Hochstimmung beim König. Wenig später mußte Ludwig an Hand von Kupferstichen feststellen, daß es bei zwei Bildern zur Verwechslung gekommen war. Seine Majestät nahm an, daß dies bei mehreren Bildern der Fall sein könnte und sah darin »etwas schreckliches«, das er nie verzeihen könne. Nun hagelte es Kritik, vor allem bei der Farbgestaltung. Der König vermißte sein geliebtes Blau (die Symbolfarbe, die ihm von der Mutter schon zugeteilt wurde), das Kolorit der Großen Galerie erschien ihm zu blaß, das Gold zu grell-gelb. Er wünschte Rotgold, usw. Einwände Dollmanns ließ der König nicht gelten.

Der Maler Franz Widmann zeichnet unter Leitung Dollmanns für die Entwurfszeichnungen der Paradezimmer verantwortlich. Der Bildhauer Philipp Peron war für die skulpturale Gestaltung eingesetzt. Die Entwürfe für Bronzen und Zinnguß stammen meist von Franz Brochier.

Das Treppenhaus des Südflügels entstand als Rekonstruktion der 1671 von François d'Orbay errichteten, 1752 zerstörten ›Escalier des Ambassadeurs‹ in Versailles. Bezeichnend jedoch, daß man es mit dem Charakter einer Kopie zu vereinbaren glaubte, dieses Treppenhaus mit einem modernen Glasdach zu überdecken, ähnlich dem Innenraum der Walhalla Ludwigs I. Neben dem großen Appartement im Stil Louis quatorze kam dann doch ein kleines Appartement im Stil Louis quinze, das trotz aller Versuche, nach französischem Muster zu bauen, dem Deuxième Rococo von Schloß Linderhof geschwisterlich verwandt erscheint. Das ovale Speisezimmer lehnte sich (auch in der Dekoration der Wände) an den ovalen Salon im Pariser Hôtel de Soubise an.

Seit 1884 hatte der schon vorher in Herrenchiemsee tätige Julius Hofmann den in Ungnade gefallenen Georg Dollmann in der Bauleitung abgelöst. Sein Hauptmitarbeiter Eugen Drollinger schuf die Entwürfe zu den originellsten Räumen, das Porzellankabinett, den Hellblauen Salon und dem im Erdgeschoß neben dem Bad gelegenen Rosa Salon. Zum Roten Paradeschlafzimmer kam noch das Kleine Schlafzimmer in der Lieblingsfarbe des Königs: blau. Jahrelang experimentierte man mit der Beleuchtung, bis der König zufrieden war. Eine blaue Kugel taucht den Raum in unwirkliches blaues Licht.

Vom 7. bis 16. September 1885 hatte der König das Schloß (das Kleine Appartement) zum ersten und letzten Mal bewohnt. Kurz danach mußten die Arbeiten am Schloßbau eingestellt werden. Der Architekt Hofmann, eine Reihe gut organisierte Werkstätten und ein Heer tüchtiger Kunsthandwerker und Arbeiter waren arbeitslos geworden.

Und doch konnten die wesentlichen Raumgruppen – die nördliche Treppe ausgenommen – vollendet werden. Die ursprünglich geplante Hofkirche wurde nicht ausgeführt.

Der Bau des Schlosses entfaltet sich auf hufeisenförmigem Grundriß, umschließt also einen Cour d'honneur nach Versailler Vorbild.

Dreigeschossig wächst die Hauptfassade heraus. Die Balkonrisalite werden von allegorischen Figuren (Tugenden, Stände, Wissenschaften und Künste) bekrönt. Dabei weicht die Fassadengestaltung des Ehrenhofes vom Versailler Vorbild ab. Der plastische Schmuck über der Eingangsfassade auf der Dachbalustrade versinnbildlicht Krieg und Frieden. Er ist von Franz Widmann entworfen und meist von Michael Wagmüller ausgeführt. Die Gartenfront folgt im Aufbau dem Versailler Vorbild, geht jedoch im bildnerischen Schmuck eigene Wege.

Ursprünglich war eine die ganze Insel erfassende Gartengestaltung nach Versailler Muster geplant. Der durch Karl von Effner angelegte Garten beschränkt sich auf eine Parterrezone, in terassenförmigen Abschnitten, westlich vor dem Schloß, mit Zier- und Ornamentfeldern, dem Latonabrunnen und dem Apollobassin. Die Rohrleitungen der Brunnen, die man später wieder herausgerissen hatte, werden heute durch die Verwaltung der bayerischen Schlösser, Gärten und Seen, wieder installiert.

Die Bildhauer der zahlreichen Gartenplastiken sind Wilhelm von Ruemann (der Vater des Münchner Kunsthistorikers Arthur Ruemann), Rudolf Maison, J. Dressel und Carl Fischer. Die Marmorfigur des Latonabrunnens ist eine Kopie des Versailler Vorbildes von Johann Hauttmann 1883 (er ist der Vater des bayerischen Kunsthistorikers Max Hauttmann).

Wer nur die drei Königsschlösser kennt, wird mit Erstaunen feststellen, daß die Baugesinnung des Königs, die nach Hans Gerhard Evers im Schatten der großen Worte »Tod – Macht – Zeit« steht, bis an die Grenze des Möglichen und Erfüllbaren vorstieß und die Utopie einer ›Weltarchitektur‹ zum Ziel hatte. Es gibt neben dem Maurischen Pavillon in Linderhof Projekte für Bauten im marokkanischen, byzantinischen, persischen Stil, die der lebhaften Beschäftigung des Königs mit den Dichtungen dieser orientalischen Völker entspringen. Ludwig II. holt hier nach, was für den Europäer Ludwig I. noch außerhalb des Gesichtskreises gelegen ist. Das meiste wurde jedoch nicht verwirklicht.

Die durch Ludwigs Baumanie wiedererweckten kunsthandwerklichen Fähigkeiten und kunsthistorischen Kenntnisse wurden nach der Einstellung seiner Bauten anderweitig fruchtbar.

Aus Malergesellen wurden Rahmenmacher und Vergolder, Bildhauersöhne wurden Krippenbauer oder wandten sich der Kunstgeschichte zu, die Söhne der Hofgärtner wurden Maler (Ludwig Scharl), die Dichterin Annette Kolb war die Tochter eines Hofgärtners und einer Französin, die der Vater in Frankreich kennengelernt hatte.

Gotik im Chiemgau

Die Sitzende Seeoner Madonna, Glanzstück des gotischen Saals im Bayerischen Nationalmuseum, hat durch ihren festtägig-strahlenden Ausdruck von jeher viele Freunde gehabt und wir wissen heute etwas mehr über sie als noch vor einigen Jahrzehnten. Auch das Werk des Meisters des Rabendener Altars ist um vieles klarer und durch Forscherarbeit erweitert worden. Aber fragen wir einmal, ob diese Chiemgauer Spätgotik von 1400 bis etwa 1530 noch in ihrer Ursprungslandschaft anzutreffen ist. Sie ist es!

Die *Streichenkapelle* über Schleching, die man – zum Glück – im letzten Abschnitt zu Fuß erwandern muß, ist gewiß der schönste und gemäßeste Ausgangspunkt einer Rundreise um den Chiemsee auf den Spuren der Gotik.

Das Zollhaus von Wagrein darf uns dabei nicht erschrecken: es geht vor der Schranke links steil hinauf bis zur Einmündung in eine schmale Straße, an der ein Parkplatz geschaffen wurde. Dann den Berghang entlang, durch Bergwald und offene Lichtungen – bis dann auf schmalem Bergrücken das feingliedrige Kirchlein mit dem schlanken Dachreiter auftaucht. Beim Berggasthof erhält man den Schlüssel. Droben dann ein herrlicher Ausblick auf die gezackte Bergkulisse des Wilden Kaiser. Frei atmet sichs hier. Der Bergsporn heißt Achberg und in der Nähe der Kirche, hoch über ihr sind die Reste einer Burg erhalten. Tritt man sodann in die Kirche ein, so nimmt uns ein heller, rechteckiger saalartiger Raum auf, der mit einer (neuen) hölzernen Flachdecke versehen ist, dessen Wandungen aber über und über mit Fresken bedeckt sind. Wie ein Teppich ziehen sich die gerahmten Bildfelder hin und auch der gewölbte Chor ist mit Fresken der Zeit um 1510 bedeckt. Die seit 1943 vollständig freigelegten Wandfelder zeigen sicher komponierte Szenen aus der Legende des Kirchenpatrons, darunter eine Anbetung der Könige und den Englischen Gruß, an der Nordwand ein riesiger Christophorus. Diese mit Verve und feinstem Farbempfinden gemalten Fresken sind wohl von einem Salzburger Meister der Zeit um 1440 geschaffen worden, ein Künstler, der die Freskomalerei in Südtirol und Verona gekannt haben müßte.

Zwei größere spätgotische Flügelaltäre und zwei kleinere Altäre sind uns hier erhalten. Sie wurden nach der Restaurierung mit Einfühlung in die stilgemäße Einheit des Innenraums hier aufgestellt. Der Hochaltar von 1524 und der Altar an der Nordwand von 1523 zeigen in Figurenwerk, Reliefs und Malerei die volkstümlich-frische Note des südostbayerisch-salzburgischen Lokalstils, herzhafte Schnitzerei und tüchtiges Malwerk, wie es Lokalmeistern eben aus den Händen geht.

Ein Kleinod von kunstgeschichtlichem Rang stellt der kleine Seitenaltar dar: der in der Fachwelt sogenannte Streichenkasten. Es ist dies ein Kastenaltärchen, das im Schrein die höfisch-geschmeidigen Figuren des Heiligen Petrus und des Heiligen Nikolaus zeigt, und auf den vier beweglichen Flügeln acht außergewöhnlich feine Gemälde des ausklingenden Weichen Stils um 1420. Es sind zierliche und sehr anmutige Heiligengestalten vor blauem gestirnten Hintergrund: Sebastian von Pfeilen durchbohrt, Maria mit Kind, Ursula mit Pfeil, Laurentius mit Rost; auf der Rück- oder Außenseite der Flügel: Agnes mit Lamm, Erasmus mit Pfriemen unter seinen Fingernägeln, Elisabeth mit Krug und Brotlaib und Nikolaus mit Goldkugeln. In ihrem kräftigen Kolorit, mit dem Vorherrschen von rot-grün Tönen, erinnern die Malereien an die Tafeln des Meisters von Wittingau in Südböhmen, und wie bei den Fresken vermeint man auch hier den Einfluß Veronas, vor allem Altichieros zu verspüren.

Die Kirche besitzt noch einige spätgotische gemalte Fensterscheiben und das mit Flachschnittornamentik gezierte auf beiden Seiten des Chors aufgestellte spätgotische Chorgestühl.

Auf dem Rückweg haben wir die Rokokokirche Schleching oft vor Augen, jedoch wird man sich diese wahrhaft elegant zu nennende Bauschöpfung Abraham Millauers, die als Vorstufe zu Ruhpolding zu werten ist, einmal gesondert anschauen, denn wir bleiben ja auf den Spuren der Gotik. Wir durchfahren Marquartstein mit seinem Burgschloß, Grassau mit seiner spätgotischen

Hallenkirche und dem bayerisch-österreichischen Wappenportal am Turm, Bernau mit seinem Alten Wirt, den schönen Eck-Erkern. Erst kurz vor Prien wird es für uns wieder interessant. Hier zweigen wir dann links ab nach *Urschalling*: Eine vielbegangene Pilgerstraße zog hier in früher Zeit vorbei, wie das Jakobuspatronat vermuten läßt. Der schlichte einschiffige Kirchenbau mit zwei kreuzgratig gedeckten Gewölbejochen und eingezogener tonnengewölbter Apsis – Typ der romanischen Landkirche – besitzt einen sämtliche Wände bedeckenden Zyklus von Wandmalereien, der 1930-1942 erstmals aufgedeckt werden konnte. Die Fresken sind großenteils frühgotisch und aus der Zeit um 1380. Jedoch liegt unter den gotischen Fresken – als Zeichen einer immer schon vorhandenen Bilderfrömmigkeit – ein wahrscheinlich vollständiger Zyklus romanischer Fresken der Zeit um 1200. Von diesen ist der Sündenfall der Stammeltern Adam und Eva unter dem unglaublich hart stilisierten Paradiesesbaum – die Blätter sind Punktreihen auf dünnen Stengeln – und der in der Krone hockenden Schlange an der Nordwand des Altarraumes freigelegt. Von den gotischen Fresken ist zu sagen, daß sie die Stilstufe der Wandmalerei rund 20 Jahre vor der Ausmalung der Streichenkapelle in einer mehr lokalen Spielart repräsentieren. Der Maler ist gebunden an sein dekoratives System, in das er die Einzelfigur einbindet. Er scheut sich auch nicht, für trennende Bänder, Architekturteile und für Gewänder Schablonen zu benutzen, die die Arbeit schneller vonstatten gehen lassen. In der Apsis sehen wir – wie in romanischer Zeit – Christus als Weltenrichter in der Mandorla – umgeben von großen Evangelistensymbolen. Darunter seitlich des schlitzartigen Ostfensters je fünf Apostel. Auf den Gurtbogen der Apsis die Klugen und Törichten Jungfrauen. Am unteren Teil der Pfeiler: Evangelisten, Maria Magdalena, Heilige und Apostel. Im Altarraum: Meßgeräte, Antonius Eremita und der Heilige Nikolaus, die Muttergottes mit den Heiligen Katharina und Barbara, sowie die Verkündigung. Unten: die Heiligen Norbert und Paulus, Anbetung der Könige, sowie die Heiligen Laurentius und Stephanus, das Schweißtuch der Veronika und die Thronende Muttergottes. Im Gewölbe dann durch kreuzförmige, die Grate betonende Bänder getrennt: Moses vor dem brennenden Dornbusch, in dem die

Muttergottes mit Kind erscheint, zwei große Engel, Abraham mit drei Engeln, David und Salomon, Propheten. Am Triumphbogen die beschädigten Darstellungen des Heiligen Oswald, Christophorus, darüber Kain und Abel. Im zweiten Joch finden wir Passionszenen, die Vorhölle, Tod und Himmelfahrt Mariens. Auf den Wandpfeilern ein heiliger Fürst, die Heiligen Rupert, Veit und Valentin. Im Gewölbe, das in acht Segmente geteilt ist, die Medaillons mit den Halbfiguren heiliger Frauen.

Auf der schlichten Mensa des Hochaltars drei anmutige spätgotische Figuren: die Sitzende Muttergottes mit Kind zwischen den Heiligen Katharina und Barbara: Chiemgauer Werkstatt, um 1490.

Dies alles ergibt einen gotischen Himmel der Heiligen und Patrone, eine Gesamtausstattung – die, wenn auch verblaßt – noch als eine ›Biblia pauperum‹ zu lesen ist.

Die Geheimnisse des runden Schalensteins mit sieben runden Löchern und einem wulstartigen Rand, vermögen wir nicht zu enträtseln. Er dürfte romanisch sein und noch im Mittelalter kultischen kirchlichen Zwecken gedient haben.

Dann nach Sankt Florian bei Frasdorf! Durch eine der landschaftlich schönsten Strecken oder auch über die Straße im Priental (Schloß Wildenwart am Steilrand des Tales) zu erreichen. Wer über Umrathshausen fährt, der sollte sich die kurze Wegstrecke zum hochgelegenen Weiler *Höhenberg* vormerken: die ehemalige *Wallfahrtskirche Heilig Kreuz* besitzt zwei Schnitzaltäre einer Chiemgauer Werkstatt aus dem Umkreis des Meisters von Rabenden, entstanden um 1510.

Die *Wallfahrtskirche Sankt Florian* schließlich, wie man sie von Nordosten kommend erblickt, ist die sprichwörtliche Chiemgauer Idylle, denn zur Schlichtheit der inmitten eines weiten Wiesenplans auf einem Hügel gelegenen Kirche kommt noch der Zauber der Berglandschaft, die den Hintergrund gibt: Hochfelln und Hochgern im Osten, Kampenwand in der Mitte, Hochries und Samerberg im Westen, davor die Dörfer Aschau, Leitenberg und Umratshausen, wie in einen Bildteppich hineingestickt.

Eine kleine achteckige Brunnenkapelle mit Schindeldach vor der Kirche erinnert uns an den mit der Verehrung des großen Bauernpatrons verbundenen Quellenkult. Die Tiere, die seinen

Leichnam fortführten, wurden nach der Legende von einer wundersam entsprungenen Quelle gelabt.

Die Kirche ist aus Granit gebaut, um 1500-1532. Ein Schiff von drei Jochen mit weitmaschigen Netzgewölben, Wandpfeiler und Kragsteine. Der Altarraum eingezogen mit dreiseitigem Schluß und schönen Netzgewölben auf Runddiensten.

In diesem Altarraum steht einer der besten, reichsten Flügelaltäre der Chiemgauer Spätgotik aus dem Anfang des 16. Jahrhunderts. Die Heilige Annaselbdritt im Schrein, zu ihren Seiten Sankt Florian und Sankt Wolfgang. Das Mütterliche, das Kecke und das Feierliche ist bei den Figuren – vor allem in den Köpfen reizvoll zum Ausdruck gebracht. Flügelreliefs mit drastisch erzählenden Szenen aus dem Leben des Heiligen Florian. Und Tafelbilder, die erstaunlich gut und anschaulich die Passion Christi schildern.

Das im nördlichen Chiemgau liegende *Halfing*, Marienwallfahrtsort, wird man nicht vergessen dürfen. Besitzt es doch in seinem barocken Hochaltar von Georg Andreas Dietrich, auf dem Tabernakel, ein Gnadenbild, das als Schwesterwerk der Seeoner Madonna zu betrachten ist: Maria im Moos! Noch volksnaher erscheint diese Muttergottes mit Kind durch das verspielte Motiv, daß der Jesusknabe mit der linken Hand in das Kopftuch greift und in der Rechten den Apfel hält. Eine stattliche Zahl von Votivbildern ist hier aufbewahrt.

Schloß Amerang grüßt mit seinen an Tüßling und Schwindegg erinnernden Eckzwiebeltürmen. Es ist das älteste in der Reihe der ostoberbayerischen Landschlösser. Heute den Crailsheim gehörend und durch seine sommerlichen Schloßkonzerte beliebt, besitzt es Erinnerungen an die letzten Scaliger, die hier als Herren von der Leiter ausgestorben sind. Einer von ihnen, Nikodemus della Scala, Bischof von Freising, hat im Jahre 1443 den ehemaligen Freisinger Hochaltar des Jakob Kaschauer errichten lassen, dessen Hauptfigur eines der Glanzstücke des Bayerischen Nationalmuseums ist: die Kaschauer-Madonna!

In Amerang – oder besser am Ortsrand von ihm – müssen wir uns eine Weile von der Gotik trennen. Amerang hat nämlich seit 1977 sein ›*Ostoberbayerisches Bauernhausmuseum*‹. Es ist aus der Notwendigkeit gewachsen, hier die Hauslandschaften des östlichen Oberbayern in ihrer Ursprungslandschaft zu sammeln und zu präsentieren. In der Glentleiten war uns schon aufgefallen, daß mit die schönsten Beispiele aus dieser Gegend stammen. Der Mittertennbau etwa, bei dem Wohn- und Stall-Stadelteil durch eine querlaufende Tenne getrennt sind, ist hier in Beispielen von Häusern aus Gessenhausen am Waginger See und aus Schnapping im Landkreis Laufen zu sehen. Auch der Vierseithof, die für das Innviertel, das östliche Niederbayern bis in den Chiemgau charakteristische Hofform, wird in einem Hof aus Bernöd im Landkreis Traunstein gezeigt. Über das ›Brechlbad‹ ist zu sagen, daß es ursprünglich ein bäuerliches Schwitzbad enthielt und nach dem Verbot solcher die ›Sittlichkeit‹ angeblich verletzenden Anlagen im späten 18. Jahrhundert von den Bauern als Hütte zum Dörren und Brechen des Flachses benutzt wurde.

Auch hier gibt es einen Maibaum, einen Dorfweiher, eine Schmiede, Bauerngarten und Schenke. Man orientiert sich auch nach dem musterhaft gewachsenen niederbayerischen Bauernhofmuseum in Massing bei Neumarkt-Sankt Veit. Mit ein wenig Wehmut bedenkt man jetzt freilich, daß die Höfe mit der seltenen Wandmalerei, der Schieblhof aus der Trostberger Gegend und der Mörnerhof aus Heretsham bei Traunstein vor Jahren schon auf Tiefladern nach Westoberbayern auf die Glentleiten bei Murnau transportiert worden sind. Aber es gibt noch genug Höfe im Fünfseenland des Chiemgaues bis ins Salzburger Flachland hinein, die zu retten sind. Unausdenkbar wäre allerdings die Vorstellung, hier im Bauernhofmuseum einmal auch den Hof ›Zum Gugg‹, das Stammhaus der Dientzenhofer bei Brannenburg zu finden. Mit anderen Worten: die Idee solcher Museen ist zweifellos gut und hat viele Höfe gerettet. Aber es sind ihr auch Grenzen gesetzt, die nicht nur von den an bestimmte Gegenden gebundenen und mit ihr verwachsenen Häusern, den Hauslandschaften bestimmt sind, sondern auch von Ehrwürde für das Unantastbare und von historischem Takt und Feingefühl. Über die Wahrung dieser Prämisse zu wachen ist die Aufgabe der Denkmalpflege.

In der *Pfarrkirche Sankt Nikolaus* in *Pittenhart*, die ehemals zum Kloster Seeon gehörte, sieht man zunächst nur drei Rokokoaltäre, darunter den Kreuzaltar von Johann Georg Lindt von

1766 (Zuschreibung). Ein hervorragendes Werk der Leinberger-Zeit ist der um 1525 geschnitzte Kruzifixus. Mit mächtigem Korpus, eingeschnürten Hüften und klobigen Füßen und dem vom Todeskampf gezeichneten Haupt erinnert er an die großen Kruzifixe des Landshuter Meisters in Moosburg und Erding. Erst wenn wir uns die kleineren Stücke betrachten, entdecken wir eine zierliche, ganz vergoldete Figur des Heiligen Erasmus mit der Winde an der südlichen Wand. Wie Hans Karl Ramisch herausgefunden hat, haben wir in dieser köstlichen Schnitzfigur ein sehr wertvolles Schnitzwerk der Zeit um 1400 vor uns, vermutlich die Assistenzfigur der berühmten Seeoner Madonna mit dem Kind, im Bayerischen Nationalmuseum. Bedeutend, weil hier zum erstenmal seit 1400 – der Zeit der ›Schönen Madonnen‹ und der höfischen Pietà, die ja noch isoliert auf den Altären gestanden haben – eine Dreiergruppe gebildet wird: die Thronende Muttergottes mit dem Kind, flankiert von zwei Heiligen. Das üppig herabfließende Faltenwerk des ›Weichen Stils‹, das etwas Steife der Haltung, die frische anspringende Lebendigkeit des Gesichts, die noch weitgehende Isolierung der Einzelfiguren – die Personen verbindet nur die Tatsache, daß sie nebeneinander stehen und in ihrer Größe und vielleicht im Bewegungszug zu einander komponiert sind – zeichnet diese Gruppe aus. Erasmus stützt sich auf seinen gewichtigen Stab und neigt sich nach links und hält mit der Linken die Winde. Er war also der linke Assistent der Thronenden Maria. Wie der Schrein ausgesehen haben könnte, können wir nur vermuten. In der Grundform mag er ein einfacher Kasten gewesen sein, vielleicht mit kleinen Wimpergen geschmückt und kleinen Fialen, etwa in der Art des Altars auf Schloß Tirol (Innsbruck, Museum Ferdinandeum). Wir sind gleich zu Beginn unserer Reise der Geburtsstunde des Schreinaltars nahegekommen, einem Initialwerk des Meisters der Seeoner Muttergottes begegnet, die heute als eines der Glanzstücke im Bayerischen Nationalmuseum steht.

In der spätgotischen Kirche zu *Sondermoning* lernen wir übrigens den ältesten Zweifigurenschrein Ostbayerns kennen. Er zeigt die beiden Kirchenpatrone Sankt Nikolaus und Johannes den Täufer im zweigeteilten Schrein, auf der Sonntagseite vier Reliefs aus dem Marienleben, im Gesprenge Sankt Johannes den Evangelisten. Der gut erhaltene Schnitzaltar weist eine gemalte Predella und Flügelmalereien auf. Er dürfte dem dritten Viertel des 15. Jahrhunderts angehören.

Von Pittenhart fahren wir nach *Kloster Seeon*. Sobald die eigenwillig gedrungene Doppelzwiebel über den nassen Wiesen am Seeoner See auftaucht, ist man von der Stimmung eines sehr alten Klosters gefangen. Eines Benediktinerklosters, das 924 erstmals urkundlich erwähnt wird. Eines Klosters, das die Aribonen gegründet haben und das von Sankt Emmeram in Regensburg aus besetzt worden ist. Bis ins 18. Jahrhundert hinein hat Seeon geblüht, Kunst und Wissenschaft fanden hier eine Pflegestätte, Haydn und Mozart waren seine Gäste. Fünfzig Jahre nach der Säkularisation kam es in den Besitz der Herzöge von Leuchtenberg, deren Familienmitglieder auf dem Seeoner Friedhof begraben sind.

Zuerst ein stimmungsvoller, wändiger Klosterhof, dann über die Freitreppe in die Kirche. Eine Vorhalle tut sich auf, das romanische Bogenportal mit gestuftem Gewände läßt einen Blick in die Kirche tun. Hier in der sich anschließenden Barbarakapelle, ein großes Lapidarium Inntaler Grabmalkunst. Das Hauptwerk: die Tumba des Pfalzgrafen Aribo, ein meisterhaftes frühes Werk, Hans Haider zugeschrieben. An den Wänden die Grabmäler der Äbte mit rassigen Köpfen.

Die *Klosterkirche Sankt Lambert* ruht auf romanischem Mauerwerk. Sie ist im 15. Jahrhundert gotisiert worden. Konrad Pürkhel aus Burghausen hat 1428-1430 die gotischen Gewölbe eingezogen. Aber es gibt noch ältere gotische Teile. Südlich der Kirche schließt sich der gotische Kreuzgang an. Hier liegen einige Kapellen. Gleich neben dem Chor – und heute als Sakristei benützt – die Marien- oder Laymingerkapelle, Grablege und wohl auch die Stiftung eines bedeutenden Inn-Salzachtaler Geschlechts. Mitglieder der Familie sind Dompröpste und Bischöfe in Passau gewesen. (Und Otto von Layming hat das feine Erasmuschörchen an die Herrenkapelle am Passauer Domkreuzgang angebaut; sein Werkmeister war Hans Krumenauer.) Feingliedrig wie die höfische Kunst um 1400 wirkt auch dieser Raum, diese Marienkapelle in Seeon, mit ihrer dreiteiligen, auf Marmorsäulen und Kielbogen ruhenden Westempore, 1392-1400 erbaut.

Wir sind im Bereich der Kunst um 1400, der ›Schönen Madonnen‹ und empfindsamen Vesperbilder. Eines der schönsten in ihrer Reihe – die zierliche, farbig gefaßte Pietà mit dem feinen geneigten Köpfchen, dem vergoldeten Haar – gelangte aus Seeon in das Bayerische Nationalmuseum, die ›Kleine Seeonerin‹ geheißen. Es ist anzunehmen, daß sie auf dem Altar der Marienkapelle gestanden hat. Möglich wäre es jedenfalls, daß sie von dem Passauer Dompropst Otto von Layming in Auftrag gegeben wurde, was darauf schließen ließe, daß der preziöse Erasmuschor der Herrenkapelle zu Passau einmal eine ähnliche Steinfigur besessen habe. Im Chor der Seeoner Kirche, der allerdings – laut Dehio – erst durch Pürkhel in den jetzigen Stand gebracht und um 1433 vollendet worden ist, könnte demnach die andere Seeonerin mit dem erwähnten Heiligen Erasmus und einer noch unbekannten Assistenzfigur gestanden haben, als Dreiergruppe einen eigenen Altar bildend.

Die *Pfarrkirche Sankt Lorenz* in *Obing*, gleichfalls Seeoner Besitz, erweist sich als eine recht stattliche Hallenkirche der Zeit um 1500 (1491 geweiht). Im Jahre 1868 hat man ihrem dreischiffigen und nur drei Joche umfassenden Langhaus die beiden westlichen Joche hinzugefügt. Von ursprünglicher Bauplastik sind uns im Chor interessante Büstenkragsteine erhalten, die an jene der Münchner Frauenkirche erinnern.

Aber das Schönste sind die drei lebensgroßen Schnitzfiguren im neugotischen Hochaltaraufbau: die Muttergottes mit Kind, flankiert von den Heiligen Laurentius und Jakobus.

Es sind Meisterwerke eines Schnitzers, den wir heute ›Meister von Rabenden‹ nennen, der jedoch besser ›Meister des Rabendener Altars‹ genannt würde, wie Jürgen Rohmeder – dem wir eine feine Monographie dieses Meisters verdanken – uns berichtigt. Die Muttergottes, etwa 184 cm hoch, in ihrer Rückseite gehöhlt, in neuer Fassung (wie auch die Flankenfiguren) ist die (metrisch) größte der Figuren des Meisters. Rohmeder datiert sie mit Hinweis auf die als Vorbild anzunehmende Marienfigur Tilman Riemenschneiders aus Würzburg (heute im Liebieghaus Frankfurt am Main) um 1520-25. Sie gilt sicher als eigenhändig.

Zur Werkgeschichte ist die Vermutung Peter von Bomhards von Interesse, daß der ehemalige Altar eine Stiftung des Abtes

Franziskus Wider von Seeon sei. Vor der Neuaufstellung der Figuren in der Kirche (um 1870) befanden sich die Flankenfiguren Sankt Laurentius und Jakobus in einer Feldkapelle der Umgebung, während sich die Marienfigur an der Nordwand im Kircheninneren befand. Die Muttergottes trägt ein langes bis zur Plinthe reichendes Gewand und setzt ihren linken Fuß auf die Mondsichel. Über dem Gewand fällt der Mantel in reicher, für den Meister typischer Knitterung vorne herab, rechts ein Gehänge von Röhrenfalten bildend. Maria trägt das Kind mit beiden Händen, wobei die Linke das Knie hält und die Rechte mit gespreizten Fingern die Hüfte bedeckt. Vom ovalen Haupt fällt das Kopftuch über das offene Haar, das Ende des Tuchs wird vom rechten Arm des Kindes gehalten und bildet eine schnittige halbkreisförmige Windung aus. Die Figur weist im Aufbau und Ausdruck nicht unwesentliche Unterschiede zur Würzburger Steinmadonna auf: so die breite Aufschlitzung des Mantels an der rechten Hüfte, die Betonung der rechten Hand, die spannkräftigere Haltung und stärkere räumliche Entfaltung. Riemenschneiders Figur (sie stammt von der Fassade eines Hauses der Stiftskurie in Würzburg) ist kleiner: 155 cm hoch. Es wäre denkbar, daß eine verlorengegangene Muttergottesfigur von Riemenschneider – oder eine graphische Vorlage – im Werkprozess dazwischenzuschalten ist.

Der Heilige Laurentius ist als Diakon gekleidet. Er trägt eine Dalmatica über dem Untergewand und dem Amiktus. Die Dalmatica wird vom linken Arm leicht gerafft. Die Linke hält ein geöffnetes Buch, die Rechte den Rost, das Marterinstrument. Der Aufbau der Figur wirkt frontaler als der der Muttergottes und des Jakobus. Charakteristisch der leicht geneigte, rechteckige Kopf mit dem melancholischen Gesichtsausdruck. Das reich gekräuselte, als Masse empfundene Haar legt sich wie ein Bienenschwarm um das Rechteck des Gesichtes. Die Durchbildung der Hände der Figuren weist wenig Beziehung zu Riemenschneiderschen Händen auf. Der Heilige Jakobus erreicht nicht ganz die Lebendigkeit und Frische der beiden anderen Figuren. In einen weiten Mantel gehüllt, den er über dem Untergewand trägt, mit Stiefeln und Beinkleidern und dem Pilgerhut mit der Pilgermuschel haftet ihm im Ausdruck etwas Förmlich-sentimentales an, wiewohl dieser Ausdruck den Figuren des Meisters auch eigen ist, wie wir in Rabenden noch sehen werden. Die Linke hält den Pilgerstab, die Rechte ein Buch.

Sein Hauptwerk ist der vollständig erhaltene Altar in Rabenden. Bevor wir ihn besuchen, werfen wir noch einen Blick auf den neugotischen Aufbau des Hochaltars von Obing. Obwohl dieser sicher der ursprünglichen monstranzartigen Retabelform nicht entspricht – und die Figuren statt in einen Schrein in ein selbständiges Gehäuse setzt – ist er eine beachtliche Leistung der Neugotik von 1871. Die Muttergottesfigur ist dabei erhöht aufgestellt. Es scheint, daß in dieser Isolierung der Figuren ein besonderes Kennzeichen der Neugotik liegt: nämlich die Auffassung der Figur als Denkmal.

Man ist immer wieder überrascht, wie bescheiden diese Sankt-Jakobus-Kirche in *Rabenden* an der Straße steht, die einmal römische Staatsstraße, dann Pilgerstraße war. Chor und Langhaus unter einem Dach, der Turm im 19. Jahrhundert im oberen Teil neugestaltet. Um so größer ist die Wirkung, wenn man durch den Friedhof in das Kirchenschiff eintritt, das ein Eisengitter unterteilt. Spätgotische Stimmung hat sich im Kirchenraum und seiner Ausstattung vollständig und fast unberührt erhalten.

Es ist der spätgotische Wandelaltar mit zwei Flügelpaaren und einem flachen Kielbogen geschlossenem Schrein, der sogleich den Blick auf sich zieht. Drei nicht sehr große, zierlich wirkende Schreinfiguren stehen auf hohen Postamenten, Sankt Jakobus als der Schutzheilige der Kirche, steht etwas erhöht in der Mitte, links von ihm der Heilige Simon, der sich auf sein Marterwerkzeug, die Säge, stützt, rechts der Heilige Judas Thaddäus, der sich der Hauptfigur zuwendet.

Lyrisch und verhalten hat man die Stimmung des *Altars von Rabenden* genannt, aber vielleicht macht es nur die Zartheit der Schnitzerei, des Laubwerks in den Baldachinen, das wie ein Gebüsch verschlungen ist; vielleicht macht es die ›Wellenbewegung‹ des oberen Abschlusses, die Zartheit und Durchsichtigkeit des Gesprenges, das in drei Türmchen aufwächst und die Figuren Johannes und Maria neben dem Gekreuzigten weist. Die Hauptfiguren sind von feiner, leicht bewegter Haltung, doch korrespondieren sie heimlich miteinander durch ein System von Bezugslinien und kaum merklichen Bewegungsaktionen durch die Richtung des Blicks, der bei Sankt Jakobus und Judas Thaddäus nach oben geht, während Simon mehr zum Beschauer blickt. Aller Ausdruck liegt in den Köpfen. Der Heilige Jakobus hat den Blick in schwärmerischer Hingabe hochgerissen, der Heilige Simon mit strähniger Haar- und Barttracht, prüfendem, realistischem, abgewendetem Blick. Willensbetont, ja leidenschaftlich der jugendlich bartlose Judas. Man hat die beiden Assistenzfiguren mit der Vita contemplativa und der Vita activa verglichen, des betrachtenden und handelnden Lebens.

Die Malereien auf den Flügeln sind dekorative Arbeiten ohne die Qualität der Schnitzarbeiten: Szenen aus dem Marienleben. Der gleiche Maler hat die Predella geschmückt, die noch gut erhalten ist; die Wappenschilde und Inschriften belegen als Stifter des Altares den Baumburger Propst Georg Dietrichinger (1488-1515) und den Baumburger Chorherren Gabriel Gessenberger, Pfarrer von Truchtlaching. Der Meister der Schnitzarbeiten, wohl auch der Verfertiger des Entwurfs, wird weiterhin der Meister des Altars von Rabenden heißen, obwohl sein Biograph Jürgen Rohmeder wesentliches über sein Werk zutage gefördert und die Werkreihe beträchtlich erweitert hat.

1855 wurde der Altar ›restauriert‹. Es wurden die heute noch zu sehenden Fassungen aufgetragen. 1945 wurden die Figuren kriegsbedingt in einem Silo versteckt. 1963 traf ein Blitzschlag den Altar und beschädigte ihn nicht unwesentlich. Die Rückseite des Schreins hat seither einen Riß.

Für die Datierung wird allgemein der Tod des Propstes Dietrichinger 1515 als ›terminus ante‹ angenommen. Jürgen Rohmeder entscheidet sich in seiner sorgfältigen Untersuchung für eine Entstehungszeit zwischen 1510 und 1515. Nach ihm geht der Aufbau des Altars auf Leinbergers Moosburger Retabel zurück und wird im Chiemgau weitergeführt durch den Altar in Sankt Florian bei Aschau. Der 1524 datierte Altar in Sankt Servatius am Streichen bei Schleching steht nach Rohmeder von der Anordnung des Gesprenges bis zu den Details in direkter Nachfolge des Rabender Altares. Auch dieser besitzt eine aufschiebbare Predella. Durch das Fehlen der Fialenspitzen und die korbartige Verflechtung der Gesprengetürme sehen wir allerdings hier in Streichen eine Beziehung zu Kefermarkt, wie auch die Schrein-

*form in Streichen dem Kriechbaum-Grasser-Kreis verwandt er-
scheint. Die Postamente und Sockel des Rabender Hochaltars sind
– wie Rohmeder mit Recht betont – mit denen des Altars in Kriestorf
bei Vilshofen verwandt. Doch ergeben sich auch Beziehungen zum
Hochaltar in Blaubeuren, dessen Predella ebenfalls aufschiebbar ist.
Der obere Abschluß des Schreins und analog der Flügel in Form eines
gedrückten Kielbogens, dürfte die verwandte Lösung bei Riemenschneiders Marienretabel zur Voraussetzung haben.*

So löst die Formgestalt des Rabender Retabels, dessen ursprünglicher Aufstellungsort nicht völlig gesichert ist (die Ver-
setzung aus einer anderen Kirche der Umgebung wurde vermutet
und hat gewisse Anhaltspunkte), ein Netz von Beziehungen aus,
oder vielmehr, es kreuzen sich in ihm Entwicklungslinien und
Einflüsse aus verschiedenen Richtungen, von denen die main-
fränkische wohl die nachdrücklichste ist.

*Von einem Mitarbeiter des Meisters von Rabenden dürfte der
südliche Seitenaltar mit der Standfigur des Heiligen Eustachius sein.
Auch er besitzt einen phantasievoll-schwingungsreichen Schreinab-
schluß in Form eines Baldachins, bei dem zwei Halbkreisschenkel
senkrecht aufeinanderstehen. Im auffällig hochgezogenen Gesprenge
die Figur des Christus Salvator. Die Struktur des Schreinabschlusses, in der Kielbogen und Segmentbogen miteinander verschränkt
sind, tritt etwa 1515-1520 gleichzeitig in dem Altar zu Mörlbach
auf, den Rohmeder zu den eigenhändigen Werkstattarbeiten des
Meisters rechnet, der jedoch eher einer eigenen nicht so qualitätsbe-
dacht arbeitenden Werkstatt angehört. Der nördliche Seitenaltar ist
im wesentlichen eine neugotische Schöpfung, bis auf die Standfigur,
eine Maria mit Kind, an der Merkmale von neugotischer Überarbei-
tung zu erkennen sind.*

Den Meister des südlichen Seitenaltars wird man sich merken.
Er ist deutlich durch das Werk des Hochaltarmeisters bestimmt,
ist aber naturhaft-kräftiger, ohne dessen Empfindlichkeit und
leichte Trauer des psychischen Ausdrucks. Im Faltenwurf ver-
einfacht er die Knitterbildungen. Sie haben nicht mehr die Schärfe von zerknülltem Silberpapier. Wir fragen, ob er nicht mit dem
Meister des Mörlbacher Altars identisch ist? Dann wäre dieser
als selbständige Leistung unter dem Einfluß des Rabender Altars
zu werten. Auch scheinen die beiden großen Reliefs im Innsbruk-

ker Landesmuseum – Beschneidung Christi und Heimsuchung – deutliche Stilbeziehungen zum Werk des Schnitzers des Mörlbacher Altars aufzuweisen. Sie sind 1414 datiert und mit »AT« signiert. In dem »Meister AT« hat Georg Lill mit ziemlicher Wahrscheinlichkeit den in Landshut Ende des 15. Jahrhunderts nachzuweisenden Bildschnitzer Andreas Taubenbeck erkannt.

In Zusammenhang mit der Identifizierung des Meisters wäre vielleicht noch genauer zu prüfen, ob die sehr feine Frührenaissancelaubwerkschnitzerei am Sockel des wohl erst um 1550-80 entstandenen, künstlerisch mäßigen Gnadenbildes in Tuntenhausen als späte Ausprägung mit dem Ornamentstil des Meisters von Rabenden in Einklang gebracht werden kann. In Zusammenhang mit dem vielleicht erst später geschnitzten Gnadenbild ist uns nämlich der Name Hans Kuenz von Rosenheim 1534 urkundlich genannt. Die Schnitzerei hat im Duktus viel Verwandtschaft mit dem Frührenaissancerahmen in der Pfarrkirche zu Innerthann bei Rosenheim. In Rosenheim selbst wird sich wohl keine archivalische Spur mehr finden lassen, da sämtliche Urkunden des Stadtarchivs aus dem fraglichen Zeitraum in den Stadtbränden vernichtet worden sind.

Eine erste Betrachtung und beschreibende Charakterisierung der drei Figuren des Rabendener Altars macht schon deutlich, daß wir hier den neben Erasmus Grasser bedeutendsten Bildschnitzer Oberbayerns vor uns haben. Seine eigenhändigen Werke und die von ihm abhängigen Filiationen sind weit verstreut. Von Rabenden als östlichstem Standort finden wir sie im Norden bis Ebersberg und Erding, im Westen bis München und Starnberg, gegen Süden bis an den nördlichen Rand der Alpen und dann tief ins Tirolische hinein, im Inntal bis Hall und bis Kitzbühel. Rohmeder ist es dabei gelungen, die Lücke zwischen Isar und Inn durch Neuzuschreibungen zu schließen. Ein Lokalmeister, wie wir einmal angenommen haben, scheint er jedoch nicht zu sein. Obwohl es durch nichts gesichert ist, darf man hypothetisch Rosenheim als Sitz seiner Werkstatt annehmen. Auf Grund seiner Verkehrslage und wirtschaftlichen Kraft könnte die Innstadt am ehesten den wirtschaftlichen Rückhalt für eine so rege produzierende Werkstatt geboten haben, wenigstens für einige Zeit. Eine Alternative (Werkstattverlegung?) böten Freising und München.

Als eigenhändige Werke seiner Hand nehmen wir heute (nach

Rohmeder) in der näheren Umgebung folgende Skulpturen an: eine sitzende Heilige Barbara in Ettal, eine Heilige Katharina in Burghausen (Staatliche Galerie, Leihgabe Bayerisches Nationalmuseum), die Kruzifixe in Lindkirchen und Haslach, ein Gnadenstuhl in Rosenheim (Heilig-Blut), das Fragment eines Engels in Gmund (Privatbesitz), ein sitzender Heiliger Jakobus in Rohrdorf (Pfarrkirche), die Muttergottes in Ischl bei Seeon und als Neuentdeckung (1981 von Siegmund Benker) einen Gottvater in der Pfarrkirche in Kirchheim, östlich von München. Ein kleines, qualitätvolles Altärchen mit zarter Laubwerkschnitzerei stammt aus Unterölkofen bei Ebersberg (heute im Bayerischen Nationalmuseum, München). Es ist 1517 datiert und weist auf der gemalten Predella die Jahreszahl 1520 und das Stifterwappen des Hildebrand von Kitscher und seiner Frau Barbara von Stadion auf. Wie von Bomhard festgestellt hat, war von Kitscher Pfleger in Rosenheim.

Dieses Altärchen weist eine besonders rassig geschnitzte Rankenornamentik auf: Maßwerk und Blattwerk und Distelblüten, im Charakter durchaus noch spätgotisch. Die Malerei der Predella zeigt jedoch schon deutlich den Einfluß der Renaissanceornamentik, wie er durch Altdorfer, Flötner sowie Augsburger und Nürnberger Stecher vermittelt werden konnte.

An der Traun

Die romantische Situation von *Stein an der Traun* ergibt sich aus dem nahen Übereinanderstand von drei Schlössern. Georg Hager beschreibt dies so: *»Das Schloß besteht aus drei Theilen, die sich über einander aufbauen: dem unteren Schloß, dem Felsenschloß und dem Hochschloß. Das untere Schloß [jetzt modernisiert] liegt im Traunthale und lehnt sich an den senkrechten, ca. 48 m hohen Abfall der Nagelfluhfelsstufe an der Ostseite des Thales. Von dem unteren Schloß steigt man zu dem Felsenschloß hinauf, das in die Nagelfluh unter einer überhängenden Wand eingebaut ist. Von hier führt ein unterirdischer Gang hinauf ins Hochschloß auf dem Plateau am Steilrand des Thales.«*

Das Gasthaus zur Post erinnert uns an das Wirtshaus zu Seeon. Ehemals besaß es vier Ecktürme nach dem Vorbild der Kirchtürme von Seeon. Es blieben noch zwei dieser für die Landschaft typischen oktogonalen Ecktürme mit kraftvollen Zwiebelhauben und Blenden im zurückgesetzten Mauerwerk.

Über Pertenstein, dessen Törring-Schloß auf einem felsigen Steinufer an der Traun aufwächst, wird *Ettendorf* aufgesucht. Die Kirche Sankt Vitus und Anna ist ein schöner spätgotischer Nagelfluhbau, dessen Chor »mit sambt Altar« im Jahre 1483 durch den Bischof vom Chiemsee geweiht wurde. Das Langhaus wurde schon 1470 zu bauen begonnen und 1474 wird der Maurermeister »Thoman« für die Arbeit bezahlt. Derselbe Meister Thoman ist noch 1506 im Steuerregister von Traunstein erwähnt, dürfte also von Traunstein gekommen sein. 1478-1513 ist von Zahlungen an den Schnitzer Hans (Amberger) und dem Maler Hans Zesar die Rede. Das Langhaus der mit einem Dachreiter gekrönten Kirche besteht aus drei breiten Jochen mit gekehlten Pfeilern und Schildbogen an den Wänden. Netzgewölbe im Scheitel mit gewundenen Reihungen, deren Rippen seitlich mit Nasen besetzt sind. Im Chor, der in fünf Achteckseiten schließt, eckige Dienste ohne Kapitelle und Netzgewölbe und Rautenstern. Die Westempore ruht auf hölzernen Säulen von Eichenholz, um 1512. Die Brüstung ist durch gewundene Stäbe in Felder geteilt. Hier sind neun Tafelbilder eingelassen, die 1513 von dem Traunsteiner Maler Amberger gemalt wurden: volkstümliche Arbeiten, die als ganzes das Jüngste Gericht vergegenwärtigen.

Traunstein liegt an der alten Römerstraße von Salzburg nach Augsburg. Der Salzhandel war, seit Ludwig der Bayer 1346 die ›Güldene Salzstraße‹ anlegte, die Haupterwerbsquelle. Hier überquerte sie die Traun. 1617 wurde dann eine Soleleitung durch den Hofbaumeister Hans Reiffenstuel erbaut und ein großes Sudwerk in der ›Au‹ nahe dem Traunufer errichtet.

Die *Pfarrkirche Sankt Oswald* wurde auf mittelalterlicher Grundlage 1675 durch die Paliere Anton Riva und Lorenzo Sciasca unter Leitung des Maurermeisters Caspar Zuccalli neugebaut. Dabei wurde der alte Turm zunächst übernommen und erst nach dem großen Brand von 1704 barock erneuert. 1694-96 baute Sciasca den Chor. Ein 1697 von Georg (Jörg) Pfeiffer von Bernbeuren gelieferter Hochaltar (Pfeiffer schuf den erhaltenen Hochaltar der Pfarrkirche in Landsberg am Lech) wurde 1731 bis 1733 durch einen neuen Hochaltar aus rotem Salzburger Marmor ersetzt. Den oberen Teil desselben liefert der Münchner Stukkateur Alexis Bader, die Ausführung der Bildschnitzer und Vergolder- arbeiten besorgte der Münchner Hofbildhauer Wenzelaus Miroffsky. Der obere Aufbau des heutigen Hochaltares aus dem 19. Jahrhundert. Bei einem zweiten Stadtbrand, 1851, wurde die Einrichtung schwer beschädigt, und die Chorgewölbe stürzten ein. Erst 1884 begann die Wiederherstellung mit dem Ausbau des Turmes und einem Umbau der den Turm flankierenden Seiten- bauten in Neurenaissanceformen.

Aufmerksamkeit gebührt der architektonisch interessanten *Salinenkapelle Sankt Rupertus.* Es handelt sich um einen Zentral- bau, dessen Grundsteinlegung 1630 durch Kurfürst Maximilian I. vorgenommen wurde. Als Baumeister wird Wolf König von Traunstein angenommen, der 1634 Reparaturen wegen Feuchtig- keitsschäden durchführt. Der Grundriß zeigt ein Quadrat an das sich westlich und östlich tiefere Anräume legen, die in drei Seiten des Sechsecks enden. Nach Norden und Süden hin fügen sich Rechteckräume an, die Wendeltreppen enthalten und zum Haupt- raum geschlossen sind. Über dem quadratischen Hauptraum ein Klostergewölbe, an den vier Anräumen Tonnengewölbe. Hier über dem Klostergewölbe steigt ein achtseitiges Kuppeltürmchen auf. Die Fenster sind spitzbogig. Das Äußere ist mit Nagelfluh- quadern (westlicher Flügel Haselberger Marmor) verblendet und enthält ein schlichtes Renaissanceportal mit dem kurfürstlich bayerischen Wappen. Insgesamt ein interessantes Beispiel der Nachwirkung gotischer Formen in der Renaissancebaukunst Bayerns. Der Hochaltar stammt noch aus der Erbauungszeit und besitzt ein hervorragendes Altarblatt mit einer Darstellung der Heiligen Rupert und Maximilian von Ulrich Loth, 1631 datiert und signiert.

Traunstein hat auf seinem Stadtplatz noch die Seltenheit eines sogenannten Liendlbrunnens. Dieser Marktbrunnen wurde 1525/26 an Stelle eines älteren errichtet. Der Steinmetzmeister Stephan von Traunstein und der Brunnenmeister Kaspar und der Maler Hans Zesar, der den Adler an dem Wappen malte, haben ihn geschaffen. 1577 wurde er durch den Steinmetz Eberhard Schlössinger restau- riert (Inschrift). An den Kosten der Erstellung beteiligte sich die Sankt Veitskirche im nahen Ettendorf, die einen Leonhardsaltar besaß. Ähnliche Brunnen gab es und gibt es noch in Mühldorf, Regensburg, Ried im Innviertel, Kempten und Passau (ehemals Residenzplatz, heute im Rathaushof). Man übertrug die Bezeichnung ›Liendl‹ – Leonhard wohl von dem ebenso genannten ‹Leonhardsklotz‹, einem schweren eisernen Torso einer gewappneten Figur, die beim Leonhardskult eine Rolle spielte (Liendlschützen). Als Symbol der bürgerlichen Wehrkraft, ähnlich den Roland-Säulen, entwickelte sich der Liendl aus den alten Marktzeichen.

Ein reichhaltiges *Heimatmuseum* im Brothausturm am Westende des Stadtplatzes macht unter anderem mit der Stadtgeschichte, Ausgrabungen, spätgotischen Skulpturen und einem Palmesel von 1574 aus Frauenchiemsee, bekannt.

Die 1952 erbaute Heilig-Kreuz-Kirche (Architekt Ter Herst) erhielt ihren monumentalen Kruzifixus und ihren geschnitzten Kreuzweg von dem aus dem Expressionismus hervorgegangenen Bildhauer Jakob Adlhart in Hallein. Weitere Werke dieses in München geborenen, die Schnitzüberlieferung des Grödnertales erneuernden Bildhauers finden sich in der Pfarrkirche zu Tacherting (Gnadenstuhlaltar 1963). Das früheste oberbayerische Werk sind das Kanzelrelief und zwei Predellenreliefs in der Stadtpfarrkirche Sankt Rupert in Freilassing: 1928-1930.

Die auf dem Kirchenhügel von *Ruhpolding* gelegene, von einem Bergfriedhof umgebene *Pfarrkirche Sankt Georg*, immer noch Hauptkirche des durch regen Fremdenverkehr aufgeschossenen ehemaligen Dorfes gilt als die ›schönste Dorfkirche Bayerns‹. Sie ist ein Rokokowerk des Münchner Hofbaumeisters Johann Gunetzrhainer, begonnen im Jahre 1738, dann wegen des Österreichischen Erbfolgekrieges unterbrochen, 1755 wiederaufgenommen, 1757 schließlich vollendet. Der Ausbau des Kirchturms folgte 1756/57.

Die Autorschaft Gunetzrhainers wird durch einen Überschlag im Pfarrarchiv belegt. Ausgeführt wurde der Bau durch den Maurermeister Balthasar Fux in der Wiesen.

Die Gesamtanlage erinnert an Ignaz Gunetzrhainers Klosterkirche in Reisach am Inn. Der Grundriß wandelt dieses Schema in origineller Weise ab. Das Langhaus bildet dabei ein gestrecktes Rechteck mit Eckabschrägungen und seitlichen, über den Außenmauern nicht vortretenden Nischen. Eigenwillig gestaltet ist die

Westpartie mit dem eingebauten Turm und den schwungvoll behandelten Emporen mit den drei Bogenöffnungen. Seitliche Anräume (Annexe) führen zu den Emporentreppen. Das Langhaus selbst ist in fünf Joche eingeteilt. Diese wechseln in der Tiefe: auf ein langes Joch folgt jeweils ein kürzeres Zwischenjoch. Wandpfeiler tragen ein Tonnengewölbe mit unterteilenden Gurten. Über den Nischen schneiden Stichkappen ein. Interessant die Gestaltung des Chorbogens, der sich aus den Abschrägungen zum eingezogenen Chor entwickelt. Über der Pilasterarchitektur und dem Gesims haben wir eine Felderunterteilung. Der Chor ist außen gerade geschlossen und weist innen eine Apsis auf, seitlich breitrechteckige Nischen, außen Sakristeiräume, die über das Langhaus leicht vorspringen. Der Raum ist von einer eindrucksvollen Wirkung, die sich aus den harmonischen Proportionen und der klassischen Gliederung ergibt. Die Belichtung des Raumes ist eigenwillig: über der Kanzel und dem Seitenaltar kleine Halbkreisfenster, große Stichbogenfenster über den kleinen Nischen und seitlich des Chores.

Das Deckenbild ist ein Werk des frühen 19. Jahrhunderts, das noch aus der Überlieferung des Rokokofreskos lebt: im Langhaus Christi Himmelfahrt, im Chor das Abendmahl Christi. Die Bilder sind laut Kirchenrechnung von 1822-1826 für 327 Gulden von Sebastian Rechenauer dem Jüngeren aus Hinterschweinsteig bei Brannenburg geschaffen worden. Vier Rokokoaltäre von wirksamem Aufbau und eine Rokokokanzel vervollständigen die Innenausstattung des 18. Jahrhunderts. Die Gemälde im Hochaltar und in den beiden Seitenaltären schuf der Landshuter Matthias Daburger um 1749. Die Orgel kam aus der Werkstatt des Andreas Mauracher im Jahre 1795. Beachtlich auch das originale Gestühl und die Beichtstühle, Werke des Rokoko von 1744. Ihre Figuren sind tüchtige Schnitzwerke eines unbekannten Bildhauers, der Salzburger und Münchner Elemente vereinigt: wir finden die Bauernpatrone Vinzenz, Notburga und Isidor. Im Hochaltar flankieren das Sankt-Georgs-Bild die Patrone Sankt Benno und Sankt Rupertus. Auf der Kanzel die Rokokofigur des Guten Hirten.

Im Ort selbst ist das imposante Jagdschloß (heute Haus des Gastes) ein Werk altbayerischer Renaissance, 1587 für Herzog

Wilhelm V. von Martin Raffler erbaut. Dort findet der Gast auch ein Heimatmuseum mit reichen Beständen zur Volkskunst des Alpenraumes, von denen besonders die Möbel der Ruhpoldinger Kistler hervorzuheben sind.

Im alten Pfarrhof in der Pfarrgasse befindet sich noch das Museum für bäuerliche und sakrale Kunst, eine Vereinigung der Sammlungen Weidenauer aus Taufkirchen und Gantenhammer aus Ast bei Landshut, das nach den Sammelinteressen der beiden Stifter unter vielem Hausrat auch Andachtsbilder, Hinterglasbilder und Meßgewänder enthält.

Ruhpolding war einer der ersten Orte am Alpenrand, der den Fremdenverkehr organisiert und durch Verträge mit Reisegesellschaften zum Massentourismus hingeführt hat. Dafür wurde den Gästen – meist aus Norddeutschland – ein volles Programm an ›Folkloreveranstaltungen‹ vom Empfang am Bahnhof bis zur Abreise geboten. Ruhpolding wurde dadurch bekannt und kann sich bis heute eines regen Zustroms erfreuen.

Die Schattenseite – und dies gilt für viele andere Orte im Oberland – ist ein Werben um den Gast mit fragwürdigen Mitteln. Was in den meisten ›Folkloreveranstaltungen‹ und ›Heimatabenden‹ geboten wird, hat mit bayerischem Brauchtum nichts zu tun, auch nichts mit dem Volkstheater und dem bayerischen Lied. Es sind meist Schaustellungen von zum reinen Unterhaltungsgewerbe abgesunkenen Brauchtumsfloskeln oder Neuerfindungen wie ›Watschentänze‹ und ›Holzhackerplattler‹.

Man könnte über solche Erscheinungen, deren Auswüchse ohnehin in letzter Zeit erfreulicherweise im Abnehmen sind, einfach hinweggehen, denn es gibt sie überall, wo der Fremdenverkehr zur Tourismusindustrie wird, aber es ist auch nicht zu übersehen, daß sie das Klischee vom Oberbayern (als dem Gaudiburschen der Nation) gefestigt haben.

Dem setzen wir ein Zitat des Allgäuers Josef Hofmiller entgegen: »Altbayrisch ist fein. Fein sogar noch in seiner humoristischen Derbheit. Der wirkliche Altbayer ist nie pöbelhaft ... Unsere Mundart ist so edel und ausdrucksvoll, so ehrwürdig, daß, wer sie kennt, eine wahre Wut kriegt, wenn sie zur Viecherei herabgewürdigt wird. Altbayerische Dichtung ist keine Gscheertengaudi ...«

Alzgau – gesegnetes Land

»Das lautere, wonnig-appetitliche Wasser, das bei Seebruck über bunten Kieseln die Ostbucht verläßt (und dessen Herrlichkeit die Weekendfahrer vom Auto aus nicht einmal ahnen!), das ist die Alz. Die eilige Alz mit den unbekannten Ufern und eben diesem Wunder von grünem Wasser, das noch unten bei Marktl auf lange Strecken hin den Faltbootfahrer begleitet, wenn es sich nicht mischen will mit der gelben Schlammbrühe des Inn. Die Alz, die in ihrem Oberlauf bis Altenmarkt den heiligsten und unberührtesten Gau Altbayerns durchströmt. In Seebruck bei dem Gasthof zur Post, wo Ludwig Thomas Mutter in den Jahren ihrer Witwenschaft so schwer und ehrbar ihre Kinder erzog – dort beginnt's. Und endet mit den Doppeltürmen des Baumburger Stiftes und seiner Augustinergruft und seiner herrlichen Akustik, die von allen bayerischen Kirchen die herrlichste ist. Gesegnetes Land.«

Der Schriftsteller Dr. Fritz Reck-Malleczewen, der 1884 in Ostpreußen geboren wurde, lebte nach dem Ersten Weltkrieg in Poing im Alzgau. In der Beilage zu den ›Münchner Neuesten Nachrichten‹ (Die Heimat, Nr. 8, 1930) legte er ein begeistertes Bekenntnis zu seiner Wahlheimat ab. In seinen Essays – die denen Hofmillers ebenbürtig sind – erweist er sich als intimer Kenner der Landschaft und ihrer Menschen. Anders als Hofmiller nimmt er für die Armen und Unterdrückten Partei und geißelt pointiert und versteckt den heraufkommenden Nationalsozialismus:

»Weiter unten geht's Industrieelend an mit Werkkanälen und Wohnungsnot und verkümmerten Menschen, die in politischer Verbitterung ihre Weltanschauung als Fähnchen auf den Lenkstangen ihrer Fahrräder hissen.« Und so wurden ihm unter anderem selbst diese Essays zum Verhängnis.

Das von ihm so gepriesene und geliebte *Stift Baumburg* und seine *Kirche Sankt Margarethe* liegen auf einer bewaldeten Uferleite der Alz. Das im Kern noch romanische Türmepaar mit den schlanken Zwiebelhauben grüßt weit in die Landschaft hinaus. Eduard Schleich d. Ä. hat uns eine feine Zeichnung dieser Alzgaukrone hinterlassen: ›Baumburg und das Trauntal‹, Bleistift, um 1840, Privatbesitz Paul Ernst Rattelmüller). Wer die hochgelegene Stiftskirche betritt, ist überrascht, hinter dem romanischen West-

werk einen strahlenden Festsaal des Rokoko zu finden, der – seit
der Restaurierung – nicht nur an Helligkeit ungemein gewonnen
hat. Durch die Proportionierung des romanischen Westwerks
und aus der Situierung der romanischen Umfassungsmauern, die
er beibehielt, bezieht dieser Raum des Barock seine Größe als
hohe Wandpfeilerkirche mit eingespannten Kapellen. Im Chor
sind die Kapellen im Untergeschoß zu Nebenräumen adaptiert,
im Obergeschoß bilden sie Oratorien, die mit Durchgängen verbunden sind. Auch diese Choranlage bewahrt noch ein wenig die
Erinnerung an die dreischiffige romanische Basilika (ohne Querschiff), bei der man sich allerdings die Höhe erheblich geringer
denken müßte.

Der Grundriß ist also für diese Zeit nicht sonderlich kompli-
ziert, sondern eher altertümlich. Er leitet sich von Sankt Michael
in München und seinen Nachfolgebauten her, den Jesuitenkirchen von Dillingen bis Landsberg am Lech. Selbst im Rokoko
behaupten sich bei Ordenskirchen und einzelnen Wallfahrtskirchen die Überzeugungskraft und majestätische Würde der
Halle. Und die Architekten solcher Bauten beherrschen die Kunst
der Massengliederung und der Wölbung wie nur die gotischen
Hüttenmeister. Doch an die Stelle der Säulen und Dienste treten
jetzt Pfeiler und spiegelblanke Stuckmarmorpilaster, die Gewölberippen sind durch Gurtbogen ersetzt; Verstärkungsgurte, die
nicht sichtbar sind, ermöglichen die Tonnenwölbung, das unge-
teilte Feld für den Freskomaler und den Stukkateur.

Zur Sechshundertjahrfeier, so heißt es, sei die Kirche nach
dem Willen des Bauherrn, Propst Joachim Vischer (1748-1761),
in diesen überraschenden und überwältigenden Stand gebracht
worden. 1757 erfolgte die Einweihung und 1758 konnte man das
Fest begehen, nachdem schon der Vorgänger, Propst Patritius
Stöttner, seit 1727 die Klostergebäude neu erstellt hatte.

Den Bau der verschwundenen romanischen Basilika (etwa
1140-1156) soll ein Mönch namens Ermenrich als Architectus
geleitet haben. Den Kirchenneubau des Rokoko entwarf und
leitete der Trostberger Baumeister Franz Alois Mayr. Ein schlichter Landbaumeister aus der Schule Gunetzrhainers also war es,
der für den architektonischen Teil verantwortlich zeichnete.
Wenn wir jetzt fragen, was er sonst noch gebaut habe, so entsteht

vor unserem Auge ein ganzer Kranz von Kirchenschöpfungen des südostbayerischen Spätbarocks: die Wallfahrtskirche Marienberg bei Burghausen, die Pfarrkirche in Mühldorf, die zu Kirchweidach und zu Lauterbach, die Klosterbauten zu Raitenhaslach und Michelbeuren, der Kirchenumbau zu Feichten.

Er wurde als Sohn eines Bauern im Tegernseer Tal geboren und hat bei Johann Gunetzrhainer im Hofbauamt eine tüchtige Schule durchlaufen und sich um 1750 in Trostberg selbständig gemacht. Trostberg war damals ein für Künstler ergiebiges Pflaster, eine Stadt in der auch Bildhauer und Maler wirkten. Bei seiner Tätigkeit im ehemaligen Bistumsbereich von Salzburg tangierte er das Salzburger Hofbauamt, vertreten durch den Salzburger Hofbauverwalter Wolfgang Hagenauer. Salzburg neigte früher als Altbayern den ›Vereinfachungen‹ der Kirchengebäude im Sinne des Klassizismus zu. Hagenauers Einfluß ist wohl die immerhin spürbare frühklassizistische Unterströmung der Mayrschen Bauten zuzuschreiben, obwohl auch Johann Gunetzrhainer – hier durch französischen Einfluß – diese klassizistische Haltung zeigt.

Aus bayerisch-schwäbischen Landen rekrutiert sich das Ensemble der Ausstattungskünstler. Nennen wir zuerst den Wessobrunner Stukkateur Bernhard Rauch. 1721 in Peißenberg geboren und 1757 – also erst sechsundreißig Jahre alt – in Baumburg gestorben, ist er eine noch weitgehend unbekannte Größe der umfassendsten Stukkatorengemeinschaft Europas. Die Rauch haben allerdings noch weitere Meister ihres Faches hervorgebracht, und einen von ihnen, Jakob Rauch, wahrscheinlich einen Bruder, finden wir in Werkgemeinschaft mit Franz Xaver Feichtmayr in Rott am Inn. Rauchs Stuckarbeiten zählen zu den besten, modernsten, elegantesten in dieser Zeit. Sie geben der Kirche und einem vergleichsweise großen, schwer zu meisternden Raum das festliche Rokokogepräge. Seine Umrahmungen und Kartuschen stehen den Leistungen der Feichtmayr und Zimmermann nicht nach; sie heben die Stilsicherheit und hohe Reife der Jahrhundertmitte. Bernhard Rauch ist der mit Eleganz drapierte Vorhang über dem Triumphbogen zu danken; er schuf die feinen Putten in seinen Falten und auf den Gesimsen der Pfeiler; er gab dem Deckengemälde einen schwungvoll kurvierten Rahmen. Wahrscheinlich ist auch die Stuckmarmorierung der Pilaster und der recht wirkungssicher aufgebaute Stuckmarmor-Hochaltar sein Werk. Die Form jedenfalls dieses Hochaltars ist augsburgisch und nicht salzburgisch, den Feichtmayrschen Altarschöpfungen verwandt. Und bekanntermaßen (vergleiche Modler in Fürstenzell) trachteten die Stukkateure immer, auch den Hochaltar in die Hand zu bekommen.

Als Freskomaler holte man sich hier nicht irgendeinen, sondern Felix Anton Scheffler (1701-1760), den in München geborenen Asamschüler, der seit 1747 als Hofmaler in Prag wirkte. Eigentlich ist es als Glück anzusehen, daß Scheffler den Auftrag bekam, denn mit seiner eleganteren Hand, seiner duftigeren, gelösteren Rokokokoloristik, die zahlreiche Zwischentöne in die Palette einbringt, war er der rechte Mann für das Gespann Mayr-Rauch. Er brachte in flotter Arbeit ein großartiges Panorama an die Decke (deren mittleres Feld allein zwanzig auf zwölf Meter mißt), malte das Chorfresko und das Deckenbild über der Orgelempore und gab vielleicht auch noch die Farbtönung der Rahmen und Stukkaturen an. Wer zur Decke blickt, gewahrt nicht nur einheitliche Polychromie, sondern er erkennt auch einen einheitlich durchdachten und ausgeführten Zyklus barocker Großmalerei. Es wird vermutet, daß das Programm dazu von Pater Bonschab S.J. aus Augsburg geliefert wurde. Betrachten wir uns die Darstellung Schefflers zunächst im Hauptfresko, beim Chorbogen beginnend. Sie ist es wert.

Es geht um das Leben des Ordensgründers, des Heiligen Augustin, und die Verdienste seines Ordens.

Fein in der lebendigen Verbindung von Architekturprospekt und gemalter Landschaft ist auch das Chordeckenbild, der Triumph der Kirchenpatronin, der Heiligen Margarethe. Und auf der Decke über der Orgelempore schlägt der königliche Sänger David die Harfe. Hier musizierende Engel und die Inschrift: LAUDATE DOMINUM OMNES ANGELI EIUS. Die repräsentative Künstler signatur in einer Ecke des Langhausfreskos ist uns nicht entgangen. Sie lautet:

FELIX ANTON SCHEFFLER
REGNI BOHEMIAE PICTOR AULICUS
PRAGENSIS P. 1757

Die Häuser der Stadt *Trostberg* steigen mit Zinnen- und Vorschußmauern in leicht »gewundener Reihung« zur Pfarrkirche Sankt Andreas an. Die Stadt hat eigentlich nur eine Straße, obwohl sie gewachsen ist. Eine Straße, die sich am Fuße der Hochterrasse des Alztales hinzieht. Hier steht Haus an Haus mit tirolisch anmutenden Erkern, die oft bis zum zweiten Obergeschoß reichen. Es ist das Bild der Platzstraßen der Inn-Salzach-Städte. Malerisch wie nur selten ist die Rückseite der Häuserzeile mit ihren hohen Stützmauern, den hölzernen über mehrere Stockwerke reichenden Lauben (sie dienten zum Trocknen der Wäsche, früher auch für die Anbringung der Aborte), sind deshalb durch vorspringende Dächer geschützt. Diese vorspringenden Dächer, die hier im inneren Markt nur die Rückseite der Häuser schützen, finden sich im Vormarkt (westlich der Pfarrkirche) auch an der Vorderseite der Häuser. Der Gasthof zum Pfau, an der Alzseite des inneren Marktes gelegen, ist noch ein kerngotischer Bau, vielleicht aus der ersten Hälfte des 15. Jahrhunderts stammend. Er enthält im Erdgeschoß Rippenkreuzgewölbe auf achteckigen Pfeilern.

Die *Pfarrkirche Sankt Andreas*, eine stattliche dreischiffige Hallenanlage von klaren Verhältnissen (1498 begonnen), besitzt eine reizvolle Rippenfiguration des Langhausgewölbes und eine reiche architektonisch gestaltete Westempore. Die nördliche Seitenkapelle am Chor erinnert an die Pfarrkirchen von Erding, Sankt Jodok und Sankt Martin in Landshut. Sie war ursprünglich westlich durch einen großen Bogen zum Langhaus offen. Außer dem rotmarmornen Weihbrunnstein von 1514 haben sich noch wertvolle Glasgemälde im östlichen Fenster der Südseite des Langhauses erhalten: In der Mitte der Heilige Andreas in spätgotischer Dreipaßrahmung mit einem Baldachin aus Fialen. Links der Heilige Johannes mit dem betenden Stifter im Harnisch, rechts der Heilige Jakobus mit der betenden Frau des Stifters. Davor knien die Kinder. Die Stifter sind, nach Ausweis der Wappen, der Ritter Hans von Pienzenau und seine Gemahlin Magdalene von Seibolstorf. Hans von Pienzenau war 1492-1499 Pfleger von Trostberg, dann Pfleger von Kufstein. Der ›letzte Ritter‹ Kaiser Maximilians ließ den tapferen Verteidiger der Feste Kufstein nach der Einnahme 1504 höchst unritterlich hin-

richten. Das Glasgemälde dürfte nach Ausweis des Stils um
1500-1510 entstanden sein. Verwandt sind die im gleichen Zeitraum entstandenen Glasgemälde der ehemaligen Klosterkirche
in Karthaus-Prüll bei Regensburg, herzoglich-bayerische Stiftungen.

Unser nächstes Ziel ist *Kirchweidach*. Man erreicht es leicht
über die Straße von Trostberg nach Burghausen. Und da zeichnen sich bald ein großes Kirchenwerk und ein markanter Kirchturm ab, der mit einer spitzen Pyramide endet. Wenn man dann
vor der *Pfarrkirche Sankt Veit* steht, ist man überrascht von der
eigenwilligen kühlen Erscheinung des Gotteshauses. Doppelpilaster und schlanke Fenster gliedern den rechteckigen Körper
mit abgeschrägten Ecken. Ein mächtiges Zeltdach von pyrami-
dalem Zuschnitt überdeckt ihn. Der Salzburger Klassizismus
meldet sich schon im Äußeren. Und es ist sichtlich ein Bau aus
den Tagen des Fürstbischofs Hieronymus Colloredo, der die
rokokohaften Auswüchse des ländlichen Bauens durch seine
Hofbaumeister beschneiden ließ. Hier plante allerdings Franz
Alois Mayr. Was für andere eine hochobrigkeitliche Beschränkung
gewesen wäre, das ist bei ihm eine perfekte Landkirchenlösung
des ausgehenden 18. Jahrhunderts geworden. Ausführung nach
Mayrs Tod 1771 wohl durch Josef Lündtmayr von Trostberg.
Ein kreuzförmiger Zentralraum verbirgt sich hinter den regula-
risierten Mauern. Eine feine runde Flachkuppel sitzt auf den
federnd herausgewölbten Pendentifs. Die Wände zieren und
gliedern Rokokopilaster, die sich über dem sauber gezogenen
Gesims als Gurtbogen fortpflanzen. Typisch allerdings ist auch
die vorgetäuschte Rokoko-Ornamentik aus Malerei. Ein heimischer Künstler von sehr beachtlichem Können hat diese Kirche
ausgemalt: Franz Josef Soll (1734-1798) aus Trostberg.

Das Kuppelfresko schildert uns Szenen aus dem Leben des
Kirchenpatrons, des Heiligen Vitus. Stupend wie nur bei einem
Augsburger ist die Scheinarchitektur gemeistert, blühend und
zugleich kraftvoll spricht das Kolorit. Das Szenische und Figürliche des geöffneten Rokokohimmels mit der schwebenden Heili-
genwelt und der Trinität, auch das Landschaftliche, lassen uns in
diesem Soll ein echtes Theatertalent erkennen, gespeist aus der
Quelle der geistlichen Spiele des 18. Jahrhunderts. 1775 sind

diese Fresken nach einem Chronostichon vollendet gewesen. Und Soll hat dann schließlich auch noch die Altarbilder gemalt. In ihrer beruhigten Haltung spürt man schon die kältere Luft des Louis seize, der auch die Altäre, die Kanzel ihr eigentümliches Zwittergepräge verdanken. Reines Louis seize ist schließlich das Gitter unter der Empore. Und wenn es nicht gerade verschlossen ist, wird es uns nicht weiter stören, denn wir haben jetzt einen runden Begriff vom Spätrokoko in den ehemals zum Bistum Chiemsee gehörigen Pfarreien erhalten.

Jetzt wäre es angebracht, von Kirchweidach aus einen Abstecher einzulegen, und zwar hinüber zur abgelegenen *Wallfahrtskirche Maria-Feichten*. Zumal dieses Feichten – eine der alten stimmungsvollen Marienwallfahrten des Landes – von Franz Alois Mayr und Franz Josef Soll so herzhaft barockisiert worden ist, daß man seine helle Freude daran haben kann. Auf einem Altar der im Kern noch spätgotischen Halle (um 1510) steht die ›Feichtener Schöne Madonna‹, ein bildnerisches Meisterwerk des ›Weichen Stils‹ um 1400, sicher die schönste, bewegungsreichste der ›Schönen Madonnen‹ des bayerischen Landes. Aber es liegen noch zwei Stationen vor uns, zwei Glanzstücke des Barock in diesem zu wenig besuchten südostbayerischen Winkel. Und es erwartet uns auch eine Landschaft, ein Stück Flußtal, das zu den bewegenden Landschaftserlebnissen zwischen Donau und Alpen gehört.

Kehren wir deshalb noch einmal in die Wahlheimat des Fritz Reck-Malleczewen in das obere Alztal zurück:

»Nun ist es still geworden in der ›Lauffenau‹, wie dieses obere Alztal seit alters heißt. Die prachtvollen Höfe, im Viereck gebaut, niedrig, als klammerten sie sich fest an die Erde: sie sind gebettet in eine Einsamkeit, wie sie sonst nicht leicht gefunden werden kann im überbevölkerten Deutschland. Ischl, Niesgau, Offling ... Namen aus frühmittelalterlichen Urkunden, Höfe mit standesgerechter Vergangenheit. Standesgerecht?

Ach Gott, ja ... grimmige Not liegt über dem Alztal, und wer nicht vom Verwüsten des Waldes leben kann, fährt zur Hölle.

Truchtlaching aber, die ›Hauptstadt‹ der Lauffenau, es liegt noch immer wohlig gebettet in den blauen Atlasbändern des Flusses, und wenige Orte gibt es in Altbayern, die mit solcher Anmut sich in die

Landschaft fügen. Und in seiner Kirche, unter dem wunderbar schönen gotischen Epitaph hinter dem Altar, da schlafen die letzten Grafen ›von Truchtlaching und Poing‹. Begonnen um Elfhundert mit ›Peter dem Truchtlachinger‹ ...

Dies hier aber ist mir zweite Heimat geworden. Weiß nicht, auf welchem Wendekreis das Sterben sein wird, und Gott schenke, daß es nicht im Bett sein muß und daß es ein gutes männliches Sterben wird. Dies aber wäre gut: wenn man nach allem Schweifen schlafen dürfte in dieser heiligen ungeschändeten Erde.«

Fritz Reck-Malleczewen war dieser Tod nicht gegönnt. Er starb – nachdem alle Bemühungen um seine Freilassung fehlgeschlagen waren – 1945 im Konzentrationslager Dachau.

Das Inntal abwärts

Rückschau in Rosenheim

»DIESER beliebte Ort, einer der schönsten Märkte Altbayerns, hat ein städtisches Ansehen, Reize genug für einen längeren Aufenthalt. Die schöne Lage vor dem Gebirge, die hübschen Gebäude und wohl bestellten Gasthäuser, die Umgebungen, das Mineralbad, die Messingfabrik, die neue Saline mit ihrem Holzgarten, die Schiffahrt auf dem Inn, die römischen Gefäße, die in der Nähe zu Tage gebracht worden sind und ebenso viele Gegenstände, welche den Reisenden fesseln, und ihm den Ort vorzüglich interessant machen. Der Schloßberg, östlich von Rosenheim auf dem rechten Ufer des Inns, beherrscht das weite Tal, und stellt seine Beschaffenheit zur vollen Anschauung dar.«

Dies schrieb Joseph von Obernberg im Jahr 1822.

Ludwig Steub ging 1860 auf die besondere Bauart der Häuser ein:

»Die Rosenheimer behaupten, ihr Markt sei der schönste im Lande Bayern. Viel wird auch nicht fehlen, und besonders der Schrannenplatz mit seinen hohen Häusern und seinen Laubengängen, viel städtischer als die finsteren Bögen zu München, gewährt einen würdigen ja stattlichen Anblick. Aber diese stolzen, breiten, wohnlichen Häuser mit der ragenden Hochmauer sprechen wohl auch von altem Reichtume, wie ihn der italienische Handel, der ehemals den mächtigen Inn belebte und diese Bauart mit sich brachte, als angenehmen Niederschlag hier sitzen ließ.«

Von Georg Hager haben wir dann die bemerkenswert sachkundige Würdigung der Rosenheimer Architektur um 1900:

»Die Straßenbilder des alten Rosenheim, in der inneren sowie in der äußeren Stadt, zeigen den Einfluß der welschen Architektur, in welchem sich der rege Handelsverkehr mit Tirol – die Schiffe verkehrten auf dem Inn bis Innsbruck – deutlich wiederspiegelt. Rosen-

heim teilt diese Eigenart mit anderen Städten des Inn-Salzachgebietes bis hinab nach Passau. Die Lauben bilden offene Bogengänge an der Straßenseite des Erdgeschosses, deren Gewölbe gegen die Straße zu auf Säulen oder Pfeilern ruhen. Meist zeigen diese Lauben noch spätgotische oder Frührenaissanceformen, es finden sich Spitzbögen und Rundbögen, letztere oft profiliert. Die Stützen sind gewöhnlich aus rothem Marmor, der aber später überweißt worden ist. Durch die gerade abschließenden Stirnmauern rufen die Häuser die Täuschung hervor, als besäßen sie flache Dächer ... In neuerer Zeit werden die alten Dächer vielfach abgeändert.«

Hager erwähnt nun als schönste Beispiele das Ruedorfferhaus mit seinem zweischiffigen gewölbten Hausflur mit einem gotischen Marmormittelpfeiler, dann den Brunnen, welcher *»in der Hausflur rechts vom Eingang steht; auf der ausgebauchten Umfassung von rothem Marmor erhebt sich ein schön geschmiedetes eisernes Gitter.«* Auch des alten Weinhauses ›Zum Santa‹ am Max-Joseph-Platz wird Erwähnung getan. *»Zwei große Kreuzgewölbe der Wirthsstube im Erdgeschoß, mit breiten, abgefasten Rippen; romanisch, 13. Jahrhundert«* verdienen Beachtung.

Am interessantesten erscheint ihm aber das ehemalige Stiersche, später Stockhammersche, jetzt Stumbecksche Haus an der Ecke des Max-Joseph-Platzes und der Heilig-Geist-Straße.

»Das Haus ist noch gothisch und ist wohl mindestens so alt wie die Heilig Geistkirche. Die Lauben gegen die Straße sind spitzbogig. Die tonnengewölbte Hausflur theilt sich in der hinteren Hälfte in eine Durchfahrt und in einen schmalen hohen Gang, die beide in den Hof münden. Von der vorderen Hälfte der Hausflur führt eine in vorkragenden Segmentbögen überwölbte Treppe auf den Flötz des ersten Obergeschosses, von welchem aus eine spitzbogige Thüre und eine rundbogige Thüre (mit abgefasten Kanten) in Wohnräume führt. Von diesem gelangt man, vorbei an einer Lichtnische mit Console ..., in eine malerische Laube mit gratigen Kreuzgewölben, die in Spitzbogen nach dem Hofe sich öffnet.«

Die *Stadtpfarrkirche Sankt Nikolaus* entstand aus einem Umbau eines spätgotischen Baues in den Jahren 1881-1883. Vom spätgotischen Bau sind die sechs westlichen Gewölbejoche erhalten sowie der 1655/56 erhöhte und mit einer Kuppel gekrönte Westturm (Kuppel 1952 wiederaufgebaut). Die dreischiffige Hallenkirche erhielt eine neugotische Ausstattung und eine Ausmalung von 1923. Aus der Barockausstattung ist noch das ehemalige Hochaltargemälde mit Darstellung der Muttergottes mit den Heiligen Nikolaus und Laurentius zu sehen, von der spätgotischen Ausstattung eine zweiseitig bemalte Tafel mit der Schutzmantelmuttergottes und der Allerheiligendarstellung, um 1520. Alte Rotmarmorepitaphien und Grabsteine des 15. bis 18. Jahrhunderts und die ehemalige Friedhofskapelle Sankt Michael ergänzen das historische, vielfach veränderte Bild.

Die schon erwähnte *Heilig-Geist-Kirche* wurde 1499 von dem Bürger Hans Stier mit seinem Wohnhaus verbunden. Ein schlichter Wandpfeilerraum mit einfachem Gewölbestuck, nach Brand 1641 abgetragen. Das südöstliche Joch dient als Chor. An der südöstlichen Schmalseite ist in der einen Hälfte ein doppelgeschossiger Raum, in der anderen ein quadratischer Turm (der in der Höhe des Dachgesimses in ein Achteck übergeht) angefügt. Das dritte Geschoß war ehemals die vom Stierschen Hause aus zugängliche Hauskapelle, die dem Heiligen Wolfgang geweiht war. Ein spätgotisches Netzgewölbe mit dem Stierschen Wappen auf dem Schlußstein deutet auf diese nicht ganz gesicherte Bestimmung. Ferner beachtenswert die an der Südostwand befindlichen gotischen Wandfresken, darunter die seltene Darstellung der Heiligen Kümmernis am Kreuz, dem knienden Geiger ihren Schuh zuwerfend. Der Patron Sankt Wolfgang mit dem zu seinen Füßen dargestellten Lahmen mit Krücke und dem knienden Stifter in bürgerlicher Tracht, Vollbart und Rosenkranz in den Händen, dazu die beiden Frauen mit der spätmittelalterlichen Sturzhaube.

In der *Roßacker-Kapelle*, die 1737 von dem Bierbrauer Martin Schmetterer gestiftet wurde, finden sich Deckenfresken von Johann Zick aus München: Magdalena trocknet Christus die Füße.

Mit der *Spitalkirche Sankt Josef*, 1618-19 erbaut und nach dem Stadtbrand 1641 wiederhergestellt, 1947 restauriert, besitzt Rosenheim eine Spätrenaissancekirche mit großem Hochaltar des Barock, 1755 von Johann Georg Keill (1844 überarbeitet) und Altarbild von Joseph Anton Höttinger (Heilige Familie). Ein Votivbild zeigt die Ansicht der Stadt (1744).

Rosenheim besitzt ein vorzüglich eingerichtetes und sehenswertes städtisches Heimatmuseum mit einer Dokumentation der ehemaligen Schiffahrt auf dem Inn.

Und es hat seine Städtische Galerie, in der die Alten und die Jungen vielfältig – in Sonderausstellungen – vertreten sind. Den Grundstock gab der aus Rosenheim stammende Münchner Lehrer Max Jakob Bram, der die alten Münchner Meister sammelte, und für dessen Sammlung schon 1935 die erste Kunsthalle neben dem Rathaus gebaut wurde.

Von den älteren nennen wir Otto Diez, der aus München nach Rosenheim zog, Leonhard Baumgartner, der gleich Diez als Kunsterzieher tätig war, ist Rosenheimer. Er ist ein namhafter Landschafter und Porträtist.

Rosenheim ist die Geburtsstadt Anton Kerschbaumers, der hier 1885 geboren wurde. Der Freund des Wasserburger Malers Otto Geigenberger (geb. 1881, gest. 1946 in Ulm) studierte 1901-1908 in München, ging nach Berlin und gewann dort als Gesinnungsgenosse der ›Brücke‹-Maler hohe Anerkennung, die allerdings – nicht zuletzt durch die künftige Verfemung dieser Richtung – nicht zum internationalen Durchbruch kommen konnte. 1931, im Alter von 46 Jahren, starb Kerschbaumer. Als ihn vor einigen Jahren die Rosenheimer Galerie wieder entdeckte, stand man staunend vor dem Werk des Frühvollendeten, in dem das expressionistische Feuer lodert. Unter den eigenwilligen Arbeiten sah man auch mehrere Chiemseebilder, Höfe und Scheunen in hellen, leuchtenden Tempera-Farben, 1920-1926 bei Sommeraufenthalten im Chiemgau entstanden. Im Unterschied zu Jawlenskys Wasserburg-Zyklus bringen die Landschaften Kerschbaumers die expressionistische Verve in der Verspannung der Komposition und im grellen und trockenen Farbauftrag direkt auf die Leinwand. Dem im letzten Weltkrieg dezimierten Werk dieses Vergessenen weiter nachzuforschen, dürfte eine notwendige und lohnende Aufgabe sein.

Das Rosenheim von heute ist nicht mehr das Rosenheim von 1933, das wir im Städtischen Pensionat, das kurz vor seiner Auflösung stand, mit ein paar Mitzöglingen aus Ebersberg und Berchtesgaden, Urfeld und München einen Winter und zwei ungewöhnlich heiße Sommer erlebten. Unter der Direktion eines sehr zivilen Direktor

Hipper (aus der Weilheimer Familie des Admirals stammend) und seiner blonden Frau. Was blieb davon? Die Erinnerung an ein großes, spätklassizistisches Gebäude mit fast leeren Studierzimmern, Schlafsälen (Waschschüsseln aus Blech, die zum Kippen waren) und einer wenig benützten Hauskapelle. Der große Hof, auf dem langsam das Gras wuchs, die Wandelhalle aus Gußeisen mit der Kegelbahn. Der gänzlich mit Haselnußstauden überwachsene und verwilderte Garten zum Gymnasium hin, seit Jahren versperrt. Der tägliche Gang zur Alten Realschule, und die Turnhalle – ein Fossil. Die Zeichenstunde bei Professor Furtner, der – wie ich später erst erfahren habe, ein Stammtischfreund von Josef Hofmiller gewesen ist, war langweilig. Der Unterricht bestand hauptsächlich darin, daß er einen Hammer oder eine Beißzange auf den Tisch legte (die wir zeichnen mußten) und dann – seine unvermeidliche Virginia zwischen den Zähnen – anerkennend oder mißbilligend brummelte.

Josef Hofmiller, der Allgäuer, seit 1922 in Rosenheim, gehörte zur literarischen ›Crew‹ der ›Münchner Neuesten Nachrichten‹. Auch er war von den Erfahrungen dieser Generation nicht verschont geblieben: Prüfstand ›Miesbacher Anzeiger‹! Der glänzende Essayist schrieb später ›Wanderbilder und Pilgerfahrten‹, Reiseskizzen, die wohl zum besten dieser Art gehören. Er entdeckte die Städte an Inn und Salzach, die Klöster Gars und Au, die kurbayerischen Städte Ingolstadt und Burghausen und zuletzt noch die Wieskirche vom Peißenberg aus, die damals so gut wie unbekannt war. Zum Schreiben setzte er sich nach seiner Gewohnheit ein paar Wochen in einen gemütlichen Gasthof, in diesem Falle dem Lori neben der Wies. Versorgt mit gutem Wein – hier war er ein Kenner – und mit ein paar Schachteln Virginias brachte er dann kleine Meisterstücke jener Gattung aufs Papier, die sich scheinbar so leicht und eingängig liest, die aber am schwersten fällt, schrieb auch launige Karten an seine Stammtischfreunde in Rosenheim und die Freunde in aller Welt, und fügte sich dann – wenn die ›Großen Ferien‹ wieder vorbei waren, ins Joch eines Gymnasiallehrers in Rosenheim. Eines Tages erzählte Hofmiller am Stammtisch beim ›Bauerwirt‹ ganz beiläufig, daß er jetzt einen Ruf als Romanist an die Universität Köln erhalten habe – ohne Habilitation versteht sich – und daß er entschlossen sei, nicht nach Köln zu gehen. Sein Antwort-Brief ist bekannt als bezeichnendes Dokument für die altbayerische Anhänglichkeit an die Heimat und das vertraute Milieu. Dabei war er viel herumgewandert im alten Europa, zumal im Süden. Aber mitten in der Julihitze auf einem kahlen Hügel über der turmreichen Stadt San Gimignano packte ihn die Sehnsucht nach den alten deutschen Städten.

Wasserburg – die Stadt im Kessel

Ungefähr sechzig Kilometer östlich von München liegt Wasserburg am Inn. In fast gleicher Entfernung von München – im Westen – liegt Landsberg am Lech. Die beiden Perlen unter den oberbayerischen Stadtwundern halten sich die Waage. Es ist schwer, einer von ihnen den Preis zu geben, weil sie so grundverschieden sind. So ist es auch mit der Schönheit von Städten: sie ist relativ.

Wenn ich über Wasserburg schreibe muß ich unwillkürlich an einen älteren, schon lange verstorbenen Kollegen denken. Vor fast zwanzig Jahren, als ich auf einem Redaktionssessel des Bayerischen Rundfunks saß, zuoberst unter dem Dach, klopfte es und schon trat ein großer breitschultriger Mann herein, stellte sich vor als Springorum, ein Schwabinger, oder genauer ›Der König von Schwabing‹, und legte ein Bündel Manuskripte auf meinen Tisch. »Über Bayern«, sagte er, und daß er »aus momentaner Verlegenheit« sogleich das Anzahlungshonorar brauche. Da mir sein Name nicht unbekannt war – man war schließlich in Schwabing daheim – hatte ich Einsehen in die Lage und nahm die Manuskripte an. Später zeigte sich, daß es eine Sammlung von Zitaten aus Steub und Noë, Hofmiller und Hausenstein war. Ich hätte wohl die Zwischentexte zu schreiben gehabt. Die Sendung kam nie zustande.

Ein paar Jahre vergingen, als wir zur Gestaltung einer Sendereihe ›Städte am Fluß‹ dringend einen Beitrag über Wasserburg brauchten, erinnerte ich mich der Schwabinger Erscheinung. Ich schlug kurzerhand Springorum vor, in der Hoffnung, das bereits angezahlte Honorar in irgendeiner Form hereinzubringen. Skrupel kamen dabei auf ... Nach vierzehn Tagen erhielt ich einen Essay ›Wasserburg am Inn‹, der zum besten zählt, was über diese Stadt geschrieben wurde. Er beginnt so:

»Wasserburg liegt nicht wie andere Städte am Inn; es besteht durch ihn. Sein Lauf hat die Stadt entstehen lassen, begrenzt und beschützt, hatte sie groß und reich gemacht und ihr auch die Ferne gebracht; denn er kommt von weither und fließt weithin ...«

Die Meinung, daß Schwabinger alles können, nur nicht mögen, erhielt durch diesen Vorgang eine Stütze.

Da schrieb einer in den Fußstapfen der Hofmiller (nicht so selbstsicher) und Hausenstein (nicht so schwärmerisch) und jener Mannschaft von Essayisten, die sich vor 1933 um die ›Münchner Neuesten Nachrichten‹ gebildet hatte. Zum kulturgeographischen Gerüst im Sinne Haushofers kam ein Schuß aus Karlingers Kunstgeschichte und zum Respekt vor dem Fachmann ein Teil der geschmäcklerischen Entdeckerfreude und intimen Kennerschaft (die dem Fachmann eins auswischt). Es mag sein, daß der Stil Springorums, wie er sich in den später erschienenen ›Auto-Wanderbüchern‹ darstellt, durch das ihm auferlegte Tourenkorsett erheblich an Farbe verloren hat, daß zuletzt die Genußfreude und das Schmankerlhafte immer mehr die Vorhand gewonnen hat. Eine Eigenart, die in Bayern viel Freunde hat!

In das Stadtbild von Wasserburg hatte sich Springorum wie in einen Kessel hineinversetzt oder hineingebohrt:

»Heute fließt der Inn gezähmt und in einem Lauf durch seine Länder. Wo er – langsamer werdend – die aufgeworfenen Moränengürtel der bayerischen Hochebene durchbricht, da schenkten seine Windungen dem Menschen ein bergendes Eiland. Hohe Hügel zwingen den Flußlauf zur Schleife, so, daß er sich fast selbst wieder begegnet. Sein äußerer Uferrand folgt dem Bogen der ihn einfassenden Steilwände, sein innerer dagegen umhegt eine offene Sand- und Geröllbank. Als niedrige, beinahe rundum abgeschlossene Halbinsel besitzt sie zu dem festen Oberland hin nur einen Zugang, den ›Hals‹, die steilansteigende Engstelle zwischen den beiden offenen Zirkelenden des Flusses. Fischer, Jäger und auch die Hallgrafen, die auf der nahen Lindburg saßen, erkannten die anlockende Schönheit und die günstige Lage dieses abgeriegelten Bezirkes. Darum bauten sie auf ihm eine uneinnehmbar scheinende Burg – die Wasserburg – und, ihr zu Füßen, das Fischerdorf Hohenau. Das geschah um das Jahr

tausend … Noch ein zweites gab der Inn, doch dieses nur für Wasserburg allein: Er schaffte Raum für die anwachsende Stadt. Wir wissen, daß die frühe romanische Siedlung nur einen geringen Umfang hatte, denn das Eiland war vor dem Jahre 1000 viel kleiner als heute. Wir wissen weiterhin, daß der Inn, durch die Kraft seines strömenden Wassers im Laufe der Jahrhunderte die Schotterwände des rechten Steilufers abtrug, in unermüdlichem Nagen und Schleifen sich immer tiefer und immer weiter in sie hineinfraß, Stein für Stein und Sandkorn für Sandkorn rechts ablöste und in dem langsamer strömenden Wasser des linken Uferrandes wieder anschwemmte …«

Das Eingesenkte der Stadt zwischen den hellen Steilufern und die Wasserburg eigene Dachlandschaft mit ihren Grabendächern hat der Maler Alexey Jawlensky in seinen Wasserburg-Bildern von 1906 mit feinster koloristischer Witterung festgehalten. Der ganze Zyklus war 1979 im Ganserhaus (einer vorzüglichen Galerie) zu sehen. Jawlensky hatte sich in den Kessel hineingesetzt, während die älteren und jüngeren Wasserburgmaler das malerische Stadtbild mehr von außen und von oben sahen.

Und Springorum ist schließlich noch in der Kesselstadt herumgewandert, wie ein Maler mit seiner Staffelei:

»Geht man in der Stadt umher, zunächst richtungslos und ohne Absichten, so ergreift einen die Spannung zwischen der ruhenden Monumentalität der Häuserblöcke mit ihren Laubengängen und der dynamischen Dichte der auf kleinstem Raume zusammengepreßten Gemeinde.

Man kann sich eigentlich gar nicht verlaufen: Fluß, Wehrgang, Stadtmauer und die Biegung mancher Straßen führen einen immer wieder zum Marienplatz zurück, seit jeher und auch heute noch der Mittelpunkt der Stadt. Wie edel die zwei Treppengiebel des gotischen Rathauses neben der Marienkirche aufstreben; in dem Beisammensein von Ratsstube, Tanzhaus, Kornschranne und Brothaus – dies alles der Anlage nach noch vorhanden – offenbart sich der Umkreis der mittelalterlichen Welt. Dem Rathaus gegenüber liegt das Haus der Patrizierfamilie Kern, 1738 von dem berühmten Johann Baptist Zimmermann mit einer reichen Rokokofassade geschmückt. Bei aller Schönheit des Dekors, diese spielerischen Stuckformen des Wessobrunner Meisters fügen sich nicht glatt in die bürgerliche Spätgotik; Ähnliches werden wir in Sankt Jakob finden, wo die überschäumende

*Fülle der Zürnschen Kanzelfiguren den Rahmen des breitgelagerten
gotischen Raumes sprengt.«*

Jetzt aber bei Sankt Jakob müssen wir als Kunsthistoriker
genauer werden! Die *Stadtpfarrkirche Sankt Jakob*, 1410 anstelle
eines 1255 geweihten Vorgängerbaus von Hans Stethaimer mit
dem Langhaus begonnen, ist kein typischer Stethaimerbau. Es ist
das letzte Werk des Landshuter Meisters, das er bis 1731 geleitet
hat. Obwohl als Halle mit schmalen Seitenschiffen angelegt, fehlt
ihm das Ragende der Stethaimerkirchen. Der Neubau des Chores
wurde 1445 durch Stephan Krumenauer begonnen. Zu Ostern
1448 wurde der Dachstuhl aufgesetzt. Im selben Jahr wurde der
Chor mit acht Kapellen und Sakristei geweiht, die westliche
Südkapelle wurde erst 1452 vollendet. Krumenauer dürfte bis
1454 noch die Kapellen zu Seiten des Südturms vollendet haben.
Der Turmbau, noch von ihm begonnen und hochgeführt, wurde
erst 1478 durch Wolfgang Wiser vollendet.

Götz Fehr – der jüngst verstorbene Kenner spätgotisch-
böhmischer Baukunst –, hat das Chorgewölbe der Jakobskirche in
Wasserburg als »das erste monumentale Bogenrippengewölbe
innerhalb der deutschen Baukunst« bezeichnet. Er schreibt ferner: *»Mit der Wasserburger Wölbung beginnt eine lange Reihe von
Stuckrippenwölbungen im deutschen Südosten, die bis in die Barockzeit hineinreicht.«*

Tatsächlich erweisen sich die figürlichen Kragsteine und Gewölberippen des Chorgewölbes aus Stuck. In den Baurechnungen
fallen 275 Fässer Gips in die fragliche Zeit der Einwölbung. Die
Rippen wurden dabei nachträglich auf das schon fertige Gewölbe
nach Art eines Maßwerkes als Fächergewölbe mit gewundenen
Rippen aufgesetzt. Ein Gewölberiß des Wiener Planarchivs (AK
16963) zeigt auf der Rückseite – wie Fehr feststellte – einen Teil
des Wasserburger Chorgewölbes. Die Oberfläche der Stuckrippen
hat bei der Neustuckierung von 1635 gelitten, in den Seitenkapellen wurden sie bei der Renovierung 1879/80 unrichtig ersetzt.
Ursprünglich ist auch das Gewölbe der kleinen Südkapelle des
Chores.

*1635 kam es zur Erneuerung des Innenraumes und Stuckierung
durch den Maurermeister Martin Bock und den Stadtzimmermann
Wolf Mayr. Vor allem mit der Renovierung der Sebastianskapelle*

XIV

OTTO GEIGENBERGER

Innseite von Wasserburg (Die rote Brücke)

Ölgemälde, vor 1946
Wasserburg, Privatbesitz
(Foto durch freundliche Vermittlung von
Herrn Verleger Hans Leonhardt
in Wasserbueg)

Geigenbergers Wasserburg-Bilder sind eine Liebeserklärung an eine der schönsten Städte Oberbayerns, ausgezeichnet durch die ebenso malerische wie urbane Architektonik der Innbauweise, deren großflächige Farbfelder – mit den verschiedenen Stadien der Verwitterung und Schattierung – Geigenberger immer wieder zu neuen Formulierungen dieses kompakten Stadtgebildes hingerissen haben. Dargestellt ist der klassische Blick auf die Innseite der Stadt, wo die Häuser dicht an das Ufer gerückt sind: die hölzerne Brücke, die zum Brucktor führt, dahinter der Spitzhelm der Frauenkirche am Markt. Ungefähr in der Bildmitte ragt der Turm der Stadtpfarrkirche Sankt Jakob auf, links der hohe Treppengiebel der ehemaligen Burg mit dem Türmchen der Burgkapelle Sankt Ägidien. Ein hoher von einem Wolkengeschiebe überzogener blauer Himmel, die weiß aufleuchtende Häuserzeile der linken Bildhälfte, das gedämpfte Lachsrosa der das Brucktor säumenden Häuser, die rotbraune Brücke und vor allem das blaugrüne Wasser des Inns: dies sind die bestimmenden Bild- und Farbfaktoren. In der bewußten Betonung dieser Elemente Himmel, Häuserzeile und Wasser und in seinem dekorativen Kolorismus steht das Bild in der Tradition der venezianischen Vedute, wie sie vor allem durch Francesco Guardi geprägt worden ist.

hatte man es eilig, damit man das Gelübde, den Pestpatron besonders zu feiern, einlösen konnte. Die heimischen Maler und Kistler erhielten den Auftrag, einen Sebastiansaltar zu erstellen, kamen aber der Lieferung nicht nach, so daß ihnen der Rat den Auftrag entzog und beschloß »die Brüder« möchten die »Bilder« zu dem Altar machen. Mit »Bildern« waren natürlich Schnitzfiguren gemeint und mit den »Brüdern« die Brüder Martin und Michael Zürn. Ihr älterer Bruder David Zürn war schon seit 1628 in Wasserburg ansässig. Seine ledigen Brüder wurden im Frühjahr 1636 aufgenommen, zwar nicht als Bürger mit eigenem Rauchfang, sondern – wie es im Schreiben des Rates heißt: »zu dem Ende, dass sie als gute Meister nicht allein den Chor- oder Hohen Altar, sondern auch andere in die Bruderschaft verlobte Altäre verfertigen sollten«. Für den am 25. August 1637 ausgestellten Sebastiansaltar erhoben sie 220 fl. Nachforderung, erhielten aber nur 165. Aus dieser Zeit findet sich auch ein Beschwerdebrief des heimischen Bildhauers Jeremias Hartmann, daß die Brüder Zürn nicht nur ihm, sondern auch ihrem eigenen Bruder David Arbeit wegnehmen. Hartmann nannte die Zürn in der derben Sprache der Zeit »Störer, Landläufel und Fretter«, die Zürn den Hartmann einen »Stümpler und Bärenhäuter«.

Claus Zoege von Manteuffel, dessen Zürn-Monographie wir hier folgen, nimmt an, daß die Brüder während dieses Streits, der den Rat und die kurfürstliche Regierung in München beschäftigte, Wasserburg verließen, um den Seeoner Marmoraltar für Abt Honorat Kolb zu arbeiten. Die Arbeit am Wasserburger Hochaltar, dessen Visierung im Oktober 1636 vorlag, scheint 1638 unterbrochen worden zu sein. Erst 1655 – als die Zürn nicht mehr in Wasserburg waren – wurde sie fortgesetzt. Dabei wird erwähnt, daß »zwei tapfere Bilder von einer ziemlichen Größe« für die Seiten des Altars herzurichten und zu fassen seien. 1657–1658 wurde der Altar, wohl nach einem neuen Visier, aufgestellt. Der in den Rechnungen nun genannte Bildhauer war Adam Hartmann, Sohn des Jeremias. Er schuf die in alten Ansichten des Hochaltars aus dem 19. Jahrhundert noch sichtbaren Bekrönungsfiguren, die Hauptfigur der Bekrönung – ein triumphaler bajuwarischer Heiliger Georg ist wahrscheinlich identisch mit der Georgsfigur im Städelschen Kunstinstitut zu Frankfurt am Main. Die beiden »tapferen Bilder«, ein Heiliger Sebastian und

Florian kamen – nachdem man den Hochaltar abgebrochen hatte – auf abenteuerlichen Umwegen über ein Hotel in Arizona nach Berlin (West, Staatliche Museen, Preußischer Kulturbesitz). Ende Februar 1638 ist in den Urkunden erstmals von der neuen Kanzel die Rede. Sie wurde im gleichen Jahr fertig, und sie ist zweimal von den ›Gebrieder Martin und Michael Zirnen‹ signiert: im Inneren der bekrönenden Jakobsfigur auf einem Zettel und an der Weltkugel der Christusfigur am Korpus der Kanzel.

Diese Kanzel, die uns als einziges Stück der Neuausstattung erhalten blieb, ist ein Prunkstück manieristischer Schnitzskulptur; ihr Material ist ungefaßtes Lindenholz. Nach einer gründlichen Restaurierung entfaltet sie wieder ihre volle Wirkung im Kirchenraum. Die Figuren der Vier Evangelisten am Korpus, die große Muttergottesfigur des Schalldeckels, der wie eine Monstranz aufwächst, die sich verbeugenden Engelsfiguren (mit großen ›Allongeperücken‹) und die bekrönende Jakobsfigur sind Meisterwerke virtuoser Schnitztechnik, in der zierhaften und gezierten Auffassung des Knorpelwerkstils. Die Hauptfigur des Sebastiansaltar ist uns wahrscheinlich im Bayerischen Nationalmuseum in München erhalten. Das Hochaltarblatt stammt von Ulrich Loth.

An der Außenwand von Sankt Jakob erinnert ein schöner heraldischer Gedenkstein an die Befestigung der Stadt durch Herzog Ludwig den Gebarteten von Ingolstadt (1514). Beachtenswert auch der Grabstein des Hans Baumgartner, gestorben 1500, in der Kapelle hinter dem Hochaltar. Er zeigt den Verstorbenen in voller Rüstung, zwischen zwei Propheten mit Spruchbändern.

Die *Frauenkirche* am Marktplatz – ursprünglich Wallfahrtskirche – ist ein gotischer Backsteinbau des 14. Jahrhunderts, eine Pseudobasilika mit überhöhtem Mittelschiff, ohne eigene Belichtung. 1753 wurde sie im Rokokostil umgestaltet, die Pfeiler ummantelt und die Gewölbe stuckiert und freskiert. Die Westempore zeigt noch Stuckdekoration in Renaissanceformen aus dem Ende des 16. Jahrhunderts. Auf dem Hochaltar, der ein Altarbild mit der Ansicht Wasserburgs zeigt, Anfang des 18. Jahrhunderts, findet sich eine hervorragende Muttergottesfigur des ausklingenden ›Weichen Stiles‹, Anfang 15. Jahrhundert. Der Taufstein ist von 1520. Die Kirche zeigt auf Freskogemälden zahlreiche noch nicht erfaßte Marianische Embleme: Zeugnisse der Marienverehrung des 18. Jahrhunderts.

Die ehemalige *Friedhofskapelle Sankt Michael* neben Sankt Jakob ist eine seltene zweigeschossige Anlage, 1501-1502 von Wolfgang Wiser erbaut. Die Netzgewölbe des von kräftigen Runddiensten gegliederten Baues erinnern an die der äußeren Burgkapelle zu Burghausen. Der Chor wurde 1810 abgebrochen, ebenso der Helm des Turms an der Südostecke.

Erwähnen wir noch die *Heilig-Geist-Spitalkapelle* am spätgotischen Brucktor (1470 gleichfalls von Wiser) mit ihren Sterngewölben der spätgotischen Muttergottes, die ihre alte Fassung vorweist.

In der seit 1780 mehrfach umgebauten Burg ist die *Burgkapelle Sankt Ägidien* das bemerkenswerteste mittelalterliche Bauwerk, wenn man vom Zehntkasten absieht. Die Kapelle stammt wohl aus dem 15. Jahrhundert und dürfte von Jörg Tünzel aus Wasserburg errichtet worden sein.

Beim Bau des *Rathauses*, das zwei Giebel entbietet, und aus der Ratsstube und dem Tanzhaus besteht, wird ebenfalls Jörg Tünzel als Baumeister vermutet. Der älteste Teil an der Südwestecke stammt noch aus dem 14. Jahrhundert, die oberen Geschosse aus einem Umbau durch Tünzel 1457-1459. In der kleinen Ratsstube eine geschnitzte Balkendecke und figürliche Wandmalerei von 1564 und Ausstattung von 1666, ein Ofen von 1731. Der große Saal des Tanzhauses erhielt 1902-1905 eine historisierende Neueinrichtung und Malerei.

Das *Ganserhaus*, eines der letzten Häuser links vor dem Eintritt der Bergstraße in den Marienplatz zeigt exemplarisch, was man aus einem alten Innstadthaus machen kann. Bei der Renovierung kam ornamentale Fassadenmalerei aus der Spätrenaissance zum Vorschein (Fensterumrahmung). Das Innere enthält eine vorzüglich geleitete moderne Galerie. Solche Vorsicht im Umgang mit historischen Bauwerken war beim Umbau des Kernhauses nicht am Werk. Man hat nur die Fassade mit den Lauben erhalten und das dahinterliegende Haus abgerissen. Dies ist ein Eingriff in die historische Substanz des schönsten Bauwerks von Wasserburg, der eigentlich unverzeihlich ist.

Das Wasserburg von gestern ist nicht mehr das Wasserburg

von heute. Eine Stadt ändert sich auch unmerklich, je nach Jahres- und Tageszeit, nach Stimmung und Witterung, oder Anlaß des Besuchs.

Klöster am Inn

Rott ist nicht so bekannt wie die Wieskirche. Es macht keine so großartige architektonische Aufwartung wie Ottobeuren oder Vierzehnheiligen. Es schmiegt sich bescheiden an die Innleite hin. Der Umriß verrät nicht einmal ein Kloster. Eine Dorfsilhouette, aus der sich zwei niedere, ungleiche Türme und ein schloßartiger Trakt heben. Aber der Ort liegt schön – ›angenehm‹ würden vielleicht die alten Reiseschriftsteller sagen. Er hat eine grüne Welle am Rande des breit ausladenden, lichtoffenen Inntals zum Souterrain und der duftige Gürtel der Salzburger Berge – oft wie auf Seide gemalt – bildet den Hintergrund. Das Kloster nun, nächst einem Gutshof und einer ländlichen Brauerei gelegen, verspricht zunächst keine bedeutende Kirche. Nüchtern und glatt, in verwaschenem Ocker zeigen sich die Fassaden: zwei Trakte, die eine flache, lisenengegliederte, von einem Schweifgiebel überhöhte Kirchenfront einschließen, drei große Fenster, über dem mittleren die für das Münchner Rokokobauwesen typische durchbrochene Dreiecksädikula.

In der dämmrigen Vorhalle stößt einem gleich der Block eines rotmarmornen Hochgrabes entgegen, das Denkmal der beiden Stifter, der Grafen von Rott: tüchtige Steinmetzarbeit des Meisters Wolfgang Leb vom ausgehenden 15. Jahrhundert. Das korbbogige Gewölbe drüber, elegant wie ein Segel gespannt, zart stuckiert, verrät nicht weniger handwerkliche Meisterschaft. Es macht neugierig auf den Raum. Das übliche Schmiedeeisengitter verschleiert ihn noch. Dahinter zeichnet sich ein nicht sehr großes, aber gewähltes, differenziertes, mit dem Auge schwer zu erfassendes Raumbild ab: höchst elegante Pilaster, dazwischen Kapellen, lichte Emporen, ein intimer, indirekt beleuchteter Chor. Man geht einige Schritte nach vorn, wie um sich Klarheit über dieses Raumgefüge zu verschaffen, und erlebt nun eine ebenso frappierende wie beglückende Wendung der baulichen Situation. Was zunächst wie eine schlichte dreischiffige Halle wirkte, erweist sich jetzt als luftig geblähter Zentralraum, geformt aus zwei leichten, durchbrochenen Schalen, darin die Seitenschiffe verdeckt herumgeführt sind, überwölbt von einer schwebenden, klar abgesetzten Flachkuppel. Und diese Rotunde, mit ihrer leichten, makellos reinen Tektur, mit ihren geschliffenen Pilastern, ihren goldbraunen, messingglänzenden Altären, mit ihren weißen, wie Flocken verteilten Schnitzgruppen und Statuen, mit der gestaltenreichen, schon fast kühlen Spiralkomposition ihrer Fresken, mit der leicht hingesetzten Kanzel: sie ist – man weiß es mit einem Blick – der Inbegriff bayerischer höfischer Kirchenkunst des Rokokos. Eines Rokokos, das hier ganz unerwartet und in einem Augenblick im Besitz seiner höchsten und verfeinertsten Ausdrucksmittel ist und über sich selbst hinauswächst.

Wie es zu diesem Ereignis der Kirchenkunst, das Rott heißt, gekommen ist, können wir uns nachrechnen. Der Abt und Bauherr – Benedikt Lutz war sein Name – wollte um 1758 seine unansehnlich gewordene, noch romanische Klosterkirche modernisieren. Er hatte eine für seine Verhältnisse recht stattliche Summe Geldes zusammengebracht und trat mit verschiedenen Künstlern und Bauleuten in Verbindung. Dabei steiß er auch auf den Münchner Architekten Johann Michael Fischer, der ihm sogleich vom Umbau abriet und neue Pläne für einen Kirchenbau im Geiste der Zeit entwarf. Um 1760 hatte man das Ausstattungsensemble beisammen, erstklassige Künstler, die sich wohl da und dort schon getroffen, aber nie gemeinsam an einem Kirchenbau gearbeitet hatten; ein Spitzenensemble sozusagen, wie es sich ein großer Baudirigent oft erträumt. Fischer leitete den Bau, schuf hier sein reifes Alterswerk, in dem sich die alten Themen kirchlicher Baukunst, der Zentral- und Longitudinalbau durchdringen und zu einem harmonischen, ja klassischen Ausgleich gebracht sind. Die Wessobrunner Franz Xaver Feichtmayr und Jakob Rauch, ein viel beschäftigtes Paar, formten den geistvoll graziösen Stuck, der nur hier so großartig zur Wirkung kommt. Matthäus Günther (er stammte vom Peißenberg wie Jakob Rauch) malte die dekorativen hellfarbigen Fresken; ein Entwurf des genialen Tirolers Johann Evangelist Holzer stand für die Kuppel Pate. Ignaz Günther, der Münchner Hofbildhauer, bestimmte den Rang der plastischen Ausstattung. Seine Hochaltarstatuen Sankt Heinrich und Kunigunde, der Heilige Papst Gregor, der

Kardinal Petrus Damianus, Sankt Benno und die Büste des Heiligen Anian sind geniale, fast schon überspielte Charakterisierungen der geistlichen Aristokratie des 18. Jahrhunderts. Die Skala der Temperamente ist ungemein fein nuanciert, sie umfaßt sichere Gläubigkeit, nervöse Empfindsamkeit, Schmerzlichkeit, Koketterie und Blasiertheit. Baumeister, Maler und Bildhauer waren Künstler, die sich wie selbstverständlich in die Hände arbeiteten, von denen jeder – im eifrigsten Wettstreit noch lächelnd – sein Bestes gab, freimütig und freigiebig aus Freude an der einmaligen Sache. Anders wäre es wohl nicht zu erklären, daß das kleine Inntaler Kloster der Benediktiner zu Rott mit knapp 15000 Gulden eine Kirche baute, die man heute mit Fug und Recht zu den Spitzenleistungen des 18. Jahrhunderts zählt.

Der Kirchenraum zu Rott ist des Baumeisters Johann Michael Fischer eigentliches Vermächtnis. Wenn wir in Ottobeuren seine bedeutendste Bauleistung sehen, bei der er an den Maßstab eines Monumentalraumes und an das Werk seiner Vorgänger gebunden war, so finden wir in Rott ein durch und durch persönlich gehaltenes Werk. In einem menschlich proportionierten, feingliedrigen Raumgebilde kann das Rokoko seine feinsten Nuancen ausspielen: Architektur, Plastik, Stuck und Malerei gewinnen hier eine Reife und Intimität, die durch keinen anderen Bau übertroffen sind. Über dem Ganzen liegt die Weisheit des Alters, ein Abglanz schöpferischer Sättigung und klassischer Harmonie. Es ist auch, als spürte man schon einen Hauch des neuen klassizistischen Kunstsehnens, das Johann Joachim Winckelmann mit »edler Einfalt und stille Größe« umschrieben hat: die Raumabschleifungen, die kurvierten Wände, die gekehlten Pilaster sind aufgegeben, die Raumteile verselbständigen sich und es beginnt die Scheidung der Künste voneinander. Der Gewinn ist die höchste Qualität des einzelnen, die Schönheit eines jeden Gliedes, ob es nun Pfeiler, Stuckkartusche oder Statue ist. Nur in den Altaraufbauten darf sich noch der Schwung und das dekorative Ingenium des Spätbarock entfalten, und in den Deckenfresken, die streng gerahmt sind, klingt die Sphärenmusik des Rokoko in kühlen, kristallklaren Tönen fort.

Die Bilder beschränken sich auf die drei Haupträume. Sie sind in ihrer Perspektive fast genau auf einen zentralen Standpunkt hin berechnet. Im Gewölbe des Altarraumes wird die Verbrennung des Bischofs Marinus durch die Wenden geschildert, darüber seine Apotheose. Das gegenüberliegende westliche Gemäldefeld, das mit Namen und Jahreszahl (1763) bezeichnet ist, schildert den gleichzeitig erfolgten Tod seines Gefährten, des Erzdiakons Anianus, in seiner Klause bei Wilparting. Dieses Bild ist auf den Rückblick beim Verlassen der Kirche hin angelegt und enthält in dem breiten Hereinnehmen des Landschaftlichen schon ein Stück Rousseauscher Naturromantik. Den Höhepunkt aber und die Mitte des dreifältigen Freskenzyklus gibt das Bild der kreisrunden Kuppel. Den Inhalt bilden die geschichtliche Verherrlichung und die himmlische Glorie des Benediktinerordens. Im Zentrum schwebt die göttliche Trinität in einer Lichtglorie, darunter auf Wolken Maria, Sankt Benedikt und Scholastika. Ein System von Lichtstrahlen und Strahlenleitern verbindet diese Hauptgestalten und schafft mystische und sinnbildliche Bezüge: von Marias Brüsten strahlt die Gnadenleiter auf Sankt Benedikt und Scholastika, und von diesen gehen Strahlen auf die Gruppe von Heiligen und Seligen des Ordens. Sankt Michael schleudert mit einem Lichtblitz aus seiner Hand das höllische Drachengezücht hernieder. Dieses ist in die gräßlich schönen, grünlich schillernden und pfauenhaft leuchtenden Farben der Versuchung und Verwesung gefaßt: Es sind Farben, die an Grünewalds ›Versuchung des Antonius‹ im Isenheimer Altar erinnern. Bezeichnend jedoch, daß der stürzende Drache jetzt nicht mehr wie auf den barocken Kuppelbildern über den Rahmen hinausgreifen darf. Nur eine Stuckkartusche im Scheitel des Triumphbogens setzt die Bewegungsenergien fort, läßt sie ausklingen.

Zu rühmen aber bleibt bei aller Spannung und dramatisch wogenden Szenen-Vielfalt die überlegte räumliche Auflockerung, die klare Zeichnung der Einzelfigur und die kontrastreiche Verteilung der Gruppen. Günther hat diese Kuppel in einer großen Ölskizze vorbereitet, die uns im Bayerischen Nationalmuseum erhalten ist. Er hat dabei Kompositionsprinzipien und Einzelmotive aus dem 1737-39 geschaffenen Münsterschwarzacher Kuppelfresko Johann Evangelist Holzers übernommen, dessen großartige Ölskizze in der gleichen Sammlung aufbewahrt ist. Auch das Erlebnis von Tiepolos Würzburger Fresken klingt nach:

weniger in der Farbgebung, die Günthers kühlen, transparent gewordenen Freskoton hat, als in der Zeichnung der Engel. Sie sind kapriziös gespreizt, agieren mit eleganten Bewegungen und schweben mit großen Flügelschlägen herab. Einer von ihnen prägt sich besonders ein: Er vollführt zu Füßen des Heiligen Benedikt in fast antikischer Nacktheit einen eleganten Stechschritt; er ist das Symbol der Unschuld und der Reinheit, wie ein Lilienschild über seinem Haupte bezeugt.

So zeigt sich in vielen Einzelzügen – am deutlichsten wohl in der Plastik – der Zug zur Verfeinerung der Mittel und zur Herausschälung der Individualität aus dem barocken Gesamtkunstwerk von der Art Weltenburgs. Die Kirche wird zu ihrer eigentlichen Bestimmung noch ein Ort hoher Geschmackskultur. Die Kirche zu Weltenburg ist großes ›Theatrum sacrum‹, ist der Abgesang des Barocks. Rott ist etwas grundsätzlich Neues: Es ist ein Spiegel jener späten benediktinischen Geistigkeit, die sich zuerst in den kleinen Klöstern mit wissenschaftlichen Neigungen ausbilden konnte, die mit ihrer spezifischen Haltung von Selbstzucht, Läuterung und Diskretion wie ein Vorbote des Aufklärungszeitalters wirkt: einer kirchlichen Aufklärung, die aus der alten geistlichen Verfassung des Barock ein Gebäude von wundervoller Klarheit schälte.

Die Entstehungszeit dieser Kirche liegt auf der Nahtstelle zwischen Barock und Aufklärung. Zwei sich widersprechende Kunstneigungen treffen aufeinander und reiben sich. Das eine ist das Sinnliche einer hohen künstlerischen Fühlsamkeit, wie sie Günther hat. Das andere ist das Verstandesklare und Intelligente, wie es etwa Johann Joachim Winckelmann, der Deutschrömer aus Stendal verkörpert. Winckelmanns Sinnlichkeit ist die des Nordens; sie ist abstrakt, neigt zur theoretischen Verabsolutierung, ist etwas blind und unsicher bei der Beurteilung der reinen schöpferischen Werte seiner Zeit, so selbstbewußt sie sich auch artikuliert. Günthers Sinnlichkeit ist die des Südens. Sie ist natürlich entwickelt und ihm eingeboren. Während Winckelmann – selber unschöpferisch – sich mit wissenschaftlicher Akribie auf die scheinbar ›echte‹ Antike beruft, ist Günther noch ein letzter Ausläufer dieser Antike, von der er nur soviel kennt, wie seinem Werk dienlich ist. Wir wissen jedoch, daß er sich auch theoretisch mit den Grundlagen der Bildhauerkunst befaßt hat. Es ist ein Fehler vieler Kulturphilosophien, daß sie die künstlerische Begabung zu sehr von abstrakter Intelligenz trennen. Beide waren in der Antike eins. Beide sind notwendig, um Kulturleistungen zu erbringen. Eine Intelligenz, die nicht genügend Sinnlichkeit hat, oder bei der sie abgestumpft ist, neigt zur Armut des Geschmacks, zu einer deutlichen Blindheit gegenüber den schönen Erscheinungen des Lebens, gelegentlich sogar zur Verabsolutierung der Theorie und zur Inhumanität. Die sinnlich empfindsame Intelligenz erweist sich ihr gegenüber meist als die umfassendere, lebensfreundlichere und humanere Spielart des Geistes. Das Kennzeichen ihrer Überlegenheit ist das Lächeln oder die Fähigkeit, auch ernste Stoffe so zu gestalten, daß sie anschaulich sind, daß ihnen das Lächeln beiwohnt. Es ist eine höhere Sinnfälligkeit und das ganze Leben in ihr.

Entelechie kommt aus dem Griechischen und bedeutet nach Aristoteles das Sich-selbst-Ausgestaltende der Seele oder der Form. Das eigentliche Kennzeichen der Entelechie aber ist – wie Wilhelm Pinder es aufgezeigt hat – die Balance zwischen dem ›Noch‹ und dem ›Schon‹. Auf Rott angewendet, ist es das schwebende Gleichgewicht zwischen Barock, das es noch ist, und der Aufklärung, die es schon andeutet und im geistlichen Sinn verkörpert. Das Stichjahr heißt 1760. Die Bauzeit von Rott: 1759 bis 1762! Wäre der Bau etwa nur fünf Jahre früher begonnen worden, so wäre die Kirche nicht das geworden, was sie ist. Genauer ausgedrückt: Der geniale Bildhauer Ignaz Günther hätte wahrscheinlich noch nicht diesen umfassenden Auftrag erhalten. Sein Mitarbeiter Joseph Götsch – eine hervorragende Kraft, in der das volkstümliche Element noch überwiegt – ist erst 1759 in Aibling ansässig geworden. Er wäre dem großen Bildhauer noch nicht zur Verfügung gestanden. Vermutlich hätte sich der Abt Benedikt Lutz zu einer Rokokoisierung der romanischen Klosterkirche entschlossen, wie sie ihm von dem Stukkatorengespann Franz Xaver Feichtmayr und Jakob Rauch aus Augsburg vorgeschlagen worden war. Und außerdem hätte sich das Ensemble noch nicht getroffen und bewährt gehabt. Dies geschah nämlich kurz zuvor 1759-61 bei der Neugestaltung des Fest- und Musiksaales im Schloß Sünching bei Regensburg, dessen Entwürfe – wie wir neuerdings sicher wissen – François Cuvilliés geliefert hat.

Der Sünchinger Bauherr, Reichsgraf Joseph Franz Maria von Seinsheim, Bruder des Würzburger Fürstbischofs Adam Friedrich, war ein Mann von feinem Kunstverständnis und – als Mitglied des Incasordens – mit der Aufklärung vertraut. Als langjähriger Präsident der Bayerischen Akademie der Wissenschaften, Förderer der Musik, Gastgeber Kaiser Josephs II. und wahrscheinlich auch des jungen Mozart, hatte er sich das spätere ›Rotter Ensemble‹ für die Ausstattung seines Musiksaales selber ausgesucht. Es war – vielleicht sogar unter Beteiligung Fischers – das Meisterensemble des bayerischen Rokoko: Franz Xaver Feichtmayr und Jakob Rauch schnitten die Stukkaturen nach einem Entwurf François Cuvilliés, Matthäus Günther malte das herrliche Deckenstück der Vier Jahreszeiten (vollendet und signiert 1761), Ignaz Günther schnitzte die Panneaus über den Marmorkaminen mit den eleganten Famafiguren. Der Altar der Sünchinger Schloßkapelle, eine in Halbrelief geschnitzte Himmelfahrt Mariens, war wichtige Station seines eigenen Aufstiegs als Künstler. Es ist als sicher anzunehmen, daß Abt Benedikt Lutz den Sünchinger Schloßsaal gesehen hat oder doch wenigstens von dieser aufsehenerregenden Leistung hörte. Seine Entscheidung zu einem neuen, von Grund auf neuen Kirchenbau dürfte so wenigstens von Sünching her mit angeregt worden sein. Wichtig war der Zeitpunkt seiner Entscheidung.

Fünf Jahre später als 1759 begonnen, wäre die Rotter Kirche vermutlich nicht mehr das geworden, was sie heute ist. Der Architekt Fischer, 1766 gestorben, wäre dann einfach zu alt gewesen, um dieses große Unternehmen noch zu meistern .Aber vielleicht sind diese Konstellationen und Überlegungen, die sich aus den persönlichen Fakten, Daten und Zufällen ergeben, gar nicht das Wesentliche. Wichtiger noch erscheint uns die Konstellation des Stils, die Stillage. Gerade hier werden in Rott die Bedingungen des ›Noch‹ und ›Schon‹ am empfindlichsten greifbar. Das bayerische Rokoko oder der Karl-Albert-Stil – wie man es nennen möchte – hatte seinen Höhepunkt schon überschritten, aber als sinnliche Erfahrung und Wirklichkeit war er noch lebendig, wenn auch schon angegriffen und bekämpft von den ›Kunstkritikern‹ aus dem Lager der reinen Vernunft. So ist denn bei den plastischen Altarauszügen Günthers ein ›Dennoch‹ spürbar, wie auch in den Fresken des Matthäus Günther von 1763 der ekstatische überredende Zug durch die hinweisende Kraft der ›geistigen Leitern‹ besonders deutlich gemacht wird. Eine Neigung zu exaltierter Überzeichnung gibt den Statuen Ignaz Günthers ihre Einmaligkeit. In der herrlichen Verzückung des Kardinals Petrus Damianus wirkt eine ›lächelnde‹ Anspielung auf den aufgeklärt-blasierten Abbé des späten 18. Jahrhunderts mit. Schlank und nervig distanziert er sich mit einem Blick ›von oben herab‹ vom betenden Volk, stellt sozusagen den überzüchteten Typ der geistlichen Hierarchie dar, der sich in den Klöstern des 18. Jahrhunderts herausgebildet hatte. Die Attribute Kreuz und Buch möchten einem fast als beiläufig erscheinen. Die Hand, die den Kreuzstab mit manierierter Geste umfaßt, ist anscheinend mehr für einen feinen Spazierstock geschaffen. Und wenn das aufgeschlagene Buch in der Rechten kein Werk der neueren Philosophie ist, sondern das Officium Mariae, so mag uns dies an die im 18. Jahrhundert noch einmal aufblühende, sublim verfeinerte Marienverehrung erinnern. Der Putto freilich, der ihm mit kindlicher Freude den Kardinalshut tragen darf, macht aus dem Dienen ein kleines Schauspiel. Den breitkrempigen Hut, den er halten soll, setzt er sich auf, wie dies Kinder vor einem Spiegel tun.

In der Gegenüberstellung der beiden Altäre, die den Auftakt geben, auf dem einen die noblen, schmerzlich-exaltierten Kirchenfürsten Gregor und Damianus, auf dem anderen die volkstümlichen ›naiven‹ Bauernheiligen Sankt Isidor und Sankt Notburga, kann man sogar eine Spur von gesellschaftlicher Kritik erkennen, in jener andeutenden Form, die Mozart seinem ›Figaro‹ mitgeteilt hat als ein Element des Spielerischen und der Spannungen. Da Günther die Charakterisierung gerne auf die Spitze treibt, ist es wohl die Freude am Zugespitzten, am künstlerischen Kontrast und am treffenden Ausdruck, also nicht eine kritische Einstellung De profundis.

Benedikt Lutz dürfte auch den Bildhauer Joseph Götsch, einen Tiroler, der in Aibling sich ansässig gemacht hatte, als selbständige Kraft verpflichtet haben. Aus der volkstümlichen Schnitztradition Tirols gewachsen, ist Götsch eine Figur, bei der das Sinnliche überwiegt, ein Phänomen der Einfühlung, des Mit- und Nachempfindens, ohne daß er seinen Charakter und seine künstlerische Persönlichkeit preisgibt. An der Seite Günthers wächst er über sich selbst hinaus. So herzhaft und liebenswürdig er sich neben Günther zu behaupten versucht, sein Eigenstes vermag er jedoch in den allegorischen Puttengruppen der ›Vier letzten Dinge‹ zu geben, deren schnitzerische Vollendung nicht mehr aus der Rivalität mit Günther geholt wurde, sondern aus der volkstümlich-theatralischen Schnitzüberlieferung Tirols kommt. Im Rückgriff auf das Kernige volkstümlicher Schnitzübung erzielte der Tiroler sein Bestes. (Die Puttengruppe ist von den Beichtstühlen der Vorhalle abgenommen worden und diebstahlsicher verwahrt).

Die Rotter Retabelfiguren sind von den Postamenten herabnehmbar, jedenfalls drehbar und verschiebbar angebracht (heute natürlich durch eine Alarmanlage gesichert). Sie erhalten dadurch einen Zug ins Museale. Nicht etwa, daß der Künstler daran gedacht hätte, sie auf Reisen oder in Galerien zu verschicken, was später tatsächlich geschehen ist. Der Zug ins Museale liegt in der Zeit, die die Individualität auch im Kunstwerk selbst ausgedrückt haben will. Freilich wurden die Figuren in Günthers Münchner Werkstatt als Einzelwerke für sich geschaffen und auf dem Landweg nach Rott expediert. Es ist überliefert, daß man zum Zwecke ihrer Fassung besondere Überlegungen anstellte und mit der Nymphenburger Porzellanmanufaktur in Verbindung trat. Erst die Fassung gibt den Figuren den Stempel des Endgültigen. Und sie ist mit höchstem Bedacht und geradezu raffiniertem Sinn für die Wirkung des Stofflichen vorgenommen. Daß man dafür den Porzellancharakter anstrebte – kann nur eine vorübergehende Überlegung, ein Versuch oder ein Neuerungseinfall gewesen sein. Die endgültige und nun wirklich meisterhafte Fassung besorgte Augustin Demmel in München wohl nach den Angaben Günthers.

Die Giebelfigur der Fassade, ein Heiliger Benedikt (1931 durch eine modernere Figur ersetzt), soll der Baumeister Johann Michael Fischer aus Erkenntlichkeit dem Kloster geschenkt haben. Einen Teil des Rotter Ensembles treffen wir etwas später in einer Rotter Besitzung in Tirol. In dem reizvoll gelegenen Pfarrdorf Fieberbrunn bei Sankt Johann – einem alten Badeort – ließ Abt Benedikt

Lutz eine Sankt Johann-Nepomuk-Kapelle erbauen. Sie wurde von Matthäus Günther mit Fresken ausgestattet und ist wohl von Jakob Rauch oder einem seiner Mitarbeiter stuckiert. Eine ländliche Zubuße zu dem großen Wurf von Rott möchte man diese Kapelle nennen, ein Kunstgeschenk, wie es die freimütigen Künstler des bayerischen Rokoko öfters gegeben haben. Rotter Rokoko also auch in Tirol!

Von Rott ist ferner bekannt, daß hier im 18. Jahrhundert die Astronomie gepflegt wurde. Und wie in fast allen bayerischen Klöstern wurde mit Begeisterung musiziert und gespielt. Die Rokokobibliothek haben wir leider nicht mehr. Die Bücher und Noten wurden verschleudert. Kürzlich hat man bei einer Reparatur der Orgel – die nicht mehr ganz original erhalten ist, aber zu den besten Werken ihrer Gattung gehörte – ein Notenblatt gefunden. Es war achtlos zum Verkleben einer Windöffnung genützt. Ein Fachmann hat es sorgfältig ablösen und restaurieren lassen und darauf ein hübsches Orgelstück aus der Bauzeit der Rotter Kirche gefunden (als Schallplatte ist es nun in der Reihe ›Musica Bavarica‹ erschienen). Pater Plazidus Scharl, einer der typischen musisch begabten Benediktiner des Rokokos, der den jungen Mozart kannte und selber achtbar komponierte, war unter dem Vorgänger des Abtes Lutz einige Jahre Novize in Rott.

Das Kloster, das einmal eine weitläufige und perfekte Anlage von Klosterbauten hatte, mit Torbau, Prälatur, Claustrum, Wirtschaftshöfen und Brauerei, war mit gutem Bedacht als Noviziat der bayerischen Benediktiner ausgewählt worden. In Rott wurde neben der Theologie die Philosophie gelehrt. Als Plazidus mit vierzehn jungen Ordenskandidaten in Rott ankam, zeigte sich am Horizont eine Winterröte. Der Abt Corbinian Grätz stellte sich mit dem Novizen an das Fenster, um das seltene Phänomen zu betrachten: »denn junge Leute müssen sich solche Erscheinungen einprägen, weil sie ein gutes Gedächtnis haben, das Seltenes bewahren kann und sie so auf die Nachwelt fortwirken können.« Das war der Anfang der Philosphie von Rott.

Im übrigen aber wurde, wie der aufgeklärte Pater später schreibt, auch in Rott nur »die älteste Grundsuppe der aristotelischen Schule« gelehrt. *»Ich aber strebte weiter, studierte privat in freien Stunden; meine Vorliebe für Mathematik und Physik wuchs*

immer mehr; ich durchforschte in der Klosterbibliothek alles, beson-
ders die Bücher, in denen die Grundsätze einer moderneren Philosophie
entwickelt waren; ich lernte Italienisch und Französisch, und als
ich dann noch auf Wunsch des Herrn Abts die Theologie in Rott an-
statt daheim in Andechs studieren sollte, wurden es allmählich sechs
Jahre und die Leute der Umgebung sagten: ›Dieser Frater muß schon
gar nichts lernen, weil er so lang hier bleiben muß.‹«

Unter Abt Benedikt Lutz, der den väterlichen Corbinian Grätz
ablöste, zog frischer Wind in Rott ein. Der Lehrkörper und die
Bibliothek wurden im Sinne der geistlichen Aufklärung erneuert,
aus einer für diese Zeiten modernen Klosterbewirtschaftung
wurden die Gelder für den Neubau der Kirche flüssig gemacht.
Man strebte in Rott nach dem Ausgleich der wissenschaftlichen
und musischen Neigungen, wie es dem späten Benediktinertum
entspricht.

Die Abteikirche ist der Spiegel dieser bayerisch-benediktini-
schen Geistigkeit, die zwischen Rokoko und Aufklärung, musi-
scher und verstandesmäßiger Intelligenz, ein Gleichgewicht
herzustellen sucht. Ziel ist eine neue Klarheit des Ausdrucks, eine
lichte Reinheit der Räumlichkeit und des Vorstellungsvermögens,
wohl auch die Harmonie in der Gemeinschaft von Gleichgesinn-
ten, bei denen das Streben des einzelnen, der naturhafte Egois-
mus des Menschen, das ›Genie‹ und das ›Zugpferd‹, von einer
vorherrschenden humanitären Haltung geglättet und harmoni-
siert werden. Dieses helle ›Umhaustsein‹, Kennzeichen einer
späten Kultur, wird in Rott noch in den fast schmucklosen Nebenräumen der Kirche erlebbar.

Dem Gleichnischarakter alles Vergänglichen entsprechend,
erfuhr das ›Aufklärungskloster‹ Rott eine besonders barbarische
Schmälerung während der Säkularisation. Von der ausgedehnten
Anlage, die uns ein Kupferstich und eine Zeichnung im Bayerischen Hauptstaatsarchiv zeigt, von der überlegten Ordnung dieses
bayerischen Musterklosters, blieb eigentlich nur die Kirche
erhalten, dazu noch in Bruchstücken zwei anschließende Trakte,
die heute privaten Zwecken und dem Betrieb einer Brauerei
dienen. In einer für die Besucher unzugänglichen, auch etwas
vernachlässigten Räumlichkeit, die heute als Sakristei benützt
wird, aber wohl den ehemaligen Psallierchor der Benediktiner

darstellt, findet man einen Hinweis auf das Geheimnis der Entelechie von Rott. In diesem herrlich gewölbten und überaus fein stuckierten Saalraum hinter dem Altarraum der Kirche, der einen weiten Blick in das Inntal schenkt, findet sich in einer zierlichen Rokokokartusche von Jakob Rauch die Inschrift:

MENS NOSTRA   *Der gemeinsame Geist*
CONCORDET   *möge unsere Stimmen*
VOCI NOSTRAE   *verbinden*

Das ehemalige Benediktinerkloster *Attel*, dessen Baulichkeiten einen Berg beherrschen, an dessen Fuß das Flüßchen Attel in den Inn einmündet, wird heute durch die Inntalstraße tangiert. Man sollte sich Zeit nehmen, die hochgelegene Klostergründung der Grafen von Dießen-Andechs, eine Gründung, die in das 11. Jahrhundert zurückreicht und angeblich 1137 von Hallgraf Engelbert zu Limburg-Wasserburg erneuert wurde, aufzusuchen. Was uns inmitten der nüchternen Klostergebäude erwartet, ist ein großer, etwas schwer wirkender Kirchenbau des Barock, die Klosterkirche Sankt Michael. Es ist dies eine typische Wandpfeileranlage mit Seitenkapellen und Emporen, wie sie in der Nachfolge der Jesuitenkirchen hier am Inn besonders häufig anzutreffen sind, etwa in den Klosterkirchen Au und Gars. Wie es gelegentlich bei den Jesuiten der Fall war, hat auch hier ein Geistlicher die Pläne entworfen, der Abt Cajetan Scheyerl aus Weihenstephan. Bauzeit 1713-1715. Der Raumstuck mit einer mageren Akanthusranke entspricht dem zweiten Jahrzehnt des 18. Jahrhunderts, als die fleischige Ranke schon ›ausgezehrt‹ wird.

Der Hochaltar von 1731 zeigt eine schwache Kopie des Freisinger Hochaltarbildes von Peter Paul Rubens, das ›Apokalyptische Weib‹ darstellend. Auf dem Kreuzaltar aus dem 17. Jahrhundert nimmt ein geschnitztes romanisches Kruzifix aus der ersten Hälfte des 13. Jahrhunderts die Stelle des Altarblatts ein. Es ist das ehemalige Gnadenbild der am Fuß des Klosterberges gelegenen, 1665 geweihten Wallfahrtskapelle ›Zu unserm Herrn im Elend‹. Diese wurde 1786 vom Hochwasser des Inns zerstört. Die übrigen Seitenaltäre in den zehn Kapellen entstanden etwa gleichzeitig mit der Erstausstattung der Kirche und den folgenden Jahrzehnten. Im Mönchschor haben wir noch ein gutes Chorgestühl von 1675, zu dem ein Schrank hinter dem Hochaltar gehört. Zwei meisterhaft geschnitzte Türen neben der Orgel zeigen, daß hier das Kistler- und Schreinerwerk in Blüte stand. Ein beachtliches Werk der inntaler Epitaphplastik des späten 15. Jahrhunderts ist dann die Stiftertumba für Graf Engelbrecht zu Limburg, seine Gemahlin und seinen Sohn, die Wolfgang Leb aus Wasserburg 1509 geschaffen hat. Prächtige Abtgrabmäler aus Rotmarmor schließen sich im Altarraum und in den Seitenkapellen an, wie das Epitaph des Jägermeisters Conrad Zeller (nach 1540), der in voller Rüstung dargestellt ist.

Das Glanzstück der Kirche zu Attel – das wir vor Jahren noch auf dem ersten nördlichen Seitenaltar bewundert haben – wird seit 1984 als Dauerleihgabe im Diözesanmuseum Freising aufbewahrt: eine kleine Immakulata von Ignaz Günther. Diese Figur – sicher das zarteste und feinste Werk, das Günther geschaffen hat – ist Inbegriff des Bayerischen Rokoko: eine schlanke Gestalt, die mit demütig gesenktem Haupt fast zerbrechlich auf der Mondsichel steht und mit dem Spielbein der Schlange den Kopf zertritt. Die rechte Hand ist weich und mit gespreizten Fingern an die Brust gelegt; die Linke hält die Lilie. Bei einem Diebstahl hat die Figur gelitten, jedoch konnten die Schäden wieder behoben werden. Der große Bildhauer hat sie als Bekrönungsfigur des Tabernakels mit einem reich geschnitzten Rocailleaufbau und zwei adorierenden Engeln geschaffen. Sie steht auf einem Rokokosockel, den eine angeflogene Wolke deckt, und als Podest der Figur dient. Ein geschnitzter Strahlenkranz umgibt sie, während das geneigte Haupt ein Sternenkranz umfängt.

Das etwas abgelegene Dominikanerinnenkloster *Altenhohenau*, auf dem Westufer des Inns gelegen, wird am besten über Wasserburg angesteuert. Es geht durch die Stadt, über die Innbrücke und dann rechts ab, ein Stück am Hochufer entlang nach Süden.

Die dem Mittelalter entstammende Kirche *Sankt Peter und Paul* hat durch Brände ziemlich gelitten, weshalb in den Jahren 1660-1670 der Altarraum auf den Mauern des 1239 geweihten Bauwerks neu gewölbt wurde. Das Langhaus entstand nach dem Brand von 1379. Um 1761 entschloß man sich auch hier zu einer

Neuausstattung der Kirche. Der Chor erhielt 1774 hervorragende Fresken von Matthäus Günther, der östliche Langhausabschnitt solche von Johann Michael Hartwanger. Älter als diese Deckenfresken – schon 1672 begonnen – sind die Gemälde im Westteil des Langhauses über dem Nonnenchor. Die Klosterkirche erhielt – wahrscheinlich vor 1757 – einen großartigen neuen *Hochaltar* von Ignaz Günther. Sein Aufbau mit gewundenen Säulen und dem typischen Güntherschen Diadembogen über dem Gebälk und der außergewöhnliche skulpturale und ornamentale Reichtum an Schnitzwerk spricht für ein Frühwerk des Münchner Meisters. Über dem Tabernakel erhebt sich die angeblich aus dem 17. Jahrhundert stammende stoffbekleidete Figur der Muttergottes, die ›Sancta Maria Sacratissimi Rosarii‹ der Lauretanischen Litanei. Beiderseits zu ihren Füßen knien die Heiligen des Rosenkranzes: Dominikus und Katharina von Siena, in Silber gefaßt. Seitlich der Säulen über den Durchgängen finden wir die bewegten Standfiguren der Kirchenpatrone, die Heiligen Petrus und Paulus. Diese nun in naturalistisch farbiger Fassung. Nicht übersehen werden sollten die fünfzehn gleich Wandleuchtern geschnitzten und metallisch gefaßten Rocailleschildchen mit reizvollen Güntherschen Reliefs. Sie entsprechen – wie Gerhard P. Woeckel festgestellt hat – genau den fünfzehn Geheimnissen des Rosenkranzes in jeweils fünf farbig unterschiedenen Darstellungen: Weiß für den Freudenreichen Rosenkranz, Rot für den Schmerzhaften Rosenkranz und Gold für den Glorreichen Rosenkranz. Stifter des Werkes dürfte die dem Kloster inkorporierte Rosenkranzbruderschaft gewesen sein. Aus der Werkstatt Günthers stammen auch die Figuren der beiden Seitenaltäre, 1761 begonnen, die Heiligen Joseph, Anna und Sebastian sowie ein kleines Tragkruzifix. Ein expressives Astkreuz (um 1380) ist Zeugnis der vorab in den Frauenklöstern gepflegten Mystik.

Wer nun den Frühwerken Günthers auf der Spur bleiben will, der wird auf der Rückfahrt kurz vor Wasserburg rechts abbiegen, um die Pietà in der Pfarrkirche Sankt Rupertus von *Kircheiselfing* kennen zu lernen. Es ist dies ein signiertes Werk des jungen Meisters, aus dem Jahre 1758, in das er seine ganze Kraft und Einfühlung gegossen hat: eigentlich ein Hochrelief, wie es auch oft die Schnitzer der Spätgotik gestaltet haben, hier freilich schon in der sensualistischen Auffassung des Rokoko. Zur Steigerung des Ausdrucks werden Glasaugen verwendet, ein Verismus, der der spanischen Skulptur des Barock vertraut ist. Vorbild war vermutlich ein Relief Hans Krumpers in der Pfarrkirche zu Ebersberg von 1598. Der Münchner Maler Augustin Demmel ist auch hier schon als Faßmaler der Kircheiselfinger Pietà gesichert.

Zurück über die Innbrücke von Wasserburg und die im Talkessel liegende Innstadt fahren wir hinüber nach Haag. Das Schloß der Frauenberger und der Gurren (deren Wappentier sie führten) grüßt schon von weitem mit seinen Türmen – eine Turmsilhouette wie aus einem der Tafelgemälde Wolf Hubers. Es geht durch Haag Richtung Mühldorf: B 12! Das schön gelegene Kirchdorf mit seiner Pfarrkirche Mariä Himmelfahrt – ein oberbayerisches Bilderbuchdorf – lassen wir links liegen, um nach rund vier Kilometern Fahrt südlich nach Gars abzubiegen. Wir sind wieder am Inn.

Das Augustinerchorherrenstift *Gars*, das schon 807 als »monasterium« genannt ist, wurde Anfang des 12. Jahrhunderts von Salzburg aus neu gegründet. Noch sind uns Teile der romanischen Klosterkirche in den drei Untergeschossen des Südturmes erhalten. Das heutige ›Westwerk‹ mit dem Turmausbau, Nordturm und Vorhalle gehört dem 19. Jahrhundert an.

Das Langhaus und der Chor der Kirche sind ein imposanter Barockbau von Kaspar und Domenico Zuccalli. Entstehungszeit 1661-1690 (Weihe). Entsprechend dem System von Sankt Michael in München entwickelt sich die Langhausstruktur mit Wandpfeilern, denen toskanische Pilaster vorgelegt sind sowie seitliche Kapellen mit Emporen. Der ursprünglich geplante Raumstuck kam nicht zur Ausführung, daß aber damit begonnen wurde, zeigt die dritte Seitenkapelle der Südseite, die eine Stukkatur von 1679 aufweist. Um 1750 hat man am Triumphbogen den Versuch einer neuen Stukkatur gemacht. Es blieb beim Klosterwappen und gemalten Dekor. Die Fresken schufen Lokalmaler wie Joseph Anton Seltenhorn und Augustin Aiglstorfer 1776/77. Der Hochaltar stammt aus der Erstausstattung des Barock von 1693, während das gute Hochaltarbild von einem unbekannten Münchner Meister (Hofmaler?) schon 1663 gemalt wurde: die Himmelfahrt Mariens.

In der dritten Kapelle der Südseite finden wir in einem Frührokokoaltar ein gotisches Vesperbild aus Kalkstein aus der Zeit um 1425. Diese als Gnadenbild verehrte Totenklage Mariä hat ein merkwürdiges Schicksal gehabt. Sie stand ursprünglich im Hochaltar (bis 1660), kam dann in die Gruft, von dort 1774 auf den Seitenaltar. In einem in der gleichen Kapelle befindlichen Votivbild wird es als Stiftung Oswald Tollingers ausgewiesen, wobei die Jahreszahl der Stiftung auf dem Rahmen, wie auch die Inschrift teilweise falsch ergänzt sind. In den Nebenkapellen des Chors findet sich ein ansprechendes Chorgestühl, dessen Unterbau und geschnitzte Wangenreliefs auf die Zeit um 1500 zurückgehen. Die überaus reich geschnitzten Rückwände (Dorsale) und der Baldachin sind 1627 hinzugefügt worden. Auf dem südlichen Teil des Gestühls finden sich noch zwei Figürchen, die spätgotisch und wohl um 1480 entstanden sind.

Eine große Kreuzigungsgruppe von Christian Jorhan d. Ä. weist auf die kunstgeographische Nähe Landshuts hin. Die 1762 entstandene Gruppe stammt aus der ehemaligen Pfarrkirche in Gars. Sie bezeichnet einen Höhepunkt in Jorhans Werk.

Der besondere Schatz der Klosterkirche in Gars sind die herrlichen Rotmarmorepitaphien. Es beginnt in der Vorhalle mit dem Grabmal des Thomas Surauer (gest. 1455), das dem Salzburger Bildhauer Eybenstock zugeschrieben wird. Das Grabmal für Georg Frauenberg († 1436) mit dem Hochrelief des Verstorbenen in voller Rüstung stammt von dem Salzburger Hans Heider. Die Rotmarmorplatte des Propstes Jakob Hinderkircher (gest. 1420) ist ein Bildnisstein von packendem Realismus, wohl ein Werk des von den Parlern angeregten Meisters der Straubinger Albrechtstumba (in der Karmelitenkirche). Auch hervorragende Wappensteine sind darunter zu finden: so das Grabmal des Magens Reyter von Teising (gest. 1536). Im Kreuzgang dann die Grabmäler des Christian Ebenstetter (gest. 1488) mit dem Bild des Verstorbenen in voller Rüstung und der Magdalena Ebenstetter (gest. 1488). Das Wappen der Verstorbenen, von einer weiblichen Trägerfigur gehalten, ist nach einem Stich des Meisters E. S. gestaltet, das gleiche Motiv taucht in bildnerisch überlegener Auffassung bei der Wappenhalterin am Passauer Rathauswestportal auf. Eine Kreuzigung aus dem Kreis des Landshuters Hans Leinberger in der Sakristei sei noch erwähnt.

Das Schwesterstift der Augustinerchorherren in *Au* liegt ein paar Innwindungen flußabwärts und wird in landschaftlich schöner Fahrt am Ufer erreicht. Gleichfalls sehr alt, im 8. Jahrhundert gegründet, jedoch ursprünglich Benediktinerkloster, wurde Au im 10. Jahrhundert als Chorherrenstift neu installiert. Von der romanischen Gründungsanlage sind uns die Untergeschosse der beiden Westtürme erhalten.

Der 1708-1717 aufgeführte Kirchenneubau dürfte auf den Grundmauern der gotischen Kirche ruhen, die vielleicht eine Wandpfeileranlage gewesen ist. Simon Pöllner aus Trostberg und Wolf Högler aus Waging werden für den Neubau als Maurermeister genannt. So haben wir auch hier wieder eine Wandpfeileranlage, allerdings mit Emporen entsprechend dem Vorbild von Sankt Michael in München. Daran gesetzt ist der Chor als pilastergegliederter Zentralraum mit Kuppel und Laterne. Der Raumstuck stammt aus der Bauzeit: dünne Akanthusranken. Zwei Langhauskapellen erhielten Rokokostuck, die südliche um 1725, die nördliche 1754. Deckenfresken um 1717 von Frater Mareis. Die Altäre und die Kanzel sind einheitlich um 1717 entstanden. Nur die Altäre der Hauptkapellen später, um 1730.

Auch hier eine stattliche Zahl von Epitaphien, vom ›Meister der Altöttinger Türen‹ bis zu dem eleganten Rokokomeister Johann Baptist Straub, der das Grabmal der Gräfin Theresia von Törring, gestorben 1756, schuf.

Wir heben hier ferner das Grabmal des Propst Petrus hervor, gestorben 1445, das dem Salzburger Bildhauer Eybenstock zugeschrieben wird; dann in der ersten Kapelle der Südseite das hervorragende Renaissancegrabmal des Propst Petrus Häckhl, gestorben 1540, mit dem Relief des knienden Propstes und einer ikonographisch seltenen Darstellung der Muttergottes mit dem Leichnam Christi, Gottvaters und der Taube des Heiligen Geistes. Das Grabmal ist vielleicht ein Werk des ›Meisters der Altöttinger Türen‹, mit dem der Schnitzer der oberen Füllungen der Türen in der Altöttinger Stiftskirche gemeint ist.

Altmühldorf, Mühldorf

Wo sich die von München herkommende Straße ins Inntal senkt erblickt man linkerhand umgeben von einer kleinen Siedlung auf dem steilansteigenden Ufer die *Pfarrkirche Sankt Laurentius* von Altmühldorf. Wer sie besuchen will, zweigt schon vor der Talfahrt rechts ab.

Man ist immer wieder überrascht von der stattlichen Erscheinung dieser Kirche. Das Langhaus – ein Ziegelbau in warmem Rot mit Strebepfeilern unter einem mächtigen Satteldach; 1718 wurde der Turm, ein beherrschender Bau, der hell gekalkt, in sieben Geschossen aufsteigt, erneuert; nur der Chor wirkt klein und angestückt. Die Lage auf dem Hügelrücken zwischen ein paar alten Bauernhöfen und Siedlerhäusern ist die schönste, die man sich denken kann. Die weithin sichtbare Kirche prägt ihre Umgebung. Ein rundes Jahrtausend, bis zum Jahre 1803, gehörte der Ort, das heißt die Hofmark und Pfarrei, zum Fürstbistum Salzburg, war also ebenso salzburgisch verwaltet und orientiert wie die Stadt Mühldorf selbst. 1254 – als das neue Mühldorf aufwuchs – nannte sich der Ort Altmühldorf. Es war eine außergewöhnlich große Pfarrei, die dem 1610 gegründeten Kollegiatstift Mühldorf angegliedert wurde.

Als Baudaten des spätgotischen Kirchenbaues werden 1500 bis 1518 genannt. Der ursprüngliche Chor ist nicht mehr vorhanden. Der heutige Choranbau entstand erst 1759, nach schwerer Beschädigung des Vorgängers durch die vom Sturm herabgerissene Turmhaube. Der Langbau ist eine Hallenkirche von vier Jochen. Ihr ist im Westen der massige Turmbau vorgesetzt, im Osten der neuere rechteckige Altarraum. Der Chorbogen wurde nach 1759 verändert: Lisenen und Rundbogenschluß, anstelle des zugespitzten Bogens mit Eckabschrägungen (?).

Mäßig hohe Rundpfeiler von kräftigem Querschnitt tragen das Netzgewölbe des Mittelschiffs und die einfachen Kreuzgewölbe der Seitenschiffe, bis auf das östliche Joch des südlichen Seitenschiffs, das ein Netzgewölbe besitzt. Die Figuration des Langhausgewölbes ist ein sechsteiliger Stern. Die Rippen ruhen dabei auf rot gefaßten Konsolen. Die Schlußsteine zeigen Heiligendarstellungen in Fresko.

Das südliche Seitenschiff lief ursprünglich in eine Chorneben-
kapelle aus, deren Chorbogen außen über dem Sakristeidach noch
zu erkennen ist. An der Innenwand finden wir über dem zugesetzten Chorbogen ein Wappen. Es ist das Wappen der Hirschauer, wie von Pfarrer Hans Aumüller und Hans R. Spagl aus
Mühldorf festgestellt wurde. Diese Hirschauer stellten von 1455
bis 1520 mehrere Stadtrichter von Mühldorf sowie Pröpste und
Hofmarkrichter in Altmühldorf. So wird ein Ruprecht Hirschauer
1497 als Propst und Richter zu Altmühldorf und bis 1519 als
Landrichter in Mühldorf genannt.

Das Netzgewölbe der südöstlichen Kapelle zeigt an den Kreu-
zungsstellen der Rippen ornamentale Malerei, gleich der Umrahmung der Schlußsteine im Langhausgewölbe. Die Orgelempore
ist barock.

*Obwohl die Bauerscheinung der spätgotischen Anlage auch Lands-
huter Eigenarten besitzt (etwa die breite Proportionierung des Langhauses, ähnlich der Kirche in Staudach) überwiegen die Merkmale
der Burghauser Bauhütte. Die Burghauser bevorzugen den Westturm,
der im Bereich der Landshuter Meister selten ist. Hier wird der Turm
meist seitlich des Chores angesetzt. Auch die Form der in drei
Absätzen aufsteigenden Strebepfeiler, bei der der mittlere übereck
gestellt ist, weist auf Burghausen. Um die Streben und unter den
Fenstern verläuft ein abgeschrägtes Band, das sogenannte Kaffge-
sims. Neben Backstein ist auch Tuffstein als Baumaterial ausgiebig
verwendet. Es ist das Hauptmaterial der Burghauser Bauhütte, die
wir in Heilig-Kreuz bei Burghausen kennenlernen werden.*

Die Fenster sind auf der Südseite zweibahnig und auf der
Nordseite dreibahnig und haben verschiedenes Maßwerk. Glasgemälde aus der Bauzeit der Kirche zeigen die Heiligen Florian,
Georg, Sebastian und Christophorus (um 1510), desgleichen
zwei Wappenfenster im südlichen Seitenschiff. Die Kirche besitzt
eine kapellenartige Vorhalle, die sogenannte Totenkapelle.

*Über den Bau- und Werkmeister der Kirche ist hier nichts bekannt.
In Burghausen ist um die fragliche Zeit der Meister Hans Perger an
der Pfarrkirche Sankt Jakob 1513 genannt. Dieser wird als Maurermeister bezeichnet. Bedeutender als er war Jörg Perger, der Baumeister der 1511 vollendeten Stiftskirche in Altötting, gleichfalls der
Burghauser Hütte zugehörend, jedoch Schüler Stephan Krumen-*

auers aus Passau. Die Altöttinger Stiftskirche zeigt eine ähnliche Raumproportion mit breitem Mittelschiff, schmalen Seitenschiffen, starken Rundpfeilern und mäßiger Höhenentwicklung. Jörg Perger zugeschrieben wird der Plan der Pfarrkirche zu Winhöring, der auf ähnlicher Proportionsgrundlage wie Altmühldorf basiert, jedoch eine sogenannte ›unreine‹ Halle mit überhöhtem Mittelschiff darstellt. Die Altmühldorfer Kirche stellt jedoch im Raumsystem eine reine Halle vor. Die drei Schiffe des Langhauses sind zwar noch durch hochansetzende und auf Konsolen ruhende Scheidbögen abgegrenzt; sie vereinigen sich jedoch schon zum Einheitsraum, wie er um 1500 angestrebt wurde. Darin gleicht Altmühldorf der Pfarrkirche Sankt Andreas in Engelsberg bei Traunstein. Auch dort findet sich – allerdings nördlich – die Endigung des Seitenschiffes in einer allerdings flachen, dreiseitigen Nische, die ebenfalls später zugesetzt wurde. Es handelt sich dort allerdings um einen einheitlichen Nagelfluhquaderbau, der unter Förderung der Herren von Toerring zu Tüssling in der zweiten Hälfte des 15. Jahrhunderts errichtet wurde. In Traunstein sind uns um die fragliche Bauzeit die Meister Thoman und Stephan genannt.

Die Kirche besitzt eine ranghohe, dem Geist des Bauwerks entsprechende Ausstattung mit spätgotischen Altären und Tafelbildern. Wertvollster und originaler Bestand ist das Tafelbild ›Kreuzigung Christi‹ in der Apsis des Chores. Das in Öl und Tempera gemalte Bild, als ›Altmühldorfer Kreuzigung‹ in der Kunstgeschichte bekannt, ist wohl um 1410 in Salzburg entstanden. Das Gemälde auf Goldgrund zeigt einen klaren Aufbau; es ist in zwei durch das Kreuz getrennte Personengruppen geteilt: links von Christus die Soldaten und Hohenpriester; auf dem Spruchband des Hauptmanns das Wort: VERE (F)ILIUS DEI ERAT ISTE; rechts sind die klagenden Frauen um Maria geschart, im Hintergrund ist Johannes und Longinus dargestellt. Der Ausdruck der schlanken Gestalten ist gedämpft und gefaßt; kein schmerzerfülltes Zusammenbrechen der Muttergottes, sondern noch die große Gebärde romanischer Trauer: die Umarmung. Das Bild ist ein seltenes Dokument Altsalzburger Tafelmalerei aus der Zeit Conrad Laibs, wobei der Einfluß der böhmischen Entwicklung des ›Weichen Stils‹ nachdrücklicher erscheint als der noch nachwirkende Einfluß der oberitalienischen Kunst. Voraus

geht in der Altsalzburger Malerei der um 1410 entstandene
›Streichenkasten‹, ein kleiner gemalter Flügelaltar der Streichenkapelle bei Schleching, der noch stärker vom Malwerk des Meisters von Wittingau und der oberitalienischen Kunst des
Altichiero in Verona bestimmt erscheint. Das erste gelöste Werk
des ›Weichen Stils‹ in der Salzburger Tafelmalerei stellt dagegen
die Votivtafel des Johannes Rauchenberger aus der Zeit um
1420/25 im Diözesanmuseum in Freising, dar. Altmühldorf besitzt noch ein Malwerk, das rund hundert Jahre später entstanden
ist, und als Hauptwerk des ›Meisters von Mühldorf‹ gilt. Es ist
dies der im rechten Seitenschiff stehende Flügelaltar, dessen
Gemälde 1511 datiert sind. Die ursprünglichen Schreinfiguren
sind leider verloren. Die heute im Schrein stehenden Apostel
Petrus und Paulus – aus dem ›oberbayerisch-salzburgischen
Raum‹, wie es heißt – ersetzen sie erstaunlich gut. Von größerem
Interesse sind jedoch die Malereien auf den Flügeln des Schreins
und die Predellentafel. Dargestellt sind Szenen aus der Passion
Christi. Die Figuren agieren in frischer Donauschullandschaft
und in Räumen mit krauser Renaissancearchitektur. Der Stil ist
zupackend, zuweilen heftig bis zur Wildheit, wie besonders die
Geißelung Christi zeigt. Da der Meister die den Donaumalern
eigene lokale Note zeigt, darf hier eine Künstlerpersönlichkeit der
Stadt Mühldorf gesehen werden: wahrscheinlich jener Wilhelm
Beinholt (Wetzholt), dessen Rotmarmorepitaph uns in der Vorhalle der Mühldorfer Stadtpfarrkirche erhalten ist. Von eigener
Stimmung dann die Predellentafel des Meisters mit der Beweinung Christi: gewiß eine der ergreifendsten – fast an Grünewald
gemahnenden – Darstellungen dieses Themas in der deutschen
Kunst um 1500. Christus liegt mit qualvollem Ausdruck – den
Kopf wie zum Schrei erhoben – in den Armen des knabenhaften
Johannes, während Maria seinen linken Arm hält und die Wundmale betrachtet, Magdalena sich zur Salbung des Leichnams an-
schickt. Im Hintergrund links das Kreuz mit den zwei Schächern,
und zwei Männer, die in der schönsten Donauschullandschaft wan-
deln. Zwischen Johannes und Maria spitzen die Doppeltürme der
Stiftskirche von Altötting herein. Der Maler ist am nachdrück-
lichsten durch die Passauer Malerei des Wolf Huber beeinflußt,
arbeitet jedoch durchaus selbständig. Von Interesse ist, daß der

spätere Passauer Bischof Christoph Schachner (1490–1500) vor seiner Wahl bis 1490 Pfarrer in Altmühldorf gewesen ist, wie Aumüller vermeldet.

Der nördliche Seitenaltar besitzt ein neugotisches Gehäuse von 1857 mit Nazarenerbildern des Münchner Malers Xaver Glink. Spätgotische Figuren von verschiedener Herkunft fanden an diesem Altar ihren Platz: eine Muttergottes um 1480, eine Heilige Katharina mit Schwert, zu ihren Füßen der besiegte Heide, etwa aus der gleichen Zeit, und ein Heiliger Antonius der Einsiedler, um 1500. Die Kirche von Altmühldorf ist in den 60er Jahren einer Renovierung unterzogen und in einen vorzüglichen Stand gebracht worden, der ihrem Rang gerecht wird.

Den Bergrücken entlang und dann in einer großen Kehre abwärts führt uns die Straße nach *Mühldorf* hinein. Zunächst vor dem Münchner Tor ein ›Platzl‹ mit zwei Beispielen, wie man mit Innstadtarchitektur umgehen kann. Das eine, die Sparkasse, fügt sich als Baukörper und in den Details dem älteren Ensemble ein; das andere, der Neubau des Bezirksgerichtes, nimmt, obwohl auch hier ein Flachdach, in seiner Fassadenstruktur mit horizontalen Fensterbändern und den Materialien keine Rücksicht auf das danebenstehende und ihm baulich verbundene prächtige Walmdachgebäude der Zeit um 1500, den Schloßbau des Salzburger Fürsterzbischofs Lang von Wellenburg, in dem das Heimatmuseum untergebracht ist.

Der Stadtplatz zwischen den beiden noch erhaltenen Toren öffnet sich hinter dem Münchner Tor südöstlich. Er hat die Figur eines Fisches und ist gewiß das Muster eines inntaler Straßenmarktes. Bürgerhäuser im Innstadtstil aus verschiedenen Epochen, die jetzt erneuert werden, säumen ihn ein, im Erdgeschoß Lauben, die zum Teil noch aus der Spätgotik stammen, begleiten ihn auf der Südseite, so daß man unter den Lauben eine lange Strecke dahinwandeln kann.

Das wohl interessanteste Profanbauwerk im Innstadtstil, das Mühldorf besitzt, ist der burgartige *Pfarrhof*. Er liegt am nordöstlichen Ende der Stadt, etwas seitab bei der Pfarrkirche. Ein älterer turmartiger Bau mit steilem Satteldach und Zinnen aus der Zeit um 1400, er ist im 16. Jahrhundert durch einen kleinen ›Renaissancepalazzo‹ mit schöner aus Blendfeldern bestehender

Attika erweitert worden. Und es geschah dies so geschickt, daß man sich nach Südtirol versetzt fühlt. Die Restaurierung von 1983/84 ging allerdings ein wenig zu gründlich vor, so sehr sie zu loben ist. Das Bauwerk ist jetzt blitzsauber wie aus einer Modellsammlung, perfekt saniert und gefärbelt.

Das Salzburgische Mühldorf scheint noch in den zahlreichen *Brunnen* gegenwärtig zu sein, die den Stadtplatz begleiten. Sie stehen jedoch nicht mehr auf den ursprünglichen Standorten oder stammen nicht aus der Salzburgischen Kunstregion. Der Hochbrunnen zeigt am Beckenrand unübersehbar das Fürsterzbischöflich-Salzburgische Wappen und die Jahreszahl 1692. Seine Brunnensäule trug ehemals eine Figur des Salzburger Bildhauers Andreas Götzinger. Die Reihe der kleinen Brunnen mit drolligen Puttenfiguren, die schon vor dem Münchner Tor beginnt und sich den Stadtplatz entlangzieht mit drei weiteren Brunnen, wird einem Mühldorfer Bürger verdankt, der sie 1839 aus dem in Auflösung befindlichen Rokokogarten des Stiftes Rebdorf bei Eichstätt ersteigerte. Diese Putten sind eigenhändige Werke des in Eichstätt wirkenden Bildhauers Johann Jakob Berg aus den Jahren 1700, 1725 und 1727. Es ist bekannt, daß dieser Bildhauer vom Eichstätter Hof einmal gerügt wurde, weil er sich ›von Berg‹ nannte. Und wirklich finden sich auf den Sockeln zweier Figuren die Bezeichnungen: ›Joh. Jac. Voberg‹.

Die *Stadtpfarrkirche Sankt Nikolaus* war von 1610-1803 mit einem Kollegiatstift verbunden. Sie wird im Jahre 987 erstmals erwähnt. Der Turm gehört einem Vorgängerbau des 13. Jahrhunderts an, der erhaltene Chorbau ist der Rest einer spätgotischen Kirchenanlage von 1432-1443. Bei Umbaumaßnahmen stürzte im Jahre 1768 das spätgotische Langhaus ein. Man sah sich zu einem Neubau gezwungen, den der Trostberger Baumeister Franz Alois Mayr nach den Plänen und Angaben des Salzburger Hofbauverwalters und Architekten Wolfgang Hagenauer in den Jahren 1769 bis 1771 ausführte. Das Raumsystem zeigt eine Wandpfeilerkirche, die geräumig und breit proportioniert wirkt. Das neugebaute Langhaus besitzt drei Joche, von denen das mittlere quadratisch, die anderen querrechteckig sind. Die Raumgliederung bewirken tief eingezogene und mit Pilastern besetzte Pfeiler. Eine zentralisierende Tendenz erkennt man an der Flachkuppel im Mitteljoch, die auf Pendentifs ruht. In den anschließenden beiden Jochen haben wir böhmische Kappen. Der spätgotische Altarraum erhielt eine Tonne mit Stichkappen. Die Kirche besitzt eine qualitätvolle Ausstattung durch vorwiegend Salzburger Meister. Die Fresken in den Gewölben schuf allerdings der im Inn-Salzach-Gebiet häufig tätige Johann Martin Heigl 1771/72. Die Salzburger Steinmetze Johann Högler und Josef Doppler lieferten die Altäre, der Salzburger Maler Franz Nikolaus Streicher das Hochaltarbild.

Nordwestlich der Pfarrkirche erhebt sich die ehemalige Friedhofskapelle Sankt Johannes Baptist, ein seltener zweigeschossiger Zentralbau, der im 14. Jahrhundert von den Kürschnern gestiftet wurde und ursprünglich Sankt Michael geweiht war.

Von Mühldorf können wir noch einen Abstecher nach *Schwindegg* machen, zu einem der eindrucksvollsten Renaissanceschlösser in Oberbayern. 1594 begannen es die Herren von Haunsberg zu errichten, bald darauf kam es in den Besitz Herzog Albrechts, eines Bruders von Kurfürst Maximilian 1. Ihm folgten noch viele verschiedene Eigentümer, trotzdem blieb aber der Bestand im wesentlichen unverändert.

Schlösser wie Schwindegg, auch Tüßling oder Maxlrain gehören in diese Reihe – blockhaft geschlossen um einen Innenhof und vier runde oder oktogonale Ecktürme – sind von ihrer Erscheinung her typisch für die ostoberbayerische, insbesondere die Inntallandschaft. Diese mächtigen Anlagen der Spätrenaissance stellen ihre Besitzer und die Denkmalpflege heute vor schwer zu lösende Aufgaben. In Schwindegg, bei dem alten mit Kletterrosen bewachsenen Haunsberg-Schloß, das zuletzt als Krankenhaus genutzt wurde, kam es dank der Initiative des Architekten Freiherr von Beaulieu zu einem gelungenen Umbau und zur Neubelebung. Das Schloß hat nun eine Anzahl verschiedener Eigentümer, die als Eigentümergemeinschaft die Baulasten tragen. Das auf diese Weise gerettete und sanierte Bauwerk kann weiterhin prägend auf die Landschaft wirken. Anders liegt der Fall in Schloß Tüßling. Dieses ehemalige Wasserschloß mit achtseitigen Türmen um einen großen Innenhof mit Arkaden ist eine der großen Schloßanlagen des 17. Jahrhunderts, die sich in Privatbesitz befinden. Unter dem Vorgänger des jetzigen Besitzers, Baron Michl, war dieses stattliche Törring-Schloß eine typische oberbayerische Landdomäne mit Brauerei und Landwirtschaft. So ließ der damalige Besitzer den großen Festsaal aus der Zeit um 1725 mit einem Hubertus-Deckenfresko ausmalen, das zu den wenig bekannten Schöpfungen des Neobarocks gehört. Der von Münchner Hofkünstlern stuckierte Saal hat die Dimensionen von Schloß Nymphenburg und stellt mit seinen alten Bildern eine große Ahnengalerie dar.

Die Restaurierung der ehemals offenen Hofarkaden ist an zwei Hofseiten begonnen. Ein Flügel ist durch den Besitzer saniert und bewohnbar gemacht. Zuschüsse des Denkmalamtes sind dabei ein Tropfen auf den heißen Stein. Der größte Teil des Schlosses, darunter die Schloßkapelle und der Festsaal sind vom Verfall bedroht. Die Außenfronten bedürfen ebenso wie die Dächer dringend der Restaurierung. Ein weiter Park mit Figuren läßt die ehemalige Schönheit der ganzen Anlage nur noch ahnen. Ein ähnlicher Sanierungsfall ist das Schloß Maxlrain, errichtet 1582–85 als Stammsitz des gleichnamigen Geschlechts, durch Anbauten des frühen 19. Jahrhunderts erweitert. Auch hier ist der Besitzer bemüht, die Bausubstanz zu erhalten und mit Leben zu erfüllen, was bei den Dimensionen und dem Zustand des Schlosses ein beinahe aussichtsloses Unterfangen darstellt.

Altötting und Neuötting

Die Fahrt führt uns nun über das schön gelegene Marktl am Inn (Naturerholungsgebiet) nach *Altötting*, eine der Herzkammern Bayerns und der wohl berühmteste Wallfahrtsort in Deutschland. Der weite Kapellplatz, in dessen Mitte sich die unscheinbare Heilige Kapelle erhebt, ist in seiner Weise einzigartig. Noch heute, obwohl geteert und oft mit parkenden Autos und Omnibussen vollgestellt, spürt man etwas von dem einstigen, durch einen Zaun – den Till – eingefriedeten grünen Anger, auf dem sich freilich noch zu Anfang des 17. Jahrhunderts einige Häuser erhoben. Kurz vor 1640 ist uns, durch den Stich von Merian, ein neues reguliertes Platzbild überliefert. 1618 wurde der Alte Chorherrenstock gebaut, der der Eingangseite der Heiligen Kapelle im Westen als breiter Trakt gegenüberliegt. 1637 entstand der Marienbrunnen, wahrscheinlich geschaffen von Santino Solari, als Stiftung des Fürsterzbischofs Paris Lodron von Salzburg zum Dank dafür, daß das Gnadenbild von April bis November 1632 im Salzburger Dom Zuflucht gefunden hatte. Die Neuen Chorherrstöcke an der Nordwestseite des Platzes wurden 1664 bis 1680 aufgeführt. Es war dies die Zeit, als Kurfürst Ferdinand Maria den Plan faßte, die kleine Heilige Kapelle mit einer mächtigen Marienrotunde zu überbauen: einem Zentralbau mit sechs Nischen und Umgang, in dessen rundes Chorhaupt die Heilige Kapelle zu stehen gekommen wäre. Vor 1672 hatte der Hofbaumeister Enrico Zuccalli die Pläne ausgearbeitet, die uns zum Teil noch erhalten sind. Die Grundfesten des gewaltigen Bauwerks waren schon gelegt, als der Tod des Kurfürsten, 1679, den Weiterbau verhinderte. Kurfürst Karl Albrecht, der die Idee wieder aufgriff, wurde durch den Österreichischen Erbfolgekrieg am Weiterbau gehindert. Ein Holzmodell, das ein Modellbauer sozusagen privatim erstellte, wurde vom Heimatmuseum erworben.

Die *Heilige Kapelle* ist ein kleines Oktogon der Karolingerzeit, das dem Typ der Taufkapellen nahesteht (legendäre Taufe des Herzog Theodo durch den Heiligen Rupert). Anläßlich der Übereignung des Stifts an König Karlmann wird diese ›Capella‹ im Jahr 788 erwähnt, sie ist damit zweifellos eine der ältesten Kirchen in Deutschland überhaupt. 1263 ist von einem Marienpatrozinium die Rede. Das Langhaus ist ein spätgotischer Anbau. Die Erneuerung des Umgangs erfolgte 1517. In der Ostnische des Innenraums haben wir das Gnadenbild der ›Schwarzen Muttergottes‹, ein Schnitzwerk des frühen 14. Jahrhunderts, umrahmt von einem Silberschmiedewerk der ›Wurzel Jesse‹ von 1666-1673. Das Gnadenbild ist bekleidet mit Ornaten und Kronen aus dem 17. Jahrhundert. Seitlich des Altars knien zwei lebensgroße Votivfiguren: der 10jährige Kronprinz Maximilian von Bayern, ein Werk des Münchner Hofbildhauers Wilhelm de Groff von 1737 in Silberguß hergestellt; und der Heilige Konrad von Parzham, eine Silberschmiedearbeit von 1931, geschaffen von Georg Busch. In den Nischen finden sich zum Teil kostbar gearbeitete silberne Kapseln mit den beigesetzten Herzen der Wittelsbacher, unter anderen von sechs bayerischen Königen und der Gemahlin

des letzten Königs von Bayern, Ludwig III. Für das Denkmal mit
der Herzurne Kaiser Karls VII. schuf Johann Baptist Straub einen
eleganten Bleiguß, der in einer Nische rückwärts aufgestellt wurde. Im Kapellenumgang finden sich über den dicht gedrängten
Votivtafeln 59 Tafelgemälde mit Mirakeldarstellungen, deren
älteste 1517 entstand. Sie geben einen seltenen Einblick in die
Frömmigkeit, das Volksleben und die Verhältnisse um 1500. Wo
Landschaft wiedergegeben ist, erinnert sie an den Stil der Donauschule.

Die ehemalige Stiftskirche und heutige *Pfarrkirche Sankt
Philipp und Jakob* erhebt sich als stattliche dreischiffige Hallenkirche südlich der Heiligen Kapelle. In ihrem Ursprung geht sie
auf ein Stift für Weltgeistliche zurück, das Karlmann, König der
Ostfranken, im Bereich der karolingischen Pfalz 877 errichtete.
Im Jahre 880 wurde Karlmann hier begraben. Vor wenigen Jahren
hat man sein Grab wiederaufgefunden, von dem uns die Inschrift
berichtet: HIC JACENT OSSA CAROLOMANI ITALIAE ET BOIARAE
REGIS ...

Ein großer romanischer Neubau, von dem uns noch das doppel-
türmige Westwerk mit Portal, Empore und Turmuntergeschoß
erhalten ist, wurde durch die von dem Baumeister Jörg Perger
1499-1511 errichtete Hallenkirche ersetzt. Von der spätgotischen
Ausstattung sind uns ein monumentales Chorbogenkreuz im
Altarraum nördlich und drei Paar geschnitzte Türflügel aus
Eichenholz erhalten. Sie sind 1513-1526 entstanden und weisen
im unteren Teil figürliche Flachreliefs mit Propheten von
Matthäus Kreniß auf, im oberen Teil sehr reizvolle Frührenais-
sancereliefs marianischen Inhalts von dem ›Meister der Altöttinger Türen‹.

An der Nordseite der Stiftskirche wurde 1510 die spätgotische
Schatzkammer angebaut, die zahlreiche Weihegaben enthält,
darunter das sogenannte ›Goldene Rößl‹, ein kostbares Schmiede-
werk aus purem Gold und durchsichtigem Emaille mit der Darstellung Maria im Rosenhag und der knienden Devotionsfigur
König Karl VI. von Frankreich, dem ein Page das Roß hält. 1404
mußte der König dieses Neujahrsgeschenk seiner Gattin an deren
Bruder Ludwig den Gebarteten, späterer Herzog von Ingolstadt,
verpfänden, durch den es nach Ingolstadt kam, und 1506 von

XV
MICHAEL NEHRER
(1798-1876)
›Wallfahrtskirche Altötting‹
(eigentlich: Tilly-Kapelle mit Stiftskirche)
Ölgemälde 1837
Berlin (West), Nationalgalerie
Staatliche Museen Preußischer Kulturbesitz
(Foto: Jörg P. Anders)

Dieses kompositionell überaus reizvolle Ensemble, das den
Architekturmaler Neher geradezu herausfordern mußte,
zeigt einen Teil der Stiftskirche in Altötting mit der sich
anschließenden Sakristei und Sankt-Peters-Kapelle, auch
Tilly-Kapelle geheißen (der überlieferte Bildtitel ist also
irrtümlich). Es ist der selten dargestellte Blick von Osten
her, der sich heute dem Pilger entzieht. Im Mittelpunkt
steht die ruinöse Peterskapelle mit ihrem schlanken helm-
bewehrten Turm. Offenbar hat Neher auch das Nebeneinander von rotbraunem Backsteinmauerwerk bei der Stiftskirche und verputztem, im Zustand des Abbröckelns be-
findlichem Backsteinmauerwerk gereizt. An den Turm-
untergeschoßen und an den Strebepfeilern, die das her-
ausgebrochene Chorhauptfenster rahmen, kommt das
blanke Ziegelmauerwerk zum Vorschein. Die Ruinenidylle
wird durch eine kleine Baumgruppe und wucherndes Gebüsch vollständig. Am rechten Bildrand erkennen wir zwei
Pilger in Jakobstracht mit Pilgerstäben, Umhang und
Hüten, die von einem Geistlichen begrüßt werden. An der
Mauer vor der Sakristei steht ein Mönch in Betrachtung
versunken. Nehers Detailtreue und sein Materialsinn wie
auch seine Akkuratesse in der Wiedergabe einer architektonischen Szenerie sind bezeichnend für die biedermeierlich unterströmte Münchener Romantik.

dort nach Altötting. Bewundern kann man in der Schatzkammer noch kostbare Elfenbeinwerke des 11. bis 12. Jahrhunderts aus Byzanz, des 14. Jahrhunderts aus Frankreich und aus der Zeit um 1600 aus Deutschland sowie die sogenannte Canisius-Madonna aus Nußbaumholz, die Hans Leinberger zugeschrieben wird, aber möglicherweise von einem anderen Schnitzer stammt.

Das nordöstlich von Altötting am Inn gelegene *Neuötting* kann als geschlossen erhaltenes Innstadtbild unseren Besuch des Wallfahrtsortes in schönster Weise ergänzen. Wieder nimmt uns ein breiter Straßenplatz auf, der am Ende von dem mächtigen Backsteinbaukörper und dem in den Platz noch hereinragenden Turm der Stadtpfarrkirche Sankt Nikolaus beherrscht wird. 1231 ist diese Herzogsgründung erstmals erwähnt, seit 1233 ist sie schon als Stadt bestätigt. Wichtig für die weitere Entwicklung war das von Ludwig dem Bayern 1340 verliehene Recht einer Salzniederlage und die seit 1347 gewonnenen Marktfreiheiten.

Eine schwere Feuersbrunst legte 1797 viele Bürgerhäuser in Schutt. So entstanden beim Wiederaufbau zahlreiche Fassaden frühklassizistischen Stils, die in neuester Zeit eine lebhafte Färbelung erhielten. Imposant als Baukörper und vorzüglich restauriert ist der sogenannte ›Troadstadel‹ am Stadtplatz Nummer 17. Er hat den Stadtbrand von 1797, dem vier fünftel der Häuser zum Opfer fielen, überstanden. Die Restaurierung hat die originale Fassadengestaltung dieses mit zwei stämmigen Lauben versehenen Schopfwalmhauses freigelegt und wiederhergestellt: die Fenster sind mit Ritzkonturen altdeutscher Renaissanceziermalerei geschmückt. Das Innere weist vier Schüttböden für Getreide auf, darunter ein großer Saalraum mit Unterzugsbalken, der bei der Restaurierung zum Vorschein kam. Leider ist in den Bau eine Bank eingezogen durch deren Glasscheiben der Charakter des Erdgeschosses in lapidarer Spätgotik empfindlich gestört wird.

Die *Stadtpfarrkirche Sankt Nikolaus* gehört zu den bedeutendsten Bauleistungen der altbayerischen Backsteingotik, die uns Hans Stethaimer hinterlassen hat. 1410 mit dem Chor und Turm begonnen, wurden diese noch zu Lebzeiten des Meisters 1429 fertiggestellt. In den Jahren 1430-1484 arbeitete man an den Seitenkapellen des Langhauses. 1484-1510 wird das Langhaus vollendet, jedoch erst 1623 können die Gewölbe eingezogen werden. Die heutigen Gewölberippen des Langhauses sind neugotische Ergänzungen. Im System einer dreischiffigen Halle errichtet, jedoch nicht so steil proportioniert wie Sankt Martin in Landshut, darf der Kirchenbau als die reife Leistung des Hans Stethaimer aus Burghausen bezeichnet werden. In den neugotischen Altären entdeckt man noch überfaßte ältere Schnitzwerke und Tafelmalerei der Spätgotik.

Wir beschließen unseren Besuch in Ötting – oder ›Eding‹ wie man hierzuland sagt – mit der ein kurzes Stück westlich vor Neuötting gelegenen *Sankt Anna-Kirche*, einer ehemaligen Siechenhauskapelle – nicht zu verwechseln mit der ehemaligen Spitalkirche –. Der kleine 1511 geweihte Backsteinbau hat eine feine spätgotische Ausstattung. Zunächst sind es die Glasgemälde in den Fenstern (1510–1520), die unsere Aufmerksamkeit erwecken. Auf ihnen sind Stifter dargestellt, darunter der Ritter Degenhard Pfäffinger (Pfeffinger) mit dem Kreuz der Jerusalemfahrer und dem großen Dänischen Kannenorden. Vielleicht sind er und seine Familienmitglieder Stifter dieser Siechenhauskapelle gewesen. Als eine der markanten Gestalten der Lutherzeit spielte er in Sachsen als Finanzberater Kurfürst Friedrichs des Weisen, auch als dessen knausriger ›Kunstagent‹ eine bedeutende Rolle. Er stammte aus dem nahen Salmannskirchen bei Mühldorf, wo dem 1516 Verstorbenen ein Denkmal mit seinem charaktervollen Porträtkopf unter der Kopfschaube der Dürerzeit errichtet wurde.

Der im Aufbau schlichte, neugotische Hochaltar enthält das große Schnitzrelief der Heiligen Familie mit Stammvätern, eine reife Leistung der Zeit um 1515, vielleicht vom ›Meister der Altöttinger Türen‹ geschaffen.

Diese Kirche ist zwar bescheidener als die zu Altmühldorf. Aber der Eindruck rein bewahrter Spätgotik, zu dem noch die alte Emporenanlage beiträgt, macht auch sie zu einem Erlebnis.

Winhöring und Sankt Veit

Wir fahren nun nach Neuötting zurück, verlassen es nördlich über den Inn Richtung Neumarkt-Sankt Veit. Dabei passieren wir *Winhöring* mit seinem prachtvollen Pfarrhof, der wie ein barockes Landschloß aussieht und noch die alte Inntaler Hofanlage aufweist. Er ist erbaut von dem Pfarrer Georg Stadler 1728. Die *Pfarrkirche Sankt Peter und Paul* ist ein Backsteinbau der Zeit um 1450, eine dreischiffige sogenannte ›unreine‹ Halle, bei der das erhöhte Mittelschiff in den kurzen dreiseitig geschlossenen Altarraum übergeht. Der Plan zum Kirchenbau wird Jörg Perger zugeschrieben. Typisch erscheint auch die Westempore für die Inntaler Kirchen. Der im Unterbau noch romanische Tuffsteinturm erhielt einen spätgotischen Aufsatz mit Satteldach und Treppengiebeln. Die Altäre und Kanzel sind aus dem 18. Jahrhundert.

Nördlich des Dorfes hält das Schloß einen Höhenzug besetzt. Der Neuöttinger Stadtmaurermeister Michael Oettel hat es 1621/22 für Johann Veit II. von Törring erbaut. Im baufreudigen Rokoko wurde es um ein Stockwerk erhöht und erweitert: zu einem Vierflügelbau mit Lauben und ovalem Vorhof.

Sankt Veit an der Rott. Auf der einen Seite ein klösterliches Idyll, 1803 säkularisiert, wie es hundert andere bei uns gibt. Und doch bleibt dem aufmerksamen Besucher etwas in Erinnerung, etwas Besonderes. Etwas, das ihm schon auffällt, wenn er an der Wegkapelle beim Krankenhaus anhält, oder den schöngelegenen Ort nur kreuzt: die Turmhaube.

Die ehemalige *Klosterkirche Sankt Veit* ist ein stattlicher spätgotischer Hallenbau aus der Mitte des 15. Jahrhunderts, bei dem das südliche Seitenschiff durch den sich anschließenden Kreuzgang beschnitten ist. 1708 wurde ein barockes Gewölbe eingezogen und erst 1782/83 wurde der Hochaltar – eine Salzburger Marmorarchitektur mit gutem Altarblatt des Johann Nepomuk della Croce aus Burghausen – aufgerichtet. Die Kirche besitzt einige interessante Schnitzwerke der Spätgotik, darunter den Dreikönigsaltar in neugotischem Aufbau; eine wohl salzburgische Muttergottes, um 1420, dazu das ehemalige Chorbogenkreuz, dem Landshuter Bildnerkreis zugehörend. Eine Wolfgangstatue steht dem ›Meister der Altöttinger Türen‹ nahe. Dann noch Reliefs der Donauschule, etwa die ›Begegnung an der Goldenen Pforte‹. Eindrucksvoll ist das Grabmal des Abtes Stephan Dietrich von 1521 in der Annenkapelle nördlich des Chors.

Und nun kommt noch der Turm! Ein vierschrötiger aus vier Stockwerken aufgebauter Turm, der oben ins Achteck übergeht, schlicht weiß gekalkt. Und dann die Turmhaube. Sie ist nicht bloß das Tüpfel auf dem ›i‹, sondern eine Landmarke. Ein etwas gemächlich – nach dem eingezogenen Fuß fast zäh beginnendes oktogonales Gebilde, das einer Zwiebel gleicht, Wulst und Einziehung, dann das gleiche verkleinert noch einmal, Wulst und Einziehung nun durch Voluten gestützt. Oben noch einmal eine kleinere kürzere Zwiebel, die auf vier freistehenden Voluten den Knauf und das abschließende vergoldete Kreuz präsentiert. Ich denke, daß sich in der Zeichnung solcher Kuppeln ein musikalisches Temperament ausdrückt, auch durch das Motiv der Wiederholung und leichten Abwandlung.

Nun ist es vor einigen Jahren dem Sankt Veiter Benno Hubensteiner gelungen, dieses seltene Werk als eine späte Schöpfung des großen altbayerischen Kirchenbaumeisters Johann Michael Fischer nachzuweisen. Man fand ein in den Knauf eingelegtes Inschriftblatt, das vermeldete, der Turm sei im August 1765 vollendet worden, und zwar durch Simon Frey, der in Vertretung Fischers als »Baudirector« genannt wird.

Das Kloster stand zur Bauzeit unter der Leitung des Rokokoabtes Maurus Aimer. Es wurde zur dieser Zeit viel musiziert im Kloster, vielleicht auch schon weniger gebaut. Der Turm sollte wohl der Auftakt zu einer Erneuerung der Klosterkirche sein. Dazu ist es dann nicht mehr gekommen. Aus dem Auftakt wurde ein Abgesang, den der sehr verweltlichte Konvent noch beschleunigte.

Burghausen und Umgebung

Als Adalbert Stifter auf seiner Reise von Linz nach München auch nach Burghausen kam, natürlich von der österreichischen Seite her, da hat er uns den ersten Eindruck mit Verwunderung und in seiner anmutigen Breite geschildert:

»Es war heiter und kalt. Nach zwölf Uhr sah ich die Stadt Burghausen vor mir. Eine seltsame Stadt. Lange, altertümliche, festungsartige Mauerwerke, hie und da ein viereckiger Turm, am linken Ende ein altes Schloß, von einer Kirche nur sehr wenig Kapellenartiges mit einem kapellenartigen Türmchen. Nun, es wird doch in diesen Mauern eine Unterkunft zu finden sein, dachte ich … Da machte der Weg eine Wendung nach rechts, dann wieder nach links, dann stand eine

Tafel, auf der zu lesen war, daß der Radschuh eingelegt werden müsse ... Da sah ich ein neues Wunder. Auf dem Feld stand eine Kuppel, wie sie sonst auf großen Türmen sind; mit einem tüchtigen Turmkreuze, als wäre ein Kathedralturm bis auf die Kuppel in die Erde gesunken. Die Straße fing jetzt an steil abwärts zu gehen. Plötzlich löste sich das Rätsel. Wir kamen ein wenig vorwärts, und zu unseren Füßen lag eine Schlucht und in derselben die Stadt.«

Napoleon, der zuerst in die Burg hineinritt, sagte nur: »Voilá, la ville souterraine!«

Wer von Süden her die Stadt mit der Burg erblickt, dem fallen die temperamentvollen Säzte Josef Hofmillers ein, die dieser 1907 in seinen ›Wanderbildern und Pilgerfahrten‹ geschrieben hat:

»Auf einmal steht die Burg da wie ein Belagerungswidder aus dem Bellum Gallicum, klotzig und trotzig, als holte sie aus zu einem Stemm- und Remmstoß. Noch vierschrötiger muß es ausgesehen haben, als sie noch das zinnenstarrende Pultdach hatte. Die Entsprechung dazu muß man sich denken: gegen Mitternacht eine nicht minder geharnischte Trutzwehr, die nach rückwärts ausschlägt wie ein Brabantergaul, breithufig und eisern. Allmählich dämmert es einem auf: das war keine Spur von Idyll, das war alles dräuend, zweckgedacht, sachlich, das war, solang nicht mit Feuerwaffen geschossen ward, uneinnehmbar.«

Diese Burg – die längste Deutschlands, wie es heißt – ist an der Stelle des südlich den Berg beherrschenden romanischen Burgnestes, um 1130 als ›Castrum Purchhusin‹ erwähnt, unter den reichen niederbayerischen Herzögen Heinrich (1253-1290) und Georg (1479-1503) zu dieser umfangreichen Befestigungsanlage gewachsen. Wahrscheinlich war sie als mächtiges Bollwerk gegen die von Osten andringende Türkengefahr errichtet worden, jedoch sprach auch die nahe Grenze von Salzburg und Österreich mit, und ganz allgemein der Bau- und Behauptungswille der niederbayerischen Herzöge. Tatsächlich geht das Ausmaß der Befestigung über die Zweckbestimmung als Grenzbollwerk hinaus. Aber von 1255-1503 war Burghausen die zweite Residenz der Herzöge, auch die ›Witwen- und Kinderstube‹, und wie unser 1978 verstorbener Freund Joseph Pfennigmann schreibt: »Burghausen wurde Hauptwaffenplatz der Landshuter, ein sicherer Hort ihrer Familien, ein zuverlässiges Gefängnis für ihre vornehmsten Häftlinge, mit einem Wort: ein sicheres Gewahrsam für alles, was ein Fürst jener unruhevollen Zeit wohlverwahrt wissen wollte.«

Wer heute die rund einen Kilometer lange Burg mit ihren sechs Höfen von der ehemaligen ›Schütt‹, vorbei am ›Curaturm‹, dem äußeren ›Handwerkerquartier‹, dem architektonisch so fein geschlossenen Hof mit der Hedwigskapelle – äußere Schloßkapelle von 1480/90 –, dem Torbau zum vierten Hof mit der Fronveste, dem gewaltigen großen Kasten bis zum letzten, wieder durch Halsgraben und das ›Georgstor‹ gesicherten Hauptburghof durchmißt, der findet sich zuletzt in einem von hohen Tuffsteinwänden eng eingefaßten Trapez, in einem wahren Felsenkamin aus Tuff.

An seiner Südseite liegt die Schatzkammer Herzog Georgs des Reichen, ein zweigeschossiger, heute leerstehender Bau. Auch hier noch eine innere Schloßkapelle Sankt Elisabeth, die eine der frühesten gotischen Kirchenbauten Bayerns darstellt und aus der Zeit Herzog Heinrichs des Reichen und seiner Gemahlin Elisabeth stammt (später erst kam der Schnitzaltar aus Surheim bei Laufen hierher). Dieser Teil der Burg mit Palast oder Fürstenbau und dem Frauenzimmerstock, der Kemenate an der Westseite, beherbergt heute eine Filialgalerie der Bayerischen Staatsgemäldesammlungen und das Burghauser Heimatmuseum. Großartig wirkt die zweischiffige gotische Halle des ›Dürnitz‹, der auf mächtigen Rundpfeilern ruht. Die Burg untersteht der ›Bayerischen Verwaltung der staatlichen Schlösser, Gärten und Seen‹; es gibt aber auch eine Arbeitsgemeinschaft ›Herzogstadt Burghausen‹, in der alle größeren Vereine zusammengeschlossen sind und die für historische Feste zuständig ist.

Dieser Eckpfeiler des Herzogtums und die wichtigste Kontrollstation des Salzhandels blühte mit einigen Unterbrechungen rund sechs Jahrhunderte. Dann kam es Schlag auf Schlag: 1779 Abtretung des Innviertels an Österreich, Verlust des Hinterlandes, denn Burghausen war bis dahin Regierungssitz für das Innviertel, 1802 die Aufhebung der Regierung, 1860 Einstellung der einst rege betriebenen Flußschiffahrt auf der Salzach, 1891 Auflösung der Garnison auf der Burg, man konnte, wegen der elenden Lage, nicht einmal mehr den Stadtkämmerer und den Stadtrichter bezahlen.

Das ehemalige Regierungsgebäude mit einem prächtigen Kurbayerischen Wappen auf der Fassadenstirn war inhalts- und be-
deutungslos geworden. Die Palais der Grafen von Tauffkirchen
und Lerchenfeld waren von ihren Besitzern verlassen, verwaist,
die stattlichen Marktplätze verödeten. Die Trassierung der
Bahnlinien folgte dem West-Ost-Gefälle. Grenzbahnhöfe – wie
Freilassing und Simbach am Inn – zogen daraus Gewinn. Ein
entscheidender Schritt zur Neubelebung dieses wirtschaftlich
abgesunkenen Gebiets erfolgte in den zwanziger Jahren, als
Alexander von Wacker die Wasser der Alz in einem viele Kilometer langen Kanal nach Burghausen und über ein Wasserwerk
– das Alzwerk – in die Salzach führte. So entstand ein Werk der
Chemischen Großindustrie und ein Eckpfeiler des heute sogenannten Chemiedreiecks mit Gendorf, Töging, Trostberg,
Traunreut, Hart und Schalchen.

Burghausen legte sich nordwärts an der Zufahrtsstraße eine
ziemlich regellos an der Straße aufgefädelte Neustadt zu. Diese
zog immer mehr das städtische Leben an sich. Drunten in der
Altstadt begann man mit der Sanierung der vom Hochwasser
gefährdeten Häuser an der Salzachseite und versuchte dann durch
allerlei Anreize junge Leute in die Altstadt zu ziehen.

Hatte man seit den dreißiger Jahren das ›Meier-Helmbrecht-
Spiel‹ von Eugen Ortner aufgeführt, um Besucher in die gastliche
Stadt zu locken, so sind es in neuerer Zeit die Burghauser Jazz-
tage und Schriftsteller-Treffen, die die Jugend (und nicht nur
sie) nach Burghausen ziehen. Burg und Stadt sind während des
Sommers eine beliebte Attraktion für Betriebsausflüge ins Mittelalter, samt Marketenderinnen.

Wer heute den Burghauser Stadtplatz betritt, den erfreut nicht
nur einer der schönsten Plätze der Inn-Salzach-Bauweise, sondern der bemerkt auch, daß die herrlichen Giebel der Altstadt-
häuser, frisch gefärbelt, wahre Schmuckstücke der Stadtarchitektur geworden sind. Der Platz ist verkehrsberuhigte Fußgänger-
zone, in der nicht mehr geparkt werden darf. Steinkugeln, die
zur Hälfte in das Pflaster eingelassen sind, gleich Ortsteinen,
grenzen die Zonen der Fußgänger ab. Es gibt ein Freizeitheim,
einen ›Schnauferl-Stall‹ mit einer Sammlung von Oldtimer-Auto-
mobilen, einen Theater- und Konzertsaal im ›Regierungsgebäu-

de‹, und als Veranstaltungssaal die Aula des Maximilian-Gymnasiums, den 1964/65 renovierten Festsaal des ehemaligen Jesuitenkollegs. Die jung gewordene Altstadt ist ein Phänomen besonderer Art. Vielleicht ist es der wieder erwachende Sinn für Romantik, der die junge Generation in das (sanierte) alte Gemäuer zieht. Hatte doch schon Rainer Maria Rilke aus ähnlichen Gründen die Absicht bekundet, »einen Versuch mit Burghausen« zu wagen. Und – wie immer bei ihm – haben Damen ihre Hand im Spiele. In diesem Falle Isabella Hilbert, die Oberstwitwe, deren Mann der letzte Kommandeur von Burghausen war (gestorben 1941 in Altötting), und deren Bekannte, die Schweizer Schriftstellerin Regina Ullmann (gestorben 1961). Da Frau Ullmann Anfang 1917 zu verreisen gedachte, sollte der Dichter zunächst in ihrem Zimmer untergebracht werden, das ein Stehpult enthielt. Als Dichter-Domizil war der erste Turm der äußeren Burg, der nach seinem letzten Besitzer ›Prechtlturm‹ geheißen hat, vorgesehen. Die Bescheidenheit des Handwerkerviertels der Burg – und die überlieferte Tatsache, daß der Turm früher die Wohnung des Henkers war, hinderte Rilke anscheinend doch, hier seinen Dauerwohnsitz zu nehmen. In einem Brief an Frau Hilbert vom 7. Dezember 1916 bedankte er sich für die Gastfreundschaft, die ihm Burghausen zu einem »bedeutenden und gefühlten Gegenstand« gemacht habe.

Der Turm, den uns Stifter beschrieben hat, gehört der *Stadtpfarrkirche Sankt Jakob*. An der Südwestecke des Hauptplatzes ist sie an Stelle eines romanischen Vorgängerbaues seit 1360 aufgewachsen. Als Baumeister sind uns Konrad und Oswald Pürkhel für die Jahre 1430-1450 genannt, 1477 Hans Wechselperger, 1513 Hans Perger. Der berühmte aus Burghausen stammende Hans Stethaimer taucht seltsamerweise in den Urkunden nicht auf. Auch das Raumsystem einer Basilika, dem diese Kirche verpflichtet ist, spricht nicht für ihn als Entwerfer des Urplans der Burghauser Kirche. Auch solche mächtige und nach Steinmetzart errichtete Tuffsteintürme hat er nicht gebaut. 1853 fanden allerdings Veränderungen des Raumbildes statt: die Seitenkapellen werden herausgerissen und die Gewölbe erneuert. Von der Ausstattung des 18. Jahrhunderts sind ein Auferstehender Christus, um 1760, und eine Sebastiansfigur von dem Burghauser Rokokomeister Johann Georg Lindt zu erwähnen. Die Ausmalung der Kirche stammt von 1912.

In die Häuserfront der Ostseite des Hauptplatzes eingespannt ist das Stift der Englischen Fräulein mit der *Schutzengelkirche*. Der schlichte Saalraum von Johann Martin Pöllner aus Trostberg 1731 errichtet, birgt eine selten reiche Altarausstattung. In einer Nische der Fassade grüßt uns der Schutzengel von Johann Georg Lindt, der dem Güntherschen Schutzengel von 1763 in der Münchner Bürgersaalkirche ziemlich getreu nachempfunden ist.

Im südlichen Teil der Stadt liegt die *Spitalkirche Heilig-Geist*. Hier hat sich vom älteren, um 1320-1325 geschaffenen Kirchenbau der Chorbau erhalten, der – nach Hermann Bauer – »zu den wenigen gut erhaltenen Anlagen des frühen 14. Jahrhunderts in Bayern zählt«. Das Langhaus entstand nach einem Brand von 1504-1512, erbaut von dem in Altötting beim Bau der Stiftskirche genannten Ulrich Häntler. Der Kirchenbau wurde 1773-1777 mit einem Rokokoturm versehen und im Äußeren umgestaltet. Das Hochaltargemälde stammt von Johann Nepomuk della Croce, 1792, die Rokokokanzel des Johann Georg Lindt von 1722. Ein Rotmarmorgrabmal, bezeichnet von Jörg Gartner, stellt wahrscheinlich den Friedrich Mautner zu Katzenberg dar, der nach dem Brand von 1504 zur Wiederherstellung der Kirche beitrug. Gestorben ist Mautner 1519.

Gartner arbeitete in Passau. Neben Passau war Burghausen das bedeutendste Steinmetzzentrum in Ostbayern. Der Hauptmeister heißt hier Franz Sickinger. Ihm wird das Grabmal Ulrich Zächenbergers von 1492 in Sankt Jakob zugeschrieben.

So neuzeitlich farblos uns Burghausen mit seiner Neustadt von Norden her empfängt, so ursprünglich mittelalterlich entläßt es uns nach Süden hin. Der schluchtartige, gewundene Straßenzug ›In der Grueben‹ zählt zu den eindrucksvollsten Straßenbildern, die uns in einer Salzachstadt erhalten sind.

Bevor wir uns jedoch auf die Weiterreise begeben, sei auf ein gotisches Kleinod abseits der Straße aufmerksam gemacht, mit dem wir uns einmal länger befaßt haben, als dies vorgesehen war: die *Leprosenkirche Heilig-Kreuz*.

Die Kirche liegt idyllisch ein Stück abseits der Tittmoninger Straße, am Rande des linken Hochufers der Salzach. Ihre äußere

Erscheinung ist typisch für die südostbayerische Architektur-Landschaft: ein schlanker, gut proportionierter Tuffsteinbau mit Strebepfeilern und steilem Dach. Der Turm steigt an der Westseite mit vier ungegliederten, rechteckigen Geschossen auf; schräggestellte Strebepfeiler begleiten ihn an den Ecken. Die Überleitung zu den beiden schlankeren, achteckigen Obergeschossen ist ebenso einfach wie geschickt gelöst: den zu Lisenen geschrumpften Strebepfeilern sind hier Runddienste vorgelegt, die in halber Höhe des Obergeschosses enden. Das niedere Zwischengeschoß und der steile Spitzhelm sind eine gut empfundene Zutat des 19. Jahrhunderts.

Der Innenraum überrascht durch harmonische Verhältnisse, vortreffliche Lichtwirkung und eine wohltuend schlichte Gliederung. Es haftet ihm noch etwas von der edlen, auf einfachste Wirkung bedachten Haltung der Frühgotik an (Dominikanerkirche in Regensburg, Johanneskirche auf dem Freisinger Domberg, Chor der Stiftskirche in Berchtesgaden). An das drei Joche umfassende Langhaus stößt ein wenig eingezogener, kurzer Altarraum mit Schluß in fünf Seiten des Achtecks. Maßstäblich fein aufgeteilte Sterngewölbe, deren Scheitelpunkt fast auf der gleichen Höhe liegt, fassen Langhaus und Chor zu einer räumlichen Einheit zusammen. Die schmalen Vertikalbänder der Fenster zeigen Maßwerk aus schlichten Fischblasenformen. Das ganze Westjoch wird von einer gemauerten Empore eingenommen, die auf Acheckpfeilern und geschweiften Spitzbogenarkaden von schöner Profilierung ruht. Alle Gliederungsformen sind von lapidarem, prismatischem Schliff und wohlbedachter Zweckmäßigkeit: die schlanken Runddienste vor den flachen, an den Ecken gekehlten Wandpfeilern, die Formen der Basen, Konsolen und Profilkapitelle. Von handwerklicher Meisterschaft zeugt die Wölbung mit ihren hohl profilierten Rippen. Wohltuend für das Auge ist das Verhältnis von glatter Wandfläche, belebender Gliederung und Durchbrechung der Raumschale. Die wieder zum Vorschein gekommene farbige Gestaltung der Raumstruktur verdient besondere Beachtung. Die Wände sind in hellem warmen Weiß getüncht. Die Gliederungsteile – wie Pfeiler, Runddienste, Gewölberippen – heben sich davor in zwei beherrschenden Farben ab: ockergelb und ziegelrot. Gelb sind die Wandpfeiler, rot die vorgelegten Runddienste, beiden ist ein Fugenschnitt aufgemalt. Die gleichfalls gefugten Gewölberippen sind wieder gelb. Lediglich die Verbindungsstücke an den Kreuzungspunkten sind in abwechselnd grüner und rotbrauner Farbe hervorgehoben. In den Gewölbefeldern und um die Schlußsteine hat der Maler feingezeichnetes Rankenwerk in Grün und Braun angelegt. Bemerkenswert sind einige gemalte Wappen in den Gewölbefeldern des Chores und an der Chorbogenwand. Über dem Mittelfenster im Chor der bayerische und polnische Schild, seitwärts das Burghauser Stadtwappen und das sächsische Wappen; am Chorbogen wieder das Burghauser Wappen und ein Schild mit einem gotischen Meisterzeichen, der Jahreszahl 1477, sowie der Meisterinschrift: HANS WECHSELPERGER.

Der Bau ist also durch Inschrift und Meisterzeichen für den Burghauser Baumeister Hans Wechselperger gesichert. 1849 erfolgte eine Restaurierung unter dem Verwalter M. Anthofer. 1952 hat das Bayerische Landesamt für Denkmalpflege eine durchgreifende Restaurierung in die Wege geleitet, die Dank der tatkräftigen Mithilfe der Stadt Burghausen schon im Dezember 1953 beendet werden konnte.

Die Hochwände der Kirche zeigen Reste von Freskomalereien aus verschiedenen Epochen, oft nur noch fragmentarisch erhalten.

An der südlichen Langhauswand der Kirche, auf einer neugestalteten Konsolbank, haben drei spätgotische Holzfiguren ihren Platz gefunden: eine Madonna im Strahlenkranz, ein Heiliger Alban und eine Heilige Katharina. Wir werden wohl nicht fehlgehen, in diesen Figuren Bestandteile, womöglich die Schreinfiguren, des ehemaligen gotischen Hauptaltares der Kirche zu sehen. Sie sind lebensgroß und deuten somit auf einen stattlichen Aufbau hin. Es sind Werke eines tüchtigen Bildhauers, der zwar nicht zu den ersten und bekannten Meistern seiner Zeit zu rechnen ist, der aber doch die Vorzüge eines allgemein beachtlichen Stilniveaus und die charakteristischen Merkmale des schwäbischen Parallelfaltenstils in der Art des Jörg Kändel in Biberach bekundet. Die mit Feingefühl vorgenommene Restaurierung der Figuren und ihre zweckgerechte Neuaufstellung hebt die bisher kaum beachtete Gruppe nun ans Licht. Bei dieser Restaurierung wurde dann auch ein kaum beachtetes Bildhauerwerk des

Barock wieder auf den Platz erhoben, der ihm gebührt: die monumentale Kreuzigungsgruppe des neuen Hochaltares. In der Schönheit ihrer ursprünglichen Fassung, von allen störenden Übermalungen befreit, gibt sie sich erst jetzt als eine bedeutende, von barocker Leidenschaft und geistiger Inspiration getragene Schöpfung zu erkennen. Die feierliche Raum- und Lichtwirkung des spätgotischen Chores trägt zur Steigerung des Eindrucks wesentlich bei, und so bewahrheitet sich hier wieder einmal aufs treffendste, daß qualitätvolle Kunst, welchen Zeitalters sie auch sei, im Kirchenraum eine harmonische Gemeinschaft bilden kann, wenn der allgemeine Maßstab gewahrt ist und eine künstlerische Konzeption zugrundeliegt.

Wir möchten annehmen, daß die Burghauser Kreuzigungsgruppe etwa um 1710 von einem begabten Meister aus der Werkstatt Schwanthalers, womöglich auch von einem seiner Söhne geschaffen worden ist. Leider haben wir aber vom Schaffen der Schwanthaler-Söhne noch immer keine klar umrissene Vorstellung, so daß die Frage, wem sie zugehört, vorläufig offenbleiben muß.

Die Türme der *Wallfahrtskirche Marienberg*, die nach einer Straßenwindung steil auf der Uferhöhe aufragen, locken zu einem Besuch dieses Rokokojuwels von den Händen des Trostberger Meisters Franz Alois Mayr. Die Türme schließen merkwürdig stumpf. Das in der Vorhalle der Kirche aufgebaute Modell des gesamten Zentralbaues (eine Seltenheit ersten Ranges) zeigt uns, daß sie ursprünglich reichgegliederte Helme erhalten sollte.

Rokokofresken von Martin Heigl aus München und eine Fülle marianischer Embleme, überaus reiche Altarbauten mit den Figuren des Burghauser Bildhauers Johann Georg Lindt zeigen, daß hier an nichts gespart worden ist. Auftraggeber ist das Kloster Raitenhaslach und der Hauptförderer der Wallfahrtskirche war sein Abt Emanuel II. Mayr (1759–1780) gewesen. Von der Brüstungsmauer an der Ostseite der Kirche bietet sich ein schöner Blick auf das Salzachtal. Über eine Freitreppe, die sich teilt und wieder vereinigt, nach den Gesetzen des Rosenkranzes aufgebaut, verlassen wir den ›Marianischen Berg‹ und steuern das *Zisterzienserkloster Raitenhaslach* an.

Die Zisterzienser suchten die Abgeschiedenheit der Täler und so liegt auch dieses ruhmreiche Stift hinausgeschoben in einen Bogen der Salzach. Was die Säkularisation von 1803 verschont hat, ist die Klosterkirche, jetzige Pfarrkirche, und der sich anschließende Prälatenstock. Eine spröd-gewaltige Fassade von Franz Alois Mayr ist dem auf einem mittelalterlichen Vorgängerbau ruhenden Langhaus der Kirche vorgelegt. Das Langhaus ist ein Wandpfeilerbau und weist eine beträchtliche Tiefe auf. Es entstammt einem Neubau von 1694-1698 und erfuhr 1737-1743 eine umfassende Umgestaltung und Dekoration im Stile des Rokoko. Die stattliche Größe und Erscheinung des mittelalterlich romanischen Kirchenbaues läßt sich an dem hinter dem Altarraum liegenden romanischen Chor erkennen, der mit einer romanischen Apsis schließt. Raitenhaslach überrascht mit einem vollständigen Rokokofreskenzyklus von Johann Zick mit Szenen aus dem Leben des Heiligen Bernhard von Clairvaux. Inschriften an der Decke und zahlreiche Wappen erinnern an die hier begrabenen wittelsbachischen Fürsten, darunter Herzog Ludwig der Gebartete. Die Klosterkirche war Begräbnisplatz der in Burghausen residierenden oder verstorbenen Mitglieder des Fürstenhauses. Im 18. Jahrhundert holte man sich den Münchner Hofstukkateur Johann Baptist Zimmermann zur Dekoration des Langhauses, vor allem aber zu einer selten reichen Chorraumgestaltung, deren Raumstuck in ihrem Reichtum an die besten Werke dieses Meisters erinnert. Auch Zick kam aus München. Er schuf neben den Fresken das vorzügliche Hochaltarbild der Himmelfahrt Mariens. Die Meister der aufwendigen Altarausstattung mit ihren qualitätvollen Figuren sind urkundlich nicht bekannt. Glanzstücke darin sind die Altarbilder des Johann Michael Rottmayr aus Laufen. Ein Heiliges Grab aus dem 18. Jahrhundert hat sich noch in der Vorhalle erhalten. Und in zahlreichen Rotmarmorepitaphien finden wir die meisterhafte Steinmetzkunst des Inn-Salzach-Landes anschaulich vorgeführt: am großartigsten ist das Totenbildnis des Abtes Johannes Zipfler von 1417 an der Nordseite des Schiffes in seinem Realismus. Das Grabmal des Abtes Ulrich Molßner von 1506 an der Südseite in einer Seitenkapelle könnte aus einer Passauer Steinmetzwerkstatt kommen. Auch im Kreuzgang finden wir noch solche Grabmäler in Rotmarmor, denen nachzuforschen sich lohnt: geben sie doch ein unmittelbares Bild von den Menschen in der vergangenen Zeit und sind oft durch ihre Inschriften steinerne Urkunden.

Von Raitenhaslach aus gelangt man übrigens leicht über Kirchweidach (Kirchenbau von Franz Alois Mayr), Feichten (Wallfahrtskirche mit reicher Ausstattung und ›Schöner Madonna‹) nach Trostberg hinüber, Orte, die wir schon früher erwähnt haben. Wir fahren jedoch der Salzachtalstraße entlang nach Tittmoning.

XVI

JOHANN JAKOB DORNER

(1775–1852)

Inntal-Haus

Aquarell, um 1800
München, Staatliche Graphische Sammlung
(Hirmer-Fotoarchiv, München)

Dorner ist einer aus der ersten Phalanx der Malerentdecker Oberbayerns, der noch Spätrokokotraditionen mit frühromantischem Gefühl verbindet. In diesem überaus duftigen und koloristisch höchst raffinierten Aquarell vereint er die Stimmungselemente von Reise und Seßhaftigkeit (im Biergarten rechts), von Willkomm und Abschied mit der Urbanität eines typischen Innstadthauses mit seiner hohen Vorschußmauer und horizontalen Traufe, wie sie für die Städte am Inn bis weit nach Niederbayern und sogar ins Oberösterreichische hinein typisch sind. Die Örtlichkeit dieses prächtigen Gasthofs ›Zur Post‹ oder ›Zur Krone‹ kennen wir leider nicht. Sie dürfte im weitesten Sinn im Inn-Salzach-Gebiet zu suchen sein. Jedoch sind isoliert stehende Innstadthäuser mit hochgezogener Vorschußmauer relativ selten. Zu erkennen ist ferner, daß sich hinter der ›Attika‹ (so im Österreichischen genannt) kein Grabendach, sondern ein Pfettendach erstreckt. Das Erdgeschoß enthält Stallungen (für den Pferdewechsel), das Obergeschoß den Wohn- und Gastraum. Offenbar ist sich die städtische Reisegesellschaft noch unschlüssig, ob sie sich während der Fütterung der Pferde zu den im Freien sitzenden Zechern gesellen soll.

Im Rupertiwinkel

Tittmoning

WER durch das Burghauser Tor hineinkommt in den Stadtplatz, ist überrascht über soviel Raumverschwendung: ein langgestrecktes Rechteck, eigentlich ein Trapez ist dieser von Inn-Salzach-Häusern gesäumte Platz. Die Häuser haben das Grabendach und formieren sich zu Kuben. Bezeichnend, daß hier die Lauben der Innstädte fehlen. Dafür finden sich häufig Erker und stuckverzierte Fensterrahmen. Am eindrucksvollsten das in seiner Schlichtheit als Baublock behandelte, mit einem Türmchen und Cäsarenbüsten geschmückte Rathaus (Fassadendekoration von 1751). Brunnen beleben die Platzmitte: der Floriansbrunnen von 1660, eine Marienstatue von 1758 von Johann Georg Itzlfeldner (1704/05 bis 1790), dem Tittmoninger Barockbildhauer, und eine Statue des Johann Nepomuk, die Joseph Anton Pfaffinger aus Salzburg zugeschrieben wird.

Die nahe der Salzachleite gelegene, vom Stadtplatz durch eine Seitengasse getrennte spätgotische *Pfarrkirche Sankt Laurentius* ist 1815 bei einem Stadtbrand schwer beschädigt worden und verlor ihr Langhausgewölbe und die Altarausstattung. Die Gewölbe der Seitenkapellen blieben erhalten. Der schlichte Saalbau besitzt einen eingezogenen Altarraum, der gleichfalls noch spätgotische Wölbung aufweist, jedoch sind die Rippen dort abgeschlagen. Die Altarausstattung entstammt dem frühen 19. Jahrhundert und ist stilgeschichtlich von Interesse, da sie für die Zeit des Klassizismus erstaunlich barocke Nachklänge aufweist. Von der früheren Einrichtung hat sich in der Kreuzkapelle an der Nordseite des Langhauses noch ein Barockaltar mit den Figuren der Vier Evangelisten von Meinrad Guggenbichler erhalten. Es sind von Leidenschaft durchströmte Gestalten (1699), von denen

zwei in den seitlichen Nischen der Pfeiler, zwei auf dem Gebälk sitzen. Bei der Neuausstattung nach dem Brand erhielt die Kirche aus säkularisiertem Klostergut von der Königlichen Galerie in Schleißheim 1817 zwei Gemälde zugewiesen, deren hoher Wert erst 1982 von Bruno Bushart erkannt worden ist. Es handelt sich um das Schutzengel- und Immakulatabild zu beiden Seiten des Choreingangs, die Kosmas Damian Asam 1720 für die Korbinianskapelle in Weihenstephan bei Freising gemalt hat. Die zusammen mit seinem Bruder Egid Quirin 1718/19 errichtete Kapelle fiel knapp hundert Jahre später der Säkularisation zum Opfer und wurde 1803 abgerissen. Ihr Aussehen aber hat uns der Maler links unten auf dem Immakulatabild überliefert. Beide Werke gehören – trotz erheblicher Formatbeschneidung und ungeschickter Restaurierung im vorigen Jahrhundert – zu den qualitätvollsten Arbeiten aus Asams Frühzeit. Ebenso in seiner künstlerischen Bedeutung jetzt erst so richtig erkannt wurde auch die Ölberggruppe an der Außenmauer des Chors, die dem berühmten Ölberg zu Ried im Innviertel nachempfunden ist. Wie wir nun durch die 1983 erschienene Monographie von Roswitha Preiß wissen, verbirgt sich hinter dem qualitätvollen Schnitzwerk der schon erwähnte Tittmoninger Rokokomeister Johann Georg Itzlfeldner, der die Gruppe 1759/60 ausgeführt hat (die Datierung 1726 bezieht sich auf die Renovierung eines älteren Ölbergs!).

Die *Allerheiligenkirche*, ehemalige Klosterkirche der Augustiner-Eremiten, wird durch eine Parallelstraße zum Hauptplatz erreicht. Sie besitzt eine selten reiche Altarausstattung aus der Bauzeit um 1681-1683. Das Altargemälde von 1686 schuf Christoph Lederwasch, der viel im Salzburgischen bis hinein in den Lungau, wo er herstammte, beschäftigt war. Die Kanzel ist von 1756, die schwarz-gold gefaßte Orgelempore von 1765.

Itzlfeldner, dem Tittmoninger Bildhauer, wird man ehestens in der *Friedhofkapelle* (Gegeißelter Christus von 1760, hier auch ein Altar aus der 1816 abgebrochenen Marienkirche auf dem Marktplatz, 1634 von Hans Dreysmich) kennenlernen. Auch für die Maria-Ponlach-Kapelle hat er Schnitzereien an den Seitenaltären geschaffen.

Daß Tittmoning eine bischöflich-salzburgische Gründung gegen Bayern und Burghausen hin war und von wenigen Unter-

brechungen bis 1816 zu Salzburg gehörte, wird an vielen Einzelheiten der kunstgeographischen Orientierung deutlich. Am eindrucksvollsten ist diese Funktion als Grenzburg und Jagdsitz der Salzburger Bischöfe in seinem Burgschloß ausgesagt. Die ungewöhnlich kraftvoll aufgebaute, den Uferberg beherrschende Anlage geht noch auf die 1234 erwähnte Feste zurück. Erzbischof Eberhard II. von Salzburg war es dann, der den Schloßberg befestigte und Tittmoning zur Stadt erhoben hat (1242). Der mächtige Getreidekasten an der Südostecke geht in die Zeit zurück, als in Tittmoning der herzogliche bayerische Baumeister Ulrich Pesnitzer beschäftigt war; vielleicht auch ein Teil des erhaltenen Wehrgangs. Das Torhaus zeigt das Wappen des Erzbischofs Marcus Sitticus von Salzburg (1614). Der rechts gelegene Prälatenstock, vielleicht von Santino Solari errichtet, birgt heute das Heimatmuseum. Die Schloßkapelle Sankt Michael überrascht mit einem Marmoraltar von 1693 mit einem Altarbild des Engelsturzes von Johann Michael Rottmayr (1697) und herrlich ekstatischen Marmorengeln, die Michael Bernhard Mandl zugeschrieben werden, unseren Eindrücken nach freilich permoserisch anmuten.

Auf der Weiterfahrt nach Laufen durchmißt man das schön gelegene *Fridolfing*. Über der stattlichen neuromanischen Kirche der Nazarenerzeit übersieht man leicht die alte spätgotische Johanneskirche. Hier finden sich Reste des Fridolfinger Altares, Schnitzfiguren und Tafelmalereien (diese seinerzeit in der neuen Pfarrkirche). Vom spätgotischen einstigen Hochaltar sind uns noch die Figuren der Muttergottes und der Heiligen Margaretha und Barbara erhalten sowie die Schreinwächter Georg und Florian. Dies ist – wenn man Glück hat und den Schlüssel zur Johanneskirche im Pfarrhof erhält – ein Auftakt zu den spätgotischen Reichtümern der Stiftskirche in Laufen.

Laufen

Die dritte der schönen Salzachstädte zeigt sich in ungewöhnlich reizvoller Lage, gleich Wasserburg, in einer Flußschleife gelegen, eng zusammengebaut, jedoch ohne große Plätze und – wie alle Salzach-Städte–ohne Lauben. Um 1050 schon ›urbs‹ genannt, kam

die dem Erzstift Salzburg zugehörende Stadt erst 1816 zu Bayern. Was Laufen ist, verdankt es neben den Fürstbischöfen seinen Salzschiffern, die das Salz von Hallein nach Laufen (›Erbausfergen‹) und von Laufen nach Passau (›Erbnaufergen‹) führten. In der lebensfreudigen Stadt, in der die Schiffer ein eigenes Patriziat bildeten, Theater spielten (Schiffertheater), und die einigen Künstlern von Rang Heimat oder Geburtsort war (der vor allem in Österreich zu Berühmtheit gelangte Maler Johann Michael Rottmayr ist hier geboren), konnte ein anderer Maler wie Gordian Guckh um 1500 gedeihen und Jahre hindurch Bürgermeister sein.

Das eindrucksvollste Baudokument ist die *Pfarr- und Stiftskirche Mariä Himmelfahrt*, die einzige süddeutsche Hallenkirche aus der frühen Gotik, von 1330-1338 in einem Zuge errichtet. Vorausging die Spitalkirche in Salzburg (1327) und die österreichische Zisterzienserkirche in Heiligenkreuz im Wienerwald. An diesen edlen Hallenbau von sechs Jochen mit schlanken Freipfeilern schließt sich ein malerischer spätgotischer Kreuzgang sowie der Rundbau (im Innern ein Oktogon) der Michaelskapelle, das alte Beinhaus (Karner) an. Der romanische Turm ist in das Mittelschiff an der Westseite einbezogen worden. Feine gotische Portale, die an Berchtesgadens Stiftskirche und die Kirche in Schellenberg erinnern, führen in die Kirche hinein. Das Innere wurde 1843 purifiziert. Dabei hat sich neben dem barocken Hochaltar des Tischlers Hans Fiegl und des Bildhauers Jakob Gerold (1654-58) noch manches historisch interessante Ausstattungsstück erhalten: etwa der Rupertus- und Schifferaltar an der Südwand mit einem Tafelgemälde von Johann Michael Rottmayr (um 1690) oder das reizvolle Rottmayrsche Familienepitaph, das Rottmayr 1698 für seine Eltern schuf (die heilige Cäcilia spielt auf der Orgel, der Heilige Lukas malt die Madonna, unter Anspielung auf den Beruf der Eltern). Ein besonderer Schatz spätgotischer Tafelmalerei, wohl Reststücke des spätgotischen Hochaltars, sind die an den Wänden angebrachten Tafelbilder der Geburt und der Passion Christi von 1467. Zu diesem Altar gehörte wohl eine hervorragende Sitzende Muttergottes mit Kind, die heute in die Kapuziner-Klosterkirche in Laufen gelangt ist.

Im Dechanthof sind uns neben zwei romanischen Portallöwen ganze 24 spätgotische Tafelbilder von den ehemaligen Altären

der Stiftskirche erhalten, darunter Werke, die Rueland Frueauf
d. Ä. bzw. dem ›Meister von Großgmain‹ zugeschrieben werden.

In dem über dem Fluß liegenden oberösterreichischen Vorort
Oberndorf wurde im Jahre 1818 das wohl berühmteste Weih-
nachtslied ›Stille Nacht, Heilige Nacht …‹ uraufgeführt. Sein
Komponist Franz Xaver Gruber stammte aus Hochburg am
Weilhart im Innviertel, war zur Entstehungszeit Mesner und
Organist in Arnsdorf (1816 bis 1820), der Textdichter Joseph
Mohr, ein geborener Salzburger, war zu dieser Zeit Hilfspriester
in Oberndorf, nachdem er in zahlreichen Pfarreien der Erzdiözese
von Ramsau bei Berchtesgaden bis Hintersee und Wagrain als
Priester ausgeholfen hatte. Ein Landgeistlicher also, der überhaupt den Anstoß zu diesem Liede gegeben hatte. Die Urauffüh-
rung fand in der alten (heute verschwundenen) Oberndorfer
Nikolauskirche statt. Mohr sang Tenor, Gruber den Baß, der
Kirchenchor die Wiederholungen der beiden Schlußverse. Die
Begleitung mit der Gitarre besorgte Mohr, da die Orgel sich in zu
schlechtem Zustand befand, um eine würdige Begleitung ab-
zugeben. Durch den Restaurator der Orgel, Carl Mauracher, kam
das Lied in das sangesfreudige Zillertal und als ›Tiroler Volkslied‹
trat es von dort seinen Weg durch Deutschland und in die Welt an.

Kloster Höglwörth und Anger

Wer auf der Autobahn von München nach Salzburg fährt, der
erblickt ein Stück vor der Zollstation Schwarzbach linkerhand
eine Kirche auf einem Hügelrücken, steilaufragend das gotische
Schiff und ein ebensolcher zwiebelgekrönter Tuffsteinturm. Das
ist Anger, »Bayerns schönstes Dorf«, wie es König Ludwig I.
genannt haben soll. Der Reisende, der es womöglich eilig hat,
Salzburg zu erreichen, erfährt hier ahnungsweise, welche Köst-
lichkeiten seitab der Autobahn liegen, abgeschnitten von der
Hauptreiseroute.

Wer nach Anger will, der muß also ein gutes Stück vorher, bei
der Ausfahrt Neukirchen-Teisendorf heraus. Gleich nach Teisendorf kommt *Höglwörth*, das versteckteste und unbekannteste
Kloster Oberbayerns. Curt Hohoff, den man seinen literarischen

Entdecker nennen darf (›Unbekanntes Bayern‹, Band 4), hat uns seine Lage so geschildert:

»Höglwörth liegt in einem Loch von etwa sechzig Meter Tiefe. Ein kleiner, bös schillernder, fischreicher See füllt das Loch aus, und mitten in diesem See lag eine kleine Insel, die heute durch Verlandung und Verschilfung eine Halbinsel geworden ist. Auf ihr steht eine Kirche mit geradem Chorschluß und seitlichem hohen Turm, dessen Spitze man erst sieht, wenn man schon am Rande des Seelochs angekommen ist. Unmittelbar südlich vom Turm steht das ehemalige Stift, eine von den Seeseiten äußerst anmutig wirkende Anlage mit großen, alten Bäumen, mit drei und vier Stockwerken und einem massigen Torturm: Die architektonische Anlage deutet eher auf eine Wasserburg als ein Kloster. Das Innere hat einen kleinen Kreuzgang, einen achteckigen Turm, einen winkligen, krummen Hof, und schon ist man wieder draußen.«

Das ehemalige Augustinerchorherrenstift ist eine Gründung des tatkräftigen Salzburger Erzbischofs Konrad aus der Zeit um 1125. Mag sein, daß sich hier schon ein älteres Klösterchen noch aus der Zeit vor den Ungarneinfällen erhoben hat. Der Kirchenneubau von 1689 wurde im Rokoko so beherzt dekoriert, daß man ihn – was die Stukkatur des Benedikt Zöpf anbelangt – zu den Entdeckungen rechnen kann. Diesem schwungvoll-eleganten Stuck entsprechen die Deckenfresken des Franz Nikolaus Streicher von 1765. Salzburgisch wirkt der Rotmarmor-Hochaltar mit den Figuren der Stiftspatrone, Sankt Peter und Paul.

Dieses Höglwörth ist eine Idylle, wie aus einem Tafelbild des Gordian Guckh herausgeschnitten, eine Sommeridylle, samt seinem verwunschenen See, dem Kloster und der Klosterwirtschaft, alles haussam und nah. Das nicht weit entfernte *Anger* auf seiner luftigen Höhe war die Pfarrkirche des alten Klostergebiets. Noch heute führt eine der schönsten Fronleichnamsprozessionen Oberbayerns alljährlich von Anger nach Höglwörth und zurück.

In dieses »schönste Dorf Bayerns« fahren wir jetzt, oder – noch besser – wir gehen einmal die zehn Minuten zu Fuß. Es gibt einen Fußweg zwischen herrlichen Wiesen, jenseits der Bundesstraße von Teisendorf her.

Das Dorf, das uns auf seinem Hügel empfängt, ist anders als die Dörfer Oberbayerns. Es öffnet sich wie ein Rundling, Gast-

höfe, Bauernhäuser, Pensionen natürlich auch, alles um einen weiten noch grünen Anger versammelt, in dessen Mitte eine Mariensäule steht. Ringsum führen Wege und Straßen.

An der Südseite wird der Platz durch die *Pfarrkirche Sankt Mariä Himmelfahrt* abgeschlossen und darüber ragt noch der Rücken des Staufen herein. Diese freie Hochlage und das Abweichende von der üblichen Straßendorfform soll Ludwig I. zu seiner Auszeichnung des Dorfes bestimmt haben. Ganz typisch bayerisch, oberbayerisch erscheint uns Anger nicht. Es wirkt eher salzburgisch. Die Pfarrkirche ist ein rassiger, hoch aufsteigender Tuffsteinbau der Spätgotik, wie es äußerlich viele hier gibt. Ein schlichter breiträumiger Saalraum mit eingezogenem kurzen Altarhaus nimmt uns auf. Man bemerkt, daß dieses Kirchenschiff ursprünglich ein Dreistützenraum gewesen ist, ähnlich wie Burgkirchen am Wald, Schnaitsee bei Traunstein, Obernbuch bei Tittmoning und Tacherting bei Trostberg. Dieser Raumtyp der Dreistützenkirche findet sich wohl zum erstenmal in der Spitalkirche zu Braunau am Inn (1417) und in Eggelsberg im Innviertel (1420). Und ähnlich wie in Tacherting hat man die Mittelstütze zwecks Raumgewinn in der Barockzeit herausgebrochen. Nur die beiden die Empore tragenden Pfeiler blieben (durch eine barocke Empore verstellt). So zeigt das erneuerte Gewölbe heute einen großen sechseckigen Stern. In dieser eigenartigen und reizvollen Raumgestalt weicht Anger allerdings nun auch von den salzburgischen Landkirchenbauten der Spätgotik ab und ist dem Inntal verbunden.

Auf dem Hochaltar hat sich ein Vesperbild aus der zweiten Hälfte des 16. Jahrhunderts erhalten. Letzter Rest einer spätgotischen Ausstattung ist ein bescheidenes Flügelrelief mit der Darstellung des Heiligen Sebastian, um 1510.

Wir nehmen Abschied von Anger und fahren dann Richtung Bad Reichenhall. *Piding* heißt das Dorf, bei dem die Bundesstraße die Autobahn überquert. Aus Piding stammt der großartige Schmerzensmann von Rueland Frueauf dem Älteren, der heute als Glanzstück spätgotischer Tafelmalerei in der Alten Pinakothek in München hängt. Wie kam er wohl in diese schlichte Pfarrkirche Mariä Geburt, die als letzten Rest der Spätgotik ein zierhaftes Portal aus rotem Marmor, um 1500, besitzt? Die nächsten Tafel-

bilder des Frueaufkreises finden sich in Großgmain, gegenüber von Bayrisch Gmain, in einer weithin bekannten Marienwallfahrtskirche, die zu Sankt Zeno in Reichenhall gehörte.

Während wir diesem Gedanken noch nachhängen, zieht *Schloß Staufeneck* die Aufmerksamkeit auf sich. Das ehemalige salzburgische Pflegschloß liegt auf einer von Laubwäldern eingesäumten Bergeslehne. Seine immer noch wohlerhaltene Erscheinung verdankt es neben neueren Besitzern wohl hauptsächlich dem Salzburger Erzbischof Leonhard von Keutschach, der es um 1513 zu stattlichem Ansehen brachte.

Was das frühe 19. Jahrhundert – der Klassizismus – dem oberbayerischen Land an staatlichen Bauten zubrachte, ist noch verhältnismäßig gering. Die Konzentration auf die Residenzstadt München bewirkte, daß die Bauaufträge in der ›Provinz‹ drastisch zurückgingen. Der Adel baute zunächst statt ›Landschlössern‹ neue Stadtpalais in München. Selten, daß die Kirche noch als Auftraggeber hervortrat. Nutzbauten, wie die Salinenanlagen von Reichenhall bestimmten das Bild. Nach der Meinung des Königs Ludwig I. sollten hier nach dem Brande von 1834 Anlagen entstehen, »wie sie herrlicher keine Stadt Deutschlands bisher aufzuweisen hatte«. Die noch heute teilweise erhaltenen Bauten wurden von den Architekten Daniel Ohlmüller (Sudhäuser, Hauptbrunnenhaus mit Kapelle von 1849, Entwürfe der Glasmalereien von Moritz von Schwind) und Friedrich Gärtner (Beamtenstock) erbaut.

Wie wichtig dem Staat die Förderung der Salzgewinnung war, läßt sich schon Jahrzehnte früher am Ausbau der Soleleitungen und der Neugründung von Salinen ablesen. Nachdem Reichenhall schon zur Zeit Karl Theodors mit dem Umbau der alten Saline vorausgegangen war, gefolgt von Traunstein, wurde 1810 mit der Neuanlage einer Saline in Rosenheim begonnen, nachdem die Innstadt durch einen Abzweiger der Soleleitung Reichenhall-Traunstein mit beiden verbunden worden war. Die Rosenheimer Anlage wurde 1859 noch einmal umgebaut und blieb bis 1958 in Betrieb.

Als Berchtesgaden 1814 an Bayern gefallen war, verband man es 1816-17 durch eine Soleleitung mit Reichenhall. »Eine einmalige Leistung der Ingenieurkunst jener Zeit«, hat Birgit Rehfus

(im Katalog ›Klassizismus in Bayern, Schwaben und Franken‹, München, 1980) die dabei verwendete und von Georg von Reichenbach geschaffenen Wassersäulenmaschinen, zum Beispiel in Illsank, bezeichnet. Diese Maschinen, damals als »gelungenes Nationalwerk gefeiert«, wurden auch alsbald im Ausland bekannt. Die aus Bronze und Eisen geschaffene Maschine in Illsank tat bis 1927 ihre Arbeit. Heute steht sie als technisches Denkmal im Bergwerk Berchtesgaden. Die übrigen Wassersäulenmaschinen sind auf verschiedene Museen verteilt.

Sankt Zeno in Reichenhall

Das Bayerische Staatsbad Reichenhall empfängt uns mit seinen Villen und gepflegten Straßen. -

Jedoch bevor wir hineinkommen in die Kurstadt, in ihrem Weichbild, erhebt sich schwer und gewaltig das *Münster Sankt Zeno*. Wie großartig die Kirche des ehemaligen Augustinerchorherrenstiftes in der Landschaft gelegen ist, die heute ziemlich verbaut ist, das zeigt vor allem der klotzige, hochaufragende Turm. Dann das Kirchenschiff. Es öffnet sich mit einem romanischen Säulenportal, das von liegenden Löwenfiguren flankiert wird und wie ein zyklopischer Triumphbogen wirkt. Dahinter erstreckt sich ein mächtiger Raum in die Tiefe, der Kirchenbau (1208). Die gewölbte romanische Basilika ist die größte ihrer Art in Oberbayern, größer als der Dom zu Freising. Nach einem Brand von 1512 wurde sie spätgotisch erneuert. Die spätbarocke Einrichtung wurde unter König Ludwig I. im 19. Jahrhundert wieder entfernt. Nicht erhalten ist uns die Krypta unter dem Altarraum. Im Chor vor der Apsis steht heute das spätgotische Gestühl. Der Hochaltar ist eine vorzügliche Neuzusammenstellung aus alten spätgotischen Teilen (Krönung Mariens und spätgotische Tafelbilder). Hinzu kommen noch zwei sehr feine Figuren einer Heiligen Katharina und Heiligen Barbara, aus dem Besitz des Freisinger Diözesanmuseums, jedoch aus dem Reichenhaller Raum stammend. Sie sind heute an den Choreingangswänden aufgestellt. In ihrer anmutigen Haltung mit den reichdrapierten, seitlich schwungvoll aufgeschlitzten Mänteln erinnern sie uns an Figuren der Kriechbaumwerkstatt in Passau, der ja das Malwerk und die

Marienkrönungsgruppe in Großgmain zugehören. Auch die heute im Hochaltar aufgestellte Krönungsgruppe stammt aus dem Inntal und weist Verwandtschaft mit der Großgmainer Gruppe auf.

Die Kanzel freilich ist ein frisches etwa gleichzeitig mit dem Chorgestühl entstandenes Werk der bayerischen Frührenaissance, um 1516. Zwei Tafelbilder des Hans Ostendorfer sind beachtliche Stiftungen Herzog Wilhelms IV.: Tod und Himmelfahrt Mariens sind darauf in nachklingender Donauschulauffassung geschildert.

Wir suchen den Kreuzgang auf, einen zum Teil noch romanischen Kreuzgang mit rundbogigen Fensterarkaden, Säulchen und Würfelkapitellen, diese und die Basen mit Bandverschlingungen. In einem Fensterpfeiler des Westflügels sind zwei Reliefs angebracht: die Königsfigur, die laut Inschrift Kaiser Friedrich Barbarossa darstellt, sodann die Fabel von Fuchs, Wolf und Kranich, mit ihrer Anspielung auf die Undankbarkeit. Ein kleines in die Wand eingemauertes romanisches Tympanon stammt wohl von der ehemaligen Peterskirche.

Der romanische Barbarossastein, die von Zier- und Flechtwerk überzogenen Kapitelle, das alles ist auf eine unvergeßliche Art alpenländisch, dem Bild- und Bauwerk jenseits der Alpen, auf lombardischem Boden, geschwisterlich verwandt. In diesen Ausmaßen – die Kirche soll dem romanischen Dom Salzburgs nur wenig nachgestanden haben – und diesen Stilverhältnissen sucht man keine weitere Köstlichkeit irgendwelcher Art. Aber es gibt sie, verborgen in einer Ecke der Kirchenvorhalle. In die Bekrönung eines spätgotischen Taufsteins hat ein Bildschnitzer der Leinbergerzeit ein Fries mit zwölf kraftvoll bewegten Engelsfigürchen eingesetzt. Sie sind farbig gefaßt, wirken fast wie Terrakotten, beweisen die frische Begabung dieser Landschaft für Schnitzwerk jeder Art, gleich, ob es sich um das Chorgestühl oder um die Schreinfiguren der Krönung Mariens am Hochaltar handelt.

Das Reichenhaller *Heimatmuseum* gibt uns von den Leistungen der heimischen Meister einen knappen, aber deutlichen Begriff. Man notiert: eine feinbewegte Lindenholz-Madonna und eine prachtvoll gefaßte Laurentius-Figur von 1500, ein monumentaler Christus alpenländischen Schlages von 1650; und dann eine Entdeckung: zwei kleine, etwa 60 cm hohe Assistenzfiguren

einer Kreuzigung, Maria und Johannes aus Johanneshögl, um 1230 geschaffen, aller Wahrscheinlichkeit nach bisher unbekannte Werke aus dem Kreis des Meisters der Ruhpoldinger Madonna. Ein Streben nach Ausdruck und mimischer Belebung sprengt die Schale der säulenhaft schlanken Körper.

Ein Abstecher zu der anmutig gelegenen Bergkirche in *Nonn* wird am besten auf der Rückreise eingeplant. Auch die Dorfkirche *Mauthausen* sollte man nicht übersehen, wenigstens nicht auf der Rückfahrt. Der kleine romanische Tuffsteinbau mit dem verschindelten Dachreiter birgt 1951 erst aufgedeckte spätgotische Fresken: monumental angelegte Heiligengestalten im Langhaus und lebendig erzählte Szenen im Chor.

Berchtesgaden und Umgebung

Die Fahrt führt jetzt nach Berchtesgaden, in das Herz des Stiftslandes. Rasch rücken die Berge näher, die landschaftliche Situation wird dramatischer, der sagenumwobene Watzmann steckt seinen zweigeteilten Gipfel in das Bild, ein Bild, das jedesmal abwechslungsreicher ist, als man es erwartet hat. Reichenhall war eine großräumig angelegte Stadt mit Kloster, Berchtesgaden eine Fürstpropstei und nur ein groß gewordenes Alpendorf. Reichenhall war fast immer bayerisch, Berchtesgaden dagegen mehrmals im Verlauf seiner Geschichte salzburgisch. Im übrigen genoß es unter seinen gefürsteten Stiftspröpsten eine fast uneingeschränkte Selbständigkeit. Das spürt man auch gleich, wenn man durch den Torbogen auf den weiten Residenzplatz zulenkt und die Stiftsanlage vor sich hat. Drei kräftige Bauperioden haben an ihr geformt: Romanik, Gotik und schließlich Barock.

Um 1300 dürfte der Stern der Stiftspröpste am höchsten gestanden haben. Damals wurde der machtvolle Chor der *Stiftskirche Sankt Peter und Johannes* gebaut, der einem Münster angemessen wäre und in seiner Herbheit, Wandhaftigkeit und in der Wucht seiner Glieder unvergeßlich ist. Im Langhaus herrscht hingegen das Dämmern, die Raumstille und Geborgenheit spätgotischer Hallen. Und dieser Gegensatz ist nicht weniger eindringlich als bei der Salzburger Franziskanerkirche. Salzburgisch ist hier überhaupt viel. Vor allem das Steinwerk aus Adneter oder

Untersberger Marmor. Im Chor und an den Langhauswänden stehen und liegen die prachtvollsten Marmor-Epitaphe, die man kennt: Fürstpröpste in fleischfarbenen und rotscheckigen Marmor gemeißelt, mit ergreifenden oder vergrämten Totengesichtern, angetan mit dem Prunk ihres Ornats (wie erfreut allein die Ausführung jeder einzelnen Kurva, jeder Mitra!). Die eindrucksvollsten: das Pienzenauer-Grabmal und die Tumba des Propstes Rainer von dem Salzburger Meister Hans Valkenauer. Selten, so meint man, ist das Triumphale einer kirchenfüstlichen Erscheinung so erfaßt und wiedergegeben worden wie hier; es sei denn auf Grünewalds großartigem Bild der Begegnung des Erasmus mit dem Mauritius. Salzburgisch ist auch der Hochaltar, 1663-69 von Meister Opstall in niederländisch-italienischem Barockklassizismus aufgerichtet. Und salzburgisch ist schließlich das feine Tympanon-Tafelgemälde in der Vorhalle, ein Gnadenstuhl mit den Patronen der Kirche, dem knienden Stifterpropst Erasmus Pretschlaipfer und Klosterwappen (1474), den wir einem Vorläufer Rueland Frueauf des Älteren zuschreiben möchten. Der Hochaltar (1663-1669) aus schönem Untersberger Marmor, ist ein Werk des römisch geschulten Salzburgers Bartholomäus von Opstall. Von den Altarblättern des Johannes Zick, Johannes Spielberger und des Joachim Sandrart heben sich zwei hervorragende Werke ab: es sind dies ›Sankt Dominikus und Franz von Assisi erscheint die Madonna‹ an der rechten Chorwand, und auf dem rechten Seitenaltar ›Sankt Augustin‹, der Kirchenvater, in barockem Chorherrnornat dargestellt. Wahrscheinlich ist der Meister dieser koloristisch hervorragenden Bilder der Augsburger Johann Heinrich Schönfeld – eine Ausstellung der Werke dieses großen Malers, der 1609 in Biberach geboren wurde, in Rom und Neapel wirkte und sein Leben in Augsburg 1683 beschloß, wäre längst fällig und vielleicht eine echte kunsthistorische Sensation.

Erwähnen wir noch das eichene Chorgestühl des Reichenhaller Kistlers Marquard, in den Jahren 1436-43 gefertigt. Der ornamentale Reichtum der durchbrochenen, mit Tiermotiven durchsetzten Wangen – die Originale sind heute in München, im Bayerischen Nationalmuseum – erfreut, besonders hier in der Landschaft der Holzschnitzerei. Wir beschließen unseren Rundgang mit dem Kreuzgang, der ein ganzes Lapidarium romanischer

Bauskulptur und der Grabmalplastik von der Spätgotik bis zum Barock vorstellt; drei Portallöwen darunter, als bildhauerisches Meisterstück, kühn stilisiert, chimärisch grinsend und gespannt, ein Leu lombardischen Geschlechts, seltene Flechtkapitelle!

Leicht übersieht man da die kleineren Kirchen der Stadt: die *Frauenkirche am Anger*, erbaut von 1488 bis 1519, eine der hier in Südostbayern nicht seltenen zweischiffigen Anlagen auf Rundsäulen, die in ihrem abgesonderten Chor ein mildes gotisches Gnadenbild, die Ährenmadonna, bewahrt; oder die ehemalige Pfarrkirche *Sankt Andreas*, die eine ganze Sammlung alpenländischer Frühbarockplastik unter ihrer außergewöhnlichen, italienisch inspirierten Deckenwölbung behütet. Einzelne Altarstatuen, eine Schutzengelgruppe und ein temperamentvoller Sankt Michael, berufen die bildnerische Ausdruckskraft der Innviertler Bildschnitzerschule.

Ein Erlebnis für sich sind dann die Sammlungen des Kronprinzen Rupprecht in den stilgemäß eingerichteten Räumen des *Museums im ›Schloß‹*. Im Kern sind dies die Räume des alten Augustinerchorherrenstifts, bei der Stiftskirche, also der alten Fürstpropstei. Ein in Jahrhunderten zu einer großartigen Einheit gewachsener Baukomplex, bestehend aus dem Kreuzgang, der frühgotischen Halle des Dormitoriums (nach 1300 erbaut), den Renaissancesälen (erbaut um 1550 und durch Kronprinz Rupprecht baulich hergestellt und zum Teil neu eingerichtet), dem Fletz, der Hofküche und den Porzellankammern, dem Empfangszimmer des Propstes (um 1780/85), dem Tafelzimmer im Louis seize-Stil, einer Kronprinzenwohnung, einem Chinesischen Saal, einem Japanischen Saal und schließlich dem Prinzregent-Luitpold-Gedächtniszimmer.

Die hier zusammengestellte Raumfolge bekundet den Reichtum der Raumkultur geistlicher Aristokratie in einer neuzeitlichen Verbindung mit dem weltweit gespannten Sammlerinteresse eines späten fürstlichen Grandseigneurs.

Hauptstücke der Sammlung spätgotischer Plastik sind die 12 Büsten (Eichenholz) vom ehemaligen Chorgestühl der Klosterkirche Weingarten, geschnitzt von Heinrich Iselin aus Konstanz, 1478. Die ritterlich-elegante Schnitzfigur eines Heiligen Georg aus der Georgskirche in Finsing bei Erding, um 1490 von einem Passauer

XVII

LEOPOLD ROTTMANN
(1812-1881)

Blick auf Sankt Bartholomä am Königssee

Aquarell 1856
Karlsruhe, Staatliche Kunsthalle

Leopold Rottmann, der weniger bekannte Bruder von Karl
Rottmann, beläßt im Gegensatz zu den überidealisierten
und oft – wie bei Turner – geradezu als kosmische Erscheinung interpretierten Landschaften seines Bruders der
oberbayerischen Landschaft ihre Natürlichkeit und bringt
die besonderen Stimmungswerte durch satte Koloristik,
vor allem gerne Blau, Rotblau, Violett, Ultramarin, zum
Ausdruck, daneben ist er zugleich ein künstlerischer Entdecker der Alpenwelt, die er nicht nur, wie die meisten seiner Kollegen, von ferne betrachtet und wiedergibt, sondern
direkt vor Ort studiert, ohne Scheu vor langen Aufstiegen
und mühsamen Wanderungen in die – auch damals noch
zum Teil als bedrückend, abweisend und ungebändigt-wild
empfundenen – Berge, die bei ihm höchst genau, als echte
Berg-Porträts, wiedergegeben werden. Gerade das Berchtesgadner Land ist eine Landschaft der einsam gelegenen,
architektonisch ungemein wirkungsvoll in die Landschaft
gestellten Kirchen und Wallfahrtsorte: Maria Gern, Kunterweg, Ramsau oder hier Sankt Bartholomä.

Tief empfunden ist hier die entrückte Einsamkeit des
stillen Wallfahrtsortes am See, zu einer Zeit, da noch nicht
permanenter Tourismus diesen Winkel bedrängt und er-
drückt hat. Der Seespiegel noch »unsäglich blau« – möchte
man mit Stifter sagen. Im Hintergrund erkennt man die
Kaunerwand mit den rechts daran anschließenden
Grünsee- und Funtenseetauern.

Meister aus dem Kreis der Kriechbaum geschnitzt. Eine hoheitsvolle Muttergottes der Verkündigung, gegen 1520, steht Veit Stoß sehr nahe. Höhepunkte mainfränkischer Schnitzkunst der Spätgotik und Frühwerke Tilman Riemenschneiders sind die zwei Flügelreliefs mit der Darstellung ›Christus am Ölberg‹ und ›Auferstehung Christi‹. Sie werden mit dem sogenannten ›Wiblinger Altar‹ Riemenschneiders in Verbindung gebracht und stammen aus der Oettingisch-Wallersteinschen Kunstsammlung. Ein köstlicher Heiliger Florian, bayerisch um 1500, sei noch erwähnt. Etwas linkisch mit gespreiztem rechten Bein auf der Plinthe stehend, die Hüfte nach links ausgebogen, hält er den Speer in der linken Faust und blickt unter dem verwegen aufgesetzten Hut verklärt nach oben. Oberbayerisch, möchte man sagen, um ihn genauer zu lokalisieren!

Das Ortsbild von Berchtesgaden ist eminent malerisch; es muß im Gehen, im Steigen und Fallen des Geländes begriffen werden; rasch wechseln hier die Bilder: einmal fesselt der gezackte Umriß aufsteigender Dächer (wie in Tölz!), ein andermal ein heiteres Fassadenfresko den Blick, etwa am Haus zum Hirschen, wo kostümierte Affen die menschlichen Leidenschaften aufs köstlichste parodieren und nebenbei ein Stück alter Spruchweisheit zum besten geben. Bemerkenswert ist, auch wenn es nicht im Dehio steht, daß wir hier das früheste Beispiel oberbayerischer Fassadenmalerei vor uns haben (um 1600). Und natürlich genießt auch die Umgebung, vor allem der Seewinkel, den Ruf, ein Dorado für Touristen und Motivjäger zu sein, mit Recht. Ihr Reiz liegt zuvorderst im Landschaftlichen, liegt aber auch in der geglückten Verbindung von Menschenwerk, Kunst und Hochgebirgsnatur. Der Erfindungsreichtum und das Einfühlungsvermögen, das die landschaftlichen Baumeister dabei entfaltet haben, verdienen unsere Bewunderung. *Sankt Bartholomä* am Königssee: ein Jagdschloß in schlichten ländlichen Formen und eine Kirche, fast ist es eine Kapelle, auf Kleeblattgrundriß mit prallen Kuppeldächern. Wie selbstverständlich und sicher ist es doch an das Ufer hingesetzt, die dunklen Töne des Bergsees und der gewaltigen Bergwand in einen heiteren Klang hinüberspielend.

Maria Gern im Gerner Tal! Die Straße, die sich dort hinaufschlingt, ist nicht die bequemste; sie führt direkt hinein in die bizarre Hochgebirgswelt und Sagenwelt des Untersbergs – und

scheint kein Ende zu nehmen. Und eben dann, wenn man schon im Zweifel ist, ob man das Ziel nicht verfehlt hat, taucht auf einem Plateau die Wallfahrtskirche auf: hell, freundlich, mit sanft gebuchteten Mauern und fröhlichem Rokokobandlwerk am Gesims. Man tritt ein und weiß nicht, woran man sich mehr erfreuen soll, an dem reichgeschwungenen lichten Raum, der eine Ellipse umschreibt, oder an den vorzüglich geschnittenen Akanthusranken, die die Decke umspielen.

Maria Gern ist als Wallfahrtsstätte in die Bergwelt hineinkomponiert und ein Beispiel für die Harmonie von Kunst und Landschaft. Einen ähnlichen, vielleicht noch intimeren Eindruck vermittelt uns *Kunterweg*. Die barocke Wallfahrtskirche Mariä Himmelfahrt, 1731 bis 1733 von Sebastian Stumpfenegger erbaut, ist nicht weniger reizvoll an einen bewaldeten Berghang hingelehnt: Zwei Konchen heften sich hier an ein Rechteck und schicken durchbrochene Laternen in den Himmel. Der Hochaltar, kraftvoll und elegant zugleich, um 1755 von den Reichenhallern Christoph Tatz und Christoph Egasser geschaffen, zählt zu den prächtigsten dieser Gegend.

Man erreicht diese Waldkirche von dem Bergdorf *Ramsau*, das seltsam aufgeräumt und voll frischer, raunender Bergwasser ist. In seiner Mitte steht die oft gemalte Pfarrkirche Sankt Fabian und Sebastian (1512 erbaut) mit ihrem stimmungsvollen Friedhof. Der Apostelzyklus an der Brüstung der Orgelempore ist eine kleine Kostbarkeit: zierliche Schnitzwerke des ausklingenden ›Weichen Stils‹, höfische Kunst um 1400 – die Pfarrkirche zu Schellenberg besitzt einen ähnlichen, wenn auch etwas jüngeren Zyklus. Ist es nicht erstaunlich, daß solche Kunst der Höfe ihren Weg in entlegene Bergtäler gefunden hat, zu den ländlichen Schnitzmeistern des Berchtesgadner Landes?

Aus dem Tal der Ramsauer Ache führt uns die Alpenstraße in feierlichen Kehren zum Schwarzbachwacht-Sattel hinauf – wo uns auf der Sattelhöhe ein unvergleichlicher Blick auf die Hochgebirgsweltszenerie von Watzmann und Hochkalter geschenkt wird. Dann gehts munter abwärts am Lueger Horn vorbei ins Tal der Saalach.

Bei Unterjettenberg müssen wir uns entscheiden: Entweder wir folgen dem Lauf der Deutschen Alpenstraße und fahren über die

ferienträchtigen Orte Schneizlreuth und Weißbach nach Inzell, vielleicht um dort eine Barockkirche kennen zu lernen und den Abend im ›Gasthof zur Post‹ – ehemaliger Hof des Klosters Sankt Zeno in Reichenhall, mit prallen Ecktürmen wie in Niederseeon – ausklingen zu lassen. Oder wir vollenden die große Schleife um das Lattengebirge, fahren rechts ab am gestauten Saalachsee entlang, durchqueren an der Saalach Reichenhall und fahren dann bei den Kasernen links ab über die Saalachbrücke auf schmaler Straße zu der steil auf der Uferleite gelegenen Bergkirche *Sankt Georg in Nonn*.

Nonn ist eine in die Römerzeit zurückreichende Straßenstation (›nona milia‹, an der neunten Meile). Im Mittelalter führte die von Ludwig dem Bayern befestigte Salzstraße das Salz von Reichenhall über den Jochberg ins Weißbachtal. ›Güldene Salzstraße‹ wurde dieser ausschließlich auf bayerischem Boden gelegene Samerweg geheißen, der die Salzkufen nach Traunstein brachte. Salz war schon in vorgeschichtlicher Zeit das Gold des Salzachgaues, gewonnen von den Flanken des Untersberges an den Hallorten Hallein, Reichenhall und Berchtesgaden.

Der Besuch des stimmungsvoll am Rande einer Bergwiese gelegenen Kirchleins wird belohnt mit einem spätgotischen Flügelaltar von 1513.

Der Entwurf des Altars, der in einem zierlichen Gesprenge gipfelt, gilt als eine Leistung des Gordian Guckh aus Laufen. Der hat freilich die Tafelmalerei und Skulptur seinen Werkstattmitarbeitern überlassen. So sind die Passionsszenen etwas vergröberte Wiederholungen der Passionstafeln von Sankt Leonhard in Wonneberg (bei Waging). Der fein aufgebaute Altar besitzt innen etwas beklommene Reliefs, außen tüchtige Tafelgemälde. Der Schrein enthält drei köstliche Schnitzfiguren der Heiligen Michael, Rupert und Wolfgang. Der Patron des Rupertigaues mit der Salzkufe nimmt die Mitte ein.

Eine zierliche Rokokokanzel schmückt das gotische, vielleicht auf romanischen Grundmauern ruhende Kirchlein. An der Westseite neben dem Eingang entdecken wir eine alte Außenkanzel aus der Zeit um 1600, die wohl schon lange nicht mehr im Gebrauch ist. Und vor dem Friedhof liegen die Reste einer alten Gerichtsstätte, ›Schranne‹ genannt.

Was Nonn so anziehend macht, ist der feine Zusammenstand von Landschaft, Kirche und Kunst. Und seine Frische. Die war schon auf den Gesichtern der Schreinfiguren des Schnitzaltars zu finden, auch in den Hintergründen der Tafelbilder. Sie steigt aus dem Grün der Bergwiesen, aus der Saalach, die drunten vorbeirauscht; sie winkt uns aus der mächtigen Bergflanke des Hohenstaufen zu und heftet sich noch an die verwegene Spitze des Ristfeuchthorns. Was für ein Bild – wie aus einer Tafel des Gordian Guckh herausgeschnitten. Das ist oberbayrisch!

Anhang

Zu den Farbtafeln

Bei den sechzehn Farbtafeln, die unserem Reisebuch neben dem Umschlagbilde beigegeben sind, darf der Leser keine Illustration im üblichen Sinne erwarten. Selbst eine sporadisch auf den Text bezogene Auswahl von Motiven könnte nicht mehr als eine höchst lückenhafte Erinnerungsstütze sein. Wir haben deshalb den Bildteil als ein eigenes ›optisches Kapitel‹ den Beschreibungen gegenübergestellt und kurze Bildlegenden eingeflochten. Der Grundtenor unserer Bildauswahl ist ›Bauwerk und Landschaft‹, oder ›Kunst und Landschaft‹ im weitesten Sinne.

Gezeigt werden charakteristische Erscheinungsbilder der oberbayerischen Landschaft: die Stadt am Berg, die Stadt auf dem Berg, die Stadt am Fluß (Starnberg – Dachau – Freising – Wolfratshausen – Wasserburg). Die Bilder möchten jedoch auch die harmonische Einbindung des Bauwerks in die Landschaft sichtbar machen, die ja einen großen Teil der Anziehungskraft Oberbayerns ausmacht. Innerhalb einer klar aufgebauten Stufenreihe, die vom alpenländischen Blockhaus zum Einfirsthof, vom Dorfhaus zum Markt- oder Kleinstadthaus führt, beobachten wir eine in sich reich differenzierte Skala landschaftsbezogener Bauweisen, von denen nur auf das ›Innstadthaus‹ im Inn-Salzach-Land (Farbtafeln XIV und XVI) mit hochgezogener, gerade schließender Stirnmauer, das mitteloberbayerische Markthaus (Murnau, Farbtafel IX) mit dem schützend vorgezogenen Giebel und den schon zur Bauweise des Unterlandes neigenden Markthäusern von Erding (Farbtafel II) und Dachau mit steilerem, nicht vorspringendem Giebel aufmerksam gemacht sei. Lenbachs Dorfstraße in Aresing (Farbtafel V) zeigt in eindrucksvoller Zusammenschau das schlichte, oben mit Brettern verschlagene Gehöft eines Kleinhäuslers neben einem typischen Giebelhaus des Dachauer Hinterlandes.

Es fällt auf, daß auf fast keinem Bild der Kirchturm fehlt. Dieser paßt sich der jeweiligen Baulandschaft und der Ortssilhouette an: abgekappt mit Pyramidendach in Wasserburg (Farbtafel XIV), behäbig mit knapp sitzender Haube in Erding, massig-rund mit gedrungener Zwiebel auf Frauenchiemsee, schlank mit zierlicher Zwiebelhaube in Starnberg (Farbtafel I), mit voller Zwiebel in Wolfratshausen (Farbtafel VII), dreifach in Sankt Bartholomä am Königssee (Farbtafel XVII).

Zu unseren Variationen über das Thema Oberbayern, bei denen wir die reine Landschaft bewußt ausgeklammert haben, gehört der Mensch in seiner natürlichen Umgebung, im Alltagsgewand (Farbtafeln V und XII) und in der sonntäglichen Tracht (Farbtafeln XI und XII), wie denn auch

die Spannweite landschaftlichen Erlebens von der staubigen Dorfstraße in Arsening (Farbtafel v) bis zu den Sakrallandschaften am Königssee (Farbtafel xvii) und in Altötting (Farbtafel xv) vertreten sein soll.

Es lag nahe, Künstlern, die zu verschiedenen Zeiten in Oberbayern gelebt und gearbeitet haben, bei dieser Illustration den Vorzug zu geben. Obwohl das jüngste Bild, Geigenbergers Blick auf Wasserburg (Farbtafel xiv) vor dem Jahre 1946 gemalt wurde, ist bei allen Bildern ein Zustand festgehalten, der schon historisch oder in einigen Fällen unwiederbringlich verloren ist.

Register

Kreniß, Matthäus 399
Krettner, Anton 245f.
Kreuzpullach, Kirche Heilig Kreuz 49
Kriechbaum, Schnitzer aus Passau 42
Krumenauer, Stephan 367
Krumper, Adam 175
– Hans 77, 84, 103, 144, 175f., 182, 188, 294
Kürzinger, Franz 159
Kunterweg, Wallfahrtskirche Mariä Himmelfahrt 435
Kurrer, Jakob 325

LANDSBERG am Lech 149ff.
– Jesuitenkirche Heilig Kreuz, Malteserkirche 155ff.
– Rathaus 151f.
– Stadtpfarrkirche Mariä Himmelfahrt 153ff.
– Ursulinerinnenkirche 155
Langengeisling, Pfarrkirche Sankt Martin 56f.
Langhammer, Arthur 102, 103
Laufen, Pfarr- und Stiftskirche Mariä Himmelfahrt 422
Lauffer, Hans 323
Leb, Wolfgang 51f., 373, 385
Lechner, Wilhelm 203
Lederer, Franz Jörg 73
Lederwasch, Christoph 420
Leibl, Wilhelm 102, 279, 305*, 309ff.
Leinberger, Hans 96ff., 99, 183, 402
Lenbach, Franz von 129*
Lenggries 243f.
– Mariahilf-Kapelle 244
– Kalvarienberg 244
– Pfarrkirche Sankt Jakobus 243
Leonhardskult 119, 289*, 347
Lethner, Johann Baptist 57, 60, 61 66
Letterini, Bartholomäus 239
Leutstetten, Schloß 39
– Pfarrkirche 40ff.
Liebermann, Max 103, 298
Lindner, Josef 206
Lindt, Johann Georg 335f., 410, 413

Löfftz, Ludwig 85
Loidl, Adam 106
Loos, Anton 239
Loth, Johann Karl ›Carlotto‹ 180, 218, 270
– Johann Ulrich 180, 248, 346, 371
– Paulus 180
Ludwig IV. der Bayer, römisch-deutscher Kaiser 13f., 204, 345, 402
Ludwig I., König von Bayern 131, 135, 242, 426
Ludwig II., König von Bayern 85, 326f., 328, 329
Ludwig II. der Strenge, Herzog von Bayern 13f., 28
Ludwig VII. der Gebartete, Herzog von Bayern 126ff., 140f., 399, 414
Lündtmayr, Josef 355
Luidl, Johann 157
– Lorenz 154, 155, 157, 160
Lutz, Benedikt, Abt von Rott 374, 379, 280, 381f.

MACKE, Helmut 212
Maderni, Antonio 218
Maderspacher, Veit 61
Madron, Kleiner, Peterskirche 294f.
Mäleßkircher, Gabriel 26
Magges, Joseph 87f., 112, 200
Maier, Nicolaus Alexander 87
Maier-Erding, Hiasl 65*, 313ff.
Mair, Theoderich, Propst des Chorherrenstifts Sankt Kastulus in Moosburg 94, 95, 99
Maison, Rudolf 329
Mali, Christian 297f.
Mallet, Franz Anton 58, 61
Mandl, Michael Bernhard 421
Marc, Franz 211ff., 245
Maria Anna Charlotte, Herzogin von Bayern 238
Maria von Brabant 14f.
Maria-Gern, Wallfahrtskirche 434f
Maria Thalheim 58
Marian, Josef 29
Marienberg bei Burghausen, Wallfahrtskirche 413
Marquard von Reichenhall 430